1948 gehen die Westmächte daran, den Weststaat zu gründen, ein Jahr später entsteht die Bundesrepublik Deutschland. Parallel dazu wird aus der »russischen Zone« die DDR. Bundeskanzler Konrad Adenauer forciert die wirtschaftliche, politische und dann auch militärische Integration der Bundesrepublik in den Westen. 1952 lehnt er es ab, Stalins Angebot einer Wiedervereinigung »auszuloten«, obwohl sogar die Amerikaner dafür sind. Walter Ulbricht verkündet den »Aufbau des Sozialismus« in der DDR. Ein Jahr später kommt es dort zum Volksaufstand, der von sowjetischen Panzern niedergewalzt wird. Mit dem Beitritt der Bundesrepublik zur NATO und der DDR zum Warschauer Pakt 1955 wird die Teilung festgeschrieben.

Rolf Steininger, Dr. phil., geboren 1942 in Plettenberg/Westfalen, ist ordentlicher Professor, Vorstand des Instituts für Zeitgeschichte der Universität Innsbruck, Senior Fellow des Eisenhower Centers for American Studies der University of New Orleans und Jean-Monnet-Professor. Studium in Marburg, Göttingen, München, Lancaster und Cardiff; bis 1983 Professor an der Universität Hannover; Gastprofessuren in den USA, Israel und Australien. Zahlreiche Veröffentlichungen sowie international preisgekrönte Fernseh-, Film- und Hörfunkdokumentationen zur Zeitgeschichte.
Nähere Einzelheiten sowie Informationen über das Institut für Zeitgeschichte der Universität Innsbruck und dessen kostenlosen online-Service ZIS (Zeitgeschichte-Informations-System) unter *www.ifz-innsbruck.at/*
Dort sind auch weitere Dokumente (z.T. bislang unveröffentlicht), Faksimiles, Bilder und Karten zum Thema »Deutsche Geschichte seit 1945« abrufbar.

Unsere Adresse im Internet: www.fischer-tb.de

Rolf Steininger

Deutsche Geschichte

Darstellung und Dokumente
in vier Bänden

Band 2: 1948–1955

Fischer Taschenbuch Verlag

Lektorat: Walter H. Pehle

Neuausgabe
Veröffentlicht im Fischer Taschenbuch Verlag,
einem Unternehmen des S. Fischer Verlages GmbH,
Frankfurt am Main, November 2002

Redaktion: Walter H. Pehle
Gedruckt wurde nach der erweiterten Neuausgabe von 1996,
die unter dem Titel erschienen ist:
»Deutsche Geschichte seit 1945. Band 2: 1948–1955« (Band 12842)
Druck und Bindung: Clausen & Bosse, Leck
Printed in Germany
ISBN 3-596-15581-9

Inhalt

Einleitung

Im Dezember 1947 scheiterte die Außenministerkonferenz in London. Anschließend war es nur noch eine Frage der Zeit bis zur Durchführung der Teilung und zur Gründung der Bundesrepublik und der DDR im Jahr 1949. Gab es damals Möglichkeiten, diese Entwicklung aufzuhalten oder gar zu verhindern? Sir Brian Robertson, der britische Militärgouverneur, und George F. Kennan, der Leiter des Politischen Planungsstabes im State Department in Washington, sahen diese Möglichkeit im Sommer 1948, konnten sich aber nicht durchsetzen, was nicht verwundert. »Die Russen sind auf dem Rückzug«, wie dies der amerikanische Außenminister George Marshall im September 1948 formulierte. Nach Meinung der Briten warfen die westdeutschen Politiker damals auf dem Wege zur Weststaatgründung »alle ihre Zweifel über Bord«. Und Stalin? Wollte er die Einheit erhalten? Und wie sahen das seine bereitwilligen Helfershelfer in der sowjetischen Besatzungszone, die deutschen Kommunisten? Sie drängten jedenfalls frühzeitig auf einen eigenen Staat.

Adenauer hat die Integration der Bundesrepublik in den Westen forciert betrieben – und entsprach damit genau den Vorstellungen der Westmächte. Die Bindung der Westdeutschen an den Westen sollte so sein, daß sie, wie es der amerikanische Präsident Dwight D. Eisenhower 1953 einmal intern formulierte, »nicht mehr ausbrechen können«. Ausbrechen auch in Richtung Osten als die zweite mögliche Gefahr. Bei den Westmächten saß der Rapallo-Komplex tief, die Furcht vor einem Zusammengehen der Deutschen mit den Russen war latent vorhanden. Mit der deutschen Wiederbewaffnung im Rahmen der Europäischen Verteidigungsgemeinschaft, so der amtierende britische Außenminister Lord Salisbury gegenüber Premierminister Churchill 1953, habe man »alles nur Menschenmögliche getan, um ein deutsch-russisches Zusammengehen zu verhindern«; dies sei »der eigentliche Sinn« der Verträge.

Und dann kam 1952 die »Stalin-Note«. Die Weigerung Adenauers, das sowjetische Angebot auf seine Ernsthaftigkeit zu prüfen, nannte der Politologe Waldemar Besson schon vor Jahren den »Verlust der gesamtdeutschen Unschuld«. Das Urteil des altgedienten Diplomaten Paul Frank fällt gleichermaßen hart aus: diese Weigerung widerspreche dem Berufsethos des Diplomaten, »sie stellt eine historische Schuld gegenüber dem Gedanken der deutschen Einheit dar, die eigentlich jenen, die das zu verantworten haben, den Mund für immer hätte verschließen müssen, wenn von Wiedervereinigung die Rede war«. Gab es 1953 eine Chance zur Wiedervereinigung? Hat der Aufstand vom 17. Juni alles zerstört? Gab es 1955 eine weitere Chance? Fragen, die wir immer noch nicht hundertprozentig beantworten können. Wie dem auch sei: 1955 wurde die Bundesrepublik Mitglied der NATO, die DDR Mitglied des Warschauer Paktes. Die Spaltung des Landes schien die Antwort auf die Frage zu sein, wie die Welt vor 70 Millionen Deutschen in Sicherheit leben könne.

1. Kapitel

1948/49: »Die Russen sind auf dem Rückzug…«
Die Durchführung der Teilung

Reorganisation der Bizone
Sechs-Mächte-Konferenz in London
Robertson-Plan und Berlin-Blockade
Der Parlamentarische Rat und die Gründung
der Bundesrepublik Deutschland

1948/49: »Die Russen sind auf dem Rückzug...«
Die Durchführung der Teilung

Reorganisation der Bizone

Das Scheitern der Außenministerkonferenz in London im Dezember 1947 war ein Wendepunkt in der Deutschlandpolitik. Für Briten und Amerikaner bildete sie den Anstoß und die Begründung für einen entscheidenden Vorstoß in Richtung auf pragmatische Lösungen und neue politische Grundsatzentscheidungen, die bisher aus politischer Rücksichtnahme zurückgestellt worden waren.

Jetzt endlich war man zu jenem – wie es von nun an auf britischer Seite immer öfter hieß – »kühnen Schritt« entschlossen, der zur Gründung eines deutschen Weststaates führen würde. Dieser Weststaat sollte der Ostzone in jeder Beziehung überlegen sein, mit dem Ziel, so der britische Außenminister Ernest Bevin, daß jede Initiative für eine Wiedervereinigung aus dem Westen kommen und nicht zu einer von den Sowjets inspirierten Bewegung aus dem Osten werden würde. Daß dies auf die endgültige Spaltung Deutschlands hinauslief, war allen Beteiligten klar – die Verantwortung dafür sollte aus westlicher Sicht eindeutig bei der Sowjetunion gesucht werden.

Wie es im einzelnen in der Deutschland-Frage weitergehen sollte, darüber machte sich Bevin in einem Memorandum vom 5. Januar 1948 Gedanken. Seiner Meinung nach war es bei dem Konflikt, der zum Scheitern der Londoner Konferenz geführt hatte – »ein Meilenstein in der britischen Deutschlandpolitik« –, nicht um taktische Fragen, sondern um grundsätzliche Differenzen gegangen: Die Sowjets wollten Europa politisch und wirtschaftlich beherrschen, die drei Westmächte dagegen Europa wieder aufbauen. Und dann stellte er kategorisch fest:

»In Deutschland und überall sonst sollte es über die Grundprinzipien unserer Deutschlandpolitik keinerlei Mißverständnisse geben: Wenn es darum geht, eine Situation zu schaffen, die letztlich zu einem kommunistischen Deutschland nach dem Muster der osteuropäischen Staaten führt, dann machen wir dabei nicht mit. Es muß geklärt werden, was solche Begriffe wie ›demokratische Entwicklung‹ Deutschlands eigentlich bedeuten. Wir jedenfalls sollten unmißverständlich klarstellen, daß eine solche demokratische Entwicklung unvereinbar ist mit der Schaffung eines Polizeistaates und dem Wiederaufleben der Gestapo unter einem anderen Namen.«

Er legte dann ein Acht-Punkte-Programm vor, das u. a. vorsah: mehr Verantwortung für die Westdeutschen, das hieß Umbildung der Bizonenverwaltung, Vorbereitung zu Wahlen und noch im Jahre 1948 die Bildung einer provisorischen Regierung auf Bizonenebene, möglichst aber auf Trizonenebene, das hieß unter Einschluß der französischen Zone. Weiter waren eine Währungsreform und erhöhte Anstrengungen zur Steigerung der Produktion und des Lebensstandards vorgesehen.
Was insbesondere die zukünftige Verfassung anging, so sollte sie so angelegt sein, daß sie ohne Schwierigkeiten auch auf ganz Deutschland ausgedehnt werden konnte. Ausdrücklich betonte Bevin, er wolle immer noch die Einheit Deutschlands, falls diese aber nicht mehr zu erreichen sei, werde er das Kabinett um Zustimmung zu entsprechend anderen Maßnahmen bitten. Auf jeden Fall sollte klargestellt werden, daß es niemals Ziel der britischen Politik gewesen sei, Deutschland zu teilen. Auf der anderen Seite sei man nicht bereit, ein dermaßen zentralisiertes Deutschland hinzunehmen, wie es die Sowjets forderten, das zu einer erneuten Gefahr für den Frieden Europas werden könnte.[1]
Diese Vorstellungen deckten sich weitgehend mit denen der Amerikaner. Auch für sie war natürlich – in öffentlichen Verlautbarungen – die Einheit Deutschlands nach wie vor Ziel ihrer Politik – etwas anderes hätte man den Deutschen gegenüber wohl kaum vertreten können –, allerdings nicht unter Bedingungen, die, so Außenminister Marshall im Februar 1948, zur »sowjetischen Herrschaft über ganz Deutschland« führen würden. Dies nämlich betrachte die amerikanische Regierung als »die größte Gefahr für die Sicherheit aller westlichen Nationen, einschließlich der USA«[2], eine Erkenntnis, die sein britischer Kollege bereits zwei Jahre vorher gewonnen hatte.
Die Tatsache allerdings, daß diese Einheit nicht zu den eigenen Bedingungen zu erreichen war, sollte nun nicht länger die Untätigkeit in Westdeutschland rechtfertigen, die die wirtschaftliche Gesundung ganz Westeuropas verhindern würde.
Als erste Maßnahme wurde jetzt die Bizonenverwaltung in eine effiziente politische Einrichtung umgewandelt. Vorgesehen war die Verdoppelung der Mitgliederzahl des Wirtschaftsrates auf 104 und die Bildung eines Länderrats als zweite Kammer, in die jedes Land zwei Vertreter zu

entsenden hatte, und ein Verwaltungsrat als eine Art Kabinett; daneben die Errichtung einer »Bank Deutscher Länder« und eines »Deutschen Obergerichts«. Diese Konstruktion wurde zunächst – mit Rücksicht sowohl auf Frankreich als auch auf die Deutschen – als eine rein wirtschaftliche Organisationsmaßnahme dargestellt, die weder die Teilung Deutschlands noch die Staatsform eines zukünftigen Weststaates präjudizieren sollte. General Robertson versicherte den Ministerpräsidenten am 7. Januar denn auch, es handle sich nur um vorübergehende Maßnahmen, man befinde sich allerdings nunmehr in einer Situation, wo man nicht länger mit verschränkten Armen der weiteren Entwicklung einfach zusehen könne; das Ziel der britischen und amerikanischen Regierung bleibe die Einheit Deutschlands. Diese Versicherung wurde von den Deutschen mit Dankbarkeit aufgenommen, im übrigen bejahten sie den wirtschaftlichen Aspekt der vorgeschlagenen Neuordnung uneingeschränkt, denn, so heißt es im Protokoll der deutsch-alliierten Besprechung am 8. Januar in Frankfurt, »die Not unseres Volkes erfordert unbedingt praktisches Handeln im Bereich der Wirtschaft und Ernährung«.[3]

In Paris wurde dies alles ganz anders gesehen. Das extrem ausgeprägte französische Sicherheitsbedürfnis verlangte nach wie vor die dauernde Schwächung Deutschlands: politisch einen extrem föderalistischen Staatsaufbau, am liebsten einen Staatenbund, und wirtschaftlich ein niedriges Industrieniveau und natürlich die internationale Kontrolle des Ruhrgebietes. Die Neuorganisation der Bizone war denn auch aus französischer Sicht ein weiterer Schritt in die falsche Richtung. Im übrigen wurde das anglo-amerikanische Übereinkommen als Fait accompli gewertet; was die französische Regierung besonders verbitterte, war die Tatsache, daß zwar die Deutschen von den Anglo-Amerikanern konsultiert bzw. unterrichtet worden waren, sie selbst jedoch nicht. Dementsprechend war auch die Reaktion: unmittelbar nach Bekanntwerden der Vereinbarung zwischen Clay und Robertson und dem Treffen mit den Ministerpräsidenten in Frankfurt brach auf diplomatischer Ebene ein Sturm der Entrüstung los. Der französische Botschafter in London bat Außenminister Bevin noch am Abend des 9. Januar dringend um eine Unterredung, in deren Verlauf er gegen die geplante Reorganisation protestierte; die Maßnahmen gingen »sehr weit«, den Deutschen sollten ja schon »quasi-parlamentarische« Institutionen zugestanden werden. Bevin verwies in seiner Antwort darauf, daß es sich um notwendige wirtschaftliche Maßnahmen handle, daß es angesichts der Propaganda der

Sowjets und der Kommunisten sehr gefährlich sei, die Deutschen nicht zu konsultieren, wenn es um deren Zukunft gehe, und daß man den Deutschen nicht mehr einfach etwas diktieren könne. Für die französische Regierung gebe es jedenfalls keinen Grund zur Beunruhigung.
Damit gab sich die französische Regierung jedoch nicht zufrieden. Botschafter René Massigli wurde drei Tage später bei Sir Orme Sargent vorstellig, und am Abend des 14. Januar empfing Außenminister Bidault den britischen Botschafter unmittelbar nach dessen Rückkehr aus London zu einer Unterredung im Quai d'Orsay. Seine Ausführungen waren eine einzige Anklage; er, Georges Bidault, sei außerordentlich verbittert über das, was in Frankfurt geschehen sei; was sei das für eine Zusammenarbeit zwischen Großbritannien und Frankreich, wenn solche Entscheidungen getroffen würden, ohne die französische Regierung auch nur zu informieren? Die Erläuterung von Sir Oliver Harvey, die Regelungen seien provisorisch, konterte Bidault mit der Bemerkung, er akzeptiere diese Erklärung zwar, befürchte aber, daß sie genauso provisorisch seien wie die polnische Westgrenze, d. h. nicht mehr geändert würden.
Briten und Amerikaner waren dennoch nicht bereit, weitgehende Zugeständnisse zu machen. Clay und Robertson erließen demgemäß mit Wirkung vom 9. Februar 1948 entsprechende Proklamationen.[4]

Die Sechs-Mächte-Konferenz in London

Die französische Regierung war nach der »Frankfurter Affäre«, auf die sich für sie der ganze Vorgang reduzierte, mehr denn je entschlossen, in den bevorstehenden Gesprächen über eine langfristige Deutschlandpolitik mit allem Nachdruck ihr Hauptziel durchzusetzen – und das hieß nach wie vor Sicherheit vor (West-)Deutschland durch wirtschaftliche und politische Schwächung (West-)Deutschlands.
Wenn schon angesichts der politischen Gesamtentwicklung, des sich verschärfenden Ost-West-Konfliktes und der Notwendigkeit, Marshallplanhilfe zu akzeptieren, das Einschwenken auf die anglo-amerikanische Deutschlandpolitik unumgänglich schien, dann sollte der Preis dafür so hoch wie möglich sein. Eines der zentralen Probleme in diesem Zusammenhang war nach wie vor die Ruhrfrage, bei der man seit 1945 keinen Schritt weitergekommen war. Am 23. Februar 1948 begannen die Verhandlungen der drei Westmächte in London, am 26. Februar 1948, als zum erstenmal auch die Vertreter der Beneluxländer an den Beratungen

teilnahmen, stand das Thema Ruhr auf der Tagesordnung. Der französische Botschafter Massigli machte die Haltung seiner Regierung unmißverständlich klar: Es gehe darum, jede Möglichkeit zu verhindern, daß Deutschland noch einmal die bestimmende Macht in Europa werde und jemals wieder sein traditionelles Ziel verfolgen könne, Europa zu beherrschen. Auch wenn diese Überlegungen zum jetzigen Zeitpunkt absurd erschienen, müsse man sich immer wieder jene Umstände vor Augen halten, die es Hitler ermöglicht hätten, 1939 den Krieg zu entfesseln. Er forderte daher im Namen der französischen Regierung:

1. internationales Management an der Ruhr,
2. internationale Kontrolle bei der Aufteilung der Ruhrproduktion und
3. in der Eigentumsfrage sofortige Ausarbeitung eines Planes für eine Internationalisierung, die so schnell wie möglich durchgeführt werden sollte.

Der amerikanische Botschafter Lewis Douglas sah die Situation anders. Nur einen Tag vorher hatten in Prag Kommunisten die Macht übernommen. Douglas jetzt an die Adresse Massiglis gerichtet:

»Wir betrachten das deutsche Problem in einem Zusammenhang, der nicht mehr existiert. Wir leben in einer gefährlichen Welt. Ein Land nach dem anderen fällt dem Kommunismus zum Opfer. Die USA wollen Westeuropa retten.«

Und warnend fügte er hinzu:

»Wir können Deutschland verlieren und damit die Grenze des Ostblocks an den Rhein verschieben, eine Grenze, die in den letzten Tagen schon näher gekommen ist.«

Und dann wies er auf einen Punkt hin, der ein halbes Jahr später im Zusammenhang mit dem Robertson-Plan *(s. S. 29ff.)* noch einmal eine wichtige Rolle spielen sollte: Was würde geschehen, wenn es doch noch zu einer Verständigung mit der Sowjetunion über Deutschland kommen sollte und die Sowjets dann an einer internationalen Kontrolle der Ruhr beteiligt werden müßten? Könne man sich ein solches Risiko leisten? Welche Auswirkungen würde die Verwirklichung der französischen Pläne auf die Moral der Deutschen und auf die deutsche Wirtschaft haben? Er appellierte an alle Teilnehmer, angesichts dessen, was in den vergangenen zwölf Monaten und insbesondere in den letzten vier oder fünf Tagen geschehen sei, noch einmal ihre Positionen zu überdenken.[5]
Dieser Appell ließ die Franzosen zunächst scheinbar einigermaßen unbeeindruckt. Am nächsten Tag legten sie nämlich ein Memorandum vor, in

opp des am : refus car ont peur des Alld 5 -> perte
-> comm. -> appel des am -> fr. perdent influence

dem sie nach wie vor auf internationalem Management, internationaler Überwachung der Kohle-, Koks- und Stahlproduktion und deren Aufteilung bestanden. Lediglich die Frage des internationalen Eigentums wollte man zunächst nicht weiterverfolgen.

Dennoch muß den Franzosen klargeworden sein, daß sich ihre »extreme Position«, wie es der britische Delegationsleiter Sir William Strang formulierte, nicht halten ließ. Am 2. März legten sie denn auch einen neuen Vorschlag vor, demzufolge die vorgesehene internationale Behörde nur noch die für den Export vorgesehenen Mengen an Kohle, Koks und Stahl festlegen sollte. Obwohl es der französischen Regierung in erster Linie um eine langfristige Lösung für die Zeit nach Bildung einer westdeutschen Regierung ging, bestand sie aus psychologischen Gründen auf der Errichtung dieser Behörde noch während der Kontrollperiode.

Den Amerikanern ging auch dieser Kompromißvorschlag noch zu weit. Am 4. März forderte Botschafter Douglas, die internationale Behörde solle die Aufteilung der Kohle-, Koks- und Stahlproduktion zwischen deutschem Verbrauch und Export nicht selbst vornehmen, sondern lediglich die Aufteilung *überwachen*. Botschafter Massigli protestierte vehement.

»Meine Regierung hat sowohl vor als auch während dieser ersten Konferenzrunde weitreichende Zugeständnisse gemacht. Die Frage des internationalen Eigentums ist vertagt, die des internationalen Managements fallengelassen worden; was bleibt, ist die internationale Aufteilung. In dieser Frage kann ich keinerlei Zugeständnisse mehr machen.«[6]

Douglas ließ es zunächst dabei bewenden. Das amerikanische Verhandlungsziel für diese erste Beratungsrunde war ohnehin erreicht: Frankreich hatte in anderen Bereichen Zugeständnisse gemacht. Es war bereit, seine Zone in das Europäische Wiederaufbauprogramm – den Marshallplan – miteinzubeziehen; gleichzeitig hatte es der anglo-amerikanischen Forderung nachgegeben, einen westdeutschen Staat zu errichten, der an der Gemeinschaft der freien Völker beteiligt werden sollte; für diesen Staat war eine föderalistische Regierungsform vorgesehen, die die Rechte der Länder ausreichend sichern und zugleich für eine angemessene Zentralgewalt sorgen sollte.

Die Beratungen der Westmächte in London wurden bestimmt von dem sich rapide verschlechternden Verhältnis zur Sowjetunion; ein Krieg schien nicht mehr ausgeschlossen. Die Briten steigerten sich in eine geradezu hysterische Kommunistenfurcht hinein, die stärker als jemals zuvor ihre gesamte Außenpolitik beherrschte. Bevin sprach wenige Tage nach dem kommunistischen Umsturz in Prag im Kabinett von einer »Bedrohung der westlichen Zivilisation« durch die Sowjetunion. Der Kreml schicke sich nunmehr an, das restliche Europa und den Mittleren und Fernen Osten zu erobern, »mit anderen Worten, das Ziel des Politbüros ist die Herrschaft über Eurasien und letztlich die Weltherrschaft – nicht mehr und nicht weniger«.

Den Ausweg sah Bevin in der Bildung einer echten Einheitsfront aller demokratischen Staaten und im beschleunigten ökonomischen Wiederaufbau Westeuropas. Würde dies nicht geschehen, würden die Sowjets schon in den nächsten Monaten oder gar Wochen politische und strategische Vorteile erringen, »die die große kommunistische Maschinerie in Bewegung setzen wird, was entweder zur Errichtung einer Weltdiktatur oder – wahrscheinlicher – zum Zusammenbruch der bestehenden Gesellschaftsstruktur in weiten Teilen der Welt führen wird«.

Zwei Tage später, am 5. März, kabelte Lucius Clay an Generalleutnant Stephen J. Chamberlain, den Leiter des Nachrichtendienstes des obersten Generalstabs in Washington. Clay berichtete, daß er zwar bis vor kurzem einen Krieg mit den Russen für die nächsten zehn Jahre für unwahrscheinlich gehalten habe, nun aber im sowjetischen Verhalten einen »subtilen Wandel« festgestellt habe und befürchte, der Krieg könne mit »dramatischer Plötzlichkeit« ausbrechen. Er fügte hinzu: »Da belegbare Daten fehlen, bin ich nicht in der Lage, einen amtlichen Bericht vorzulegen, doch ist mein Gefühl echt.«[7]

Eine erste Gegenmaßnahme des Westens war am 17. März die Unterzeichnung des Brüsseler Paktes: Großbritannien, Frankreich und die drei Beneluxstaaten schufen ein gemeinsames, ständiges Beratungsgremium und versicherten sich des gegenseitigen Beistandes gegen jeden Angriff von außen, insbesondere, wie es in der Präambel hieß, für den »Fall der Erneuerung einer deutschen Aggressionspolitik« – in Wirklichkeit richtete sich der Pakt gegen die Sowjetunion (gleichzeitig wurden Gespräche mit den USA aufgenommen, an deren Ende im April 1949 die Gründung der NATO stand). Ein zweiter Schritt war am 16. April die Bildung der Organisation für europäische wirtschaftliche Zusammenarbeit, der OEEC, die die Hilfsmaßnahmen des Marshallplanes koordinieren sollte und an der auch die drei Westzonen beteiligt waren: für sie unterschrieben die Militärgouverneure Clay und Robertson. Damit war das Gebiet der Bundesrepublik wirtschaftlich schon in den Westen integriert, noch bevor es die Republik gab.

Der Beginn der zweiten Verhandlungsrunde der sechs Mächte in London war für den 20. April vorgesehen. Daß Frankreich entschlossen war, so viel wie möglich von seinem ursprünglichen Konzept einer dauernden Schwächung Deutschlands zu retten und in jedem Fall die Entwicklung in Westdeutschland zu verzögern, wurde in den folgenden Wochen und Monaten deutlich, obwohl die USA und Großbritannien inzwischen offiziell dem wirtschaftlichen Anschluß des Saarlandes an Frankreich zugestimmt hatten. In Berlin kamen die drei westlichen Militärgouverneure, die diese zweite Runde in London vorbereiten sollten, keinen Schritt weiter. Schon in der Beurteilung der internationalen Lage war man sich nicht einig. Der französische Militärgouverneur Pierre Koenig schätzte die Gefahr einer sowjetischen Bedrohung geringer ein als Clay und Robertson, der am 1. April warnte: »Wenn wir weiterhin endlos reden, könnten wir eines schönen Morgens aufwachen und Hammer und Sichel bereits am Rhein vorfinden.«[8]

Die Amerikaner versuchten es auf ihre Weise: sie legten einen inoffiziellen Zeitplan vor: Bildung einer provisorischen westdeutschen Regierung bis zum 15. September 1948, Zusammentritt einer Verfassunggebenden Versammlung im Oktober 1948, Bekanntgabe dieser Schritte im Mai 1948. Die Franzosen lehnten schockiert ab. Am 8. April bot General Clay – ohne Absprache mit den Briten – einen Kompromiß an, den er als großes Zugeständnis bezeichnete: Einberufung einer Verfassunggebenden Versammlung am 1. September 1948 und Bildung einer Regierung innerhalb von 30 Tagen nach Billigung der Verfassung durch die Länder. Über das eigenmächtige Vorgehen waren nun wieder die Briten empört, denn nur einen Tag vorher hatte Außenminister Bevin einen Zeitplan akzeptiert, der noch für 1948 die Bildung einer ersten provisorischen Regierung und danach Parlamentswahlen vorsah. Man übernahm dann die amerikanische Position, aber damit war das Problem noch nicht gelöst. Frankreich blieb der erwartete schwierige Partner. Am 8. Mai warnten die sozialistischen Minister im Kabinett Schuman den Ministerpräsidenten mit allem Nachdruck vor einer Fortsetzung der bisherigen Politik. Auch wenn es ihnen dabei weniger um die Einheit als um die fortdauernde Schwächung Deutschlands ging, ihre Warnungen führten im Foreign Office zu aufschlußreichen Bemerkungen zum Thema Einheit Deutschlands *(Dok. 1)*.

Am 21. Mai versuchte die französische Regierung noch einmal mit aller Entschlossenheit, die westdeutsche Staatsbildung zu verzögern, wenn nicht gar zu verhindern – bevor die Sowjetunion nicht ihrerseits mit einer Oststaatbildung vorangegangen war. Die vereinbarten Wirtschaftsmaßnahmen – Kontrolle der Ruhrindustrie – und die Revision der Ländergrenzen sollten zwar durchgeführt, die Einberufung der Verfassunggebenden Versammlung jedoch verschoben werden. Begründet wurde dies mit befürchteten sowjetischen Gegenmaßnahmen sowohl in Berlin als auch in anderen Teilen der Welt. Moskau würde die Londoner Beschlüsse als Auftakt für die Bildung einer deutschen Armee interpretieren. Auch die demagogische Kampagne für die Einheit Deutschlands würde eine neue Wendung erhalten, da die Westmächte sich aufgrund ihrer Politik die Anschuldigung gefallen lassen müßten, das Land endgültig gespalten zu haben. Hinzu kam nach Meinung der französischen Regierung die zögernde Haltung der Deutschen selbst. Die verantwortlichen Deutschen, so hieß es in der Note, schreckten vor dem Gedanken zurück, durch ihre Mitarbeit das Land zu spalten und dafür öffentlich verantwortlich gemacht zu werden. Ein weiterer Punkt betraf die Zusammensetzung der Verfassunggebenden Versammlung: Paris forderte die indirekte Wahl durch die Landtage und lehnte die direkte Wahl als unvereinbar mit dem Föderalismusprinzip ab. Im übrigen könne es dabei zu unangenehmen Überraschungen kommen, denn »der Nationalismus, wenn nicht gar der Nationalsozialismus, erhebt schon wieder sein Haupt«.[9]

Diese Argumente wurden in London nicht akzeptiert; direkte Wahlen zur Verfassunggebenden Versammlung waren ein »essential«; ohne Wahl würde jenem Gremium die Autorität fehlen, die notwendig schien, damit die Verfassung von den Deutschen auch akzeptiert werden würde. Der Hinweis auf den wiederauflebenden Nationalsozialismus wurde zurückgewiesen; deutsche Nationalisten habe es immer gegeben und werde es immer geben; es sei besser, sich mit ihnen in demokratischen Wahlen auseinanderzusetzen, als sie in den Untergrund zu drängen. Und was die Haltung der verantwortlichen Deutschen zur Weststaatbildung betraf, so hatte man auch da in London eine andere Meinung. Die Deutschen wollten zwar bei der Spaltung ihres Landes nicht vorneweg marschieren, aber mit wenigen Ausnahmen seien sie inzwischen davon überzeugt, daß die Spaltung bereits existiere und daß die vorgesehene Lösung der beste Weg zu einer möglichen Wiedervereinigung sei.

In dieser Einschätzung der Lage waren die Briten kurz zuvor noch einmal ausdrücklich bestärkt worden. Bei einem Treffen der Regierungschefs aus Hamburg (Brauer), Bremen (Kaisen), Niedersachsen (Kopf) und Bayern (Ehard) am 13. Mai in Frankfurt mit britischen Vertretern des Bipartite Control Office hatte Brauer erklärt, er sei vollkommen davon

Abb. 1: Die drei westlichen Militärgouverneure (v. l.): General Pierre Koenig (Frankreich), General Sir Brian H. Robertson (Großbritannien) und General Lucius D. Clay am 12. Mai 1949 in Frankfurt, wo sie einer Delegation des Parlamentarischen Rates das von ihnen genehmigte Grundgesetz übergeben.

überzeugt, daß auch der »normale Deutsche« die Teilung Deutschlands schon seit geraumer Zeit akzeptiere; die Teilung sei eine Realität, und es sei einfach »dümmlich«, dies zu ignorieren; und er hatte dann jene Politiker kritisiert, die noch immer zögerten, dies anzuerkennen; ähnlich hatte sich Ehard geäußert. Der Kommentar im Foreign Office dazu lautete: »Die Westdeutschen sind nur allzu bereit, die formelle Teilung ihres Landes anzuerkennen, vorausgesetzt, dies wird ihnen in der richtigen Weise präsentiert.«[10]

Von den Deutschen waren in der Tat die wenigsten Schwierigkeiten zu erwarten. Wie aber würden die Sowjets reagieren? Diese Frage rückte mehr und mehr in den Mittelpunkt und führte schließlich zu dem Vorschlag des britischen Militärgouverneurs Robertson, bei der Lösung der deutschen Frage einen Neubeginn zu wagen – aus Furcht vor einem Krieg mit der Sowjetunion. In der Einschätzung der sowjetischen Reaktion gingen die Meinungen auseinander. Einig waren sich die drei Westmächte von Anfang an darin, daß man in Berlin am verwundbarsten war. Mit

dem Beginn der Verhandlungen über eine Weststaatgründung im Februar 1948 fanden im Foreign Office auch die ersten Beratungen über die Zukunft (West-)Berlins statt. Obschon die herausragende politische Bedeutung Berlins für den Westen dabei nicht in Frage gestellt wurde, wurde am 17. Februar die Möglichkeit nicht mehr ausgeschlossen, Berlin aufzugeben – bei gleichzeitiger Evakuierung von 5000 Deutschen –, falls erkennbar werde, daß die Sowjets beabsichtigten, die Westmächte mit Gewalt aus Berlin zu vertreiben. Der Abzug sollte dann in geordneter Weise (»in an orderly manner«), auf eigene Initiative und eigenen Entschluß geschehen, und zwar als »positiver Schritt« im Zusammenhang mit der Errichtung einer westdeutschen Regierung – dies als »Entschuldigung dafür, daß man Berlin freiwillig aufgegeben habe«. Wie dies bewerkstelligt werden sollte, blieb allerdings offen.
Mit der klaren Aussage: »Wir müssen bleiben«[11] beendete Bevin am 18. März frühzeitig alle Überlegungen im Foreign Office über einen eventuellen Rückzug aus Berlin, ohne daß allerdings eine Strategie für den Ernstfall erarbeitet wurde. Die Lage verschlechterte sich zusehends. Am 20. März brach der Kontrollrat auseinander. Die drei westlichen Militärgouverneure hatten auf die Forderung Sokolowskis, über alle in London abgeschlossenen, Westdeutschland betreffenden Abkommen unterrichtet zu werden, erwidert, dazu seien sie von ihren Regierungen nicht autorisiert, worauf die sowjetischen Vertreter den Konferenzsaal verließen. Während sich Ost und West gegenseitig für die Entwicklung verantwortlich machten, begannen die Sowjets am Ende des Monats mit der »Mini-Blockade« Berlins und verschärften Kontrollen auf den Zufahrtswegen nach Berlin. Die britische Berlin-Devise lautete von nun an: »Nichts sagen und sich nicht von der Stelle rühren.«[12]
Dies führte dazu, daß man im Juni/Juli von der Totalblockade vollkommen überrascht wurde. Die Krise war vorprogrammiert. General Clay forderte im April in einer telefonischen Konferenz mit dem War Department in Washington Härte:

»Die Tschechoslowakei haben wir verloren... Wir geben Berlin auf. Wenn Berlin fällt, folgt Westdeutschland als nächstes. Wenn wir beabsichtigen, Europa gegen den Kommunismus zu halten, dürfen wir uns nicht von der Stelle rühren. Wir können Demütigungen und Druck, die nicht zum Kriege führen, in Berlin einstecken, ohne das Gesicht zu verlieren. Wenn wir fortgehen, gefährden wir unsere europäische Position. Falls Amerika dies jetzt nicht versteht, wenn es nicht begreift, daß die Würfel gefallen sind, wird es nie zu dieser Erkenntnis kommen, und der Kommunismus wird alles überrennen. Ich glaube, die Zukunft der Demokratie verlangt von uns, daß wir bleiben.«[13]

Clay hielt einen Krieg mit der Sowjetunion innerhalb der nächsten zwölf bis achtzehn Monate für »unvermeidlich«; ähnlich dachte jetzt auch Couve de Murville, Staatssekretär im Quai d'Orsay; er erwartete einen Krieg in den nächsten zwei bis drei Jahren – »und das kann bedeuten: dieses Jahr«.[14]

Im Foreign Office sah man die Situation zu diesem Zeitpunkt nicht ganz so dramatisch. Eine »russische Gefahr« gab es für sie seit geraumer Zeit. Insofern hatte sich durch die Deutschlandverhandlungen der Westmächte nichts geändert; gefährlich konnte es nur werden, wenn die Sowjets erkennen würden, daß der Westen Furcht vor ihnen hätte (wobei allerdings angemerkt wurde, daß die Sowjets dies in der Zwischenzeit wohl wüßten). Das französische Argument, mit der Einberufung einer Verfassunggebenden Versammlung und Bildung einer westdeutschen Regierung werde man die Sowjets zu drastischen Reaktionen geradezu provozieren, wurde dennoch als »völlig unbegründet« zurückgewiesen, da die Sowjets darauf politisch antworten konnten – womit wohl die Bildung eines Oststaates gemeint war.

Als eine viel größere Provokation betrachtete man die Vereinbarung über die Ruhrkontrolle, mit der die Sowjets definitiv von der Ruhr ausgeschlossen werden sollten. Die Ruhrkontrolle hatte in der zweiten Verhandlungsrunde in London noch einmal eine erhebliche Rolle gespielt. Die Amerikaner forderten unter Hinweis auf die ihrer Meinung nach mit zu großer Hast zustande gekommene Vereinbarung vom März einige wichtige Nachbesserungen. Im Kern ging es ihnen darum, ihre dominierende Position in Westdeutschland zu behalten, die ihnen ihrer Meinung nach aufgrund ihres starken finanziellen Engagements zukam. Botschafter Douglas schlug vor, die geplante Ruhrbehörde sollte nur noch beratende Funktion haben. Dies lehnten die Franzosen zwar entschieden ab, aber schließlich wurde den USA als einziger Kontrollmacht ein Vetorecht zugestanden. Allerdings verzichteten die amerikanischen Vertreter, Botschafter Douglas und General Clay, wohlweislich darauf, dies auch noch in den Text der Vereinbarung aufzunehmen. Es wäre für die Franzosen und wohl auch für die Briten unannehmbar gewesen.

So einigte man sich im Mai 1948 auf eine wortreiche Prinzipienerklärung, in der vieles bewußt unklar gehalten wurde; sie war in erster Linie für die französische Öffentlichkeit gedacht. Eine Internationale Behörde (USA, Großbritannien und Frankreich je drei Stimmen, die Beneluxländer je eine Stimme) sollte demnach die *Aufteilung* der Kohle-, Koks- und Stahlproduktion der Ruhr zwischen deutschem Verbrauch und dem

Export vornehmen. Ein Mitarbeiter im Foreign Office beurteilte diese Vereinbarung folgendermaßen:

»Es ist ein Dokument voller Schall und Rauch, aber ohne praktische Bedeutung. Die Franzosen wollten zumindest auf ein Dokument verweisen können, in dem drinsteht, daß eine internationale Ruhrbehörde errichtet wird; die Amerikaner wollten eben dieser Behörde weder während der Besatzungszeit noch danach wirkliche Kompetenzen zugestehen. Die Errichtung einer leeren Fassade war die einzige Basis, auf der eine Verständigung möglich war.«[15]

Wie groß auch immer das Risiko für die Westalliierten im Hinblick auf die Sowjetunion war, auf eine Gefahr wurde im Foreign Office immer wieder verwiesen: Würde der Westen die Realisierung seiner Deutschlandpläne verschieben, nach all dem, was bereits bekannt war – auch in Deutschland –, dann würden die Deutschen selbst »kalte Füße« bekommen und »sich bei den Russen rückversichern«. Die von Frankreich beschworene »deutsche Gefahr« bestehe nicht, solange Deutschland besetzt sei – und dies werde noch ziemlich lange der Fall sein; dagegen sei die Gefahr real – wenn man nicht den wirtschaftlichen und politischen Niedergang Westdeutschlands verhindere –, daß Deutschland für die Sowjets zur leichten Beute werde, und dann werde man mit der schlimmsten aller Möglichkeiten konfrontiert, nämlich einem Zusammengehen der Sowjetunion mit Deutschland. Beim Wahlmodus zur Verfassunggebenden Versammlung machten schließlich die Amerikaner, die zunächst als Reaktion auf das französische Memorandum vom 20. Mai die Gespräche mit den Franzosen abbrechen wollten, einen Kompromiß: die einzelnen Landtage sollten selbst entscheiden. Frankreich stimmte dennoch erst zu, nachdem Briten und Amerikaner deutlich gemacht hatten, daß sie ihr Deutschlandprogramm notfalls auch alleine durchführen würden.

Robertson-Plan und Berlin-Blockade

Die Londoner Beschlüsse waren Ausdruck der anglo-amerikanischen Entschlossenheit, in der Deutschlandpolitik eigene Wege zu gehen – und das bedeutete die Teilung Deutschlands auf nicht absehbare Zeit. Und dennoch, wenn es damals überhaupt noch eine – wenn auch noch so minimale – Chance gab, die endgültige Spaltung zu verhindern, dann hat es sie im Sommer 1948 gegeben. Kein Geringerer als der britische Militärgouverneur Sir Brian Robertson hatte dies klar erkannt – und er handelte entsprechend.

Eine fortdauernde Spaltung, davon war Robertson zutiefst überzeugt, würde früher oder später zu einem Krieg mit der Sowjetunion führen. Dies galt es zu verhindern. Im Mai machte er einen ersten Vorstoß, der dann im Juli in dem im Foreign Office nach ihm benannten »Robertson-Plan« kulminierte – und bis zur Freigabe der britischen Akten nicht bekannt war. Am 25. Mai schlug er vor, die Sowjets über die Londoner Vereinbarungen so zu informieren, daß es erst gar nicht zu den zu erwartenden scharfen Gegenmaßnahmen kommen und zum anderen der Weg vorbereitet würde, um gemeinsam mit ihnen zu einer Lösung der Deutschlandfrage zu kommen, »ohne die es keinen Weltfrieden gibt«. Dies zu versuchen sei auch dann erforderlich, wenn eine Lösung noch Jahre auf sich warten lasse.

Bevin war jedoch nicht mehr bereit, den Sowjets auch nur einen Schritt entgegenzukommen, geschweige denn die Diskussion über die deutsche Frage insgesamt neu zu eröffnen. Damit würde seiner Meinung nach alles bisher Erreichte in Frage gestellt. Dem sowjetischen Botschafter in London, Zarubin, wurde am Morgen des 7. Juni denn auch lediglich eine Kopie des offiziellen Kommuniqués überreicht, unmittelbar vor Übergabe an die Presse – und dabei sollte es bleiben.

Am 17. Juni stimmte die französische Nationalversammlung mit knapper Mehrheit den Londoner Vereinbarungen zu; am nächsten Tag verkündeten die drei Militärgouverneure die Währungsreform für die Westzonen. Dies war jene Maßnahme, der, wie es Robertson formulierte, alle Beteiligten mit gemischten Gefühlen entgegensahen und die, wie erwartet, zum Signal für sowjetische Gegenmaßnahmen werden sollte.

In ihrer Zone und in Berlin führten die Sowjets zunächst am 23. Juni ebenfalls eine Währungsreform durch. Von nun an gab es zwei Währungen in Deutschland; damit schien klar, daß es von nun an auch zwei Deutschland geben würde. *Einen* Staat mit zwei unterschiedlichen Währungen und zwei unterschiedlichen Wirtschaftsordnungen konnte es kaum geben.

Deutschland war gespalten, sein wichtigster Teil auf dem Weg in die Westintegration – das bedeutete auch die Niederlage der sowjetischen Deutschlandpolitik. Die Sowjets hatten damit die letzte Chance verloren, doch noch Einfluß auch im Westen Deutschlands zu gewinnen. Moskau versuchte trotzdem, diese Entwicklung aufzuhalten. Schon am 31. März 1948 hatte der Kreml mit jenen Maßnahmen begonnen, die schließlich in der Nacht vom 23. zum 24. Juni zur totalen Blockade West-Berlins führten: Sie sperrten den gesamten Personen- und Güterverkehr nach West-Berlin, die Stromlieferungen aus dem Ostsektor und die Lebensmittelzufuhr aus ihrer Zone.

Diese Blockade war einer der schwersten Fehler der sowjetischen Politik nach 1945. Sie führte auf westlicher Seite zu ähnlich weitreichenden Entscheidungen wie zwei Jahre später der Koreakrieg. Wer im Sommer 1948 im Westen noch Zweifel an der Richtigkeit des anglo-amerikanischen Kurses gegenüber der Sowjetunion hatte – mit der Teilung Deutschlands als Konsequenz –, dem wurden diese Zweifel jetzt durch die Brutalität der Blockade genommen. Bei der Abwehr der sowjetischen Erpressung fühlten sich Westdeutsche, Westberliner und Westalliierte zum erstenmal seit 1945 als Verbündete – dieses Gefühl hielt in den nächsten Jahren an und verstärkte sich noch, während umgekehrt gerade dieses Ereignis die Sowjets die letzten Sympathien der Deutschen kostete – abgesehen von den Kommunisten.

Briten und Amerikaner ließen nun keinen Zweifel an ihrer Entschlossenheit aufkommen, West-Berlin zu halten. In einer eiligst einberufenen Ministersitzung am 24. Juni bekräftigte Bevin diese Absicht; man dürfe keine Schwäche zeigen, da sonst der Verlust Europas drohe, und, so Bevin weiter: »Wenn wir hart bleiben, werden die Russen am Ende nachgeben.«[16]

In diesem Sinne akzeptierten die Minister vier Tage später das amerikanische Angebot, B-29 (Atombomber) in Großbritannien zu stationieren.[17] Auch wenn man im Westen hoffte, daß die Sowjetunion nicht zum Krieg bereit war, die Lage spitzte sich dramatisch zu.

In dieser Situation übergaben am 1. Juli 1948 die drei westlichen Militärgouverneure in Frankfurt den westdeutschen Regierungschefs die sogenannten »Frankfurter Dokumente«, die »Geburtsurkunde« der Bundesrepublik Deutschland *(Dok. 2)*.

Neun Tage später überreichten die Regierungschefs ihre Antwort *(Dok. 3)*, und wiederum zwei Tage später, am 12. Juli, machte General Robertson einen zweiten Vorstoß in der Deutschlandfrage. Er war davon überzeugt, daß der eingeschlagene Weg mit Weststaatgründung, Berlin-Blockade und Teilung Deutschlands unausweichlich zum Krieg mit der Sowjetunion führen würde. Dies ist um so erstaunlicher, als Robertson bis zu diesem Zeitpunkt den eingeschlagenen Kurs unterstützt hatte. Mit Nachdruck plädierte er jetzt für einen Neubeginn in der Deutschlandpolitik, bei dem weder die Westmächte noch die Sowjetunion ihr Gesicht verlieren sollten. Für ihn stellte sich die Situation folgendermaßen dar:

Berlin konnte zwar im Sommer, aber nicht mehr im Winter aus der Luft versorgt werden. Die Blockade war seiner Meinung nach für die Sowjets das Mittel, um den Westen durch Erpressung dazu zu bringen, die deutsche Frage einschließlich der Ruhr wieder auf die Tagesordnung zu setzen, bevor sich die Situation in Westdeutschland und Westeuropa zu ihrem Nachteil stabilisiert hatte. Darüber hinaus war Berlin für die Sowjets noch aus einem anderen Grunde wichtig: Nach der Bildung eines deutschen Weststaates würden die Sowjets einen Oststaat gründen, und dafür brauchten sie Berlin als Hauptstadt.

Robertson wollte jetzt die Sowjets mit ihren eigenen Waffen schlagen. Eine der immer wiederkehrenden Forderungen der Sowjetunion lautete: Abzug der Besatzungstruppen; die Außenminister der Ostblockstaaten hatten diese Forderung zuletzt am 24. Juni wiederholt.

Robertson schlug nun vor, im Westen zwar die eingeschlagene Politik fortzusetzen, aber den Sowjets gleichzeitig ein Angebot zu machen, nämlich die Besatzungstruppen auf bestimmte Grenzregionen zurückzuziehen und eine Zentralregierung in Berlin zu errichten, mit der dann ein Friedensvertrag abgeschlossen werden sollte. Freizügigkeit in ganz Deutschland müßte dabei garantiert sein. Einem möglichen Einwand, daß diese Regierung sowjetischem Druck nachgeben könnte, begegnete er mit dem Hinweis, angesichts der antikommunistischen Stimmung im Lande sei ein kommunistischer Umsturz wie etwa in Prag höchst unwahrscheinlich; selbst wenn das geschähe, hätten die Westmächte mit der Kontrolle des linken Rheinufers und möglicherweise der Ruhr ein wirksames Gegengewicht in der Hand.

Robertson ging dann noch einen Schritt weiter: Den Sowjets sollte als Gegenleistung eine Beteiligung an der Ruhrkontrolle angeboten werden. Gesamtdeutsche Wahlen waren seiner Meinung nach angesichts der antirussischen Stimmung der Deutschen kein Risiko für den Westen *(Dok. 4)*.

Dieser Plan sah die Abkehr von der bisher verfolgten Deutschlandpolitik vor. Es verwundert daher nicht, daß er im Foreign Office von Anfang an auf große Skepsis stieß und schließlich als »undurchführbar« und »gefährlich« abgelehnt wurde. Gefährlich, weil die Sowjets mit Sicherheit als eine der Bedingungen für ihre Zustimmung erneut ihre alte Forderung nach einer Viermächtekontrolle des Ruhrgebietes stellen und sich nicht mit einer Beteiligung an der geplanten Ruhrbehörde begnügen würden, in der sie ohne weiteres überstimmt werden könnten. In dieser Frage aber sei der erste Schritt der entscheidende: Würde man den Sowjets den Weg ins Ruhrgebiet öffnen, würde man ihnen damit auch die Möglichkeit geben, kommunistische Zellen in Westdeutschland zu errichten. Genau das aber habe man immer verhindern wollen. Man müsse den Anfängen wehren, wolle man nicht alles bisher in den Westzonen Erreichte aufs Spiel setzen: »In diesem Fall ist mit dem ersten Schritt bereits alles entschieden.« Hinzu kam die Frage des Marshallplanes. Eine deutsche Zentralregierung konnte man sich im Foreign Office, wie schon zwei Jahre zuvor, auch jetzt nicht anders als unter sowjetischem Einfluß stehend vorstellen. Das aber hieß, sie würde natürlich nicht beim Europäischen Wiederaufbauprogramm kooperieren; das Ergebnis werde die Auflösung der OEEC sein: »Mit einem Wort: Wenn wir uns auf den Robertson-Plan einlassen, ist das das Ende des Marshallplans.« Dazu ein Mitarbeiter im Foreign Office wörtlich:

»Wenn wir erst einmal Verhandlungen auf der Basis des Robertson-Planes begonnen haben, dürfen wir uns nicht vormachen, daß wir an einem bestimmten Punkt haltmachen können. Die Russen werden an Prestige gewinnen und in jeder Phase im Vorteil sein, da sie uns diese Verhandlungen aufgezwungen haben; sie können jederzeit die Situation in und um Berlin verschärfen, und wir würden unter Drohung verhandeln, auch wenn man dies nicht offen zeigt. Der Robertson-Plan führt zum Zusammenbruch unserer bisherigen Politik; wir werden ein wirtschaftliches ›München‹ ungeheuren Ausmaßes erleben. Es ist eine simple Tatsache, daß wir in unserer Westeuropa-Politik schon so weit vorangeschritten sind, daß wir nicht einfach das Steuer herumreißen können, ohne unsere Interessen aufs schwerste zu gefährden.«[18]

Auch für den Leiter der Deutschlandabteilung im Foreign Office, Patrick Dean, überwogen die Nachteile. Die Vorstellung, Russen im Ruhrgebiet zu haben, machte ihn »nervös«; außerdem würde seiner Meinung nach eine Zentralregierung in Berlin unter sowjetische Kontrolle geraten, wenn sie »unter Umständen wie den gegenwärtigen« eingerichtet würde. Und weiter:

»Ich war darüber immer um so mehr beunruhigt, als die Russen äußerst begierig sind, Einfluß im Ruhrgebiet zu gewinnen; und ich habe immer gemeint – und ich meine dies jetzt mehr denn je, vielleicht zu Unrecht –, daß, wenn die Russen erst einmal hineinkommen, und sei es nur in geringem Umfang und auf ganz korrekte Weise, ihr Einfluß immer weiter wachsen wird, und jede Chance, daß die Ruhr in künftigen Jahren zu einem zufriedenen und friedlichen Teil des westeuropäischen Wirtschaftslebens werden könnte, verschwinden wird.«

Christopher Steel, der als Leiter der politischen Abteilung der Militärregierung in Berlin die Überlegungen Robertsons im Prinzip teilte, widersprach der Einschätzung Deans leidenschaftlich:

»Ich glaube, daß kein Volk in Europa – mit Ausnahme der Briten – so antikommunistisch eingestellt ist wie die Deutschen und daß wir langfristig auf sie bauen müssen, wenn wir der kommunistischen Flut widerstehen wollen. Deutschland durch eine westliche Initiative in eine Position relativer Unabhängigkeit zu bringen, wie wir es vorschlagen, wäre ein sehr guter Weg, diesen Prozeß in Gang zu bringen. Gleichzeitig werden wir politisch und militärisch in keiner schwächeren Position sein, wenn wir – was ich gern tun würde – unsere Truppen an den Rhein zurückziehen und das Ruhrgebiet lediglich vom westlichen Ufer aus überwachen. [...]
Ich glaube auch nicht, daß die Russen im Kontrollapparat der Ruhr in der Lage wären, viel mehr zugunsten des Kommunismus in dem Gebiet zu tun, als sie jetzt durch verschiedene Untergrund-Aktivitäten tun; sie könnten der Sache des Kommunismus sogar schaden.«

Steel, der später Botschafter in der Bundesrepublik werden sollte, ging es um das ganze Deutschland:

»Natürlich gehe ich bei all dem davon aus, daß wir aktiv eine Politik verfolgen sollten, die darauf abzielt, Deutschland ohne Wenn und Aber auf der Grundlage elementarer Gleichheit ins westliche Lager zu bringen. Haben wir uns einmal entschieden, ein Deutschland zwischen uns und den Russen zu haben, und sind wir überzeugt, daß die Russen auf Dauer eine feindliche Macht sind, dann gibt es keinen anderen Weg.«

Robertson konnte die Kritiker seines Planes im Foreign Office nicht überzeugen. Einen Fürsprecher fand er lediglich in Unterstaatssekretär Ivone Kirkpatrick, der später Hoher Kommissar in der Bundesrepublik werden sollte. Kirkpatrick vermißte bei aller Kritik eine klare Alternative zum Robertson-Plan. Auch er sah natürlich die Risiken dieses Plans: keine Weststaatgründung; Teilnahme der Sowjets an der Ruhrkontrolle; ein vereintes Deutschland, das entweder kommunistisch oder nationalistisch werden (und dann möglicherweise der Kontrolle des Westens entgleiten) könnte. Aber, so Kirkpatricks Schlußfolgerung noch Anfang September 1948:

»Wir würden die Russen auffordern, das größere Risiko zu übernehmen, indem sie ihren Zugriff auf Ostdeutschland lockern und so die Ausdehnung des russischen Reiches in Europa und seinen Einfluß insgesamt verringern.
Ich bin geneigt, General Robertson darin zuzustimmen, daß der am wenigsten gefährliche und deshalb verlockendste (»most attractive«) Weg darin besteht, sich rückhaltlos für die deutsche Einheit mit all den damit verbundenen Risiken einzusetzen.«[19]

Der Robertson-Plan wurde schließlich zu den Akten gelegt. Robertson hatte ihn in einer Situation vorgelegt, in der er von einer unmittelbaren Kriegsgefahr ausging. Seine pessimistische Einschätzung der Lage traf offensichtlich nicht zu. Der Kreml war nicht bereit, wegen Berlin – und auch nicht wegen der Weststaatgründung – einen Krieg zu riskieren, in dem der Westen, da konventionell unterlegen, Atombomben hätte einsetzen müssen. Am 3. August empfing Stalin die Vertreter der drei Westmächte zu einer Unterredung (ein außergewöhnliches Ereignis – normalerweise war Molotow der Ansprechpartner). Mit der Existenz zweier Staaten, so argumentierte er, hätten die Westmächte »juristisch« ihr Anwesenheitsrecht in Berlin verloren, aber, so fügte er »mit größtem Nachdruck« hinzu, das bedeute nicht, daß er die westlichen Truppen aus Berlin vertreiben wolle. Im weiteren Verlauf des Gesprächs machte er deutlich, worum es ihm ging: keine Ausführung der Londoner Beschlüsse und statt dessen Viermächteverhandlungen über Deutschland. Würde allerdings »eine Art Parlamentarischer Rat« eingesetzt und eine westdeutsche Regierung gebildet, würde man damit die sowjetische Regierung vor ein Fait accompli stellen. Dann gebe es »nichts mehr, worüber man diskutieren könnte«.[20] Zumindest wußten die Westmächte jetzt, daß Stalin in Berlin keine militärische Gewalt anwenden würde.

In Westdeutschland ging die Entwicklung den von den Westalliierten vorgezeichneten Gang. Die Ministerpräsidenten waren von Anfang an zur Mitarbeit bereit. Die Koblenzer Beschlüsse *(Dok. 3)* wurden denn auch von den Briten als »einstimmiges Bemühen zur Kooperation« interpretiert, während sie Clays Haltung als »definitiv negativ und destruktiv« bezeichneten. In diesem Sinne verlief am 14. Juli die Besprechung Clays mit den Ministerpräsidenten der amerikanischen Zone. Auch nach dieser massiven Beeinflussung »seiner« Ministerpräsidenten neigte Clay nach Meinung Robertsons dazu, die politischen Bedenken der Deutschen einfach zu ignorieren.[21]

Was man den Deutschen schließlich zugestand, war wenig genug: Um das Provisorische des zu errichtenden Staates zu betonen, durfte die Verfassung lediglich »Grundgesetz – Vorläufige Verfassung« und die Verfassunggebende Versammlung »Parlamentarischer Rat« genannt werden. Der Wunsch der Ministerpräsidenten, das Besatzungsstatut, in dem die zukünftigen Beziehungen zwischen den drei Westmächten und dem zu bildenden Weststaat definiert und auf eine klare Rechtsgrundlage gestellt werden sollten, vor Beginn der Beratungen über das Grundgesetz zu veröffentlichen, wurde nicht erfüllt.

Etwas weniger Eile und Botmäßigkeit auf seiten der Ministerpräsidenten hätte die Entwicklung wohl in eine andere Richtung gelenkt. Es ist schon erstaunlich, daß die Regierungschefs die Teilung des Landes beklagten, es allerdings unterließen, etwas dagegen zu tun – nicht einmal auf Zeit

spielten sie –, während sich auf der anderen Seite zur gleichen Zeit der britische Militärgouverneur ernsthaft Gedanken über die Wiederherstellung der deutschen Einheit machte. Die Westdeutschen »warfen alle Zweifel in einem Maße über Bord, daß schon bald mit einer funktionierenden Regierung gerechnet werden kann«, wie ihre Zustimmung in London interpretiert wurde. Damit aber konnte der Prozeß zur Bildung des Weststaates schnell und problemlos in Gang gesetzt werden. Nach der Einberufung des Parlamentarischen Rates gab es jedenfalls in dieser Phase der Deutschlandpolitik für die Sowjetunion nichts mehr zu verhandeln.
Auch auf amerikanischer Seite – allerdings nicht bei Clay – wurde nach den Gesprächen mit Molotow und Stalin ernsthaft über Alternativen in der Deutschlandpolitik nachgedacht. Der Politische Planungsstab im State Department unter George F. Kennan kam – unabhängig von Robertson – am 12. August zu ähnlichen Schlußfolgerungen wie General Robertson. Dieser Plan »A« sah u. a. den Abzug der Besatzungstruppen und die Wiederherstellung eines unabhängigen gesamtdeutschen Staates vor:

»Wir könnten dann ohne Prestigeverlust aus Berlin abziehen, und die Bevölkerung der Westsektoren würde nicht unter sowjetische Herrschaft fallen, weil die Russen die Stadt ebenfalls verlassen würden.«

Ein solches Vorgehen böte mehr Vor- als Nachteile, denn die Alternative erschien noch weniger erträglich als die bei einem Abzug zu erwartenden Risiken, nämlich:
- dauernde Belastung mit dem Berlin-Problem;
- dauernde Belastung mit einem Westdeutschland, das ohne die Verbindung zum Osten und ohne die europäische Föderation, die augenscheinlich nicht in Gang komme, wirtschaftlich nicht lebensfähig sein würde;
- dauernde Belastung mit Deutschen, die auf Wiedervereinigung sinnen müßten;
- dauernde Belastung mit der Sorge um die militärische Sicherung des westlichen Europa.

Die Nachteile, die der Planungsstab selbst auflistete, ähnelten jenen, die das Foreign Office gegen den Robertson-Plan genannt hatte. In London wie in Washington kam die Befürchtung hinzu, daß ein Rückzug zu einem nicht wieder gutzumachenden Vertrauensverlust in Westeuropa

und besonders in Westdeutschland führen würde. Präsident Truman fürchtete außerdem, man würde ihm dies im eigenen Land als Schwäche auslegen, und dies wiederum würde seine Chancen bei den im Herbst anstehenden Präsidentenwahlen erheblich beeinträchtigen.[22]
Beide Pläne wurden von der tatsächlichen politischen Entwicklung gleichsam überholt: Zum einen war der Kreml, wie bereits erwähnt, nicht bereit, wegen Berlin – und auch nicht wegen der Weststaatgründung – einen Krieg zu riskieren, in dem der Westen, da konventionell unterlegen, Atombomben hätte einsetzen müssen. Zum anderen akzeptierten die Westdeutschen die westalliierten Pläne zur Bildung des Weststaates. Mit wachsendem Erfolg der Luftbrücke, den Westdeutschen an der Seite der Westmächte und der Gewißheit, daß die Sowjets keinen Krieg beginnen würden, bekamen jene Kritiker recht, die von Anfang an gegen einen Neuanfang in der Deutschlandpolitik gewesen waren. Seit Herbst 1948 bestand für Anglo-Amerikaner keine Notwendigkeit mehr für einen Kompromiß mit der Sowjetunion. Mit den Worten des amerikanischen Außenministers Marshall im September 1948:

»Die Russen sind auf dem Rückzug. Von jetzt an können sie uns nur noch in Berlin Schwierigkeiten machen; überall sonst, und besonders in Deutschland, verlieren sie an Boden. Wir haben Westdeutschland wieder auf die Beine gebracht und wir sind dabei, den Wiederaufbau so durchzuführen, daß wir wirklich sagen können, wir befinden uns auf dem Weg zum Sieg.«[23]

Wie es mit (West-)Deutschland langfristig weitergehen sollte, darüber machte sich der britische Unterstaatssekretär Kirkpatrick dann im November 1948 in einem als Denkanstoß (»thought provoking«) bezeichneten Memorandum Gedanken. Das ganze Deutschlandproblem reduzierte sich dabei auf das Thema zukünftiger *Sicherheit vor* Deutschland. Wieder tauchte der Rapallo-Komplex auf: Deutschland allein war keine Gefahr mehr; nur wenn es gemeinsame Sache mit den Sowjets machte, werde es zur »tödlichen Gefahr« (»mortal peril«).
Das einzige und wichtigste Ziel blieb demnach, ein solches Zusammengehen mit den Sowjets zu verhindern. Um dies zu erreichen, sollte man den Deutschen, den »größten Gaunern in Europa« (»the best chisellers in Europe«), nicht nachlaufen und ihnen erzählen, wie wichtig sie seien, sie würden dann nur den Westen gegen den Osten ausspielen. Kirkpatrick hielt auch nichts von einer dauernden militärischen Kontrolle Westdeutschlands durch die drei Westmächte. Dies sei möglicherweise der beste Weg, wenn man sicher sei, daß die Deutschen nicht jederzeit die russische Karte spielen könnten. Mit Nachdruck plädierte er dafür, die

alten Sicherheitsvorstellungen (»security shibboleths«) über Bord zu werfen und Sicherheit vor Deutschland durch Integration Deutschlands, d. h. Aufnahme in den »Western Union Club« zu erreichen – allerdings zu einem Zeitpunkt, wo dies noch als Zugeständnis (»favour«) an die Deutschen verkauft werden konnte – und nicht umgekehrt. Denn würden die Deutschen erst einmal merken, daß man sie brauche, könne man mit ihnen gar nicht mehr reden.
Die Logik war klar, es ging darum, die Deutschen übers Ohr zu hauen (»bamboozle the Germans by roping them in«) und sie »am Ende wirtschaftlich, politisch und militärisch so abhängig zu machen von der westlichen Welt, daß sie sich es gar nicht leisten können, auszuscheren und ins östliche Lager zu wechseln«. Die wirtschaftliche und politische Entwicklung Westdeutschlands habe man damit fest im Griff; man könne dann sogar an eine Wiederbewaffnung denken – mit völliger militärischer Abhängigkeit von den westlichen Armeen. Unter dem Mäntelchen der Gleichberechtigung (»cloak of equal rights«) für Westdeutschland würde man eine totale Kontrolle erreichen, mit Mitteln, die effektiver seien als etwa das (geplante) militärische Sicherheitsamt als Dauereinrichtung. Für Bevin waren dies »kluge Überlegungen«; im Kern zeichneten sie denn auch den Weg vor, den die Entwicklung nahm.[24]

Der Parlamentarische Rat und die Gründung der Bundesrepublik Deutschland

Während die Anglo-Amerikaner Berlin weiter aus der Luft versorgten, versammelte sich der Parlamentarische Rat, 65 von den Fraktionen der westdeutschen Landtage delegierte Abgeordnete (1 auf je 750000 Einwohner), am 1. September 1948 im Zoologischen Museum Alexander-Koenig, um eine Verfassung für den zu errichtenden westdeutschen Staat auszuarbeiten. Seine Arbeit wurde von den Mehrheitsverhältnissen – die Sozialdemokraten waren gegenüber den bürgerlich-liberalen Abgeordneten in der Minderheit – und den Westalliierten bestimmt, die genauestens darauf achteten, daß ihre Vorstellungen verwirklicht wurden.
In den Beratungen des Parlamentarischen Rates wurde weniger gesellschaftspolitisch als staatsrechtlich argumentiert, wobei die alles entscheidende Frage lautete: Wie stark soll die Regierung des neuen Staates gegenüber den Ländern sein?

Die SPD forderte eine starke Zentralregierung und ließ es in der Endphase der Beratungen wegen dieser Frage zum Konflikt kommen. Die Westmächte und die CDU/CSU sahen sich einem entschlossenen Kurt Schumacher gegenüber, der diese Auseinandersetzung – sehr zum Leidwesen seines Widersachers Adenauer – als Sieger beendete: Die Westalliierten akzeptierten den vorgelegten Entwurf des Grundgesetzes: er entsprach trotz allem weitgehend ihren Vorstellungen; in der Endphase der Beratungen standen sie unter Zeitdruck; sie konnten sich keine Verzögerung beim Aufbau des neuen Staates leisten.
Der Westen hatte am 4. April 1949 unter der Führung der USA auch militärisch seine Reihen geschlossen. Zwölf Länder (USA, Kanada, Großbritannien, Frankreich, Italien, Benelux, Irland, Dänemark, Norwegen, Portugal) hatten ein kollektives Verteidigungsbündnis, die NATO, gegründet. Gleichzeitig liefen Geheimverhandlungen zwischen Sowjets und Amerikanern über die Beendigung der Blockade Berlins – einzige Bedingung der Russen: eine Außenministerkonferenz der vier Mächte in Paris, auf der noch einmal die deutsche Frage behandelt werden sollte. Als Termin wurde der 23. Mai festgelegt. Vorher – darüber waren sich die Westalliierten und die Westdeutschen einig – mußten die formalen Voraussetzungen für die Gründung des neuen Weststaates geschaffen sein. Auch Adenauer konnte es nicht schnell genug gehen. Der Zeitplan funktionierte dann auch: Der Parlamentarische Rat billigte (gegen die Stimmen der Deutschen Partei, KPD, des Zentrums und sechs CSU-Abgeordneter) das Grundgesetz am 8. Mai, auf den Tag genau vier Jahre, nachdem das Deutsche Reich bedingungslos kapituliert hatte; vier Tage später wurde das Grundgesetz von den Militärgouverneuren bestätigt, am gleichen Tag endete die Berlin-Blockade.
Am 23. Mai wurde das Grundgesetz unterzeichnet. Der bayerische Landtag lehnte als einziges Länderparlament das Grundgesetz mit 101:63 Stimmen ab. Außer den zwei KPD-Delegierten unterzeichneten allerdings alle Mitglieder des Parlamentarischen Rates – auch die Vertreter Bayerns – das Grundgesetz. Noch einmal wurde darin der provisorische Charakter betont. In der Präambel hieß es, das deutsche Volk habe, »von dem Willen beseelt, seine nationale und staatliche Einheit zu wahren«, das Grundgesetz beschlossen, »um dem staatlichen Leben für eine Übergangszeit eine neue Ordnung zu geben«. Tatsächlich wurde damit die Spaltung Deutschlands besiegelt. Was blieb, war jener später vielzitierte Satz der Präambel des Grundgesetzes, der vor dem Hintergrund der innerdeutschen Verhältnisse und den von der westdeutschen Politik ge-

Abb. 2: Das berühmte »Teppich-Foto« vom Antrittsbesuch Adenauers (mit den Ministern F. Schäffer, Th. Dehler, J. Kaiser, Fr. Blücher, v. l.) bei den Hohen Kommissaren und der Entgegennahme des Besatzungsstatuts im Hotel Petersberg. Die Hohen Kommissare stehen auf einem großen Teppich; als ein Protokollbeamter Adenauer einen Platz außerhalb des Teppichs zuweist, betritt dieser wie selbstverständlich den Teppich – eine Geste, die von allen Anwesenden verstanden wird.

setzten Fait accomplis wie blanker Zynismus klang, nämlich: »Das gesamte Deutsche Volk bleibt aufgefordert, in freier Selbstbestimmung die Einheit und Freiheit Deutschlands zu vollenden.« Fast zur gleichen Stunde, als in Bonn das Grundgesetz unterzeichnet wurde, trafen in Paris die vier Außenminister der Großmächte zusammen. Ihr Thema war die Einheit Deutschlands. Wie wir heute wissen, schlossen die Sowjets offensichtlich einen Kompromiß nicht aus *(s. Kap 3)*.

Während man in Paris dann aber ergebnislos verhandelte *(Dok. 5, 6)*, wurden in den Westzonen die letzten Vorbereitungen für die Wahl des ersten Bundestages getroffen. Als am 14. August gewählt wurde, war das Wahlergebnis keine Überraschung: eine Mehrheit für die bürgerlichen Parteien; vier Wochen später wurde Theodor Heuss (FDP) zum ersten Bundespräsidenten und Konrad Adenauer (CDU) vom Deutschen Bundestag mit einer Stimme Mehrheit – seiner eigenen – zum ersten Bundeskanzler der Bundesrepublik Deutschland gewählt, einer Republik, die nur »bedingt souverän« war. Die Besatzungsmächte hatten einschneidende Kontrollen eingebaut, die sicherstellen sollten, daß sich die Bundesrepublik ihren Vorstellungen entsprechend entwickelte. Dazu gehörten das Ruhrstatut, das Militärische Sicherheitsamt, insbesondere aber das Besatzungsstatut, das am 21. September 1949 in Kraft trat und gewissermaßen die »Geschäftsgrundlage« der neuen Republik war.[25]

Darüber hinaus sicherten die USA die schon seit Gründung der Organisation für europäische wirtschaftliche Zusammenarbeit (OEEC) im April 1948 bestehende wirtschaftliche Bindung an den Westen im deutsch-amerikanischen Handelsvertrag vom 15. Dezember 1949 noch weiter ab. Artikel 13 bestimmte, daß die »Exporterlöse aus der gesamten künftigen Produktion und aus Lagerbeständen der Bundesrepublik... für die Bezahlung der Hilfeleistungen, die gemäß den (Marshallplan-)Hilfeleistungen bereitgestellt worden sind, verfügbar sein« würden. Damit sollten, worauf Werner Link mit Nachdruck verwiesen hat, »auch in Zukunft Reparationsleistungen an die Sowjetunion aus der deutschen Produktion verhindert und feste Bindungen an die amerikanische Politik vertraglich fixiert werden«.

Auf deutscher Seite wurde diese Absicht »mit Besorgnis und innerem Widerstand« klar erkannt, wie es Link formuliert. Für Vizekanzler Franz Blücher, den Bundesminister für den Marshallplan, war der außenpolitische Gesichtspunkt maßgebend. Am 10. November 1949 stellte er dazu fest:

»Durch die Verpfändung würde die Bundesrepublik sich selbst die Möglichkeit beschränken, eines Tages mit Sowjetrußland über die Reparationen und die Fragen der Ostzone und der Ostgebiete zu einer Einigung zu kommen... Dr. Emminger unterstreicht diesen Gesichtspunkt des Ministers mit dem Hinweis, daß nach seiner Kenntnis die Amerikaner mit der Verpfändungsklausel unsere Politik an ihren Willen binden und insbesondere selbständige Verhandlungen der Bundesrepublik mit Sowjetrußland von ihrer Einwilligung abhängig machen wollen.«[26]

Dokumente zum 1. Kapitel

[1] Die Einheit Deutschlands

(Aufzeichnung von R. M. A. Hankey, Leiter des u. a. für die Sowjetunion zuständigen Northern Department im Foreign Office, 14. 5. 1948; geheim)

[...] Meiner Meinung nach wäre ein vereintes Deutschland eine viel größere Gefahr für den Frieden als ein geteiltes Deutschland, und zwar aus folgenden Gründen:

1. Rußland wird ein vereintes Deutschland zwangsläufig als eine große Gefahr für sich betrachten. Es muß immer befürchten, daß dieses Deutschland von feindlichen Mächten kontrolliert wird, und für die Russen ist jede nichtkommunistische Macht feindlich. Rußland muß daher notwendigerweise versuchen, ganz Deutschland zu kontrollieren oder sich mit ihm zu verbünden.
2. Falls Rußland ganz Deutschland kontrolliert, seine Politik bestimmen kann oder mit ihm verbündet ist, wird es immer versucht sein, die Stoßrichtung der Deutschen nach Westen zu lenken und sie so vom Osten abzubringen. Rußland und Deutschland zusammen würden eine tödliche Gefahr für die westliche Welt sein. Die Probleme mit Rußland würden für uns unendlich größer, als sie es jetzt schon sind.
3. Meiner Meinung nach haben die Westmächte nicht die nötigen Mittel, um ein vereintes Deutschland von 62 Millionen oder noch mehr Einwohnern hinreichend zu kontollieren oder es ihrem Einfluß zu unterwerfen; die Zwischenkriegszeit hat dies bewiesen. Nur die Russen können dies mit Hilfe der kommunistischen Partei und Polizeistaatmethoden.
4. Ein vereintes und nichtkommunistisches Deutschland, das mit dem Westen verbündet ist, wird bei der erstbesten Gelegenheit losschlagen, um seine verlorenen Ostgebiete zurückzuerobern. Die West-

mächte können dann nicht zusehen, wie dieses Deutschland vernichtet und von Rußland besetzt wird. Als Verbündeter wäre ein vereintes Deutschland daher eine höchst gefährliche Hypothek.

5. Meiner Meinung nach wird ein vereintes, nichtkommunistisches Deutschland, selbst wenn es mit uns verbündet ist, immer versucht sein, uns mit der Drohung zu erpressen, sich mit Rußland zu verbünden, und, falls 3. zutrifft, können wir dies wohl kaum verhindern.
6. Westdeutschland mit 40 Millionen, von der Russenfurcht beherrschten Einwohnern ist dagegen auf die Zusammenarbeit mit den Westmächten angewiesen, um Schutz zu erhalten (übrigens dürfte ja wohl klar sein, daß es wiederbewaffnet werden muß) *, und es ist vollkommen abhängig von den Westmächten im Hinblick auf Rohstoffe, Nahrungsmittel und Absatzmärkte. Die Gefahr, daß Westdeutschland Ostdeutschland angreift, ist geringer, als daß ein vereintes Deutschland Polen angreift. Kurz gesagt: wir würden es insgesamt viel besser im Griff haben, und es wäre eine viel geringere Gefahr für Frankreich.
7. Damit ist auf jeden Fall ganz klar, daß es ein vereintes Deutschland nicht geben darf. [»In any case there obviously cannot be a united Germany.«] Weder wir noch die Russen können zulassen, daß die jeweils andere Macht Deutschland allein beherrscht, und es ist auch klar, wie die letzten drei Jahre gezeigt haben, daß wir uns auf eine gemeinsame Kontrolle eben nicht einigen können. Angesichts der in Rußland vorherrschenden Ideologie war schon lange nichts anderes mehr zu erwarten, aber es war auch klar, daß wir das Experiment wagen mußten.
8. [...] Die Russen machen in ihrer Zone, was sie wollen, auch wenn es dort eine deutsche Regierung gibt. Ich vermute, sie warten nur darauf, daß wir als erste eine deutsche Regierung [im Westen] etablieren, und zwar aus zwei Gründen: Bei den von ihnen beherrschten Völkern können sie uns dann dafür verantwortlich machen, daß wir Deutschland wiederaufbauen und damit eine erneute deutsche Gefahr schaffen, und bei den Deutschen können sie uns für die Spaltung Deutschlands verantwortlich machen. Für die Franzosen gibt es nur eine Frage zu überlegen, nämlich ob ein balkanisiertes und damit schwaches Westdeutschland den Russen größere Möglichkeiten eröffnet, gegen uns zu intrigieren, als ein geeintes und prosperierendes Westdeutschland. Die Antwort ist sonnenklar. Wohlstand und Einheit in Westdeutschland

* Dieser Satz wurde im Original wieder gestrichen.

mögen in gewisser Weise von den Westmächten auf Kosten ihrer eigenen Sicherheit finanziert werden, aber wenn wir bei dieser Sache den russischen Aspekt berücksichtigen, ist dies eine Versicherungsprämie, die zu zahlen sich sehr lohnt.

[...]

(Public Record Office, London, FO 371/70587/C 3653/71/18.)

[2] Die »Frankfurter Dokumente«, 1. 7. 1948

Dokument I
[Verfassunggebende Versammlung]

In Übereinstimmung mit den Beschlüssen ihrer Regierungen autorisieren die Militärgouverneure der amerikanischen, britischen und französischen Besatzungszone in Deutschland die Ministerpräsidenten der Länder ihrer Zonen, eine Verfassunggebende Versammlung einzuberufen, die spätestens am 1. September 1948 zusammentreten sollte.

[Einheit und Föderalismus]

Die Verfassunggebende Versammlung wird eine demokratische Verfassung ausarbeiten, die für die beteiligten Länder eine Regierungsform des föderalistischen Typs schafft, die am besten geeignet ist, die gegenwärtig zerrissene deutsche Einheit schließlich wieder herzustellen und die Rechte der beteiligten Länder schützt, eine angemessene Zentralinstanz schafft und Garantien der individuellen Rechte und Freiheiten enthält.
Wenn die Verfassung in der von der Verfassunggebenden Versammlung ausgearbeiteten Form mit diesen allgemeinen Grundsätzen nicht im Widerspruch steht, werden die Militärgouverneure ihre Vorlage zur Ratifizierung genehmigen. Die Verfassunggebende Versammlung wird daraufhin aufgelöst.
Die Ratifizierung in jedem beteiligten Land erfolgt durch ein Referendum, das eine einfache Mehrheit der Abstimmenden in jedem Land erfordert, nach von jedem Land jeweils anzunehmenden Regeln und Verfahren. Sobald die Verfassung von zwei Dritteln der Länder ratifiziert ist, tritt sie in Kraft und ist für alle Länder bindend. Jede Abänderung der Verfassung muß künftig von einer gleichen Mehrheit der Länder ratifiziert werden. Innerhalb von dreißig Tagen nach Inkrafttreten der Verfassung sollen die darin vorgesehenen Einrichtungen geschaffen sein.

Dokument II
[Ländergrenzen]

Die Ministerpräsidenten sind ersucht, die Grenzen der einzelnen Länder zu überprüfen, um zu bestimmen, welche Änderungen sie etwa vorzuschlagen wünschen. Solche Änderungen sollten den überlieferten Formen Rechnung tragen und möglichst die Schaffung von Ländern vermeiden, die im Vergleich mit den anderen Ländern entweder zu groß oder zu klein sind.
[...]

Dokument III
[Besatzungsstatut]

A. Die Militärgouverneure werden den deutschen Regierungen Befugnisse der Gesetzgebung, der Verwaltung und der Rechtsprechung gewähren und sich solche Zuständigkeiten vorbehalten, die nötig sind, um die Erfüllung des grundsätzlichen Zwecks der Besatzung sicherzustellen.
[...]
B. Die Militärgouverneure werden die Ausübung ihrer vollen Machtbefugnisse wieder aufnehmen, falls ein Notstand die Sicherheit bedroht, und um nötigenfalls die Beachtung der Verfassung und des Besatzungsstatutes zu sichern.
[...]
(Wagner, 191, S. 30 ff.)

[3] Antwortnote der westdeutschen Ministerpräsidenten an die Militärgouverneure, 10. 7. 1948

[Mantelnote]

[...]
Die Ministerpräsidenten sind davon überzeugt, daß die Notstände, unter denen Deutschland heute leidet, nur bezwungen werden können, wenn das deutsche Volk in die Lage versetzt wird, seine Angelegenheiten auf der jeweils möglichen höchsten territorialen Stufe selbst zu verwalten. Sie begrüßen es daher, daß die Besatzungsmächte entschlossen sind, die ihrer Jurisdiktion unterstehenden Gebietsteile Deutschlands zu einem einheitlichen Gebiet zusammenzufassen, dem von der Bevölkerung

selbst eine kraftvolle Organisation gegeben werden soll, die es ermöglicht, die Interessen des Ganzen zu wahren, ohne die Rechte der Länder zu gefährden.
Die Ministerpräsidenten glauben jedoch, daß, unbeschadet der Gewährung möglichst vollständiger Autonomie an die Bevölkerung dieses Gebietes, alles vermieden werden müßte, was dem zu schaffenden Gebilde den Charakter eines Staates verleihen würde; sie sind darum der Ansicht, daß auch durch das hierfür einzuschlagende Verfahren zum Ausdruck kommen müßte, daß es sich lediglich um ein Provisorium handelt, sowie um eine Institution, die ihre Entstehung lediglich dem augenblicklichen Stand der mit der gegenwärtigen Besetzung Deutschlands verbundenen Umstände verdankt.
In Anbetracht der bisherigen Unmöglichkeit einer Einigung der vier Besatzungsmächte über Deutschland müssen die Ministerpräsidenten besonderen Wert darauf legen, daß bei der bevorstehenden Neuregelung alles vermieden wird, was geeignet sein könnte, die Spaltung zwischen West und Ost weiter zu vertiefen. Sie sind der Überzeugung, daß das von ihnen vorgeschlagene Verfahren geeignet ist, das in Anbetracht der gegebenen Verhältnisse zur Bewältigung der gegenwärtigen Schwierigkeiten tauglichste Instrument für die Verwaltung des den drei westlichen Besatzungsmächten unterstehenden Gebietes Deutschlands in der kürzesten Zeit zu schaffen.
Für den Vorschlag der Ministerpräsidenten, von einem Volksentscheid Abstand zu nehmen, waren die gleichen Erwägungen maßgebend. Ein Volksentscheid würde dem Grundgesetz ein Gewicht verleihen, das nur einer endgültigen Verfassung zukommen sollte. Die Ministerpräsidenten möchten an dieser Stelle noch einmal betonen, daß ihrer Meinung nach eine deutsche Verfassung erst dann geschaffen werden kann, wenn das gesamte deutsche Volk die Möglichkeit besitzt, sich in freier Selbstbestimmung zu konstituieren; bis zum Eintritt dieses Zeitpunktes können nur vorläufige organisatorische Maßnahmen getroffen werden.
[...]
Mit besonderem Ernst haben die Ministerpräsidenten die Probleme geprüft, die mit der Ordnung der Ausübung der Besatzungsherrschaft zusammenhängen. Sie haben mit Genugtuung von der Absicht Kenntnis genommen, die Beziehungen zu den Besatzungsmächten auf eine klare Rechtsgrundlage zu stellen. Die Ministerpräsidenten sind jedoch der Ansicht, daß der Erlaß eines Besatzungstatutes durch die Militärgouverneure schon vor der Aufnahme der Tätigkeit der mit der Beratung des

Grundgesetzes für das Gebiet der drei Westzonen beauftragten Körperschaft eine dringende Notwendigkeit ist; nur dann wird diese eine sichere Arbeitsgrundlage haben. Sie sind weiter der Meinung, daß in dem Besatzungsstatut deutlich zum Ausdruck kommen sollte, daß auch die nunmehr geplanten organisatorischen Änderungen letztlich auf den Willen der Besatzungsmächte zurückgehen, woraus sich andere Konsequenzen ergeben müssen, als wenn sie ein Akt freier Selbstbestimmung des deutschen Volkes wären.
Mit ihren eingehenden Vorschlägen wollen die Ministerpräsidenten ihrer Überzeugung Ausdruck verleihen, daß den deutschen Organen alle Befugnisse zustehen sollten, die ihnen nicht durch das Besatzungsstatut selbst vorenthalten werden; von bestimmten Ausnahmen abgesehen, sollten sich die Maßnahmen der Besatzungsmächte grundsätzlich auf die Überwachung der Tätigkeit der deutschen Organe unter dem Gesichtspunkt der Sicherstellung der Erfüllung der Besatzungszwecke beschränken.
[...]
Die Ministerpräsidenten möchten nicht schließen, ohne den Militärgouverneuren dafür zu danken, daß sie durch ihre Initiative die Möglichkeiten für eine immer weiter fortschreitende Entwicklung der Demokratie erweitert haben, die sich nur dort zu entfalten vermag, wo ein Volk in freier Entscheidung Verantwortung auf sich nehmen und über sich selbst bestimmen kann. Sie geben der Versicherung Ausdruck, daß sie ebenso wie die Militärgouverneure alles tun werden, was dem Frieden der Welt und der Einheit eines freien und demokratischen Deutschlands dienlich sein kann.
[...]
(Wagner, 191, S. 143 ff.)

[4] Der britische Militärgouverneur Sir Brian Robertson über die zukünftige Deutschlandpolitik. Schreiben an Sir William Strang, Foreign Office, 20. 7. 1948

(Streng geheim)

[...]
Viele, z. B. mein Freund Clay, würden sagen, daß weitere Verhandlungen mit den Russen sinnlos sind und daß der einzige richtige Weg für uns ist, entsprechend den Londoner Vereinbarungen weiterzumachen, wäh-

rend wir gleichzeitig unsere Position in Berlin halten. Für die unmittelbare Zukunft ist dieser Plan sicherlich verlockend. Ich bin allerdings der Ansicht, daß die fortdauernde Teilung Deutschlands letztlich zum Krieg führen wird. Davon einmal abgesehen, halte ich den Plan für undurchführbar. Vor ein paar Monaten habe ich die Meinung geäußert, daß die Sowjets durch Aktionen bis an den Rand des Krieges in Berlin so starken Druck auf uns ausüben können, daß unsere Stellung dort unhaltbar wird. Ich bin immer noch dieser Meinung. Ich glaube, wir machen uns selbst etwas vor, wenn wir annehmen, ungeachtet der Sowjets ewig in Berlin bleiben zu können... Ich bin der Meinung, daß es jetzt nicht möglich ist, Berlin aufzugeben. Bei meiner Einschätzung der Lage habe ich bereits darauf hingewiesen, daß die Sowjets unsere Anwesenheit auf die Dauer nicht hinnehmen können, wenn wir mit unseren Plänen für Westdeutschland weitermachen. Wenn wir versuchen, auf Dauer in Berlin zu bleiben, ungeachtet der Sowjets, wird es zum Krieg kommen. [...]
Ich schließe daraus, daß wir, wenn wir neuen Verhandlungen zustimmen, dies in der Hoffnung tun, etwas zu erreichen, und daß die einzige Hoffnung darin besteht, einen neuen Weg [zur Lösung der Deutschlandfrage] zu finden. [...] Die entscheidende Voraussetzung dafür ist: Wir sollten es mit den Deutschen riskieren [»We should take a chance on the Germans«]. Ich glaube, die Gelegenheit ist noch nie so günstig gewesen wie heute, zumal wir nicht sicher sein können, ob sich eine solche Gelegenheit noch einmal bieten wird.
In der Vergangenheit habe ich bezweifelt, daß die Sowjets so weit gehen und die Zufahrtswege nach Berlin blockieren würden. Ich habe es bezweifelt, weil ich glaubte, daß ein solcher Schritt bei den Deutschen zu sehr starken anti-sowjetischen Reaktionen führen würde. Sie haben die Zufahrtswege blockiert, es ist zu entsprechenden Reaktionen gekommen. Jetzt, glaube ich, ist der Zeitpunkt gekommen, diese anti-kommunistische Welle, die Deutschland von der Oder bis an den Rhein überschwemmt, zu nutzen und Kapital daraus zu schlagen. Wenn wir eine Situation schaffen können, in der die Deutschen in Freiheit eine Regierung bilden und sich selbst regieren können – bei einem notwendigen Minimum alliierter Kontrollen –, dann, so glaube ich, brauchen wir keine Angst zu haben, daß am Ende die Kommunisten siegen werden.
[...]

(Public Record Office, London, FO 371/70504/C 6057/3/18.)

[5] Sowjetische Vorschläge auf der Außenministerkonferenz in Paris, 24. 5. 1949

1. Um die wirtschaftliche und politische Einheit Deutschlands zu gewährleisten, wird vorgeschlagen:
a) die Tätigkeit des Kontrollrats für Deutschland auf der früheren Basis als eines Organs wiederaufzunehmen, das dazu berufen ist, die oberste Gewalt in Deutschland auszuüben.
b) die Alliierte Kommandantur in Berlin zur Koordinierung aller Maßnahmen in der Verwaltung Berlins und zur Sicherung eines normalen Lebens für Berlin als Ganzes wiedereinzusetzen.
2. Es muß in Anbetracht dessen, daß es unmöglich ist, die wirtschaftliche und politische Einheit Deutschlands herbeizuführen, ohne eine deutsche Zentralbehörde zu errichten, in deren Zuständigkeitsbereich die Probleme der wirtschaftlichen und staatlichen Entwicklung fallen, die für Deutschland als Ganzes von Bedeutung sind, als notwendig erkannt werden:
a) einen gesamtdeutschen Staatsrat auf der Grundlage der jetzt in der Ost- und den Westzonen bestehenden deutschen Wirtschaftsorgane zu errichten.
b) die Stadtverwaltung für ganz Berlin wiederherzustellen. Die Frage der Festsetzung eines Termins von Wahlen für die Stadtverordnetenversammlung für ganz Berlin ist der Alliierten Kommandantur zur Prüfung zu überweisen.

(Ursachen und Folgen, XXVI, 30, S. 324.)

[6] Gemeinsame Vorschläge der Westmächte auf der Außenministerkonferenz in Paris, 28. 5. 1949

1. Da das Grundgesetz von Bonn öffentlich verkündet worden ist, nachdem es die Zustimmung der übergroßen Mehrheit der gewählten Vertreter von drei Besatzungszonen gefunden hatte, sollte die Vereinheitlichung Deutschlands entsprechend diesem Gesetz auf Grund geeigneter Vereinbarungen, die den Staaten der Ostzone den Beitritt gestatten würden, ins Werk gesetzt werden.
2. Infolgedessen würden hauptsächlich die folgenden Grundsätze angewendet werden, um den Beitritt der in der Ostzone liegenden Staaten zu sichern:

a. Freiheit der Person einschließlich der Verkehrsfreiheit, Schutz gegen willkürliche Verhaftung und Einsperrung, Vereins-, Versammlungs-, Rede- und Pressefreiheit sowie Freiheit auf dem Gebiete des Rundfunks;
b. Freiheit für alle demokratischen politischen Parteien und Freiheit für die Wahlen;
c. Unabhängigkeit der richterlichen Gewalt.
Die vier Regierungen würden alle erforderlichen Maßnahmen ergreifen, um die Verwirklichung dieser Grundsätze zu sichern, einschließlich des Verbots jeglicher Polizeiformationen, die sich einer politischen Tätigkeit widmen.

3. In Verbindung mit dem Beitritt der in der Ostzone liegenden Staaten würde ein Besatzungsstatut auf der Grundlage einer Beteiligung der vier Mächte öffentlich verkündet. [...]
4. Auf wirtschaftlichem Gebiet würden die Vorbehalte der Alliierten besonders die durch Vereinbarung festgelegten Bestimmungen über die Beschränkung und das Verbot gewisser Industrien sowie über die Lieferung von für die Reparationen zur Verfügung stehenden Ausstattungsgütern umfassen. Auf die laufende Produktion und auf die Warenvorräte würden keinerlei Reparationslieferungen mehr in Anspruch genommen werden. Die Besatzungskosten würden auf der Grundlage einer Viererbeteiligung bestimmt. Sämtliche in Deutschland liegenden Industrieunternehmungen, an denen das Eigentum oder die Kontrolle nach dem 8. Mai 1945 durch eine auswärtige Macht oder für ihre Rechnung übernommen wurde, wären zurückzuerstatten. [...]
5. Die Viererkontrolle wäre von einer Hohen Kommission auszuüben, die normalerweise ihre Beschlüsse mit Stimmenmehrheit fassen würde. [...]

(Europa-Archiv 1949, S. 2287 f.)

2. Kapitel

Reform und Realität

»Verhinderte Neuordnung« und »erzwungener Kapitalismus«?

Die Sozialisierung findet nicht statt

Entflechtung und Montanmitbestimmung

Exkurs: Die gescheiterte Bodenreform in den Westzonen

Reform und Realität
»Verhinderte Neuordnung« und »erzwungener Kapitalismus«?

Die Sozialisierung findet nicht statt

»Kurz nach dem Zusammenbruch hätte kaum jemand eine Wette auf den Fortbestand des kapitalistischen Wirtschaftssystems abgeschlossen. Antikapitalistische Bestrebungen und Stimmungen waren weit verbreitet, wenn auch vage und wenig entschieden. Intellektuelle und Politiker plädierten für irgendeine Form des Sozialismus oder der Gemeinwirtschaft, von den Kommunisten über die SPD und dem starken linken Flügel der entstehenden CDU bis zu den christlichen und humanistischen Intellektuellen, die Zeitschriften wie ›Der Ruf‹, ›Die Wandlung‹ oder ›Frankfurter Hefte‹ herausgaben. Die Zielsetzungen variierten im einzelnen. Vielen schwebte – wenn auch meist sehr vage – vor, in einem wieder erstehenden deutschen Nationalstaat Demokratie und Sozialismus zu verschmelzen und damit einen Brückenschlag zwischen Ost und West zu bewerkstelligen. Mit Ausnahme der Kommunisten gingen die Befürworter von Sozialismus, Sozialisierung und Gemeinwirtschaft davon aus, daß Reformen in dieser Richtung die zu schaffende freiheitlich-demokratische Verfassungsordnung nicht in Frage stellen, sondern erst wirklich ausfüllen würden.«

Mit diesen Worten beschreibt Jürgen Kocka die Aufbruchstimmung bei Kriegsende, 1945 als »Wendepunkt deutscher Geschichte«.[1]
Auf der Tagung des Zonenausschusses der CDU für die britische Zone in Ahlen gelang dem linken Flügel der CDU im Februar 1947 die Verabschiedung eines Programms, das in diese Richtung deutete.
Nach Meinung des SPD-Vorsitzenden Kurt Schumacher konnte Deutschland nur demokratisch sein, wenn seine Wirtschaftsordnung sozialistisch war. Er hat diese Forderung immer wieder erhoben *(vgl. Dok. 5, Band 1)*; auf dem ersten Nachkriegsparteitag der SPD im Mai 1946 in Hannover bezeichnete er es in seiner typischen Ausschließlichkeit als »Aufgabe des Tages: entweder wird es uns gelingen, Deutschland in seiner Ökonomie sozialistisch und in seiner Politik demokratisch zu formen, oder wir werden aufhören, ein deutsches Volk zu sein.«[2]
Und schon ein Jahr zuvor hatte er *seine* Interpretation des Faschismus verkündet, daß nämlich Hitler im Auftrag der großen Kapitalisten den Krieg geführt hatte. Dies

»hat die historische Forschung nicht bestätigt. Daß der Faschismus und seine Erfolge in Deutschland mannigfaltige Ursachen hatten, wußte auch Schumacher. Doch daß die tiefe Krise des privatkapitalistischen Systems und die antidemokratische, antiparlamentarische und antisozialistische Politik der meisten Unternehmer großen Anteil am Sieg des Nationalsozialismus hatten, das ist nicht zu bezweifeln. Unbestreitbar ist auch, daß die großen Unternehmer unter der nationalsozialistischen Herrschaft weniger Einbußen an Einfluß und Lebenschancen erlitten als andere Klassen, etwa die Lohnarbeiterschaft. Bei vielen Menschen bestand ein Gespür für diese Zusammenhänge.«[3]

Die »antikapitalistische Sehnsucht« nach 1945 schien Erfüllung zu finden angesichts einer »Sternstunde« gesellschaftspolitischer Möglichkeiten: Hatte doch auch die britische Labour-Regierung die Sozialisierung auf ihre Fahnen geschrieben und im eigenen Lande entsprechende Maßnahmen eingeleitet.
Und dennoch: in Westdeutschland ist es nicht zur Sozialisierung gekommen. Diese Tatsache gilt zu Recht als eine der wichtigsten Weichenstellungen in der Vor- und Entstehungsgeschichte der Bundesrepublik, wurde doch damit die gesellschaftliche Struktur dieses Landes schon frühzeitig präjudiziert. Vetos der westlichen Besatzungsmächte, unter Führung der USA, darin sind sich die einschlägigen Autoren einig, haben die Realisierung konkreter Sozialisierungsgesetze und damit auch eine umfassende sozioökonomische Neuordnung verhindert, den Kapitalismus »erzwungen« und – zusammen mit anderen in dieselbe Richtung weisenden »Determinanten« – eine restaurative Wende mit weniger Demokratie eingeleitet.
Der SPD wird vorgeworfen, sie habe es versäumt, »Massenkämpfe zu initiieren« und »entscheidenden Widerstand« zu leisten. Den Briten wurde von DDR-Historikern sogar unterstellt, eine Politik im Interesse der »deutschen Großbourgeoisie« betrieben zu haben.[4] Dazu Wolfgang Rudzio:

»Die gegenwartspolitische Brisanz dieser Thematik, die offensichtlich gerade linksorientierte Autoren anlockt, liegt einmal darin, daß die derzeitige Wirtschaftsordnung der Bundesrepublik dabei mit einem demokratisch illegitimen Ursprung behaftet erscheint, zum anderen in der Frage nach den für jene Weichenstellung verantwortlichen politischen Kräften, insbesondere ob und inwieweit Gewerkschaften, SPD und Labour Party gewissermaßen ›versagt‹ hätten.«[5]

Was ist an diesen Anschuldigungen richtig, was ist falsch, wie sieht es mit den Vetos der westlichen Besatzungsmächte aus? Die Masse der Schlüsselindustrien lag in der britischen Zone, in erster Linie im Ruhrgebiet; in der Frage der Sozialisierung wird daher im Folgenden der Schwerpunkt auf die britische Politik gelegt.

Den Briten ging es keinesfalls darum, ihr Sozialismusmodell um jeden Preis in ihre Zone zu exportieren und, wie es im November 1947 einmal hieß, es den Deutschen mit Gewalt aufzuzwingen (»to ram socialisation down the Germans' throat«). Ideologische Gründe spielten von Anfang an nur eine untergeordnete Rolle. Die Entscheidung zur Sozialisierung wurde primär von sicherheitspolitischen Überlegungen bestimmt, wobei der Sicherheitsbegriff bei den Linken in Partei und Regierung wohl auch sozialistisch geprägt war. Die Deutschland- und damit auch die Sozialisierungspolitik aber wurde nicht von Ideologen konzipiert und durchgeführt, sondern, wie Hans-Peter Schwarz schon 1966 völlig richtig festgestellt hat, »von undogmatischen Pragmatikern, deren Exponent Ernest Bevin zwar nicht unbestritten, aber stets siegreich den Lauf der Dinge bestimmte«. Die Pragmatiker waren jene liberal-konservativen Mitarbeiter, die schon vor und während des Krieges Schlüsselpositionen im Foreign Office besetzt hatten und für Kontinuität in der britischen Außenpolitik sorgten. Im Hinblick auf Deutschland hieß das in erster Linie Sicherheit, und nicht Sozialisierung. Anfang 1947 brachte Bevin dies einmal auf die Formel: »Wenn wir unsere Deutschlandpolitik in einem einzigen Wort zusammenfassen müßten, dann hieße dieses Wort Sicherheit«, wobei diese Sicherheit allerdings anders definiert wurde als etwa Frankreichs Streben nach Sicherheit: in London sprach man von der »russischen Gefahr«, in Paris nur von der deutschen.[6]
Ausgangspunkt aller Überlegungen waren die Schlüsselindustrien an Rhein und Ruhr.
Einerseits durfte das Ruhrgebiet nie wieder zum Rückgrat einer deutschen Aggression werden, andererseits war dieses Wirtschaftspotential für den Wiederaufbau Europas und Deutschlands unentbehrlich. Von Anfang an ging die Labour-Regierung dabei auch von der Prämisse aus, daß die Industrie an Rhein und Ruhr *nicht* in deutschem Privatbesitz verbleiben durfte. Dies war die logische Konsequenz aus ihrer Interpretation der jüngsten deutschen Geschichte, wonach die Wirtschaftsmagnaten Hitler finanziert hatten und an beiden Weltkriegen maßgeblich beteiligt gewesen waren; eine Ansicht, die sie mit führenden Antifaschisten teilte. Sicherheitsdenken und Eigentumsfrage, strukturelle Veränderungen und »industrielle Abrüstung«, zukünftige Organisation und Kontrolle der Industrie waren somit aufs engste miteinander verknüpft.
Mit der Beschlagnahme der Krupp-Werke im Oktober und der Kohlenzechen im Dezember 1945 wollte Außenminister Bevin zunächst ein politisches Zeichen setzen; er erhoffte sich davon nicht nur große psy-

chologische Wirkung auf die deutschen Bergarbeiter, es sollten auch die sowjetischen Befürchtungen zerstreut werden, wonach die Briten im Ruhrgebiet den Besitz deutscher Kartelle und Syndikate aufrechterhalten würden, um die Ruhr als Rüstungsarsenal gegen die Sowjetunion aufzubauen. Die beste Lösung des Gesamtproblems, bei dem auch noch die französischen Sicherheitsinteressen zu berücksichtigen waren, glaubte man zunächst in der *Internationalisierung* der Ruhrindustrie gefunden zu haben. Erst der zweite Ruhrplan vom April 1946 sah dann zum erstenmal auch offiziell die Sozialisierung der Schlüsselindustrien vor *(vgl. Kap. 7, Band 1)*.

Obwohl man sich in dieser Zielsetzung mit den Sozialdemokraten und dem linken Flügel der CDU in der eigenen Zone einig war, blieben konkrete Schritte zunächst aus.

Im Juni 1946 wurde dann beschlossen, sämtliche Schlüsselunternehmen zu beschlagnahmen. Bevin erhoffte sich von diesem Schritt eine, wie er es ausdrückte, wohltuende psychologische Wirkung innerhalb und außerhalb Deutschlands, die mit zur Widerlegung der Propaganda beitragen werde, daß man in der eigenen Zone keinerlei Fortschritt erziele, während die Sowjets in ihrer Zone alle reaktionären Elemente entfernten und tiefgreifende soziale Reformen durchführten. Außerdem sollten die deutschen Arbeiter an der Leitung der beschlagnahmten Unternehmen beteiligt und auf diese Weise frühzeitig mit deren Führung vertraut gemacht werden. Die öffentliche Ankündigung erfolgte dann jedoch erst am 21. August; da geeignete Offiziere fehlten, wurden allerdings nur die Unternehmen der Eisen- und Stahlindustrie beschlagnahmt und in die am gleichen Tag als oberste Kontrollstelle gegründete »North German Iron and Steel Control« übergeführt.

Direktoren und Geschäftsführer sowie alle übrigen leitenden Personen dieser Betriebe wurden gleichzeitig angewiesen, auf ihrem Platz zu bleiben und bis auf weiteres die Geschäfte der Unternehmen in »üblicher« Weise fortzuführen. Weiter hieß es, eine endgültige Entscheidung über die Zukunft der Eisen- und Stahlindustrie sei noch nicht gefallen, aber »in jedem Fall werden die Besitzer enteignet und nie wieder in den Besitz der Werke gelangen«.

Dies alles war natürlich keine Sozialisierung, und so verwundert es nicht, daß insbesondere bei der SPD die Enttäuschung über die britische Politik wuchs. Die entsprechende Reaktion blieb nicht aus. Die SPD drohte im September 1946 damit, aus sämtlichen politischen Gremien in der britischen Zone ihre Vertreter zurückzuziehen. Mit einem Appell an das Solidaritätsgefühl der SPD für die britische Arbeiterbewegung gelang es den Briten, diesen Boykott zu verhindern. Die Entschlossenheit der Sozialdemokraten beschleunigte aber den Entscheidungsprozeß in London. Der neue Leiter der Deutschlandabteilung im Foreign Office, Patrick Dean, hielt es Anfang Oktober nach Gesprächen mit der SPD-Führung für dringend notwendig, die Sozialisierung voranzutreiben. Er sah darin die einzige fortschrittliche Alternative zum Kommunismus in Deutschland, und er warnte: »Wenn wir mit der Sozialisierung scheitern, rechtfertigen wir die Kritik der SPD (und auch der Russen) an uns, treiben die SPD um so eher in die Arme der KPD und ermöglichen so die sowjetische ›Penetration‹ Deutschlands.« Darüber hinaus erhoffte sich Dean von einer kompromißlosen Sozialisierungspolitik, daß sie der Kritik von SPD und KPD den Boden entziehen und eine Annäherung des linken Flügels der CDU an die SPD ermöglichen würde. Genau das müsse auch den Amerikanern klargemacht werden, »denn wir können es uns auf gar keinen Fall leisten, die KPD in der britischen Zone stärker werden zu lassen oder uns auf den rechten Flügel der CDU zu verlassen, der extrem reaktionär ist«. Die Amerikaner, die prinzipiell keine Befürworter einer Sozialisierungspolitik seien, würden zwar, wie Clay Robertson versichert habe, keinen Widerstand in der britischen Zone entgegensetzen, falls diese Politik nicht einfach von den Briten oktroyiert würde, sondern die Initiative dazu von den Deutschen selbst komme, aber im Grunde hätten die Amerikaner bei aller Zugänglichkeit für Argumente doch nicht verstanden, worum es eigentlich gehe. Es gebe nämlich, abgesehen von der ökonomischen Internationalisierung, keine Alternative zur Sozialisierung, »und das heißt, da, wo es Industrie gibt in der britischen Zone, gibt es kein privates Unternehmertum mehr, das auf laissez-faire-Basis funktioniert«. Da in der Frage der Sozialisierung bisher fast nichts geschehen war, erwartete Dean, daß im Unterhaus im Zusammenhang mit der Reaktion der SPD in der 14 Tage später stattfindenden Debatte heftige Kritik an der Deutschland-Politik geübt würde. Er empfahl daher Bevin, in dieser Debatte zum Thema Sozialisierung eine eindeutige Aussage zu machen.

Bevin legte dann wenige Tage später dem Kabinett ein Memorandum vor, in dem er mit Nachdruck für die Sozialisierung plädierte. Das Kabinett stimmte am 21. Oktober zu *(Dok. 7)*. Die Erklärung Bevins am nächsten Tag im Unterhaus war die erste öffentliche und offizielle Ankündigung im Hinblick auf die britische Sozialisierungspolitik in Deutschland. Im Verlauf der Deutschlanddebatte erklärte er u. a.:

»Wir wünschen, daß alle diese Industrien in Zukunft in das Eigentum des deutschen Volkes übergehen und vom deutschen Volk selbst kontrolliert werden. Die rechtliche Form dieser Sozialisierung und öffentlichen Kontrolle wird jetzt ausgearbeitet. Diese Industrien müssen Eigentum des Volkes sein und vom Volk betrieben werden, unbeschadet der internationalen Kontrollen, durch die die Gewähr dafür gegeben wird, daß sie niemals mehr zu einer Gefahr für die Nachbarn Deutschlands werden können.«[7]

Noch am selben Tag wurde im Foreign Office in Zusammenarbeit mit dem Control Office eine Kabinettsvorlage fertiggestellt, in der die nächsten Schritte festgelegt waren. Die Sozialisierung sollte demnach in drei Stufen geschehen:
Stufe A sah die Einsetzung deutscher Treuhänder vor. Nach den ersten Landtagswahlen sollten dann die Körperschaften gegründet werden, die die sozialisierten Betriebe zu übernehmen hätten (B). Was die internationale Kontrolle (C) betraf, so wollte man sich auch jetzt noch nicht festlegen. London war nicht bereit, die eigene Kontrolle ohne Zwang aufzugeben. Bis zum Ende der Besatzungszeit sollten daher lediglich Beobachter aus den Vereinigten Staaten, Frankreich, Belgien, den Niederlanden und Luxemburg zugelassen werden. Den USA, die nach den Vorstellungen der Briten in Zukunft die finanzielle Hauptlast der Bizone, des Vereinigten Wirtschaftsgebiets beider Besatzungszonen, tragen sollten, konnte der Beobachterstatus kaum verwehrt werden. Den anderen Mächten hatte Bevin von Anfang an eine gewisse Zusammenarbeit bei der Lösung der Ruhrfrage zugesichert; eine sowjetische Beteiligung wurde ausgeschlossen.
Am 19. November 1946 beschloß das Kabinett, mit der ersten Stufe zu beginnen und Treuhänder für die inzwischen beschlagnahmten Schlüsselindustrien zu ernennen – als sichtbares Zeichen dafür, daß man es mit der Sozialisierungspolitik ernst meinte. Der zweite Schritt, die Errichtung der Staatsgesellschaften, wurde zunächst zurückgestellt.
Schon bei der Realisierung der ersten Stufe der Sozialisierung, der Ernennung von Treuhändern, gab es dann aber erhebliche Schwierigkeiten. Die Control Commission in Berlin verfolgte eine Verzögerungstaktik; sie warnte vor übereilten Schritten (»very important step ... we should be careful not to rush matters«), während General Robertson die Treuhänder gegenüber Sargent als »reine Statisten« (»complete dummies«) bezeichnete. Wichtig war überdies, Clay zu unterrichten, denn in »allen deutschen Fragen« komme es allein darauf an, sich mit ihm zu verständigen; Clay sei der entscheidende Mann (»all-powerful«), habe direkten Zugang zu Außenminister Byrnes und könne es sich leisten – was er auch

tue –, das State Department zu ignorieren.[8] Bevin lehnte überdies die Auswahl der Treuhänder durch Minister Hynd ab, da dies Sache des Militärgouverneurs bleiben müsse.
Noch wichtiger aber war die Frage, ob Treuhänder jeweils für ein Land oder für die britische Zone insgesamt ernannt werden sollten. Damit hing gleichzeitig die Frage zusammen, wer letztlich die Schlüsselindustrien übernehmen würde – die Landesregierungen oder eine mögliche Zentralregierung. Deutschlandminister Hynd plädierte für die Ernennung auf Zonenebene; er warnte vor einer von der CDU geführten Landesregierung in Nordrhein-Westfalen, die eine Sozialisierung wohl kaum durchführen würde. Es war Orme Sargent, der mit einem bemerkenswerten Memorandum intervenierte *(Dok. 8)*; seine Argumente wurden von Außenminister Bevin sämtlich übernommen.
Unabhängig von diesen Fragen hatte der nordrhein-westfälische Ministerpräsident Amelunxen auf Wunsch des britischen Regional Commissioners, William Asbury, der die Sozialisierungsfrage entschlossener als die Zentrale in Berlin anpackte, diesem schon am 6. Dezember im Einvernehmen mit Wirtschaftsminister Nölting (SPD) eine Liste mit Treuhändern für die vier geplanten Treuhand-Verwaltungen (Bergbau, Eisen und Stahlerzeugung, Maschinenbau, Schwerchemie) übergeben. Die Briten hatten keine Experten gewünscht, sondern »prominente Persönlichkeiten, ausgewählt nach Kriterien der Integrität und politischer Grundüberzeugung«. Vorgeschlagen wurden jetzt u. a.: Viktor Agartz (SPD), Leiter des Zentralamtes für Wirtschaft in Minden; Johann Albers (CDU), Gewerkschaftsführer, Köln; Direktor Heinrich Dinkelbach (CDU), Düsseldorf; Johann Ernst (CDU), Bergarbeiterführer; August Halbfell (SPD), (»Mitglied der im Jahre 1919 eingesetzten Sozialisierungskommission für den Bergbau«); Gustav Heinemann, Bergwerksleiter, Essen; Heinrich Raskop, Dortmund-Hörder-Hüttenverein, und Minister a. D. Heinz Renner (KPD), Düsseldorf. In dieser Phase sah sich die SPD veranlaßt zu präzisieren, was ihrer Meinung nach Sozialisierung eigentlich sein sollte, wie sie sich Wesen und Funktionieren einer sozialistischen Wirtschaftsordnung vorstellte. In den Führungsgremien der Partei wurden intensive Überlegungen angestellt; das Ergebnis waren »12 Thesen zur Frage der Sozialisierung«, die Erik Nölting am 6. Januar 1947 vorlegte.
Als die Briten endlich im Februar 1947 Treuhänder ernennen wollten, gab es neue Schwierigkeiten, die diesmal von den westeuropäischen Partnern Londons kamen und nicht etwa, wie aufgrund der Entwicklung in der amerikanischen Zone zu erwarten gewesen wäre, von den USA. Die

im Juni 1946 in Hessen gewählte »Verfassungsberatende Landesversammlung« hatte nämlich – mit den Stimmen der SPD, KPD, des größten Teils der CDU, gegen die Liberaldemokratische Partei (LPD) – in die Landesverfassung den Artikel 41 eingefügt, der die Überführung der Schlüsselindustrien in Gemeineigentum und die öffentliche Kontrolle von Großbanken und Versicherungsunternehmen vorsah; 169 Unternehmen des Bergbaus, der Eisenindustrie und des Verkehrswesens sollten sofort sozialisiert werden. Der amerikanischen Militärregierung war es nicht gelungen, die Landesversammlung zur Herausnahme dieses Artikels zu bewegen, und hatte Einzelabstimmung verlangt. Daraufhin hatten sich am 1. Dezember 1946 71,9 Prozent der Wähler für die Sozialisierung und 76,8 Prozent für die Gesamtverfassung ausgesprochen. Clay hatte dann entschieden, »den Artikel zwar in der Verfassung stehenzulassen, seine Durchführung aber zunächst auszusetzen«. Damit begann jene »passive Verhinderungsstrategie«[9], an deren Ende dann die »soziale Marktwirtschaft« stehen sollte.

Im Frühjahr 1947 waren es die Regierungen Frankreichs, Belgiens, der Niederlande und Luxemburgs, die in London geradezu einen Proteststurm gegen die geplante Ernennung der Treuhänder auslösten. Während die Beneluxländer gegen die Sozialisierung ihres Besitzes protestierten, fühlte sich Frankreich durch eine Sozialisierung unmittelbar in seiner Sicherheit bedroht. Ideologische Gründe spielten keine Rolle. Sozialisierung war in französischer Sicht in erster Linie eine Zusammenballung ökonomischer Macht in den Händen des eben noch bekämpften Staates und bedeutete gleichzeitig die moralische Anerkennung des Besitzrechts der Deutschen an der Ruhr durch die Briten. Im Foreign Office setzten sich schließlich diejenigen Kräfte durch, die angesichts der laufenden Bündnisverhandlungen mit Frankreich – der Vertrag von Dünkirchen wurde am 4. März 1947 unterzeichnet – für Zurückhaltung plädierten.

Die Ernennung von Treuhändern wurde daraufhin verschoben, auch wenn dieser Beschluß, wie Premierminister Attlee Anfang März im Kabinett feststellte, keineswegs eine Aufgabe der Sozialisierungspolitik bedeutete.

Erst nach der Außenministerkonferenz in Moskau Ende April stand das Thema Sozialisierung in London wieder auf der Tagesordnung. Patrick Dean war entschlossen, wie er es formulierte, »den Stier bei den Hörnern zu packen«. In einem Punkt gab es inzwischen Klarheit: Der Gedanke, auf die Ernennung von Treuhändern ganz zu verzichten und statt dessen sofort mit Stufe B der Sozialisierungspolitik zu beginnen, nämlich

Staatsgesellschaften zu errichten, die die sozialisierten Industrien übernehmen sollten, war aus grundsätzlichen Überlegungen verworfen worden; die Ernennung von Treuhändern wollte man als entschiedenen Hinweis verstanden wissen, daß man entschlossen war, die Sozialisierung auch tatsächlich durchzuführen. Auch in einem anderen Punkt war inzwischen eine Entscheidung gefallen: Die Sozialisierung würde in jedem Fall auf Landesebene durchgeführt. Die Landesregierungen sollten demnach aufgefordert werden, Vorschläge zur Sozialisierung der Kohlen-, Eisen- und Stahlindustrie auf Landesebene vorzulegen.

Die Lösung einer anderen Frage bereitete dagegen nach wie vor erhebliche Schwierigkeiten: Wie sollte man bei der Sozialisierung mit ausländischen Besitzanteilen verfahren? Entschädigung konnte man nicht zahlen, da man über keine Devisen verfügte; eine entschädigungslose Enteignung aber verbot sich von selbst, wollte man nicht einen äußerst gefährlichen Präzedenzfall für eigene Unternehmen schaffen, wobei in erster Linie an britische Ölfirmen im Mittleren Osten gedacht wurde. Sollte man daher Unternehmen mit mehr als 50 Prozent ausländischem Besitzanteil von vornherein von der Sozialisierung ausnehmen? Oder sollte man versuchen, noch vor der Sozialisierung ausländische Besitzanteile in Deutschland gegen deutschen Besitz im Ausland auszutauschen, um so zu einer vergleichsweise geringen Zahl von Unternehmen zu kommen, die nicht sozialisiert würden? Auf der anderen Seite befürchtete man Arbeiterunruhen in der eigenen Zone, wenn jene Unternehmen dann nicht sozialisiert würden; außerdem konnte man sich kaum vorstellen, daß die sozialisierten deutschen Unternehmen mit den privaten ausländischen Unternehmen erfolgreich zusammenarbeiten würden.

Der Vorschlag, die ausländischen Unternehmen durch entsprechende Kohlezuteilungen zur Mitarbeit zu zwingen, wurde mit dem Argument zurückgewiesen, daß man lediglich als Treuhänder für andere Mächte handle und nicht willkürlich über deren Besitz in Deutschland verfügen könne. Man fand keinen Kompromiß, wollte andererseits aber auch die Landesregierungen nicht zu sehr in ihrem Entscheidungsspielraum einengen. Man beschloß daher, die Lösung des Problems den Landesregierungen zu überlassen; sie sollten zusammen mit dem Militärgouverneur und Experten der betroffenen Länder Vorschläge ausarbeiten, die die ausländischen Interessen so weit wie möglich berücksichtigten und eine »faire Behandlung« und »angemessene Entschädigung« sicherstellten.

Im Juni wurde Außenminister Bevin endlich das eher magere Ergebnis wochenlanger Beratungen in Form eines Entwurfs für das Kabinett vorgelegt. Ausdrücklich hieß es, die Fragen des Managements und der Kontrolle der sozialisierten Industrien würden gesondert behandelt. Bevin wies diesen Entwurf zurück; das Kabinett, so argumentierte er, werde ihn in dieser unvollständigen Form nicht akzeptieren; was man brauche, sei ein »umfassender Plan«. Zu diesem umfassenden Plan sollte es nicht mehr kommen – denn nun intervenierten die Amerikaner zum erstenmal massiv.

Mehrere Gründe kamen zusammen: Clay war ein erklärter Gegner jeglicher Sozialisierung; für ihn wie für zahlreiche andere Vertreter der Truman-Administration, Unternehmer und Gewerkschafter gab es auf der einen Seite aufgrund von Erfahrungen im eigenen Lande nicht den von anderen betonten Zusammenhang zwischen Kapitalismus und Demokratiegefährdung. Das Gegenteil war eher der Fall. Sie waren um die Durchsetzung liberalkapitalistischer Wirtschaftsprinzipien bemüht, wo immer man dazu die Möglichkeit hatte. Und in Westdeutschland hatte man nun einmal aufgrund der eigenen überragenden ökonomischen und politischen Macht diese Möglichkeit. In Sozialisierungsexperimenten und der Einschränkung privatwirtschaftlicher Initiativen sahen sie im übrigen eine Gefährdung der Effizienz und damit eine fortdauernde Belastung des amerikanischen Steuerzahlers. Jürgen Kocka faßt das so zusammen:

»Selbst Unternehmer mit prononcierter NS-Vergangenheit profitierten von dieser Befürchtung der Besatzungsmacht und ihrer insofern besonders inkonsequenten Entnazifizierungspolitik. Sozial und ideologisch bestanden viele Übereinstimmungen zwischen einflußreichen Teilen der amerikanischen Militärregierung und der deutschen Geschäftswelt, und diese nutzte das aus.«[10]

General Draper von der amerikanischen Militärregierung legte am 20. Juni 1947 einen Plan zur Reorganisation der deutschen Kohlenwirtschaft vor, in dem die Frage des Managements mit der des Eigentums verknüpft wurde. Das gesamte Eigentum an den Kohlengruben und die gesamte Verantwortung für Produktion und Management sollten für zunächst fünf Jahre *einem* deutschen Treuhänder übertragen werden. Dieser Zeitraum sollte für die Produktion Kontinuität sicherstellen und die Möglichkeit bieten, zur Höhe der Vorkriegsproduktion zurückzukehren. Es war weiter vorgesehen, die Treuhänderschaft so lange zu verlängern, bis das deutsche Volk in Freiheit unter einer deutschen Regierung und unter stabilen wirtschaftlichen Verhältnissen über die Zukunft der Kohlenindustrie abstimmen konnte.

Mit diesem Plan wurde der direkte Versuch unternommen, die Eigentumsfrage für zunächst fünf Jahre »auf Eis zu legen«, wie es der stellvertretende amerikanische Außenminister Dean Acheson formulierte. Es ging darum, die Diskussion um eine mögliche Sozialisierung der deutschen Industrien zu beenden. Der Vorstoß der amerikanischen Militärregierung wurde von den Militärs in Washington unterstützt. Kriegsminister Patterson sprach intern davon, in Deutschland müsse ein Desaster verhindert werden; an der Ruhr sei ein Maximum an Kohleförderung, aber kein Sozialisierungsexperiment erforderlich, und er brachte dies auf die einprägsame Formel: »Wenn mein Haus brennt, tue ich alles, um das Feuer zu löschen, aber ich streite nicht darüber, wie ich das Haus einrichte.«[11]

Für Marineminister Forrestal begann mit Sozialisierung – in welcher Form auch immer – schon der Kommunismus; es galt daher, den Anfängen zu wehren. Auch das Außenministerium, dessen Haltung in dieser Frage bis zu diesem Zeitpunkt eher indifferent bis wohlwollend gewesen war – was im Juli in der Direktive JCS 1779 noch einmal bekräftigt wurde *(Dok. 9)* –, schwenkte nun auf die Linie der Militärs ein.

Außenminister Marshall war davon überzeugt, daß das britische Management an der Ruhr geradezu erbärmlich gewesen sei und zu einem völligen Fehlschlag geführt habe. Ohne ausreichende Ruhrkohle war aber auch das von ihm verkündete Wiederaufbauprogramm für Europa gefährdet. Er war entschlossen, britische Sozialisierungsexperimente an der Ruhr nicht zu dulden und dies den Briten klarzumachen.

Als der amerikanische Militärgouverneur in Deutschland, General Lucius D. Clay, im Kriegsministerium erneut das Schreckgespenst eines sozialistischen Westdeutschland an die Wand malte, fiel die Entscheidung. Außenminister Marshall bat Premierminister Attlee Ende Juni 1947 um die Entsendung einer hochkarätigen Delegation nach Washington, um die anstehenden Probleme zu beraten.

Erstaunlich ist, daß bis zu diesem Zeitpunkt jene Akteure auf britischer Seite, die unmittelbar mit der Sozialisierungsfrage zu tun hatten, einerseits ein geradezu naives Vertrauen in die mehr als vagen Äußerungen der Amerikaner auszeichnet, andererseits selbst Bevin der Meinung war, man könne die Amerikaner noch nach deren Intervention durch eine Sozialisierungsaktion überrumpeln. Genau am 30. Juni 1947 machte Premierminister Attlee klar, daß dies nicht ging. Er nahm die Einladung des amerikanischen Außenministers an und stoppte gleichzeitig die Beratungen über die Sozialisierungspolitik.

Wieder einmal gab die Finanzschwäche Großbritanniens den Ausschlag

Abb. 3: Die drei Hohen Kommissare in der Bundesrepublik (v. l.): John J. McCloy (USA), Sir Ivone Kirkpatrick (Großbritannien) und André François-Poncet bei einem Empfang.

für britisches Nachgeben. Angesichts der sich katastrophal verschlechternden Devisenlage war nicht nur eine Revision der Finanzklausel des Bizonenabkommens zugunsten Großbritanniens unumgänglich, man mußte in Washington auch wegen einer erneuten Anleihe zur Finanzierung von Weizenlieferungen vorstellig werden. Unter diesen Umständen mußte alles vermieden werden, was die Verhandlungen in Washington belastet hätte.

Am selben Tag wies auch der höchste Beamte im Foreign Office, Sir Orme Sargent, in einem Schreiben an Premierminister Attlee auf die verschiedenen Anzeichen des amerikanischen Unwillens und die möglichen Konsequenzen hin, die die Sozialisierung im Hinblick auf eine Übereinkunft mit den USA und auf die weitere finanzielle Unterstützung haben könnte. Es gab offensichtlich keine Alternative.

Das Dilemma, in dem sich die Briten zu diesem Zeitpunkt mit ihrer Sozialisierungspolitik befanden, wurde nun auch von ihnen selbst mit aller Deutlichkeit gesehen *(Dok. 10)*.

Zum einen gab es bereits Anzeichen dafür, daß sich amerikanisches Privatkapital auf den Ankauf deutscher Unternehmen in der britischen Zone vorbereitete, zum anderen hatten die Amerikaner deutlich zu verstehen gegeben, daß sie bei einem größeren finanziellen Engagement eine klare antisozialistische Politik betreiben würden. Kündigte man aber andererseits den Aufschub der Sozialisierungspolitik öffentlich an, mußte man mit einer äußerst feindlichen Reaktion der Sozialdemokraten, des linken Flügels der CDU und der Gewerkschaften und als Folge davon mit einer Verschlechterung des Arbeitsklimas und fallender Kohleproduktion rechnen. Frankreich sah nach wie vor in der Sozialisierung eine Bedrohung seiner Sicherheit. Im Kabinett und im Unterhaus aber wurde eben diese Sozialisierung weiter gefordert.

Als die »Kohlenkonferenz« am 12. August in Washington eröffnet wurde, versuchten die Amerikaner sofort, die Frage des »öffentlichen Eigentums« zusammen mit der des Managements der Kohlenindustrie an erster Stelle zu beraten. Der Leiter der britischen Delegation, Sir William Strang, mußte dies jedoch ablehnen; er war lediglich zu einer Erörterung der Frage ermächtigt, ob die ungeklärte Eigentumsfrage (Sozialisierung oder Nicht-Sozialisierung) irgendwelche Auswirkungen auf die Kohleförderung hatte. Gleichzeitig machte er den Amerikanern klar, daß es der britischen Regierung, nachdem diese sich in der Sozialisierungsfrage durch entsprechende Ankündigungen festgelegt hatte, kaum möglich war, öffentlich davon wieder abzurücken. Strang selbst war mehr und mehr davon überzeugt, daß Großbritannien in der Frage der Sozialisierung seit Bildung der Bizone die Handlungsfreiheit in der eigenen Zone weitgehend verloren hatte; er bezweifelte jetzt, ob man auch nur *einen* Schritt ohne die Zustimmung der Amerikaner tun konnte.

Die Washingtoner Konferenz endete mit einem Erfolg der Amerikaner. Sie stimmten zwar zu, die Eigentumsfrage im Abschlußbericht der Konferenz überhaupt nicht zu erwähnen, mit der Errichtung der Bipartite Control Group erhielten sie jedoch ein Mitwirkungsrecht im Ruhrbergbau. Gemeinsam mit den Briten kontrollierten sie von nun an die Arbeit der neugebildeten Deutschen Kohlebergbauleitung. Und was die Sozialisierung anging, so schickte Strang noch aus Washington Vorschläge nach London, die im Foreign Office zu einem Acht-Punkte-Programm umgearbeitet wurden und als Grundlage für eine mögliche Übereinkunft accord mit den Amerikanern dienen sollten.

Die endgültige Entscheidung über die Eigentumsverhältnisse sollte nunmehr – und dies entsprach den Vorstellungen der Amerikaner – einer aus freien Wahlen hervorgegangenen deutschen Regierung überlassen bleiben. Sollte es nicht zu einer gesamtdeutschen Regierung kommen, dann sollte die Bizonen- oder Trizonenregierung diese Entscheidung treffen. Öffentliches Eigentum – und zwar beschränkt auf Landesebene – sollte bei dieser Entscheidung noch *möglich,* zumindest aber nicht *ausgeschlossen* sein. Von einer Entscheidung durch eine Landesregierung war keine Rede mehr. Im übrigen mußte das Sicherheitsproblem befriedigend gelöst sein; die Kohlengruben durften ihren früheren Besitzern nicht zurückgegeben werden, und ausländische Besitzanteile mußten abgesichert sein. Dieser Plan lief praktisch auf einen Aufschub jeglicher Sozialisierung hinaus. Clay schrieb im Oktober 1947 an seinen Wirtschaftsreferenten Draper: »Die Zeit ist auf unserer Seite. Wenn wir daher die Angelegenheit hinauszögern können, während die freie Unternehmerwirtschaft fortfährt zu arbeiten und wirtschaftliche Verbesserungen sich einstellen, dann wird sich die Frage dem deutschen Volk vielleicht gar nicht mehr stellen.«[12]

Am 17. Dezember 1947 wurde dann in Washington das revidierte Bizonenabkommen unterzeichnet, das die Übernahme fast der gesamten finanziellen Lasten Großbritanniens in der Bizone durch die USA vorsah; dafür mußten die Briten den Amerikanern praktisch das alleinige Bestimmungsrecht im Außenhandel der Bizone zugestehen. Das Thema Sozialisierung spielte in diesen Verhandlungen keine Rolle mehr; es stand erst Anfang Februar 1948 wieder auf der Tagesordnung. Es waren die Deutschen, die die Briten zum Offenbarungseid zwangen.

Der Düsseldorfer Landtag beriet in zweiter Lesung einen von der SPD-Fraktion bereits im Juli 1947 eingebrachten Gesetzentwurf zur Sozialisierung der Kohlewirtschaft, obwohl noch am 6. Februar die Militärregierung in Berlin den Regional Commissioner in Düsseldorf, Alexander Bishop, gebeten hatte, alles in seiner Macht Stehende zu tun, um zu verhindern, daß die SPD einen Gesetzentwurf vorlegen würde, der die Briten in die unangenehme Lage bringen würde, daß man ihn ablehnen müsse, was in Deutschland und Großbritannien zu einem Aufschrei der Empörung führen und darüber hinaus die Kommunisten mit willkommener »Munition« versorgen würde.

Für die Briten schlug nun die Stunde der Wahrheit. Den Deutschen mußte klargemacht werden, daß Landesparlamente keine Sozialisierungsgesetze beschließen konnten. Würde der Landtag von Nordrhein-

Westfalen den vorliegenden Gesetzentwurf zur Sozialisierung der Kohleindustrie dennoch verabschieden, dann, so Robertson schon am 10. Februar 1948, werde er dieses Gesetz nicht genehmigen. Die Begründung, die er gab, stimmte fast wörtlich mit dem Schreiben überein, das am 23. August 1948 dem Landtagspräsidenten von Bishop überreicht wurde, nachdem der Landtag mit den Stimmen von SPD, KPD und Zentrum gegen die FDP und bei Stimmenthaltung der CDU das entsprechende Gesetz am 6. August verabschiedet hatte.

Da half auch nicht, daß die Militärs in Düsseldorf die Genehmigung empfahlen, daß der Gesetzentwurf vorbehaltlich einer späteren reichseinheitlichen Lösung gelten sollte, und daß in dem Schreiben der Landesregierung vom 19. August ausdrücklich auf die Erklärung Robertsons vor dem Landtag in Düsseldorf am 7. April 1948 verwiesen wurde. Robertson wurde zitiert, daß »nach Meinung der britischen Regierung die Frage der zukünftigen Eigentumsverhältnisse in der Kohlenwirtschaft von den Deutschen selbst entschieden werden müßte und daß die britische Regierung keinesfalls zulassen würde, daß die deutsche Ruhrindustrie an ihre früheren Besitzer zurückfällt«.

»Da die Bitte um Erlaß einer solchen Verordnung« (zum Inkrafttreten des Gesetzes), so hieß es weiter in dem Schreiben, »nicht zuletzt auf dieser Erklärung fußt, hoffen wir auf eine baldige Genehmigung rechnen zu können.« Diese Hoffnung war trügerisch. Unter Hinweis auf die zu erwartende Regelung mit den Amerikanern (Gesetz Nr. 75) hatte Robertson schon am 12. August Bishop angewiesen, »es zunächst zu vermeiden, die Zusicherung aus meiner Erklärung zu wiederholen«.[13] Zumindest nach Meinung Robertsons war die SPD seit dem Frühjahr 1948 über seine Haltung informiert; um so empörter war er, daß sie dieses Gesetz durch den Düsseldorfer Landtag »paukte«, wie er es nannte. Möglicherweise vertraute die SPD zu sehr auf Bishop; Fritz Heine vom Vorstand der SPD erhob jedenfalls angesichts der britischen Entscheidung emphatischen Protest bei der Labour Party in London und bat um Intervention und Hilfe – sehr zum Ärger der Militärregierung. Auch der Vorstand des bizonalen Gewerkschaftsrats suchte Hilfe bei den britischen Kollegen – ebenfalls ohne Erfolg. Die Briten waren froh, daß die Amerikaner zugestimmt hatten, »die endgültige Entscheidung über Eigentumsverhältnisse im Kohlenbergbau und in der Eisen- und Stahlindustrie einer aus freien Wahlen hervorgegangenen, den politischen Willen der Bevölkerung zum Ausdruck bringenden deutschen Regierung zu überlassen« (Gesetz Nr. 75). Mit dieser

Formel wurde eine Sozialisierung zumindest nicht mehr von vornherein ausgeschlossen.

Allerdings hatte auch diese Zustimmung ihren Preis: Zum einen hatten die Briten ihr ursprüngliches Konzept der Sozialisierung auf Landesebene, über das sie 1946/47 intern erbittert gestritten hatten, aufgeben müssen (was wohl noch am ehesten zu verschmerzen war, zumal die Gefahr einer kommunistischen Zentralregierung nicht mehr bestand), zum anderen aber mußten sie den Amerikanern nun auch ein entscheidendes Mitspracherecht in der Eisen- und Stahlindustrie gewähren. Anders als in der Kohlenindustrie hatten die Briten nämlich auch noch nach der Revision des Fusionsabkommens hier das alleinige Sagen. Dies wurde besonders deutlich bei der Durchführung der Dekartellisierung, die den Amerikanern mehr und mehr ein Dorn im Auge war. Bis zum 1. April 1948 hatten die Briten 25 Werke »entflochten«. Am 10. Juni 1948 – wenige Tage nach Abschluß der Sechs-Mächte-Verhandlungen in London – forderte General Clay dann die Errichtung eines anglo-amerikanischen Kontrollamtes und die Ernennung von Treuhändern auch für die Eisen- und Stahlindustrie. Der Hintergedanke dabei war nicht nur, damit der britischen Entflechtungspolitik ein Ende zu bereiten, man wollte auch aus den bereits entflochtenen Werken insgesamt zwölf größere Einheiten mit einer jeweiligen Produktionsleistung von einer Million Tonnen Eisen und Stahl schaffen.

Die Briten stimmten auch dem zu. Noch in einem anderen Punkt machten sie ein Zugeständnis. Die Amerikaner hatten nämlich die alte britische Formel, wonach die Betriebe auf keinen Fall ihren ehemaligen Besitzern zurückgegeben werden sollten, kategorisch abgelehnt. Der britische Kompromiß lautete nunmehr:

»Die Militärregierung hat beschlossen, ... nicht zu gestatten, daß jemand, von dem bekannt ist oder bekannt wird, daß er die Angriffspläne der nationalsozialistischen Partei gefördert hat, in eine Stellung zurückkehrt, in der ihm Eigentums- und Kontrollrechte zustehen würden.«

Auf britischer Seite wurde trotz aller Zugeständnisse das Ergebnis in der Sozialisierungsfrage nicht als eine Niederlage, sondern als Erfolg gewertet. Für Robertson war es eine großartige Sache (»quite a feat«), die Mehrheit der Minister sprach sich in der Kabinettssitzung am 4. November 1948 für die Vereinbarung aus und äußerte sich befriedigt über die Bereitschaft der Amerikaner, eine Übereinkunft zu akzeptieren, die eine Sozialisierung nicht ausschloß.

Allerdings wurden auch Zweifel laut.
Gesundheitsminister Bevan äußerte schwere Bedenken im Hinblick auf die zukünftige westdeutsche Regierung. Diese Regierung werde notwendigerweise von den Besatzungsmächten abhängig und – wahrscheinlich rechtsgerichtet – dem Druck aus Wirtschaftskreisen ausgesetzt sein. Für diesen Fall befürchtete Bevan Schlimmes:

»Den Unternehmern wird ihr Privatbesitz zurückgegeben, die Regierung gerät unter den starken Einfluß der neuen Besitzer und wird sich – anders als die britische Regierung – kaum vor ihnen schützen können. Die Befriedung Europas wird schwieriger und eine Übereinkunft mit Ostdeutschland kaum mehr möglich.«

Um all dies zu verhindern und der neuen Regierung die Möglichkeit zu geben, sich zu konsolidieren, bat er um eine Ergänzung des Gesetzes: innerhalb von fünf Jahren nach seiner Verabschiedung sollte keine Rückkehr zu Privatbesitz möglich sein. Damit könne man auch die Intention der neuen US-Regierung testen. Bevan stellte es Attlee frei, eine Sondersitzung des Kabinetts einzuberufen; in jedem Fall aber wollte er seine Bedenken aktenkundig machen. Eine solche Sitzung wurde dann jedoch nicht mehr für notwendig erachtet. In einem Gespräch mit dem Gesundheitsminister am 5. November warnte Außenminister Bevin davor, an dem Abkommen etwas ändern zu wollen. Die Amerikaner, die die Regelung der Eigentumsfrage zunächst für zehn (!) und dann für fünf Jahre hätten verschieben wollen – und zwar im Interesse der Privateigentümer –, könnten Gegenvorschläge machen und damit alles gefährden. Im übrigen würden die Treuhänder auch nach Bildung der westdeutschen Regierung bis zur Regelung der Eigentumsfrage fungieren. Damit gab sich denn auch Bevan zufrieden. Noch am selben Tag erhielt General Robertson die erforderlichen Instruktionen zur Unterzeichnung des Abkommens. Am 10. November 1948 trat es als »Gesetz Nr. 75 über die Umgestaltung des deutschen Kohlenbergbaus und der deutschen Eisen- und Stahlindustrie« in Kraft.[14]
Obwohl die Briten auch in der Folgezeit trotz aller Schwierigkeiten ihren Prinzipien treu blieben, wurde die Sozialisierungsfrage schließlich nach Gründung der Bundesrepublik gänzlich zur Farce. Die Gewerkschaften konzentrierten sich auf die Mitbestimmung, die SPD war im Bundestag in der Minderheit (das Thema wurde dort nicht mehr ernsthaft aufgegriffen), und Adenauer – nun Kanzler der frei gewählten Regierung – war schon immer ein erklärter Gegner jeder Sozialisierung gewesen. In der Öffentlichkeit verlor das Thema – ganz im Sinne der amerikanischen

Erwartungen – mit sichtbaren Erfolgen der sozialen Marktwirtschaft an Attraktivität; bis schließlich jene Skeptiker bestätigt wurden, die von Anfang an Zweifel an der Aufrichtigkeit der Amerikaner in dieser Frage gehabt hatten.

Erste Gelegenheit dazu gab im Herbst 1949 die durch die Beteiligung Frankreichs notwendig gewordene Neufassung des Gesetzes Nr. 75. Im Mittelpunkt aller Beratungen stand die Präambel; sie blieb für die Briten »der wichtigste Teil des ganzen Gesetzes«, während die Amerikaner sie nunmehr als »Anachronismus« betrachteten; folgerichtig legten sie Anfang November 1949 einen Gesetzentwurf vor, in dem die Präambel fehlte.[15]

Dies war zwar auch ganz im Sinne Frankreichs, stieß aber auf den erbitterten Widerstand der Briten. Bevin, so hieß es, sei in dieser Frage dem Kabinett und seiner Partei zu sehr verpflichtet und nicht bereit, Konzessionen zu machen.

Robertson, nunmehr Hoher Kommissar, erhielt am 12. April 1950 die Instruktion, bei der erstbesten Gelegenheit über die Präambel abstimmen zu lassen. Falls seine Kollegen John McCloy und André François-Poncet sich weigern würden, sollte er erklären, daß dies einem Veto gleichkomme und er seiner Regierung Bericht erstatten müsse. Die Amerikaner waren schließlich bereit, die Präambel wieder aufzunehmen, zumal in dem vorgesehenen neuen Gesetz ein Artikel 5 eingefügt worden war, der eine Entschädigung der Altbesitzer vorsah. Das State Department stimmte am 12. April mit dem Foreign Office darin überein, daß eine grundlegende Änderung des entsprechenden Passus in der Präambel zu »schweren politischen und wirtschaftlichen Unruhen« in der Bundesrepublik führen könnte.[16]

Zwei Tage später fand die Abstimmung statt. Das Veto des französischen Hohen Kommissars hatte lediglich aufschiebende Wirkung. Das Foreign Office gratulierte Robertson zu diesem Erfolg – »das Ergebnis hätte nicht besser sein können«[17] – und mußte schon bald erkennen, daß dies wiederum nur ein Pyrrhussieg war.

Das Gesetz Nr. 27 wurde zwar am 16. Mai 1950 im Gesetzblatt der AHK mit der entsprechenden Präambel veröffentlicht, aber die Amerikaner interpretierten die Präambel nun völlig anders als die Briten. Demnach bedeutete sie für sie jetzt lediglich, daß die Bundesregierung *irgendwann* eine Entscheidung in der Eigentumsfrage treffen konnte, daß ansonsten aber die Durchführung des Gesetzes Nr. 27 davon unberührt blieb. In der Praxis lief das auf die Wiedereinführung privatwirtschaftlicher Eigentumsverhältnisse hinaus: Die Treuhänder boten nämlich nach erfolgter Dekartellisierung die Aktien der Altkonzerne auf dem Markt an, die dann von den ehemaligen Besitzern auf dem Wege des Aktientausches übernommen wurden. Auf diesem Sektor der westdeutschen Wirtschaft war somit die Restauration geglückt.

Nach britischer Auffassung bedeutete die Präambel dagegen eine bindende Verpflichtung für die Bundesregierung, vor Durchführung des Gesetzes Nr. 27, insbesondere aber vor Ausgabe der Aktien, eine Entscheidung in der Eigentumsfrage zu treffen. Allerdings machte man sich in London keine Hoffnung mehr auf eine Entscheidung der Bundesregierung zugunsten der Sozialisierung. Aber auch Sozialdemokraten und Gewerkschaften, so der neue britische Außenminister Herbert Morrison in einer Kabinettsvorlage am 20. März 1951, würden sich offensichtlich angesichts ihrer Erfolge in der Mitbestimmung mit weniger als vollständigem Staatsbesitz oder »öffentlichem Eigentum« der Schwerindustrie begnügen. Es sei daher töricht zu erwarten, daß sich die Bundesregierung für die Sozialisierung entscheiden werde, selbst wenn die Hohen Kommissare in der Frage der Präambel einer Meinung seien.[18]

In der entscheidenden Abstimmung am 12. April 1951 wurde der britische Hohe Kommissar überstimmt. Er legte zwar sein Veto ein, aber dies verzögerte das Inkrafttreten des Gesetzes nur um 30 Tage. »Wenn wir aus Kreisen der deutschen Sozialdemokratie und der Gewerkschaften kritisiert werden«, so Morrison am 18. Juni 1951 in der letzten Kabinettsvorlage zum Thema Sozialisierung, »dann können wir darauf verweisen, daß sie es letztlich waren, die versagt haben, als es in der entscheidenden Phase darum ging, ihren Einfluß geltend zu machen.«[19]

Das Thema Sozialisierung wurde damit auch von den Briten endgültig zu den Akten gelegt.

Ob die nicht stattgefundene Sozialisierung weniger Demokratie oder gar eine Gefährdung der neuen Demokratie bedeutete, darf bezweifelt werden; ob es bei einer Sozialisierung zu einer ähnlichen Wirtschaftsentwicklung gekommen wäre, darf zumindest ebenso bezweifelt werden.

Entflechtung und Montanmitbestimmung

Die bereits genannte Ankündigung der Briten vom 20. August 1946 war auch gedacht als erster Schritt zur Erfüllung des Artikels 12 des Potsdamer Abkommens, die Konzerne zu entflechten. Auf Anordnung der britischen Kontrollbehörde wurde im Oktober 1946 in Düsseldorf die »Treuhandverwaltung« gegründet und als Leiter Heinrich Dinkelbach bestellt, der bis dahin Vorstandsmitglied der Vereinigten Stahlwerke gewesen war. Die Briten wollten damals Entflechtung und Sozialisierung gleichzeitig. Während es in der Sozialisierung keine Fortschritte gab, wurde im Februar 1947 mit der Entflechtung begonnen: Vier Gesellschaften (Hüttenwerk Oberhausen AG., Hüttenwerk Hoerde AG., Stahlwerke Bochum AG., Hüttenwerk Haspe AG.) übernahmen Anlagen und Werke der Ruhr-Schwerindustrie von ihren bisherigen Mutterkonzernen als Pächter. Erstmals waren Arbeitnehmer und Vertreter der Wirtschaft in den Aufsichtsräten der neuen Gesellschaften paritätisch vertreten. Damit schien das Zeitalter der »Herren von Stahl und Kohle« beendet zu sein, wie das der spätere Vorsitzende des DGB, Hans Böckler, damals formulierte.

Die Unternehmer waren keineswegs so mitbestimmungsfreudig, wie das später oft den Anschein hatte. In der besonderen Not der Situation lehnten sie allerdings auch die von Dinkelbach vorgeschlagene Mitbestimmungsregelung nicht ab, vielmehr ging es ihnen darum, die »Vivisektion«, wie sie das Entflechtungsmodell Dinkelbachs nannten, beinahe um jeden Preis zu verhindern – auch mit Hilfe der Gewerkschaften. Sie fürchteten das Ende der »Muttergesellschaften« – und dabei ging es auch um das bisherige Eigentum. Sie boten als Gegenleistung an, die Arbeitnehmer durch Vertretung in Aufsichtsrat und Vorstand maßgeblich an der Leitung der Unternehmen zu beteiligen. Die Gewerkschaften machten dabei allerdings nicht mit, sondern beschränkten sich auf die von der Besatzungsmacht angebotene paritätische Mitbestimmung und hofften weiter auf eine Sozialisierung. So mancher Unternehmer fand in jenen Wochen und Monaten starke Worte, weniger gegen die Mitbestimmung als gegen die Art und Weise, wie die Briten bzw. Dinkelbach die Entflechtung durchführen wollten. Damals jedenfalls wurde die Mitbestimmung von ihnen nicht in Frage gestellt. Das sollte sich allerdings schon bald ändern, als deutlich wurde, daß das Thema Sozialisierung erledigt war. Hier war die Haltung der Amerikaner entscheidend. Es ging letztlich auch bei der Entflechtung nur noch darum, Wege zu finden, »bei denen das Gesicht der Engländer gewahrt bleibt«, wie Hermann Wenzel von den Vereinigten Stahlwerken das Ende 1948 formulierte.

Wenn auf Erfolge der Gewerkschaften in den Jahren nach 1945 verwiesen wird, dann auf diese Mitbestimmung. Dabei wissen wir heute, daß dieser Schritt *ohne* Zutun der Gewerkschaften getan worden war. Der britische

Entflechtungsplan und dieses Modell der Mitbestimmung entsprachen weitestgehend den Vorstellungen Dinkelbachs, der in all diesen Dingen offensichtlich eine zentrale Rolle gespielt hat. Weder das Foreign Office noch die britische Militärregierung hatten je beabsichtigt, den gewerkschaftlichen Vorstellungen von einem machtumverteilenden Mitbestimmungsrecht zu entsprechen; dieses Modell ist weder in London noch von den Eisen- und Stahlindustriellen erfunden worden, sondern Ergebnis der Beratungen zwischen NGISC und Dinkelbach, dem Leiter ihrer deutschen Exekutivbehörde, der »Teuhandverwaltung«. Am Ende war dies dennoch eine Entscheidung der Besatzungsmacht. Vier von neun Aufsichtsratsmitgliedern waren jetzt Arbeitnehmervertreter, wobei wichtig ist, daß es dem Chef der NGISC, Harris-Burland, mit der Entsendung von vier Arbeitnehmervertretern – davon zwei Gewerkschaftsrepräsentanten – nicht etwa um die Einführung eines paritätischen Mitbestimmungsmodells, sondern um die Herstellung eines gewerkschaftlichen Gegengewichts gegen zwei Betriebsrätevertreter im Aufsichtsrat ging.
Das Ergebnis hätten sich auch die Arbeitgeber nicht besser wünschen können: die »Separatlösung Montanmitbestimmung« führte nämlich dazu, daß es in diesem Wirtschaftszweig keine Auseinandersetzungen um Betriebsräterechte mehr gab. Indem sich die Gewerkschaften ohne zu zögern auf diese Lösung einließen, war das Scheitern der Kampagne um die betrieblichen Mitbestimmungsrechte der Betriebsräte vorprogrammiert (»in den Betrieben der Schwerindustrie an der Ruhr bleibt es ruhig«), wobei man sich allerdings nicht des Eindrucks erwehren kann, daß die Gewerkschaftsführung nicht immer geschlossen hinter den Betriebsräten und deren Forderungen stand.
Im Mächtedreieck »Besatzungsmacht–Unternehmer–Gewerkschaften« schien nur wenig Platz für Betriebsräte und deren legitime Forderung nach Mitbestimmung im Betrieb zu sein. Den Briten war und blieb die Institution Betriebsrat fremd; sie sahen in den Betriebsräten fast immer nur Kommunisten am Werk; Bevin hatte für sie überhaupt nichts übrig, und so waren die Betriebsräte am Ende die großen Verlierer der ganzen Mitbestimmungsdiskussion. Allerdings nicht nur sie: Wenn der Vorsitzende des Deutschen Gewerkschaftsbundes in der britischen Zone, Hans Böckler, gegenüber den Briten Ende 1947 feststellte, wenn er von Mitbestimmung spreche, dann denke er dabei »nicht in erster Linie an betriebliche Aktivitäten der Arbeitnehmer auf der unteren Ebene«, sondern »in weiteren Zusammenhängen. Wir wollen bei der Planung gefragt werden. Wir wollen dabei sein, wenn über die Produktion entschieden wird«,

und am Ende einzig und allein für die Gewerkschaften eine Rolle als Tarifpartner übrigblieb, dann wird einmal mehr deutlich, wer die eigentlichen Sieger und Verlierer im Kampf um die Mitbestimmung in der Nachkriegszeit waren.

Was man erreicht hatte, drohte 1950 beseitigt zu werden. Gewerkschaftliche Kampfbereitschaft und die Tatsache, daß Adenauer die Unterstützung der Gewerkschaften für die Realisierung seiner Westpolitik benötigte, führten 1951 zur erfolgreichen Verteidigung der Montanmitbestimmung. Ob dies nun ein Sieg war oder nur ein Mythos, darüber wird bis heute gestritten. Die meisten Darstellungen zur Rolle der Gewerkschaften – und hier insbesondere zur Geschichte der Mitbestimmung – enden denn auch mit der gesetzlichen Festschreibung der Mitbestimmung im Jahre 1951. Hatten sich die Unternehmer schon bei der Einführung der Mitbestimmung schwergetan, so waren sie über die Festschreibung auch nicht besonders glücklich. Konnte man bei den neugegründeten, Bergbau treibenden Unternehmen noch von einem reibungslosen Ablauf sprechen, so gab es bei den Holding- oder Obergesellschaften heftige Auseinandersetzungen. Hermann Reusch, der Vorstandsvorsitzende der Gutehoffnungshütte, sprach Anfang 1955 von einer »brutalen Erpressung durch die Gewerkschaften«. Ein eintägiger Warn- und Proteststreik von über 800 000 Beschäftigten der Montanindustrie im Ruhrgebiet am 22. Januar 1955 zeigte die Entschlossenheit der Gewerkschaften, für die Mitbestimmung zu kämpfen, die sie als Kernstück des sozialen Friedens verstanden. Ihre Geschlossenheit zwang damals die Bundesregierung zu einem vermittelnden Kurs.

Ende der fünfziger Jahre begann im Bergbau ein dramatischer Strukturwandlungs- und Schrumpfungsprozeß, wie ihn noch keine Wirtschaftsbranche in der Nachkriegszeit erlebt hatte. Am Ende stand 1969 die Gründung der Einheitsgesellschaft »Ruhrkohle AG«; dies war zugleich auch mitbestimmungspolitisch eine entscheidende Station der Nachkriegsentwicklung. Von annähernd 600 000 Beschäftigten des deutschen Steinkohlebergbaues im Jahre 1958 waren bei der Gründung der Ruhrkohle AG noch knapp 260 000 übriggeblieben. Die Gewerkschaft sah ihre vordringlichste Aufgabe in der sozialen Absicherung der Bergleute; sie brachte dabei ihre eigenen Ideen mit ein, die mit zur Gründung der Einheitsgesellschaft führten; sie machte aber auch klar, daß mit der Schaffung der Einheitsgesellschaft zusätzlich Mitbestimmungsorgane auf Betriebsebene geschaffen werden mußten. Am Ende stand die Entscheidung, den Personal- und Sozialdirektor als gleichberechtigten

Werksdirektor einzuführen; die Einheitsgesellschaft wurde so als mitbestimmungspolitischer Durchbruch eingestuft.
Bei der praktischen »Mitbestimmungsarbeit« gab es anfangs erhebliche Schwierigkeiten. Die Institution Arbeitsdirektor war etwas Neues, die traditionelle Mentalität und das Selbstverständnis der Bergbauführungselite, der Bergassessoren, waren mit einem solch massiven Eingriff in die Hierarchie und die Machtstrukturen der Unternehmen nur schwerlich zu vereinbaren. Von seiten eines Vertreters der IG Bergbau und Energie wurde dies im Januar 1951 einmal so formuliert: »Wir können uns die Schmerzen der Herren vorstellen. Kam nämlich ein Arbeitsdirektor als gleichberechtigtes Vorstandsmitglied hinzu, dann wurde hier in die geheiligten Privilegien einer Kaste eingegriffen, und zwar der Kaste der Herren Bergassessoren.« Mit allen möglichen Tricks versuchte man, die Position des Arbeitsdirektors zu untergraben, zumal über seine Zuständigkeit, seine Entfaltungsmöglichkeiten und seinen Einfluß im Montanmitbestimmungsgesetz nichts gesagt wurde; lediglich rein formalrechtlich wurde der Status des Arbeitsdirektors als Vorstandsmitglied garantiert. Die tatsächliche Gleichstellung bei Gehalt und Ausstattung durchzusetzen, das war manchmal nur durch Konfrontation möglich.

Exkurs: Die gescheiterte Bodenreform in den Westzonen

»Es kreißte der Berg, und er gebar eine Maus.« So kommentierte ein KPD-Abgeordneter den Gesetzentwurf über »Bodenreform und Siedlung«, den der damalige Ernährungsminister von Nordrhein-Westfalen und spätere Bundespräsident Heinrich Lübke am 11. Mai 1949 im Landtag in Düsseldorf vorlegte. Die FDP lehnte den Entwurf ganz ab, und ein SPD-Abgeordneter bemerkte wenig enthusiastisch: »Gefallen tut das Gesetz keiner Fraktion, aber die Situation drängt so, daß es keiner verantworten kann, der offenen Masse draußen jetzt nicht das Gesetz zu geben; sie will wenigstens sehen, daß wir auch in unserem Land den Willen haben, nun endlich Ernst zu machen.« Die SPD deutete an, der Landtag könne ja in zehn Jahren ein neues Gesetz machen. Angesichts dieser Stimmung kommentierte Lübke: »Wenn man ein Gesetz so wie dieses von allen Seiten verurteilt sieht, sollte man es eigentlich in die ›Wolfsschlucht‹ werfen.«

Bodenreform – das war ein Thema, das geradezu zum Synonym für die gesellschaftliche Erneuerung Deutschlands nach 1945 geworden war. Für die späteren Sieger, aber auch für Sozialdemokraten, Kommunisten und Repräsentanten des linken Flügels der CDU waren die Junker neben den Großindustriellen jene reaktionären Kräfte, die entscheidend zur Entstehung und Etablierung des NS-Systems beigetragen hatten. Der Junker war gleichbedeutend mit dem preußischen Militarismus – und diese Kräfte sollten für immer ausgeschaltet werden. Die Beseitigung der Vormachtstellung des Großgrundbesitzes schien als »Sicherungsmaßnahme für die Demokratie« erforderlich zu sein, wie noch Ende 1947 der stellvertretende SPD-Vorsitzende Fritz Henßler erklärte.

In der sowjetischen Besatzungszone wurde die Bodenreform denn auch radikal durchgeführt: »Junkerland in Bauernhand«, das war die griffige Formel, die vielfach auf Zustimmung stieß, auch bei Amerikanern und Briten. Ein Vertreter der britischen Militärregierung notierte im Sommer 1946: »Wir brauchen keine einzige Träne um die Junker zu vergießen, die enteignet wurden. Historisch gesehen verdienen sie ihr Schicksal, und Europa wird besser sein nach ihrer Vertreibung.« So dachten viele, auch wenn der politische Berater des britischen Militärgouverneurs, Sir William Strang, einschränkend darauf hinwies, daß es zwar das politische Ziel der Sowjets sei, die Macht des Großgrundbesitzes zu brechen, es aus seiner Sicht aber wesentlicher sei, daß die Enteignung so arrangiert worden sei, daß sie »den größten politischen Vorteil für die Russen selbst und für ihre kommunistische Klientel« gebracht habe.

Bei den Siegern bestand lange Zeit Konsens über die Notwendigkeit einer Bodenreform; dies wurde sogar am Ende der – gescheiterten – Außenministerkonferenz in Moskau im April 1947 bestätigt; bis Ende 1947 sollte demnach diese Reform in Deutschland durchgeführt werden. Zu diesem Zeitpunkt hatten die Sowjets bereits ihre Reform vorexerziert: totale Enteignung sämtlichen Großgrundbesitzes ohne Entschädigung. Die Amerikaner hatten eine gemäßigte »bürgerliche« Bodenreform durchgeführt, die vor allem den Siedlungsgedanken in den Vordergrund stellte, darüber hinaus Entschädigung für die früheren Eigentümer vorsah und im übrigen nur Besitz über 500 ha betraf. Die Briten scheiterten mit ihrer Bodenreformpolitik, und dies, obwohl in London seit Juli 1945 eine Labour-Regierung agierte: es war ein Scheitern auf verschlungenen Wegen und Pfaden. An vielen Punkten wird man an die Sozialisierungspolitik erinnert, die ähnlich kläglich scheiterte, obwohl man auch da einigen Briten zumindest guten Willen nicht absprechen kann.

Hier ist zuallererst der »linke« Deutschlandminister John Hynd zu nennen, der im November 1945 – noch im Einklang mit Außenminister Bevin – der für außenpolitische Fragen zuständigen Ministerrunde (dem Overseas Reconstruction Committee) Maßnahmen mit Blick auf Bodenreform und Sozialisierung der Schlüsselindustrie vorschlug. Die Minister folgten Hynd; man war sich einig, daß mit der geplanten Bodenreform die »Ausrottung einer Klasse von Grundbesitzern« erreicht werden sollte, »die den deutschen Militarismus gefördert hat«. Man machte allerdings eine Einschränkung, mit der das Scheitern der Reform schon vorprogrammiert wurde. Als Ziel der Reform wurde ausdrücklich *auch* die »Erhöhung, nicht die Störung der landwirtschaftlichen Produktion« bezeichnet; Lösungsvorschläge selbst wurden nicht mitgeliefert. Angesichts einer weltweiten Nahrungsmittelknappheit und der bevorstehenden »Winterschlacht« zwecks Ernährung der Menschen in der eigenen Zone sollte dies ein entscheidender Punkt für das weitere Schicksal der Bodenreform werden.

Die Sache wurde im Laufe der folgenden Monate noch schwieriger und komplizierter, als deutlich wurde, daß ein Großteil des von den Amerikanern eingeräumten Kredits für Lebensmittellieferungen in die eigene Zone verwendet werden mußte, mit der Konsequenz, daß im Frühjahr 1946 in Großbritannien das Brot rationiert werden mußte – eine Maßnahme, die nicht einmal während des Krieges notwendig gewesen war. Ideologie auf der einen Seite, Pragmatismus auf der anderen: daran sollte das ganze Unternehmen scheitern, genauso wie die Sozialisierung der Bergwerke und der übrigen Schlüsselunternehmen. Und wie die Bergwerke sollte auch der Großgrundbesitz zunächst nur beschlagnahmt und der Verfügungsgewalt des Militärgouverneurs unterstellt werden – was dann damit geschehen sollte, sollte später entschieden werden.
Wie bei der Sozialisierungspolitik saß ein Teil jener, die von der ganzen Angelegenheit nicht überzeugt waren, in der Militärregierung. Man verwies dort auf die Bodenreform in der sowjetischen Besatzungszone (in erster Linie ein politischer und nicht ökonomischer Akt) und auf die Tatsache, daß die Großgrundbesitzer in der britischen Zone zum großen Teil eben nicht der »Junkerklasse« angehörten, sondern im Gegenteil eine große Zahl von ihnen »Antipreußen« waren. Die Militärs empfahlen denn auch, zunächst einmal den Begriff Großgrundbesitz genau zu definieren und erst dann die »Nazis oder Militaristen« unter den Großgrundbesitzern zu enteignen und die beschlagnahmten Güter den deutschen Behörden zu unterstellen. Da London aus grundsätzlichen Erwägungen eine entschädigungslose Enteignung ablehnte, stellte sich die alles entscheidende Frage, wer womit die alten Besitzer entschädigen sollte; dies war genau die gleiche Frage, die sich auch bei der Enteignung der Besitzer von Schlüsselunternehmen gestellt hatte. Und genauso wie da kam man letztlich auf den scheinbar simplen Ausweg, die ganze Sache den Deutschen zu überlassen. Im Sommer 1947 war man mit dem eigenen Latein am Ende. Mit der Verordnung Nr. 103 wurden die Landesregierungen am 4. September 1947 aufgefordert, innerhalb von drei Monaten Bodenreformgesetze zu erlassen. Man machte gewisse Vorgaben; so sollte niemand mehr als 150 ha besitzen; clevere Grundbesitzer hatten zu diesem Zeitpunkt bereits für die Rettung ihres Eigentums gesorgt. In der Regel hatten sie geschickt formulierte Verkaufsverträge mit Verwandten und Vertrauensleuten abgeschlossen, in denen sie ihr Eigentum so verteilten, daß die britischen Vorschriften hier nicht mehr greifen konnten.
Die Übergabe der ganzen Angelegenheit an die Deutschen war erst recht

gleichbedeutend mit ihrem Scheitern. Zu viele unterschiedliche Interessen mußten unter einen Hut gebracht werden. Am energischsten setzte sich noch Minister Lübke für dieses Projekt ein, allerdings war sein Steckenpferd weniger die Bodenreform im Sinne einer ideologisch-politischen Lösung eines aus seiner Sicht gar nicht vorhandenen Problems, sondern das Ziel, möglichst bald genügend Siedlungsland zur Verfügung zu haben. Ende 1947 brachte er einen entsprechenden Gesetzentwurf im Düsseldorfer Landtag ein, aber es sollte sich zeigen, daß die Zeit, in der tatsächlich Reformen hätten durchgeführt werden können, längst vorüber war. Nun begann die Taktik des Verschleppens, sogar aus Lübkes eigener Fraktion. Die CDU beschwor »die Heiligkeit des Eigentums«, unterstützt von der FDP. Nach endlosen Diskussionen, in denen man sich in Details verlor, wurde das zustande gebracht, was gleich in die »Wolfsschlucht« geworfen werden sollte. Immerhin hatte man den Willen der Militärregierung erfüllt, dies allerdings nur wenige Tage vor Inkrafttreten des Grundgesetzes, das den Schutz des Eigentums zwingend vorsah. Dreizehn Jahre später hob der Landtag von Nordrhein-Westfalen das Bodenreformgesetz ersatzlos auf.

Dokumente zum 2. Kapitel

[7] Entscheidung für die Sozialisierung
(Auszug aus dem Protokoll der Sitzung des britischen Kabinetts am 21. 10. 1946)

[...]
Das Kabinett befürwortete eine frühzeitige Ankündigung, daß die Schwerindustrie in der britischen Zone sozialisiert würde. Eine solche Erklärung würde die sozialistischen Parteien in Europa stärken und auch die Sozialdemokraten in Deutschland ermutigen. Die Christlichen Demokraten hätten bei den Wahlen in Berlin ziemlich viele Stimmen bekommen und würden wahrscheinlich die stärkste Partei in zwei von drei Ländern der britischen Zone werden; darüber hinaus würden sie auch noch weiter gestärkt durch die Fusion der britischen mit der amerikanischen Zone, wo sie schon stark seien. Aber es wurde kaum Zweifel daran geäußert, daß die SPD die in sich gefestigtere [»more solidly grounded«] Organisation und ein besserer Schutz gegen das Wiederaufleben eines deutschen Nationalismus sei. Es sei wichtig, daß die Deutschen selbst – unter Kontrolle [der Briten] – die sozialisierten Industrien leiteten. Die Eisen-, Stahl- und Kohleindustrie sei vorübergehend der Verfügungsgewalt des Oberbefehlshabers unterstellt worden; jetzt aber, nachdem die [Kommunal-]Wahlen stattgefunden hätten, sollte es möglich sein, sie den entsprechenden deutschen Organisationen zu übergeben.
[...]
(Public Record Office, London, CAB 129/13.)

[8] Sozialisierung

(Memorandum von Sir Orme Sargent, Foreign Office, 20. 12. 1946)

Das Kabinett hat [nach Intervention von Deutschlandminister John Hynd und in Abwesenheit von Außenminister Bevin] die Vorlage, nach der die Landesregierung [von Nordrhein-Westfalen] über die nationalisierte Industrie an der Ruhr verfügen soll, zurückverwiesen und den Wunsch geäußert zu prüfen, ob nicht eine zukünftige Zentralregierung diese Industrien übernehmen soll. Diese Entscheidung basiert auf einem gefährlichen Trugschluß und kann, falls sie akzeptiert wird, sehr ernste Folgen haben. Wenn man die Nationalisierung nur unter ökonomischen Gesichtspunkten betrachtet, dann haben ohne Zweifel die »Ökonomisten« recht, wenn sie sagen, um ein Höchstmaß an Effizienz und Nutzen für das ganze Volk zu erreichen, muß über diese Industrien jene Stelle bestimmen, die über die größte Macht verfügt, und das ist die Zentralregierung.

Der Trugschluß bei dieser Argumentation ist, daß die Nationalisierung der Ruhrindustrie als Selbstzweck gesehen wird, geschehen in der Absicht, das riesige Industriegebiet durch direkte Staatskontrolle zum größtmöglichen Nutzen des deutschen Volkes auszubeuten. In Wirklichkeit aber ist unser ursprüngliches Ziel jedoch das genaue Gegenteil gewesen – und muß es auch bleiben, nämlich eine zukünftige deutsche Regierung militärisch und politisch so schwach und ungefährlich wie nur möglich zu halten. [...] Mit diesem Ziel vor Augen haben wir uns nach Abwägung aller Möglichkeiten letztlich für die Nationalisierung entschieden, als den besten Weg, um sicherzustellen, daß das Potential der Ruhr nicht erneut von deutschen Militärs und den Ruhrindustriellen zusammen mit der deutschen Regierung für kriegerische, gegen die Interessen der übrigen Welt gerichtete Zwecke mißbraucht werden kann.

Mit Sicherheit wollen wir nicht, daß eine zukünftige deutsche Regierung ihre Macht in Deutschland und der Welt noch vergrößern kann, indem sie auch noch über die Ruhrindustrie verfügt. Wenn wir das geschehen ließen, stünden wir am Ende schlechter da als vorher, zumal es keinen Grund zu der Annahme gibt, daß die deutsche Regierung als Besitzer moralischer oder zivilisierter handelt als Krupp vor dem Krieg.

Wenn die deutsche Regierung die direkte Kontrolle über diese Unternehmen ausüben würde, hätten wir lediglich erreicht, daß für diese Regierung die Versuchungen und Möglichkeiten, zur Vorkriegspolitik zurückzukehren, noch größer geworden wären. [...] Mißbrauch der

Ruhrindustrie durch eine zukünftige deutsche Regierung muß nicht nur heißen, daß illegal Waffen produziert werden. Es kann auch bedeuten, daß diese Industrie eingesetzt wird, um jene Auslandsmärkte zu erobern, die von vitalem Interesse für den britischen Export und damit lebenswichtig für dieses Land sind.
Genau um dieser doppelten Gefahr zu begegnen, ist der Beschluß gefaßt worden, die sozialisierten Unternehmen einer vergleichsweise schwachen Landesregierung zu übergeben, da sie von den Alliierten leichter kontrolliert werden kann als die Zentralregierung [in Berlin] und weil sie, da sie nicht wie eine Zentralregierung die Verantwortung für die gesamte Nation trägt, nicht in gleicher Weise versucht sein wird, ihre Macht zu mißbrauchen und die Industrie unter »patriotischen« Gesichtspunkten zu entwickeln.
Ich kenne das Argument, wonach die Landesregierung von der CDU beherrscht und daher gegen eine Sozialisierung sein wird. Aber dies kann genauso bei einer deutschen Zentralregierung der Fall sein, wenn sie irgendwann errichtet wird. Wenn es aber darum gehen sollte, Druck auf eine nichtsozialistische Regierung auszuüben, dann ist das mit Sicherheit einfacher bei einer schwachen Landesregierung als bei einer mächtigen Zentralregierung. [...]
Es gibt auch Vorstellungen, daß die deutsche Regierung und das deutsche Volk vernünftig und friedliebend werden und ihnen alle Wünsche nach Rache, militärischem Abenteuertum und Weltherrschaft vergehen, wenn bei ihnen Wohlstand und Demokratie herrschen. Ich bin sicher, daß dies eine vollkommen falsche Auffassung ist. [...] Zweifellos wäre ein hungerndes und verzweifeltes Deutschland ein Infektionsherd für jede Art politischer Krankheit, aber daraus folgt nicht mit Sicherheit, daß das Gegenteil genauso richtig ist. Was wir auch immer tun werden, um Deutschland auf einer neuen Grundlage wiederaufzubauen, es bleibt die Tatsache bestehen, daß das deutsche Volk für die nächste Generation, wenn nicht sogar noch länger, verbittert, unzufrieden und voller Rachegefühle sein wird. Solange ihr Wille [»spirit«] nicht für immer gebrochen ist – und dafür gibt es im Moment noch keine Anzeichen –, müssen wir weiter davon ausgehen, daß die Deutschen so bald wie möglich damit beginnen werden, Pläne zu schmieden, um sich von den Fesseln zu befreien, die wir versuchen, ihnen anzulegen; und sie wissen nur zu genau, daß dabei die Rückgewinnung der Ruhrindustrie das oberste Ziel sein muß. Die Erreichung dieses Zieles wird für das deutsche Volk das erste, auch nach außen sichtbare Zeichen für die Wiedererlangung ihrer Frei-

heit sein, und sie werden dann wieder damit beginnen, in echt deutscher Manier Schicksal zu spielen.

Je leichter wir es dem deutschen Volk machen, die Kontrolle über die Ruhrindustrie zurückzugewinnen, um so größer ist das Risiko für uns, die Bildung einer deutschen Regierung zu beschleunigen, die entschlossen ist, Hitlers zerstörte Welt wiederaufzubauen.

Man ist manchmal versucht, sich mit dem Gedanken zu trösten, daß letztlich die Politik eines Landes von ökonomischen Zwängen und Interessen bestimmt wird und daß daher die Deutschen in Zukunft in der Erkenntnis, ohne wirtschaftliche Stabilität nicht auskommen zu können, darauf hinarbeiten werden, daß ihre Politik ihrer Wirtschaft förderlich sein wird. Ich kann nur hoffen, daß sich die Dinge so entwickeln und daß wir aus diesem Grund in Zukunft mit einem friedliebenden und zur Zusammenarbeit bereiten Deutschland rechnen können; aber, um die Bibel falsch zu zitieren: »Der Mensch lebt nicht vom Brot allein, sondern von jedem Wort, das aus dem Munde seines eigenen, speziellen Gottes kommt – welcher Gott auch immer das sein mag«, sei es eine bestimmte Ideologie, eine historische Blutrache, ein besonderer Rassenhaß, eine besonders bösartige Form von nationalem Hurragefühl oder das unverhohlene Verlangen nach Rache und das Geltendmachen bestimmter Rechte. Auf dem Altar irgendeines dieser Götter opfert ein Volk oftmals die augenfälligen wirtschaftlichen Interessen; und wir können nicht wagen anzunehmen, daß das deutsche Volk in Zukunft nie wieder einen dieser Götter anbetet, nur weil dies allein wirtschaftliche Opfer und physische Not bedeutet.

(Public Record Office, London, FO 371/64363/C 3284/194/18.)

[9] Die amerikanische Direktive JCS 1779 an den Militärgouverneur in Deutschland, 17. 7. 1947

[...]

Während es zwar Ihre Pflicht ist, dem deutschen Volke die Möglichkeit zu geben, die Grundsätze und Vorteile einer freien Wirtschaft kennenzulernen, werden Sie in der Frage des öffentlichen Besitzes von Unternehmungen in Deutschland nur einschreiten, wenn es sich darum handelt, sicherzustellen, daß jegliche Entscheidung für oder gegen das öffentliche Besitzverhältnis frei und durch das normale Vorgehen innerhalb einer demokratischen Regierungsform getroffen wird. Eine Maßnahme zur

Übernahme durch die öffentliche Hand darf sich nur dann auf ausländischen Besitz erstrecken, wenn Ihre Regierung mit der Vereinbarung über die Entschädigung des ausländischen Eigentümers einverstanden ist. Bis zu einer endgültigen Entscheidung über die Form und die Rechte der deutschen Zentralregierung dürfen Sie keine Maßnahmen in bezug auf ein öffentliches Besitzrecht billigen, die dieses Recht einer Zentralregierung vorbehalten wollen.

[...]

(»Die Neue Zeitung«, 18. 7. 1947.)

[10] Sozialisierung

(Aufzeichnung von B. A. B. Burrows, Foreign Office, 31. 7. 1947)

[...]

Wir können die Amerikaner nicht vor den Kopf stoßen, oder wir bekommen keine Dollars; wir können die Deutschen nicht vor den Kopf stoßen, oder wir bekommen nicht *mehr* Kohle; wir können die Franzosen nicht vor den Kopf stoßen, oder wir schwächen die französische Regierung und verlieren ihre Unterstützung bei den laufenden Marshallplan-Verhandlungen; wir können die Sozialisierungspolitik nicht vollständig aufgeben, ohne daß es zu einem Aufschrei im Parlament kommt. Es ist fast unmöglich, eine Lösung zu finden, die alle zufriedenstellt.

[...]

(Public Record Office, London, FO 371/64371/C 1070/194/18.)

3. Kapitel

»Wenn wir eine Regierung gründen, geben wir sie niemals wieder auf…«

Die Gründung der DDR

»Wenn wir eine Regierung gründen, geben wir sie niemals wieder auf ...«
Die Gründung der DDR

In der sowjetischen Besatzungszone wurde in den Jahren 1945/46 mit einschneidenden wirtschaftlichen und gesellschaftlichen Veränderungen eine wie es hieß »antifaschistisch-demokratische Umwälzung« eingeleitet. Die Sozialistische Einheitspartei Deutschlands entwickelte sich seit ihrer Gründung im April 1946 mit Unterstützung der sowjetischen Militärregierung zur herrschenden Partei. Schon am 15. November 1946 veröffentlichte der SED-Parteivorstand den »Entwurf einer Verfassung für die Deutsche Demokratische Republik«, der für ganz Deutschland gelten sollte und von den Landtagen der sowjetischen Zone angenommen wurde. Er sah u. a. die Einführung der Planwirtschaft und die Überführung der Bodenschätze und wirtschaftlich nutzbaren Naturkräfte in Volkseigentum vor.

Parteien, Gewerkschaften und andere Massenorganisationen wurden unter Führung der SED gleichgeschaltet, oppositionelle Politiker aller politischen Schattierungen in der Folgezeit abgesetzt. Zur Unterstützung der sowjetischen Deutschlandpolitik initiierte die SED nach Beginn der Londoner Außenministerkonferenz im November 1947 die »Volkskongreßbewegung« *(Dok. 11)*.

2215 Vertreter der »antifaschistisch-demokratischen« Parteien, Gewerkschaften und Massenorganisationen, Betriebsräte und Belegschaften großer Betriebe, Organisationen der Bauernschaft sowie Abordnungen aus Wissenschaft und Kunst – auch aus den Westzonen – nahmen am 6./7. Dezember 1947 in Berlin am »Deutschen Volkskongreß für Einheit und gerechten Frieden« teil. Sein Ziel war es, auf die Beratungen der vier Außenminister in London Einfluß zu nehmen. Dieses Ziel wurde nicht erreicht; Molotow beantragte zwar am 15. Dezember, eine Delegation des Volkskongresses anzuhören; in derselben Sitzung wurde die Konferenz jedoch abgebrochen und auf unbestimmte Zeit vertagt.

Wer sich der scheindemokratischen Volkskongreßbewegung widersetzte, wurde abgesetzt – so auf Anweisung des Leiters der SMAD-Informationsabteilung, Generalmajor Sergej Tulpanow, am 20. Dezember die Vorsitzenden der Ost-CDU, Jakob Kaiser und Ernst Lemmer. Kaiser wurde zusätzlich am 5. Januar 1948 mit einem Redeverbot belegt.

Als am 17. März der Brüsseler Pakt unterzeichnet wurde, begann in Ost-Berlin der von der SED beherrschte »Zweite Deutsche Volkskongreß für Einheit und gerechten Frieden«. Die rd. 2000 Delegierten bezeichneten sich als einzige legitime Vertretung des deutschen Volkes, bestätigten die Oder-Neiße-Linie als polnische Westgrenze und beschlossen, ein Volksbegehren über die deutsche Einheit durchzuführen – so wie es die SED verlangt hatte. Sie wählten schließlich einen 400 Mitglieder umfassenden »Deutschen Volksrat«, der zwischen den Tagungen des Volkskongresses tätig sein sollte *(Dok. 12, 13)*; zu Vorsitzenden wurden am 19. März Wilhelm Pieck (SED), Wilhelm Külz (LDPD) und Otto Nuschke (Ost-CDU) gewählt. Am nächsten Tag verließ der sowjetische Oberbefehlshaber in Deutschland, Marschall Sokolowski, den Kontrollrat und dokumentierte damit auch öffentlich das Ende der Vier-Mächte-Verwaltung Deutschlands.

Über die neue Lage und die weiteren Perspektiven klärte Tulpanow die Führer der SED am 8. Mai 1948 auf. Erstmals ging die SMAD jetzt von der Teilung Deutschlands als vollzogener Tatsache aus und legte die SED auf eine strikte leninistisch-stalinistische Ausrichtung fest – mit der Errichtung einer Ordnung in der SBZ in Anlehnung an die Volksdemokratien. »Die Veränderungen in der politischen und – man könnte auch sagen – in der staatlichen Situation in der Sowjetzone«, so Tulpanow, »diktieren eine drastische Hebung des Niveaus der organisatorischen und ideologischen Arbeit der Partei – einen Wechsel im Stil der Parteiführung.« Konkret sahen die Veränderungen nach Meinung Tulpanows so aus:

»1. Faktisch ist eine Aufteilung Deutschlands in zwei Teile, welche sich nach verschiedenen Gesetzen entwickeln, zustande gekommen. 2. Die Entwicklung der *sowjetischen Zone* ist eine Entwicklung nach dem *Typ der neuen Demokratien*. 3. An der Macht in der sowjetischen Zone steht die Partei der Arbeiter und Bauern. 4. Die *Funktionen der Staatsmacht ändern sich grundsätzlich*. Das vergesellschaftlichte Eigentum, die Planierung, die Teilnahme der Massen an dem wirtschaftlichen Leben stellen die Partei vor neue Aufgaben und legen ihr neue Funktionen auf.«

Die SED befinde sich »an der Grenze zweier Welten, dort wo die Welt des Kapitalismus auf die Welt des Sozialismus trifft. Deswegen sind ihr auch große verantwortliche Aufgaben auferlegt.« Es gehe darum, »ihre Reihen organisatorisch und ideologisch zu festigen«. Mit anderen Worten: Die SED sollte nunmehr in eine »Partei neuen Typus« umgewandelt werden, auch wenn Tulpanow diesen Begriff noch nicht benutzte. Was gemeint war, war klar: Schulung der Parteikader, organisatorische Festigung der Partei, festes, diszipliniertes Parteiaktiv, Schaffung eines festen Parteikerns in allen Massenorganisationen, Durchsetzung des Marxismus-Leninismus, »Entlarvung« des »amerikanischen Imperialismus« (»Man muß in der Partei den Haß zu dem sich rasch in der Richtung zum Faschismus entwickelnden amerikanischen Imperialismus und seinen Verbündeten entfachen«). Die SED sei die erste Partei in Europa, die aufgrund der Vereinigung der ehemaligen Sozialdemokraten und der ehemaligen KPD geschaffen worden sei; sie sei ein Zeichen zum Beispiel für eine ganze Reihe anderer Länder des Ostens und des Südostens Europas geworden. Als Aufgabe wurde der SED dann aufgetragen, »den Kampf um die Eroberung ganz Deutschlands« zu führen; vorher sollte sie aber »ihre Reihen organisatorisch und ideologisch [...] festigen« und »die Furcht vor entscheidenden Maßnahmen [...] gegen ausgesprochene Feinde der neuen Demokratie« überwinden.[1]

Während die SED-Führung in den folgenden Wochen und Monaten die Partei entsprechend den Ratschlägen der sowjetischen Genossen umbaute, blieb eine Frage nach wie vor offen: bedeutete die Teilung Deutschlands und die sich abzeichnende Weststaatbildung auch, daß in der Ostzone ein eigener Staat errichtet werden sollte? Geht man von den Aufzeichnungen Piecks aus, so wurde diese Frage von den SED-Genossen sehr viel intensiver diskutiert als etwa von den Sowjets. Am 12./13. Mai 1948 kündigte Pieck vor dem obersten Parteileitungsorgan an, die östliche Besatzungszone werde sich nach der Weststaatgründung »als ein selbständiges staatliches Gebilde entwickeln«. Ob die »Zweiteilung Deutschlands« durch die Westmächte »einen Monat früher oder später perfekt« werde, sei »nicht das Entscheidende«, die Partei müsse diese Entscheidungsmöglichkeit »scharf ins Auge fassen, um für jeden Fall gerüstet zu sein« – das sei wichtig. Was er im Schlußwort als »Verstärkung« und nicht als »Wendung« gewertet und vertraulich behandelt wissen wollte, markierte, so Siegfried Suckut, »inhaltlich den Beginn der Gründungsvorbereitungen für einen deutschen Teilstaat volksdemokratischen Typs«. Pieck forderte jetzt, mit der »Verwirklichung des Sozialismus« zu beginnen und die SED zur »Partei neuen Typus« umzuwandeln.[2]

In einer Besprechung mit Wladimir Semjonow, dem politischen Berater

Abb. 4 Propagandaplakat der SED gegen die amerikanische Deutschlandpolitik.

des Chefs der SMAD, wurde dieses Thema erstmals am 24. Juni 1948 angesprochen. Es ging um die Frage, ob oder wann sich der Volksrat konstituieren und eine Ostzonen-Regierung gebildet werden sollte. Semjonow machte offensichtlich klar, daß es vorläufig bei der Wirtschaftskommission bleiben sollte. In jedem Fall war man sich einig, daß die für den Herbst anstehenden Landtagswahlen wegen der für die SED ungünstig eingeschätzten Situation auf das Frühjahr 1949 verschoben werden sollten. Bei Pieck sieht das so aus: »Ob Regierung in Ostzone (vorläufig Wirtsch.[afts] Kommiss.)[ion], *Volksrat*, Nationalvers.[ammlung], Außenabteilungen-Missionen-Visen; Wahlen-Berlin [im] Herbst; Zone [im] Frühjahr; Neue Parteien.«[3]

Bei einer umfassenden Lagebesprechung am 30. Oktober machte dann Marschall Sokolowski gegenüber Pieck und Grotewohl klar, daß sich in Moskau etwas bewegt hatte. Vierzehn Tage vorher hatten die SED-Führer erfahren, daß Stalin sie zu einer Besprechung in Moskau erwarte; jetzt erfuhren sie, daß diese Besprechung Ende November stattfinden und bis Mitte November ein Dokument vorbereitet werden sollte. Für die Entwicklung in der sowjetischen Zone zeigte Sokolowski jetzt die »*Perspektive*« auf: »Entwicklung der int.[ernationalen] Lage – Westmächte – Weststaat« und unter dem Stichwort sowjetische Zone »Selbständigkeit, Regierung – Parlament, Rolle der Partei«.[4]

Für den Rapport bei Stalin bereiteten sich die SED-Führer gut vor. Alle Aspekte der zukünftigen Arbeit wurden angesprochen. Über die mögliche Bildung einer Regierung in der sowjetischen Zone hieß es in einer Lageanalyse: »*Wenn die Regierungsbildung im Westen erfolgt ist,* sind in der Ostzone folgende Maßnahmen notwendig: 1.) Zusammenfassung der bestehenden Organe: *Deutsche Wirtschaftskommission,* Deutsche Verwaltung des Innern, Zentralverwaltung für Justiz und Zentralverwaltung für Volksbildung zu einer ›Deutschen Regierung für die sowjetische Besatzungszone‹. 2.) Ausbau des Plenums der DWK zu einer ›Volkskammer für die sowjetische Besatzungszone‹. 3.) Schaffung eines ›*Verwaltungsgesetzes* für die sowjetische Besatzungszone‹.«[5] In Piecks Notizen heißt es weiter: »*Frage – wann politische Wahlen in Ostzone* – Blockliste – Herbst 49 oder Frühj. 50; ob vorher Enteignung der Betriebe über 50 Beschäftigte, Entwicklung der Blockarbeit, rechten Flügel geschlagen.« Darüber hinaus ging es darum, »*Parität* überwinden – mit fortschreitender ideolog.[ischer] Einheit« der Partei, also die Aufkündigung jenes Funktionsbesetzungsverfahrens, das bei der Fusion von KPD und SPD verabredet worden war. Pieck hatte noch ein Anliegen, nämlich ob die SED ins kommunistische Informationsbüro aufgenommen werden könnte.[6]

Pieck, Grotewohl, Ulbricht und Oelßner (als Dolmetscher) wurden am 18. Dezember von Stalin empfangen. In mehreren Punkten dämpfte Stalin den Elan seiner ostdeutschen Genossen. Im Prinzip stimmte er zwar ihren Vorstellungen zu, mahnte aber zu Bedachtsamkeit und taktischen Rücksichtnahmen. Pieck notierte: »Noch kein Übergang Volksdemokratie, rechter Flügel, noch kein Kampf dagegen, nicht schlagen, Volksdemokratie warten.« Auch für die geplanten Enteignungen war es nach Meinung Stalins noch zu früh: »nicht gegen Gruppen von Besitzern vorgehen, sondern nur gegen einzelne, wenn diese Sabotage«, »nicht direkte Eingriffe, sondern Zick-zack«, »nicht auf Plan pochen, differenzieren«. Die Lage in Deutschland, so Stalin, sei »nicht gleich wie [in den] V.[olks] D.[emokratien]«; »noch kein einheitl.[icher] Staat – stehen nicht vor der Macht«. Es müsse zunächst darauf ankommen, in Deutschland »Einheit [und] Frieden« herzustellen, und er machte ihnen den Vorwurf, »wie eure Großvorfahren, die Teutonen, [...] immer mit offenem Visier« zu kämpfen:

»Das ist vielleicht mutig, aber auch oft sehr dumm. Man diskutiert bei euch unter unerhört schwierigen Verhältnissen [...] über eine volksdemokratische Ordnung, diskutiert über Diktatur des Proletariats oder bürgerlich demokratische Ordnung. Die Diskussion ist äußerst dumm und schädlich. Man muß sie beenden. Die Analyse, was eine Ordnung in Deutschland war, kann man hinterher machen, wenn man in Deutschland gesiegt hat, jetzt soll man besser arbeiten.«

Von der Aufnahme der SED in das Kominform wollte Stalin gar nichts wissen; Pieck trug diesen Wunsch zwar noch als Frage vor, wurde aber vom russischen Diktator abschlägig beschieden. Gleichzeitig stimmte Stalin aber der Straffung der SED-Führung zu und regte an, auf der bevorstehenden Parteikonferenz die Umstrukturierung der SED in eine »Partei neuen Typus« zu beschließen. Offensichtlich war für Stalin die Teilung Deutschlands noch keineswegs definitiv. Eine provisorische deutsche Regierung in der Ostzone konnte seiner Meinung nach erst gebildet werden, »wenn im Westen Reg[ierung] im Febr[uar] März zustandegekommen« sei. Dieser provisorischen Regierung sollten auch »führende Politiker des [...] Volksrats« angehören und vom Volksrat oder einem neuen Volkskongreß bestätigt werden. Allgemeine Wahlen sollten nicht vor dem Frühjahr 1950 durchgeführt werden. Gleichzeitig empfahl er die »Entwicklung der Blockarbeit in [der] Ostzone«; Pieck notierte, wie das gemeint war: »rechten Flügel in bürgerl.[ichen] Parteien schlagen – Fortschrittl. [iche] Kräfte stärken – sodaß einheitl. [iche] Blockliste zur Wahl«.[7]

Damit war der weitere Kurs vorgezeichnet. Die I. Parteikonferenz der SED sprach sich am 28. Januar 1949 für die Entwicklung der SED zu einer »Partei neuen Typus« aus, einer marxistisch-leninistischen Kaderpartei, die sich politisch-ideologisch vollständig dem Führungsanspruch der sowjetischen kommunistischen Partei unterwarf *(Dok. 14)*. Von einem »besonderen deutschen Weg zum Sozialismus«, von dem Anton Ackermann im Februar 1946 in der »Einheit« geschrieben hatte, konnte jetzt keine Rede mehr sein. Ackermann hatte diese These inzwischen am 24. September 1948 im »Neuen Deutschland« auch offiziell widerrufen.

Am 11. März 1949 billigte der Deutsche Volksrat den vom Verfassungsausschuß unter Vorsitz Grotewohls erarbeiteten Verfassungsentwurf für die »Deutsche Demokratische Republik«. Darin wurden zwar auch wie in westlichen Verfassungen Grund- und Bürgerrechte festgeschrieben, aber die Verfassung erhielt in entscheidenden Punkten eine andere Qualität. Es gab Bestimmungen, die auf ein totalitäres politisches System abzielten: Das Blocksystem wurde zum Verfassungsprinzip erhoben und damit jede parlamentarische Opposition ausgeschaltet; die Justiz sollte nicht mehr, wie es Grotewohl formulierte, eine »Macht neben der Volksvertretung sein, sondern ein ihr untergeordnetes Organ«; Art. 132 bestimmte, daß Richter von der Volksvertretung abberufen werden konnten. Um unbequeme Kritiker und Oppositionelle auch strafrechtlich verfolgen zu können, gab es den Art. 6, in den ein neuer Begriff eingefügt worden war; dort hieß es: »Boykotthetze gegen demokratische Einrichtungen und Organisationen ... sind Verbrechen im Sinne des Strafgesetzbuches.«

Am 29. Mai 1949 trat in Ost-Berlin der »Dritte Deutsche Volkskongreß« zusammen. Für die Wahl der Delegierten am 15./16. Mai hatten die Blockparteien eine Einheitsliste aufgestellt; die Mandate waren nach einem festgelegten Schlüssel verteilt worden: 25 Prozent SED, 15 CDU, 15 LDPD, 7,5 Nationaldemokratische Partei Deutschlands, 7,5 Demokratische Bauernpartei Deutschlands, 10 FDGB, 5 Kulturbund für die demokratische Erneuerung Deutschlands, 3,7 Vereinigung der Verfolgten des Naziregimes, 3,7 Demokratischer Frauenbund Deutschlands, 1,3 Vereinigung der gegenseitigen Bauernhilfe, 1,3 Genossenschaften. Die Wähler konnten sich weder für einzelne Parteien noch einzelne Kandidaten entscheiden, sondern nur für die Einheitsliste, die mit folgendem

Vermerk versehen war: »Ich bin für die Einheit Deutschlands und für einen gerechten Friedensvertrag. Ich stimme darum für die nachstehende Kandidatenliste zum Dritten Deutschen Volkskongreß.«
Trotz Manipulationen hatten in Ost-Berlin nur 47,1 Prozent, in der sowjetischen Besatzungszone nur 66,1 Prozent mit Ja gestimmt – eine mittlere Katastrophe für die SED, aus der sie entsprechende Lehren zog (die Wahlen im Oktober 1950 fielen dann auch ganz in ihrem Sinne aus – dank Manipulation, Druck und Fälschung).
Inzwischen schien wieder Bewegung in die deutsche Frage gekommen zu sein; das Ende der Berlin-Blockade stand bevor, und für den 23. Mai 1949 war eine neue Außenministerkonferenz in Paris angesetzt. Pieck hielt sich zu diesem Zeitpunkt zu einem Kuraufenthalt in der Nähe von Moskau auf. Vor seiner Rückkehr bat er am 10. Mai Molotow in einem Brief um eine Unterredung über die neue Lage. Bemerkenswert ist, daß Pieck sich von der Außenministerkonferenz in Paris eine Regelung der deutschen Frage erwartete; und das hieß Einheit Deutschlands und Wiederherstellung der Einheit Berlins mit einheitlicher Ostwährung. Für den Fall des Scheiterns schlug er die Bildung einer *deutschen* Regierung durch den Volksrat vor. In seinen Notizen zum Brief an Molotow heißt es unter anderem: »Wiederaufnahme der Arbeit des *Kontrollrats*, Wiederaufnahme der Arbeit der *Alliierten Kommandantur ..., Deutschlandfrage*, kein Weststaat – [kein] Besatzungsstatut, einheitl.[iche] Regierung – Verfassung – Parlament« und an anderer Stelle: »einheit.[liches] Deutschland«, »kein Weststaat – keine Westregierung, sonst *dtsch. Regierung* durch Volksrat«; und er fragte sich auch, »ob Wahlen« stattfinden würden.[8]
Molotow antwortete nicht. Hieß das, daß der Kreml nach wie vor die deutsche Frage für offen hielt? Es gibt Indizien, die dafür sprechen. So setzte Stalin jetzt auf »nationale Agitation«. Semjonow kam mit der Weisung aus Moskau zurück, über das Konzept des eher appellativ agierenden Volkskongresses hinauszugehen; Pieck notierte nach dem Bericht Grotewohls im Politbüro am 23. Mai 1949: »St.[alin] notwendig Schritt weiter als Volkskongreß, *Nationale Front* für Einheit, Wahlberechtigung restlos an Nazi«. Pieck war offensichtlich verwirrt, als er notierte: »*Schaffung der nat.*[ionalen] *Front* – was soll das sein? – aber nicht vorbereitet. Agitation – Organisation *P*[artei] *V*[orstand] nicht informiert, Losung bedenklich – Nazi-Parole nach außen, *evtl. nat.[ionale] Einheitsfront* nach innen«.[9] Und am 28. Mai, einen Tag vor dem Zusammentritt des Volkskongresses, der die Nationale Front ausrufen

sollte: »Widerstand bürgerl. Parteien gegen Schaffung [der] Nat.[ionalen] Front«.[10]
In Paris wurde nichts von dem erreicht, was Pieck erhofft oder möglicherweise befürchtet hatte. Die sowjetische Einschätzung der Konferenz war dagegen eher positiv. Semjonow unterrichtete Pieck am 19. Juli, daß es in Paris zwar nicht gelungen sei, eine »ähnliche Entsch.[eidung] wie [bezügl.] Österr.[eichs]«[11] zu erreichen, die Konferenz deswegen »aber nicht bedeutungslos« gewesen sei. Schon ihre Einberufung sei ein »Schlag gegen [die] Spalter« gewesen, eine noch größere Anerkennung für die Politik der Sowjetunion als in Potsdam. Stalin erwartete eine nächste Außenministerkonferenz im Herbst 1949, die sich mit »Einheit und Friedensvertrag« beschäftigen sollte; man sehe nach dem jetzt erreichten »einen Schritt vorwärts« Möglichkeiten, »zwischen den Bes[atzungs]-Mächten [einen] *modus vivendi* [zu] finden«. Und dann übermittelt Semjonow eine »*Direktive*« Stalins; die SED-Führung solle ihre »Bemühungen« fortsetzen, um die »*wirtsch.[aftliche] u.[nd] pol.[itische] Einheit* [zu] erreichen«. Als Begründung hieß es, der Friedensvertrag mit Deutschland könne nicht »beiseite liegen«, »weil davon [der] Frieden der Welt« abhänge. Deshalb müsse der Kampf weitergehen.[12]
Die definitive Entscheidung zur Gründung der DDR fiel dann tatsächlich erst Ende September 1949, als unmittelbare Reaktion auf die Regierungsbildung in Bonn. Am 15. September, am Tage der Wahl Adenauers zum Bundeskanzler, fixierte Pieck in einem Arbeitspapier – »kurzfristige Prozedur für die Regierungsbildung« –, wie die Gründung der DDR nun durchgeführt werden sollte. Da Eile geboten war, flogen er, Grotewohl und Ulbricht (sowie Oelßner) bereits am nächsten Tag nach Moskau.
Schon am 17. September fand eine Zusammenkunft mit den Politbüro-Mitgliedern der KPdSU Malenkow, Berija, Bulganin, Molotow, Mikojan und Kaganowitsch sowie dem obersten Chef der SMAD Tschuikow, Semjonow, Gregorian, dem Leiter der Auslandsabteilung des ZK der KPdSU, und dem für Deutschland und Österreich zuständigen Smirnow statt. In dieser Runde wurde offensichtlich ein Brief besprochen, den die SED am 19. September an Stalin richtete *(Dok. 15)*. Am 27. September fand eine weitere Besprechung im Politbüro des ZK der KPdSU statt, bei der den SED-Führern eine schriftliche Antwort überreicht wurde.[13] Am nächsten Tag flog die SED-Delegation zurück; um 14 Uhr kam man in Berlin an, um 18 Uhr fand eine Sitzung des Politbüros des ZK der SED statt, um 20 Uhr traf sich Pieck mit Semjonow. Entsprechend den Beschlüssen in Moskau konstituierte sich am 7. Oktober der Volksrat als provisorische

Volkskammer der »Deutschen Demokratischen Republik«. Wilhelm Pieck wurde zum Staatspräsidenten, Otto Grotewohl zum Ministerpräsidenten gewählt. Stalin feierte die Gründung der DDR am 13. Oktober in einem Glückwunschtelegramm als einen Wendepunkt in der Geschichte Europas *(Dok. 18)*.

Pieck rechtfertigte die Gründung der DDR in der für die Beratung mit Stalin bestimmten Ausarbeitung mit der Wahlniederlage der KPD (»5,6 Prozent«) bei den Wahlen zum Deutschen Bundestag am 14. August 1949:

»Wenn man die Stimmen der Sozialdemokratie noch den bürgerlichen Stimmen hinzurechnet, da doch die Sozialdemokratie die gleiche Politik für die Kolonialversklavung des deutschen Volkes unterstützte, so steht fest, daß die *gewaltige Mehrheit der Wähler* sich für diese Parteien entschieden haben, und damit den Westmächten die Möglichkeit gibt, zu erklären, daß ihre Politik die Zustimmung der Volksmassen gefunden habe.« *(Dok. 16)*

Loth und Badstübner meinen, daß dies wohl darauf hindeute, daß Stalin noch bis unmittelbar vor dieser Entscheidung mit einem Erfolg des Appells an die nationalen Kräfte gerechnet hat und erst durch den Hinweis auf die Wahlergebnisse in Westdeutschland zu einer realistischeren Lagebeurteilung gebracht werden konnte. Möglicherweise trifft diese Schlußfolgerung zu. Dies führt jedenfalls zu einer weiteren Frage. Zweifelsohne war die Gründung der DDR nicht nur eine Reaktion auf die Gründung der Bundesrepublik. Überlegungen zur Bildung einer Regierung in der sowjetischen Besatzungszone, die zunächst von Pieck als die einzige deutsche Regierung angesehen worden war (was sich in Moskau aber nicht durchsetzen ließ), hatte es auf seiten der SED-Führung schon seit Mitte 1948 gegeben. (Im Westen hatte man sogar schon für das Jahr 1948 die Staatsgründung erwartet.) Stalin hatte das offensichtlich anders gesehen und gebremst, gleichzeitig aber die volksdemokratische Entwicklung in der sowjetischen Besatzungszone vorantreiben lassen, und dies ganz im Sinne der SED. Loth und Badstübner sprechen hier von einem tiefgreifenden Interessenkonflikt zwischen Stalin und der SED-Führung, der nicht offen ausgetragen worden sei, weil Stalin mit den Realitäten in Deutschland wenig vertraut gewesen sei und die bedingungslose Unterwerfung unter den »demokratischen Zentralismus« zu den zentralen Dogmen des Klassenkampf-Kurses der SED-Führung gehört habe. In der Praxis habe dies gleichwohl zu einer höchst ambivalenten Politik geführt. Wenn dies so war, so setzte sich dieser nicht ausgetragene Konflikt auch nach der Gründung der DDR fort.

Tatsache ist, daß die SED »von Anfang an eine DDR volksdemokratischen Typs anstrebte, einen von ihr auf Dauer dominierten faktischen Einparteienstaat«[14] – und dies im Gegensatz zu den Verfassungsbestimmungen. Zentraler Punkt, und das bewegte die Gemüter bei der Staatsgründung mehr als alles andere, war, wann und wie die verschobenen Parlamentswahlen wohl durchgeführt würden, welchen politischen Charakter die DDR also tatsächlich annehmen würde. Alle Befürchtungen wurden dann im Oktober 1950 bei diesen ersten Wahlen bestätigt. Durch massive Wahlfälschung, Pressionen und Manipulationen erreichte die SED genau das, was in der Vorstandssitzung der SED am 4. Oktober 1949 Gerhart Eisler, der Leiter der DWK-Hauptabteilung Information, klargestellt hatte, nämlich, »wenn wir eine Regierung gründen, geben wir sie niemals wieder auf, weder durch Wahlen noch andere Methoden«. Ulbricht hatte dem mit dem Satz beigepflichtet: »Das haben einige noch nicht verstanden!«[15] Die Existenz der DDR war damit dennoch langfristig noch nicht gesichert. Für Stalin gab es immer noch zwei Möglichkeiten: entweder die DDR zu stabilisieren und sie in den Ostblock zu integrieren oder aber als Trumpfkarte im gesamtdeutschen Poker an einem bestimmten Punkt zur Disposition zu stellen, um so doch noch Einfluß auf ganz Deutschland zu gewinnen.

→ espérance de S. d'influencer tt l'All

Dokumente zum 3. Kapitel

[11] Aufruf zu einem Deutschen Volkskongreß, 26. 11. 1947

Leider sind alle Bemühungen zur Bildung einer gesamtdeutschen Beratung der Parteien über die Vertretung der Interessen des deutschen Volkes auf der Außenministerkonferenz an dem Widerstande führender Männer der Sozialdemokratischen Partei Deutschlands und bürgerlicher Parteien in den westlichen Besatzungszonen gescheitert. Schließlich hat auch noch der Führer der Christlich-Demokratischen Union in der sowjetischen Besatzungszone seine Zustimmung verweigert. In einem der entscheidendsten Augenblicke versagen die Führer dieser Parteien und lassen das deutsche Volk im Stich.

Die Sozialistische Einheitspartei Deutschlands kann und will sich mit diesem Zustande nicht abfinden. Sie erachtet es als ihre Pflicht, dem deutschen Volke die Möglichkeit zu geben, seinen Willen der Londoner Konferenz kundzutun und seiner Stimme Gehör zu verschaffen. Die Sozialistische Einheitspartei Deutschlands ruft in letzter Stunde dazu auf, alles Trennende beiseite zu lassen.

Es geht nicht um Parteien, sondern um das Volk!

Auf Grund bereits vorliegenden Einverständnisses vieler Organisationen schlagen wir vor: Alle antifaschistisch-demokratischen Parteien, Gewerkschaften und andere Massenorganisationen, Betriebsräte und Belegschaften großer Betriebe, Organisationen der Bauernschaft, Vertreter der Wissenschaft und der Kunst in ganz Deutschland sollen ihre Stimme gemeinsam für das deutsche Volk erheben.

Wir laden ein zu einem *Deutschen Volkskongreß für Einheit und gerechten Frieden* am 6. und 7. Dezember 1947 in Berlin, Staatsoper, Friedrichstraße 101/102.

Tagesordnung:

1. *Der Wille des deutschen Volkes für einen gerechten Frieden, für Demokratie und Einheit Deutschlands.* – Referate und Aussprache.

2. *Wahl einer Delegation zur Londoner Außenministerkonferenz.*
Allen Parteien, Organisationen und Großbetrieben empfehlen wir, sofort Stellung zu unserem Vorschlag zu nehmen und die Vorbereitungen für die Entsendung der Delegierten zu diesem Volkskongreß zu treffen. Weitere Verständigung zwischen den zur Teilnahme bereiten Organisationen soll unmittelbar erfolgen.

(Dokumente der Sozialistischen Einheitspartei Deutschlands, Bd. 1, 2. Aufl. Berlin 1951, S. 260 f.)

[12] Bildung des Deutschen Volksrates, 18. 3. 1948

Der Deutsche Volkskongreß beschließt die Wahl eines Deutschen Volksrates, bestehend aus 400 Mitgliedern.
Der Deutsche Volksrat ist das beratende und beschließende Organ, das zwischen den Tagungen des Volkskongresses tätig ist.
Der Deutsche Volksrat führt den Kampf für die Einheit Deutschlands und für einen gerechten Friedensvertrag.
Der Deutsche Volksrat nimmt aktiven Anteil an allen Fragen, die sich aus der programmatischen Zielsetzung des Deutschen Volkskongresses ergeben.
Zu diesem Zweck werden beim Volksrat Fachausschüsse, bestehend aus etwa 30 Personen, gebildet, und zwar zunächst: Ausschuß für den Friedensvertrag, Verfassungsausschuß, Wirtschaftsausschuß, Justizausschuß, Kulturausschuß, Ausschuß für Sozialpolitik.
Der Deutsche Volksrat gibt sich für seine Arbeit eine Geschäftsordnung. Er hält ständige Verbindung zu den staatlichen und wirtschaftlichen Organen in allen Gebieten Deutschlands sowie zu den Landesparlamenten und demokratischen Massenorganisationen. Das Publikationsorgan des Volkskongresses und des Deutschen Volksrates ist die Zeitung »Deutschlands Stimme«.
Die Tätigkeit des Deutschen Volksrates wird von einem Präsidium, bestehend aus 29 Personen, mit 3 Vorsitzenden an der Spitze, geleitet.
Beim Präsidium des Volksrates wird ein Sekretariat gebildet.

(Die Deutsche Demokratische Republik auf dem Weg zum Sozialismus, Teil I, S. 164.)

[13] Entschließung der 5. Tagung des Deutschen Volksrates, 22. 10. 1948

[...]

Der Deutsche Volksrat ist die einzige legitime Repräsentation des deutschen Volkes. Er fordert hiermit die Verwirklichung des Rechtsanspruchs des deutschen Volkes auf die Gestaltung seines staatlichen und gesellschaftlichen Lebens, die Schaffung einer freien, demokratischen deutschen Republik und den Abschluß eines Friedensvertrages. Er hat die konkreten Maßnahmen zur Beschreitung dieses Weges unternommen, legt hiermit dem deutschen Volk den Entwurf einer Verfassung für die Deutsche Demokratische Republik vor und stellt ihn zur freien Diskussion. Auf dem dritten Volkskongreß wird die Bilanz dieser Diskussion gezogen werden und diese Verfassung zur Beratung stehen.

Im Gegensatz zu dieser Ausübung des Selbstbestimmungsrechtes des deutschen Volkes zeigen die Verhandlungen des sogenannten Parlamentarischen Rates in Bonn, daß hier nicht nur die Einheit der deutschen Nation, sondern auch die Demokratie preisgegeben werden. Die in Bonn ausgearbeitete Verfassung für den westdeutschen Staat dient dem Versuch, das deutsche Volk unter die Macht zu beugen, die sich die westlichen Besatzungsmächte entgegen den Verpflichtungen von Jalta und Potsdam angeeignet haben. Das Bonner Statut nimmt sowohl den Zustand der Besatzung als auch die Usurpation des größten Teiles der deutschen Wirtschaft durch ausländische Machthaber bedingungslos hin.

Die in ihm festgelegten Befugnisse deutscher Organe und Rechte deutscher Bürger widersprechen den Interessen des deutschen Volkes. Das zu errichtende westdeutsche Staatswesen ist ein Vasallenstaat und der Willkür fremder Mächte unterworfen. Ein Besatzungsstatut kann weder die Freiheit Deutschlands noch die seiner Bürger herstellen. Es bestätigt und verewigt nur den Zustand der Besatzung.

Die Verfassung für die Deutsche Demokratische Republik kann nicht aus der Befehlsgewalt von Besatzungsmächten geboren werden, sondern sie muß dem eigenen und freien Willen des gesamten deutschen Volkes entspringen. Zu dieser Willensbildung ruft der Deutsche Volksrat das gesamte deutsche Volk auf. Deutschland will und muß dem Frieden und seinem Wiederaufbau sowie der Wiedergutmachung der in seinem Namen angerichteten Schäden dienen. [...]

(Die Deutsche Demokratische Republik auf dem Weg zum Sozialismus, Teil. I, S. 170f.)

[14] Entschließung der I. Parteikonferenz der SED, 28. 1. 1949

[...]

IV. Die Entwicklung der SED zu einer Partei neuen Typus

[...]

2. Die Kennzeichen einer Partei neuen Typus sind:
Die marxistisch-leninistische Partei ist die bewußte Vorhut der Arbeiterklasse. Das heißt, sie muß eine Arbeiterpartei sein, die in erster Linie die besten Elemente der Arbeiterklasse in ihren Reihen zählt, die ständig ihr Klassenbewußtsein erhöhen. Die Partei kann ihre führende Rolle als Vorhut des Proletariats nur erfüllen, wenn sie die marxistisch-leninistische Theorie beherrscht, die ihr die Einsicht in die gesellschaftlichen Entwicklungsgesetze vermittelt. Daher ist die erste Aufgabe zur Entwicklung der SED zu einer Partei neuen Typus die ideologisch-politische Erziehung der Parteimitglieder und besonders der Funktionäre im Geiste des Marxismus-Leninismus.

Die Rolle der Partei als Vorhut der Arbeiterklasse wird in der täglichen operativen Leitung der Parteiarbeit verwirklicht. Sie ermöglicht es, die gesamte Parteiarbeit auf den Gebieten des Staates, der Wirtschaft und des Kulturlebens allseitig zu leiten. Um dies zu erreichen, ist die Schaffung einer kollektiven operativen Führung der Partei durch die Wahl eines Politischen Büros (Politbüro) notwendig.

Die marxistisch-leninistische Partei ist die organisierte Vorhut der Arbeiterklasse. Alle Mitglieder müssen unbedingt Mitglied einer der Grundeinheiten der Partei sein. Die Partei stellt ein Organisationssystem dar, in dem sich alle Glieder den Beschlüssen unterordnen. Nur so kann die Partei die Einheit des Willens und die Einheit der Aktion der Arbeiterklasse sichern.

Die marxistisch-leninistische Partei ist die höchste Form der Klassenorganisation des Proletariats. Die Partei, in der die besten Menschen der Klasse zusammengefaßt sind, die mit der Theorie des Marxismus-Leninismus, mit der Kenntnis der Gesetze des Klassenkampfes und mit der Erfahrung der revolutionären Bewegung gewappnet sind – hat die Möglichkeit und ist berufen und verpflichtet, alle anderen Organisationen der Werktätigen dadurch zu leiten, daß die Parteimitglieder vorbildliche Arbeit in diesen Massenorganisationen leisten.

Die Partei verkörpert die Verbindung des Vortrupps der Arbeiterklasse mit den Millionenmassen der Arbeiter und der übrigen Werktätigen.

Darum darf sie sich nicht von den Massen abkapseln und isolieren, sondern muß ihre Verbindungen mit ihnen festigen und das Vertrauen und die Unterstützung der breiten Massen verstärken.
Um die führende Rolle der Partei sicherzustellen und die Partei vor Schwankungen zu bewahren, ist die Einführung einer Kandidatenzeit für die Aufnahme in die Partei erforderlich. Diese Kandidatenzeit soll es dem Kandidaten ermöglichen, sich mit dem Programm und den Statuten, der Politik und Taktik der Partei vertraut zu machen und sich in der Parteiarbeit und in der Arbeit in den Massenorganisationen im Sinne der Partei zu bewähren.
Die marxistisch-leninistische Partei beruht auf dem Grundsatz des demokratischen Zentralismus. Dies bedeutet die strengste Einhaltung des Prinzips der Wählbarkeit der Leitungen und Funktionäre und der Rechnungslegung der Gewählten vor den Mitgliedern. Auf dieser innerparteilichen Demokratie beruht die straffe Parteidisziplin, die dem sozialistischen Bewußtsein der Mitglieder entspringt. Die Parteibeschlüsse haben ausnahmslos für alle Parteimitglieder Gültigkeit, insbesondere auch für die in Parlamenten, Regierungen, Verwaltungsorganen und in den Leitungen der Massenorganisationen tätigen Parteimitglieder.
Demokratischer Zentralismus bedeutet die Entfaltung der Kritik und Selbstkritik in der Partei, die Kontrolle der konsequenten Durchführung der Beschlüsse durch die Leitungen und die Mitglieder.
Die Duldung von Fraktionen und Gruppierungen innerhalb der Partei ist unvereinbar mit ihrem marxistisch-leninistischen Charakter.
Die marxistisch-leninistische Partei wird durch den Kampf gegen den Opportunismus gestärkt. Die Arbeiterklasse ist keine nach außen abgeschlossene Klasse. Der Geist des Opportunismus wird ständig durch bürgerliche Kräfte in sie hineingetragen und ruft dadurch Unsicherheit und Schwankungen in ihren Reihen hervor. Deshalb ist der schonungslose Kampf gegen alle opportunistischen Einflüsse die unerläßliche Voraussetzung für die Stärkung der Kampfkraft der Partei.
Höchste Klassenwachsamkeit ist unbedingte Pflicht eines jeden Parteimitgliedes. Durch sie muß auch das Eindringen von Spionen, Agenten der Geheimdienste und des Ostbüros Schumachers in die Partei und die demokratischen Organe verhindert werden.
Die marxistisch-leninistische Partei ist vom Geist des Internationalismus durchdrungen. Dieser Internationalismus bestimmt ihren Platz in der weltweiten Auseinandersetzung zwischen den Kriegshetzern und

den Friedenskräften, zwischen Reaktion und Fortschritt, zwischen Kapitalismus und Sozialismus. In diesem Kampfe steht die marxistisch-leninistische Partei eindeutig im Lager der Demokratie und des Friedens, an der Seite der Volksdemokratien und der revolutionären Arbeiterparteien der ganzen Welt. Sie erkennt die führende Rolle der Sowjetunion und der KPdSU (B) im Kampfe gegen den Imperialismus an und erklärt es zur Pflicht jedes Werktätigen, die sozialistische Sowjetunion mit allen Kräften zu unterstützen.

(Deuerlein, 629, S. 82 ff.)

[15] Brief der SED-Führung an Stalin, 19. 9. 1949

Lieber Genosse Stalin!
Nachstehend legen wir dem Zentral-Komitee der KPdSU (B) in Kürze die Fragen zur Überprüfung vor, über die wir die notwendigen Entschlüsse zu fassen bitten.
[...]

2. Bildung einer provisorischen deutschen Regierung in der sowjetischen Besatzungszone

Die Regierung soll in der ersten Hälfte des Oktobers innerhalb einer Woche gebildet werden, indem der jetzt bestehende Volksrat sich zur *provisorischen Volkskammer* umbildet und der schon beschlossenen *Verfassung* Gesetzeskraft verleiht, eine *Länderkammer* der 5 Länder aus 35 Vertretern beschließt und in einer gemeinsamen Tagung der Volkskammer und der Länderkammer den Präsidenten der Republik wählt. Den Ministerpräsidenten stellt nach der Verfassung die stärkste Fraktion, das ist die SED. Dieser stellt der Volkskammer die provisorische Regierung vor und gibt die Regierungserklärung ab.
Die Regierungserklärung soll u. a. folgende Punkte enthalten:

1. Die Potsdamer Beschlüsse sahen nur eine *vorübergehende* Besetzung Deutschlands vor. Durch das Besatzungsstatut der Westmächte wird die *berechtigte* Okkupation in eine *unberechtigte* bewaffnete Intervention in Westdeutschland auf unbegrenzte Zeit verwandelt.
2. Eine Anerkennung der Westregierung soll nicht ausgesprochen werden. Die Regierung lehnt alle für Deutschland oder einzelne Teile getroffenen Maßnahmen ab, die gegen die Potsdamer Beschlüsse oder

die gesamtdeutschen Interessen verstoßen. Die Regierung ist dagegen bereit, alle Maßnahmen zu entwickeln und zu fördern, die im Einklang mit den Potsdamer Beschlüssen und der Entwicklung zur wirtschaftlichen und politischen Einheit Deutschlands stehen.

3. Die Regierung wird sich darum bemühen, daß die Sowjetische Militäradministration in Deutschland umgewandelt wird in eine Sowjetische Kontrollkommission mit der Übergabe der Verwaltung an die Regierung der Deutschen Demokratischen Republik.

Für die Zusammensetzung der Regierung sollen von der SED Verhandlungen mit den anderen 4 Parteien geführt werden. Die Regierung soll aus 18 Mitgliedern bestehen, dem Ministerpräsidenten und 3 Stellvertretern, sowie 14 Ministern. Davon sollen die SED 8 und die übrigen Parteien 10 Minister bekommen. Der Präsident der Republik soll der SED angehören. Dafür wird Wilhelm Pieck vorgeschlagen. Ministerpräsident soll Otto Grotewohl werden, seine Stellvertreter Walter Ulbricht, Otto Nuschke (CDU) und Hermann Kastner (LPD). Die übrigen Minister sind aus der beigefügten Liste ersichtlich.
Die Volkskammer soll beschließen, daß allgemeine Wahlen für die endgültige Volkskammer stattfinden werden. Über den Termin der Wahlen soll später entschieden werden, und dieser Termin soll auch für die Wahlen zu den Landtagen, den Kreis- und Gemeindevertretungen gelten. Wir wollen versuchen, für die Wahlen Einheitslisten mit den anderen Parteien aufzustellen.
Wir bitten um Ihre Meinung über den Termin und die Prozedur der Regierungsbildung und über die Zusammensetzung der Regierung.

3. Die Aufgaben der Partei in Westdeutschland

Allgemein soll der Kampf gegen die Maßnahmen der Westmächte, für die Einheit Deutschlands und den Friedensvertrag verstärkt weitergeführt werden. Die Westregierung ist als Organ der Westmächte zu entlarven. Die Aufklärung über die Sowjetunion ist zu verstärken.
Die Hauptaufgabe der SED besteht darin, die KPD noch stärker zu unterstützen in ihrer Arbeit zur Herstellung der Kampfgemeinschaft mit den Gewerkschaften und den sozialdemokratischen Arbeitern, sowie zur Bildung der Nationalen Front. Dazu ist es erforderlich, die beim Politbüro gebildete Westkommission sowohl in ihrer Zusammensetzung wie in ihrer Arbeit zu verstärken.

4. Wirtschaftsfragen

Die Hauptaufgabe auf wirtschaftlichem Gebiet besteht darin, den Zweijahrplan bis Juli 1950 zu erfüllen (mit Ausnahme von Stahl- und Walzwerks-Erzeugnissen). Dadurch treten die Rohstoffschwierigkeiten stärker in Erscheinung. Die Grundfragen zur Lösung dieser Aufgaben sind die Verbesserung der Qualität der Produkte und die Steigerung des Exports. Diese Fragen stehen im Zusammenhang mit der Regierungsbildung, den Wahlen im Herbst 1950 und der zu schaffenden Wahlplattform.

Darum bitten wir Sie um die Entscheidung folgender wirtschaftlicher Fragen:

1. Erhöhung der Lieferung von Walzwerks-Erzeugnissen aus der Sowjetunion im Jahre 1949 auf 200000 Tonnen.
2. Volle Lieferung der im Plan für 1949 vorgesehenen 13000 Tonnen Baumwolle. Erhöhung der Lieferung für 1950 in dem Maße, daß die gesamte Baumwoll-Einfuhr 1950 auf 30000 Tonnen kommt.
3. Lieferung von 1000 schweren Lastkraftwagen (Fünftonner).
4. Um die Erhöhung der Lebensmittelrationen ab 1. Januar 1950 durchführen zu können, bitten wir um

a) 230000 Tonnen Brotgetreide und noch 150000 Tonnen Brotgetreide für die Reserve,

b) 20000 Tonnen Fett für die Versorgung und für die Reserve.

5. Damit wir die notwendigen Rohstoffe aus den volksdemokratischen Ländern beziehen können, benötigen wir hochwertige Qualitätswaren für den Export. Wir bitten, uns für diesen Zweck bestimmte Warenmengen aus der Produktion der Sowjetischen Aktiengesellschaften zur Verfügung zu stellen.

[...]

5. Parteifragen der SED

a) Der Termin für den nächsten Parteitag hängt mit dem Termin der Wahlen zusammen. Wir sind der Ansicht, daß, wenn der Herbst 1950 als Wahltermin vorgesehen wird, vorher zur Festlegung des Wahlprogramms der Parteitag einberufen werden soll.

b) Dem Parteitag sollen die Richtlinien für den Fünfjahrplan vorgelegt werden. Wir bitten um Ihre Ansicht, ob wir Ende 1949 mit den Vorarbeiten zur Ausarbeitung des Fünfjahrplanes beginnen sollen.

c) Wir bitten um Ihre Meinung zu unserem Vorschlag, vor dem Parteitag eine Überprüfung der Mitgliedsbücher durchzuführen.
d) Zur ideologischen und politischen Erziehung der Partei bitten wir um Ihre Erlaubnis, Ihre Gesamtwerke in deutscher Sprache herausgeben zu dürfen.

6. Verschiedene Fragen

a) *Ehemalige Nazis*
Wir bitten um Ihre Meinung zu unserem Vorschlag, Personen, denen durch Beschluß der Entnazifizierungskommissionen oder durch Urteile von Strafkammern auf Grund der Befehle Nr. 24 oder 38 das aktive und passive Wahlrecht entzogen wurde, das aktive und passive Wahlrecht wiederzugeben. Diese Personen können entsprechend ihren Eignungen einen Beruf ausüben (Ausnahmen: Polizei, Verwaltung des Innern, Brandschutz und Justiz).

b) *Finanzfragen*
1. Für die finanzielle Unterstützung der KPD im Westen sind monatlich 320000 DM-West erforderlich. Vom Genossen Tschuikow werden nur 250000 DM-West zur Verfügung gestellt. Außerdem benötigt die KPD eine einmalige Zuwendung von 500000 DM-West zur Bezahlung von Schulden an Druckereien usw.
[...]

c) *Rückkehr der Kriegsgefangenen*
Da die provisorische Regierung in ihrer Erklärung zur Frage der Rückkehr der Kriegsgefangenen Stellung nehmen muß, bitten wir erklären zu dürfen, daß bis Ende 1949 alle Kriegsgefangenen aus der Sowjetunion entlassen werden.

d) *Auflösung der Straflager*
Wir halten es für zweckmäßig, die bestehenden Straflager in der Ostzone aufzulösen, die von den Sowjetorganen abgeurteilten Verbrecher nach der Sowjetunion zu transportieren und die übrigen den deutschen Organen zu übergeben. [...]

(SAPMO-BA, ZPA, IV 2/2/44; Staritz, 684, S. 10ff.)

[16] Wilhelm Pieck: Zur Einleitung der Besprechung *

Wir danken dem Genossen St. für die Berufung zu dieser Besprechung einiger Fragen, die für uns von großer Bedeutung sind. Aber zuvor danken wir dem Genossen St. für die große materielle Hilfe, die er uns durch die Sowjetregierung und die Militärverwaltung in so großzügiger Weise im Laufe dieses Jahres wieder hat zuteil werden lassen... Nun zu den Fragen, bei denen wir Ihren Rat erbitten. [1. Entschließung zur Nat(ionalen) Front, 2. Regierungsbildung in der sow(jetischen) Bes(atzungs)-zone, 3. Einschätzung der Lage in Deutschland u(nd) Wahlen, 4. Wirtschaftsplan für 1950, 5. Lage in der Partei – Termin des nächsten Parteitages.]

Wir haben eine Vorlage über die Lage und die Aufgaben der Partei unterbreitet, in der die Lage im Westen, in Berlin und in der Ostzone dargelegt wird. Die Lage wird in allen drei Zonen beherrscht durch die Maßnahmen, die von den drei westlichen Besatzungsmächten im Westen Deutschlands und in Berlin zur Zerreißung Deutschlands und zur Kolonisierung des ihnen unterstehenden Teiles Deutschlands ergriffen werden. Zum Betruge der Volksmassen wird mit der Bildung einer Westregierung der Anschein erweckt, als ob es sich hier um eine demokratische deutsche Einrichtung handelt. Bei diesem Betruge werden die Westmächte durch die ihnen hörigen Führer der bürgerlichen Parteien und der Sozialdemokratie unterstützt. [Dazu tragen auch die *Illusionen* bei, die in den Massen durch die Schaufenster u(nd) Versprechungen erzeugt werden, als ob sich daraus Verbesserungen ergeben.]

Die am 14. August durchgeführten Wahlen für den sogenannten Bundestag zeigen, daß ihnen dieser Massenbetrug gelungen ist... Wenn man die Stimmen der Sozialdemokratie noch den bürgerlichen Stimmen hinzurechnet, da doch die Sozialdemokratie die gleiche Politik für die koloniale Versklavung des deutschen Volkes unterstützte, so steht fest, daß die *gewaltige Mehrheit der Wähler* sich für diese Parteien entschieden hat, und damit den Westmächten die Möglichkeit gibt zu erklären, daß ihre Politik die Zustimmung der Volksmassen gefunden habe... Gegenüber den früheren Landtagswahlen verlor die KPD 530000 Stimmen, während sie gegenüber den Kreistagswahlen von 1948 350000 Stimmen gewann, aber infolge der höheren Wahlbeteiligung im prozentualen An-

* Ohne Datum. Eindeutig zuzuordnende handschriftliche Zusätze Piecks wurden in eckige Klammern gesetzt, Abkürzungen in runden Klammern ergänzt und Auslassungen durch... gekennzeichnet.

teil von 5,8 auf 5,6 Prozent zurückging... Alle Parteien betrieben in ihrer Wahlagitation eine infame Hetze gegen die KPD, gegen die Entwicklung in der Ostzone und gegen die Sowjetunion, von der behauptet wurde, daß sie den Frieden und die nationale Selbständigkeit des deutschen Volkes bedrohe, also gerade das, was in Wirklichkeit von den Westmächten geschieht...
Um den Widerstand und den Kampf gegen diese Politik der Westmächte zu verbreitern und zu vertiefen, ist der Vorschlag auf Schaffung der Nationalen Front entstanden, für den wir die Anregung vom Genossen St. erhielten. Wir fanden mit diesem Vorschlag zunächst kein rechtes Verständnis bei den bürgerlichen Parteien, mit denen wir im Block und im Volksrat zusammenarbeiten... Aber schließlich ist es doch auf dem III. Volkskongreß am 29./30. Mai 1949 gelungen, eine Einmütigkeit für die Nationale Front herbeizuführen, allerdings unter dem Kompromiß, daß von der Erweiterung der Nationalen Front gesprochen wurde. Aber später verschwand dieser Begriff immer mehr, und es blieb bei der Schaffung der Nationalen Front. Wir haben in längeren Beratungen und unter besonderer Mitwirkung des Genossen Semenow einen Entwurf einer Entschließung über die Nationale Front und die Sozialistische Einheitspartei ausgearbeitet, der die Grundlage für die Propaganda der Nationalen Front bilden soll... Wir erbitten also die Meinung des Genossen St. zu diesem Entwurf...
Die Entwicklung der Lage im Westen zeigt, daß die westlichen Besatzungsmächte unter der Führung der Amerikaner auf eine Kolonisierung des Westens hinarbeiten und durch die Einbeziehung in den Nordatlantikpakt und durch das Besatzungsstatut ihre unumschränkte Macht über die westliche Bevölkerung aufrichten. Die jetzt geschaffene Westregierung ist nichts anderes als ein Werkzeug in den Händen der Besatzungsmächte, um ihnen die Durchführung ihrer Politik zu erleichtern...
Aus dieser Situation heraus ergibt sich jetzt die Notwendigkeit, in der Sowjetischen Besatzungszone mit der Bildung einer deutschen Regierung vorzugehen, zu deren Legitimation als deutsche Regierung wir uns ebenso wie bei dem Volksrat darauf berufen können, daß sie auf dem Potsdamer Abkommen beruht und für die Einheit Deutschlands, den Friedensvertrag und die nationale Selbständigkeit eintritt. Aus unserer Kampagne zur Entlarvung der Westregierung als Organ der Westmächte muß aus dem Volke heraus die Forderung nach einer deutschen Regierung erwachsen. Wir bitten deshalb um den Rat des Genossen St., wie wir bei der Bildung der deutschen Regierung vorgehen sollen.

Es wird notwendig sein, daß die Bildung der Regierung möglichst kurzfristig herbeigeführt wird, damit nicht vom Westen her oder auch aus dem reaktionären Flügel der bürgerlichen Parteien Störungsmanöver unternommen werden. Wir haben einen solchen Plan, daß die Regierung aus 18 Mitgliedern bestehen soll, wovon 8 von der SED und die übrigen 10 von den anderen Parteien besetzt werden...
Die Frage der Wahlen spielt bei der Zusammenarbeit mit den bürgerlichen Parteien eine nicht unwichtige Rolle. Die Legislaturperiode der am 20. Oktober 1946 gewählten Landtage läuft mit diesem Termin in diesem Jahre ab. Schon im Vorjahre wurde die Wahlperiode der Gemeindevertretungen und Kreistage um ein Jahr verlängert mit der Begründung, die Wahlen gemeinsam mit den Landtagswahlen durchzuführen. Die bürgerlichen Parteien berufen sich also darauf, daß in diesem Herbst die Wahlen stattfinden müssen. Zum Teil wurde von ihren Vertretern erklärt, daß bei den Wahlen die Kräfte zwischen den Parteien gemessen werden sollen... Aber die gegenwärtige Lage ist nicht günstig für die Durchführung von Wahlen. Es muß die demokratische Ordnung unserer Zone noch mehr verstärkt, und die wirtschaftlichen Verbesserungen auf Grund der Durchführung des Wirtschaftsplanes müssen noch gesteigert werden. Wir wollen deshalb den bürgerlichen Parteien den Vorschlag machen, in den 5 Landtagen zu beschließen, daß die Legislaturperiode bis zu einem Jahr verlängert wird, und daß im nächsten Frühjahr über die Festsetzung des Wahltermins beraten und beschlossen werden soll. Es wurde im Block schon beschlossen, daß die Wahlen zu gegebener Zeit stattfinden sollen. Wann also das sein wird, das wird besser im nächsten Frühjahr festzustellen sein, nachdem die weitere Entwicklung im Westen Deutschlands klar ergeben hat, daß dort die Lage sich fortgesetzt verschlechtert, im Gegensatz zu dem Vormarsch in der Ostzone...
Es wird große Schwierigkeiten machen, die bürgerlichen Parteien für diese Vorschläge auf Verschiebung der Wahlen zu gewinnen, aber wir müssen es erreichen. [Besonders wird das unter Hinweis auf die *Wahlen für die Volkskammer* möglich sein, für die doch erst eine Zeit der Arbeit der Provisorischen Regierung erforderlich ist.] Hinzu kommt noch, daß wir die bürgerlichen Parteien für die Aufstellung von Einheitslisten zu gewinnen haben, wie das bei der Wahl zum III. Volkskongreß der Fall war. Wir hatten uns vorher über den Proporz der einzelnen Parteien verständigt. Aber es hat schon dabei sehr ernste Widerstände in den Parteien gegeben, worauf auch ein großer Teil der Nein-Stimmen zurückgeführt wird...

Wie sich die [wirtschaftliche] Lage im nächsten Jahre gestalten soll, dafür haben wir ein Material [über den Wirtschaftsplan 1950] vorgelegt, aus dem ersichtlich ist, daß wir im nächsten Jahre in der Industrie den Produktionsstand vom Jahre 1936 erreichen wollen und auch die Aussichten dafür bestehen. Natürlich wird das nur mit einer entsprechenden Unterstützung durch die Sowjetunion bei der Belieferung mit Rohstoffen möglich sein. Sehr viel schwieriger steht es mit der Ernährungsfrage, bei der wir sogar infolge der mangelnden Kartoffelernte die in diesem Frühjahr vorgenommene Freigabe des Kartoffelverkaufs wieder aufheben müssen. Unser Plan ist, im Jahre 1950 die Rationierung vollständig aufzuheben, aber dazu bedarf es der Schaffung von Getreidereserven...
Dann gibt es noch eine Parteifrage über den Termin des nächsten Parteitages. Es hängt das mit der Festsetzung der Wahlen zusammen. Der Parteitag müßte vor den Wahlen stattfinden, um das Wahlprogramm der Partei zu beschließen. Werden also die Wahlen bis zum Herbst verschoben, vielleicht auf den Oktober, so müßte der Parteitag Anfang oder Mitte September stattfinden...
Über die Lage in der KPD ist einiges in der Vorlage über die Lage in Deutschland und die Aufgaben der Partei gesagt. Es bestehen sehr große Schwächen in der KPD, und das in der Partei [noch] vorherrschende Sektierertum gegenüber der Nationalen Front und gegenüber den sozialdemokratischen Arbeitermassen ist zum Teil die Erklärung für das schlechte Wahlergebnis...
Auch in Berlin ist die Lage der SED sehr schwierig. Durch die Aufspaltung Berlins in die vier Sektoren und die Doppelwährung verschlechtert sich die Lage der Bevölkerung in den Westsektoren zusehends, aber es wird ihr von den Westmächten und den Spalterpolitikern eingeredet, die Schuld dafür [läge] bei der SED und der Sowjetischen Militärverwaltung. Die Westmächte, besonders die Amerikaner, organisieren Gruppen für Spionage und Sabotage, bilden trotzkistische Gruppen, die zusammen mit den Schumacher-Gruppen Zersetzungsversuche in der SED unternehmen...
Die Parteientwicklung in der Sowjetischen Besatzungszone ist wesentlich günstiger, wenn auch hier noch mancherlei Schwächen vorhanden sind. Auch hier macht sich das Sektierertum gegenüber unserer nationalen Politik sehr bemerkbar, und es wird noch einer sehr gründlichen Schulungsarbeit bedürfen, um die Partei auf das erforderliche [ideologische] Niveau zu bringen... Auch die Entwicklung der beiden neuen [am 16. 6. 1948 gebildeten] Parteien ist sehr ungenügend. So zählt die Natio-

nal-Demokratische-Partei nur 19458 Mitglieder in 706 Ortsgruppen. Die Demokratische-Bauern-Partei hat 33989 Mitglieder in 2145 Ortsgruppen. Es ist klar, daß sich diese beiden Parteien erst durch ihre Teilnahme an den Wahlen und ihre Vertretung im Parlament entwickeln werden.
Ich habe noch [zwei] Fragen, die in der Hetze unserer Gegner eine Rolle spielen. Das ist [erstens] die Rückkehr der Kriegsgefangenen. Es wäre dringend notwendig, daß bis zum Jahresschluß die Rückkehr abgeschlossen sein könnte. Auch die Korrespondenz der Kriegsgefangenen mit ihren Angehörigen müßte in breiterem Ausmaß ermöglicht werden. Es kommen immer wieder darüber Klagen zu uns. Auch wenn einzelne Kriegsgefangene nicht mehr am Leben sind, sollte den Angehörigen eine Mitteilung gemacht werden. [Zweitens die Verhaftungen durch den sow(jetischen) Sicherheitsdienst ohne unsere Inf(ormation) u(nd) keine Korrespondenz der Verhafteten ..., Schwierigkeiten bei Wahlen, Bemühungen (?) um Freilassung, besser an d(eu)tsch(e) Volkspolizei übergeben.]
Damit möchte ich meine einleitenden Bemerkungen zu den von uns gestellten Fragen beenden. Es werden noch der Genosse Grotewohl zu den Regierungsfragen und der Genosse Ulbricht zu den Wirtschaftsfragen [Volkspolizei und Partei] Ausführungen machen.
(SAPMO-BA, ZPA, NL 36/695; Staritz, 684, S. 12 ff.)

[17] Regierungserklärung von Otto Grotewohl, 12. 10. 1949

[...]
Als die Sowjetregierung feststellen mußte, daß durch die systematische Verletzung des Potsdamer Abkommens durch die Westmächte, durch die mit Bildung des separaten Weststaates vollzogene Spaltung Deutschlands eine neue Lage entstanden war, die neue grundlegende Entscheidungen erforderlich machte, hat die Sowjetregierung nicht gezögert, wenigstens von sich aus und soweit es ihr möglich war, dem deutschen Volke die im Potsdamer Abkommen zugebilligten Rechte zu gewähren. Die von Armeegeneral Tschuikow am 10. Oktober 1949 übermittelte Erklärung der Sowjetregierung bestätigt die Folgerichtigkeit und Ehrlichkeit der sowjetischen Politik der Freundschaft und des Friedens mit dem deutschen Volk. Diese Erklärung leitet eine Wende in der Geschichte Deutschlands ein. Im Namen der Regierung der Deutschen Demokrati-

schen Republik und im Namen des deutschen Volkes danke ich der Regierung der Union der Sozialistischen Sowjetrepubliken für die befreiende Tat, die dem deutschen Volk wieder eine eigene staatliche Entwicklung gewährleistet.
Insbesondere gilt unser Dank dem Vorsitzenden des Ministerrates der UdSSR, Generalissimus Stalin.

(Erneuter lebhafter Beifall)

Die befreiende Tat der Sowjetunion, die uns die Bildung einer eigenen deutschen Regierung ermöglichte, verpflichtet uns, in Zukunft noch mehr als bisher für die Freundschaft mit der Sowjetunion einzutreten.

(Lebhafter Beifall)

Frieden und Freundschaft mit der Sowjetunion sind Voraussetzung für ein Aufblühen, ja für die nationale Existenz des deutschen Volkes und Staates.

(Lebhafter Beifall)

Die Freundschaft mit der Sowjetunion gibt uns die Kraft zur Erfüllung der großen nationalen Aufgaben, die sich die Regierung gestellt hat.
Die Politik des Friedens und der Freundschaft zur Sowjetunion findet ihre Ergänzung im Verhältnis zu den Volksdemokratien, vor allem mit unseren Nachbarn, dem neuen Polen und der tschechoslowakischen Republik, sowie mit allen friedliebenden Völkern.
[...]
Die Oder-Neiße-Grenze ist für uns eine Friedensgrenze, die ein freundschaftliches Verhältnis mit dem polnischen Volke ermöglicht. Es ist verbrecherisch, auch nur den Gedanken zu erwägen, das ausgeblutete deutsche Volk noch einmal in Krieg und Katastrophe zu stürzen. Wer übrigens dem Besatzungsstatut zugestimmt und damit seine Bereitschaft bewiesen hat, ganz Deutschland als Kolonie an die imperialistischen Mächte auszuliefern, hat jedes Recht verloren, über Grenzfragen im Osten zu zetern.

(Minutenlanger Beifall)

[...]
Die Größe der vor uns stehenden Aufgaben und die Größe der Gefahren, die das deutsche Volk bedrohen, erfordern eine neue Art von Beziehungen zwischen den Parteien und Organisationen, erfordern enge freund-

schaftliche Zusammenarbeit und Einmütigkeit in den Beschlüssen und Handlungen.

Diese der Situation des deutschen Volkes angemessene Zusammenarbeit ist im Block der demokratischen Parteien verwirklicht. Die enge Zusammenarbeit aller demokratischen Parteien und Organisationen gab und gibt uns die Möglichkeit, die ganze lebendige und unerschöpfliche Kraft des deutschen Volkes, die lebendige Kraft der Arbeiterschaft, unserer Bauern, der Wissenschaftler und aller anderen Schichten des Volkes zusammenzufassen und gemeinsam an die Lösung der großen nationalen Aufgaben des deutschen Volkes mit der Gewißheit des Erfolges heranzuführen.

Die Zusammenfassung aller Kräfte des deutschen Volkes, der Verzicht auf kleinliche Streitigkeiten der Parteien und Organisationen untereinander, die Politik des Blocks der demokratischen Parteien hat bereits große Erfolge gezeitigt. Wir sind im besten Zuge, die zerstörte Wirtschaft planmäßig wiederaufzubauen und an den Umfang der Vorkriegsproduktion heranzukommen. Während sich in Westdeutschland die Anzeichen der herannahenden Wirtschaftskrise bemerkbar machen, während dort Millionen Menschen ohne Arbeit und ausreichenden Verdienst werden leben müssen, ist es uns dank der Hilfe der Sowjetunion und unserer Zusammenarbeit mit der Sowjetunion und den Volksdemokratien gelungen, unsere Wirtschaft von der krisenhaften Entwicklung der kapitalistischen Welt freizuhalten. Planmäßig wird unsere Wirtschaft wiederaufgebaut. Im Jahre 1950 wird die allgemeine Industrieproduktion um 18 Prozent steigen, womit das Niveau der Produktion von 1936 erreicht sein wird. [...]

Wir sind an unseren Aufbau herangegangen, ohne uns durch Dollarkredite in die Abhängigkeit ausländischer Finanzkreise zu begeben. Bei uns erfolgt der Aufbau mit den Kräften aller Schichten des deutschen Volkes, und es hat sich gezeigt, daß trotz des Krieges, trotz der Verwüstungen, trotz der Ausblutung diese Kräfte des deutschen Volkes größer sind, als man annehmen konnte.

[...]

In dieser Stunde der Wiedergeburt des deutschen Staates gedenkt die Regierung der Deutschen Demokratischen Republik der Millionen Opfer aller Völker,

(die Abgeordneten erheben sich von ihren Plätzen)

die unter der Geißel des Hitlerfaschismus ihr Leben lassen mußten. Sie gedenkt in Ehrfurcht des Opfertodes von Zehntausenden deutscher Männer und Frauen, die im Kampf gegen das barbarische Naziregime, zur Verhinderung des Krieges, für seine Beendigung und für ein friedliches Vaterland gestorben sind. Sie starben, damit ihr Volk lebe.
Diese deutschen Männer und Frauen haben durch ihren Kampf und durch ihren Opfertod bei den fortschrittlichen Kräften und allen Völkern die Grundlagen eines neuen Vertrauens zu einem anderen Deutschland geschaffen. Ihr heroisches Beispiel soll in unserer Jugend und in unserem Volke unabhängig von jeder politischen und weltanschaulichen Auffassung fortleben.
[...]
Diese Regierung hat ihre Legitimation vom Volke erhalten und wird sich in allen ihren Handlungen dem Volke verantwortlich fühlen. Daher halten es die Mitglieder der deutschen Regierung für ihre erste Verpflichtung, zu den Aktivisten zu gehen, die den Aufbau unserer Wirtschaft und des Staates tragen, ohne den unsere Arbeit sinnlos sein müßte. Wir werden am morgigen Tage der Aktivisten vor den Arbeitern in den Betrieben unser Programm entwickeln und die Bestätigung des arbeitenden Volkes einholen.

(Beifall)

Am gestrigen Tage waren wir Zeugen, wie die Bevölkerung und besonders unsere Jugend mit Begeisterung und innerer Anteilnahme die staatspolitischen Akte der letzten Tage, die sich vor ihren Augen in der Hauptstadt Deutschlands abgespielt haben, begrüßten. Mit einem Volke, das eine solche Jugend besitzt, kann die Regierung mit froher Zuversicht an ihre verantwortungsvolle Arbeit gehen.

(Stürmischer Beifall und Bravo-Rufe)

(Protokolle der Provisorischen Volkskammer der Deutschen Demokratischen Republik 1949/50, S. 21–25.)

[18] Telegramm J. W. Stalins an W. Pieck und O. Grotewohl, 13. 10. 1949

Gestatten Sie mir, Sie beide und in Ihrer Person das deutsche Volk anläßlich der Bildung der Deutschen Demokratischen Republik und anläßlich der Wahl des ersteren von Ihnen zum Präsidenten und des letzteren zum Ministerpräsidenten der Deutschen Demokratischen Republik zu beglückwünschen.

Die Bildung der friedliebenden Deutschen Demokratischen Republik ist ein Wendepunkt in der Geschichte Europas. Es unterliegt keinem Zweifel, daß die Existenz eines friedliebenden demokratischen Deutschlands neben dem Bestehen der friedliebenden Sowjetunion die Möglichkeit neuer Kriege in Europa ausschließt, dem Blutvergießen in Europa ein Ende bereitet und die Versklavung der europäischen Länder durch die Weltimperialisten unmöglich macht. Die Erfahrung des letzten Krieges hat gezeigt, daß das deutsche und das sowjetische Volk in diesem Kriege die größten Opfer gebracht haben, daß diese beiden Völker in Europa die größten Potenzen zur Vollbringung großer Aktionen von Weltbedeutung besitzen. Wenn diese beiden Völker mit gleicher Anspannung der Kräfte ihre Entschlossenheit bekunden werden, für den Frieden zu kämpfen, mit der sie den Krieg führten, so kann der Friede in Europa als gesichert betrachtet werden.

Wenn Sie so den Grundstein für ein einheitliches, demokratisches und friedliebendes Deutschland legen, vollbringen Sie gleichzeitig ein großes Werk für ganz Europa, indem Sie ihm einen festen Frieden gewährleisten.

Sie brauchen nicht daran zu zweifeln, daß Sie, wenn Sie diesen Weg einschlagen und den Frieden festigen, große Sympathien und die aktive Unterstützung aller Völker der Welt finden werden, darunter des amerikanischen, englischen, französischen, polnischen, tschechoslowakischen, italienischen Volkes, schon gar nicht zu reden vom friedliebenden Sowjetvolk.

Ich wünsche Ihnen Erfolg auf Ihrem neuen, glorreichen Wege.

Es lebe und gedeihe das einheitliche, unabhängige, demokratische, friedliebende Deutschland!

(»Neues Deutschland«, 14. 10. 1949.)

4. Kapitel

»Der Bundeskanzler der Alliierten«?
Die Anfänge westdeutscher Außenpolitik

Das Ruhrstatut
Das Petersberger Abkommen
Der Schuman-Plan

»Der Bundeskanzler der Alliierten«?
Die Anfänge westdeutscher Außenpolitik

Das Ruhrstatut

Auf der Londoner Sechs-Mächte-Konferenz 1948 hatte Frankreich in der gemeinsam beschlossenen Prinzipienerklärung zwar zugestimmt, daß die vorgesehene internationale Kontrollbehörde für die Ruhrindustrie lediglich die Aufteilung von Kohle, Eisen und Stahl zwischen Export und deutschem Verbrauch vornehmen sollte, die französische Nationalversammlung forderte aber bei der Billigung der Londoner Beschlüsse am 17. Juni 1948 erneut mit Nachdruck die Internationalisierung der Ruhrindustrie. Zwei Tage später ließ denn auch die französische Regierung in London und Washington eine entsprechende Note überreichen, in der eine schnelle Entscheidung in dieser und der Frage des internationalen Managements gefordert wurde.
Amerikaner und Briten zögerten den Beginn der Beratungen über die geplante Ruhrbehörde bis zum 11. November hinaus. Am 10. November verkündeten die Militärgouverneure Clay und Robertson in Frankfurt das Gesetz Nr. 75 *(vgl. S. 69)*.
Der Zeitpunkt der Veröffentlichung war nicht zuletzt deshalb so gewählt, um den Gewerkschaften in der Bizone entgegenzukommen. Für den 12. November war in der Bizone ein Generalstreik angesetzt; eine der Forderungen lautete: Überführung der Grundstoffindustrie in Gemeinwirtschaft.
Gegen die Präambel des Gesetzes hatte die französische Regierung schon im Oktober mit aller Schärfe protestiert; eine deutsche Regierung, so hieß es, werde damit über eine in der westlichen Welt einzigartige Machtfülle verfügen; Frankreich werde jede Entscheidung einer zukünftigen deutschen Regierung in der Eigentumsfrage, über die sich die drei Westmächte nicht vorher verständigt hätten, für null und nichtig erklären.
Die Stimmung in Frankreich gegen das Gesetz Nr. 75 wurde noch da-

durch angeheizt, daß die Pariser Zeitungen genau am 11. November, dem 30. Jahrestag der Unterzeichnung des Waffenstillstandes in Compiègne, über diese neue »Frankfurter Affäre« berichteten und die französische Regierung diesen Zeitungen den Wortlaut des Gesetzes entnehmen mußte – durch eine Panne auf anglo-amerikanischer Seite war Paris nicht vorab informiert worden.

Als am gleichen Tag die Ruhrkonferenz in London begann, verlas der französische Delegationsleiter Hervé Alphand als erstes eine Protestnote seiner Regierung. Die Frage der endgültigen Eigentumsverhältnisse sei von so überragender Bedeutung, daß sie nicht von den Militärgouverneuren, sondern nur von den westlichen Regierungen entschieden werden könne. Gleichzeitig wurde deutlich, daß sich Frankreich mit der Prinzipienerklärung vom Juni – Aufteilung der Kohle-, Koks- und Stahlproduktion – nicht zufriedengeben würde. Das Gesetz Nr. 75 diente Paris jetzt als Hebel für weiterreichende Forderungen. In der Präambel dieses Gesetzes hieß es nämlich auch, eine übermäßige Konzentration der Wirtschaftskraft solle verhindert werden, und es solle auch niemand, der die Angriffspläne der Nazis gefördert habe, in eine Position zurückkehren, in der ihm Eigentums- und Kontrollrechte zustehen würden. Um genau diese Ziele zu erreichen, verlangte Frankreich nun u. a., daß am Ende der Besatzungszeit die Rechte der Westalliierten auf die internationale Ruhrbehörde übergehen sollten. Auf diese Weise wollte Frankreich doch noch eine internationale Kontrolle des Managements durchsetzen, wozu u. a. die Zustimmung zur Besetzung der wichtigsten Posten, zu Investitions- und Produktionsplänen und zu Strukturveränderungen in der Kohle-, Koks- und Stahlindustrie gehören sollte.

Die französische Deutschlandpolitik insgesamt, nicht nur die Ruhrpolitik, warf ein grundsätzliches Problem für Briten und Amerikaner auf. Ihrer Meinung nach war die Art und Weise, wie die Franzosen ihr Sicherheitsproblem lösen wollten, falsch. Robert Murphy, der politische Berater des amerikanischen Militärgouverneurs Clay, formulierte dies damals folgendermaßen:

> »Die Franzosen wollen überall Sicherheiten einbauen; bei Kommunalwahlen, selbst bei der Produktion von Aspirin oder Schuhen, bei Ländergrenzen, Erziehung und Religion, der Rheinschiffahrt, im Bankgewerbe, bei den Gewerkschaften und so weiter ... Wir dagegen wollen den schnellen Wiederaufbau Deutschlands bei allgemeinen Sicherheitsgarantien ... Wir sind überzeugt davon, daß es keinen Wiederaufbau Deutschlands geben wird, wenn *jeder Bereich* deutschen Lebens mit Sicherheitsbeschränkungen belastet wird.«[1]

Und General Clay warnte angesichts der französischen Ruhrforderungen:

»Was mit der Ruhr geschieht, ist für die Deutschen von alles überragender Bedeutung... Wenn wir über das hinausgehen, was im Juni in London vereinbart wurde, wird die politische Unruhe im Ruhrgebiet rapide anwachsen und von den Kommunisten zu Arbeitsniederlegungen und Streiks ausgenutzt, die den Wiederaufbau Deutschlands und Europas verzögern.«[2]

Bei aller Kritik an der französischen Haltung stand eines allerdings auch fest: angesichts der Berlin-Blockade und des sich weiter zuspitzenden Ost-West-Konfliktes konnte auf Frankreich als Partner in Europa und der geplanten NATO kaum verzichtet werden. Es verbot sich daher von selbst, zu starken Druck auf die französische Regierung auszuüben, denn deren Sturz hätte die Gaullisten oder womöglich Kommunisten an die Macht gebracht, die eine völlig andere Politik verfolgten. Aber auch für die regierenden Sozialisten und Republikaner, zu deren herausragenden Persönlichkeiten Außenminister Robert Schuman zählte, galt, was Robert Murphy so formulierte:

»Wenn wir den Franzosen nicht ausreichende Sicherheitsgarantien anbieten, wird mit ihnen eine konstruktive Deutschlandpolitik nicht möglich sein, da sie ständig Angst davor haben, daß ein mächtiges Deutschland entschlossen ist, Frankreich zu zerstören.«[3]

Eine Lösung der Ruhrfrage war unter diesem Gesichtspunkt nur dadurch möglich, daß man in anderen Bereichen Zugeständnisse machte, etwa beim Militärischen Sicherheitsamt und beim Besatzungsstatut; gleichzeitig bot man Frankreich die gleichberechtigte Teilnahme in den angloamerikanischen Kontrollbehörden für Kohle und Stahl noch vor der Fusion ihrer Zone an; Zugeständnisse machte man auch bei den Verhandlungen über Verbote und Beschränkungen für die deutsche Industrie; ausdrücklich bestätigte man noch einmal, daß für die Bizone die Höchstgrenze von 10,7 Millionen Tonnen Rohstahl galt.
In London war trotz allem noch ein hartes Stück Arbeit zu leisten, bis zum Abschluß der Verhandlungen am 28. Dezember ein Kommuniqué und der Entwurf eines Abkommens veröffentlicht werden konnte, das die Errichtung der Ruhrbehörde vorsah und das die drei westlichen Außenminister am 28. April 1949 in Washington unterzeichneten. Hauptaufgabe der Ruhrbehörde war demnach die Aufteilung der Kohle-, Koks- und Stahlproduktion zwischen deutschem Verbrauch und Export; sie sollte allerdings zudem Befugnisse erhalten, um sicherzustel-

len, daß die deutschen Behörden keine künstlichen oder diskriminierenden Verkehrs-, Preis- und Handelsgepflogenheiten, Kontingente, Zölle und ähnliche geschäftliche Abmachungen einführten, durchführten oder zuließen. Dies war ein Erfolg Frankreichs, das seinerseits bei der Abgrenzung des Kontrollgebietes den britischen Vorstellungen zugestimmt und auf die Einbeziehung des Aachener Steinkohlereviers und der Braunkohlengebiete um Köln verzichtet hatte. Frankreich hatte insgesamt zweifelsohne mehr erreicht als jene »leere Fassade«, wie die Prinzipienerklärung vom Sommer 1948 noch von den Briten insgeheim genannt worden war. Dennoch war manches vage und unklar formuliert; erst die Praxis mußte zeigen, wieweit das Abkommen funktionierte.
In der Eigentumsfrage hieß es, diese habe nicht auf der Tagesordnung gestanden, und sie werde durch die Erörterung in keiner Weise berührt. In der Tat galt hier nach wie vor die anglo-amerikanische Vereinbarung, daß die Entscheidung darüber Sache der westdeutschen Regierung war. Damit war das Thema allerdings nicht erledigt. Frankreich widersetzte sich nach wie vor dieser Regelung und sah in der Formulierung, an der Ruhr müsse die Wiederherstellung übermäßiger wirtschaftlicher Konzentration in der Kohle-, Koks- und Stahlindustrie verhindert werden, auch für die Zukunft den Hebel, eine Sozialisierung zu verhindern. Den Briten fiel es dabei einigermaßen schwer nachzuweisen, daß das von ihnen geforderte »öffentliche Eigentum« keine wirtschaftliche Konzentration darstellen würde. Das Ruhrstatut stieß in Deutschland auf einhellige Ablehnung; man warnte vor einer dauernden Diskriminierung Deutschlands, sprach gar von der folgenschwersten Entscheidung seit Kriegsende. Die einseitige Internationalisierung der Ruhr wurde abgelehnt; dagegen mehrten sich jene Stimmen, die das Ruhrstatut als einen Schritt auf dem Wege der Integration der Schwerindustrie ganz Westeuropas ansahen. Der CDU-Ministerpräsident von Nordrhein-Westfalen, Karl Arnold, schlug vor, anstelle einer einseitigen Kontrolle einen völkerrechtlichen Zweckverband auf genossenschaftlicher Grundlage zu errichten, in den die westeuropäischen Staaten ihre Kohle- und Erzvorkommen einbringen konnten. Obwohl solche Überlegungen auch amerikanischen Vorstellungen entsprachen, wurden sie von den Briten als verfrüht abgelehnt. Die Deutschen, so hieß es, sollten nicht glauben, all ihre Sünden seien vergessen; die Ruhrbehörde sei in erster Linie ein Sicherheitsinstrument; sie müsse erst einmal zwei bis drei Jahre tätig sein, um zu sehen, ob sie funktioniere und ob die Deutschen mitspielten.
Die Deutschen spielten mit!

Das Petersberger Abkommen

Adenauer war zu einer Politik der Zugeständnisse und Vorleistungen bereit, in der – wie sich zeigen sollte – berechtigten Hoffnung, daß erst die Praxis die Grundlage für eine Partnerschaft mit den Westmächten schaffen werde, an deren Ende die Souveränität der Bundesrepublik stand – fest eingebunden in die Gemeinschaft der westlichen Staaten. Erster Prüfstein wurde der offizielle Beitritt der Bundesrepublik zum Ruhrstatut, d. h. die bedingungslose Mitarbeit in der Ruhrbehörde und Anerkennung der Abhängigkeit in der festgeschriebenen Form. Einem britischen Vorschlag folgend, boten die Westalliierten als Gegenleistung eine Beschränkung der Demontagen, Lockerung der dem deutschen Schiffsbau auferlegten Beschränkungen und darüber hinaus die schrittweise Wiederaufnahme konsularischer Beziehungen an. Das Ergebnis wurde im »Petersberger Abkommen« vom 22. November 1949 festgeschrieben.

Gerettet wurden damals Werke mit großen Namen und Zehntausende von Arbeitsplätzen, so die August-Thyssen-Hütte Duisburg-Hamborn, die Hüttenwerke Siegerland, das Klöckner-Hüttenwerk Niederrhein, die Ruhrstahl AG Henrichshütte Hattingen, die Bochumer Verein AG und die Gußstahlwerke Bochum, außerdem von den synthetischen Treibstoff- und Gummiwerken u. a. die Farbenfabriken Bayer Leverkusen, die Chemischen Werke Hüls, die Gelsenberg AG Gelsenkirchen und der größte Teil der IG-Farbenwerke in Ludwigshafen. Außerdem wurden die dem deutschen Schiffsbau auferlegten Restriktionen gelockert.

Der unmittelbare, gleichsam greifbare Wert dieses Abkommens lag zweifelsohne im Demontagestopp, so wie es Karl Arnold in seinem Weihnachtsaufruf 1949 formulierte:

> »Den von der Regierung dieses Landes eingeleiteten Kampf gegen die Demontagen hat die Bundesregierung zu einem erfolgreichen Abschluß gebracht. Damit ist ein schwerer Alpdruck insbesondere von der schaffenden Bevölkerung dieses Landes genommen.«

Von daher war auch die nahezu uneingeschränkte Zustimmung der Gewerkschaften zu verstehen, die Adenauer in seiner Auseinandersetzung mit der SPD damals im übrigen sehr gelegen kam. Adenauer ist denn auch nicht müde geworden, auf den Wert des Demontagestopps hinzuweisen. Wichtiger aber war wohl ein anderer Aspekt: im Abkommen wurde es als »vordringlichstes Ziel« bezeichnet, »die Bundesrepublik als friedliebendes Mitglied in die europäische Gemeinschaft« einzugliedern.

Zu diesem Zweck sollte die Zusammenarbeit Deutschlands mit den westeuropäischen Ländern auf allen Gebieten durch den Beitritt der Bundesrepublik zu allen in Frage kommenden internationalen Körperschaften und durch den Austausch von Handels- und Konsularvertretungen mit anderen Ländern ausdrücklich gefördert werden. Wörtlich hieß es:

»Sowohl die Hohen Kommissare als auch der Bundeskanzler sind der Auffassung, daß Fortschritte auf diesem Weg auf der Wiederherstellung eines echten Sicherheitsgefühls in Westeuropa beruhen müssen; auf dieses Ziel vor allem waren ihre Bemühungen gerichtet. Dabei wurden sie bestärkt durch eine weitgehende Gemeinsamkeit der Anschauungen und Absichten.«

Die Deutschen konnten nach Meinung Adenauers nur in gemeinsamer, vertrauensvoller Zusammenarbeit mit den Westmächten wieder hochkommen. Von daher war für ihn das Abkommen ein »großer Erfolg«, wie er in seinen »Erinnerungen« schreibt.

»Ich war überzeugt«, so heißt es da weiter, »daß wir auf diesem Weg die Zukunft Deutschlands und auch die Rettung und die Zukunft Westeuropas sicherten, das ohne Deutschland nicht gerettet werden konnte, und daß wir – und das war das oberste Ziel – auf diesem Wege auch den Frieden der Welt sicherten.«

Mit dem »Frieden der Welt« war das so eine Sache, genauso wie mit der »Zukunft Deutschlands«. Wenn schon, dann ging es nur um die Zukunft Westdeutschlands; zwischen Ost- und Westdeutschen, so Adenauer vertraulich zum amerikanischen Außenminister Dean Acheson bei dessen erstem Besuch in Bonn am 13. November 1949, habe es immer einen Unterschied gegeben: der Jahrhunderte währende Einfluß römischer und christlicher Kultur habe die Westdeutschen enger an Westeuropa gebunden, während sich die Ostdeutschen immer nach Rußland ausgerichtet hätten; und er vergaß nicht, auf Schumacher hinzuweisen: *der* sei ein »typischer Ostdeutscher«; die Deutschen stünden hinter *ihm*, Adenauer, und würden die nationalistische Politik der SPD nicht unterstützen; einige führende Persönlichkeiten der SPD glaubten im übrigen, so Adenauer weiter, daß Rußland nach einem möglichen Abzug der amerikanischen Truppen seinen Einfluß nach Westdeutschland ausdehnen werde. Im gleichen Atemzug wies er darauf hin, daß er als Kanzler vom Grundgesetz her über eine starke Machtposition verfüge, die er gegen alle Widerstände einsetzen werde, um Deutschland in den Kreis der westeuropäischen Nationen einzubinden.
Genau dies war auch das Ziel der Westmächte: Im Ost-West-Konflikt brauchte man das westdeutsche Potential, gleichzeitig wollte man aber

auch Sicherheit vor Westdeutschland: also Kontrolle der Bundesrepublik durch Integration, Aufnahme in den »westlichen Club«, und zwar zu einem Zeitpunkt, wo dies noch als Zugeständnis an die Deutschen verkauft werden konnte, wie es der Unterstaatssekretär im Foreign Office, Kirkpatrick, in einem geheimen Schreiben im November 1948 einmal formuliert hatte *(s. o., S. 35 f.)*.
Über das Petersberger Abkommen kam es damals im Bundestag zu erregten Auseinandersetzungen, in deren Verlauf Adenauer jenes berühmt-berüchtigte Diktum »Der Bundeskanzler der Alliierten« von Schumacher entgegengeschleudert wurde. Ganz so unrecht hatte er dabei nicht: fast auf den Tag genau ein Jahr später faßte der Leiter der Deutschlandabteilung im Foreign Office, William Mallet, die Meinung des Hohen Kommissars Kirkpatrick über Adenauer in einem Memorandum für Bevin folgendermaßen zusammen: »Adenauer ist wahrscheinlich der beste Kanzler, den wir bekommen konnten.«[4]

Der Schuman-Plan

Nur ein halbes Jahr später trat auch die Ruhrfrage in ein neues Stadium. Am 9. Mai 1950 verkündete der französische Außenminister Robert Schuman den später nach ihm benannten Plan, eine europäische Gemeinschaft für Kohle und Stahl zu schaffen.
Die Frage nach den Motiven für diese französische Initiative ist oft gestellt worden. Zweifellos traf die Äußerung zu, mit der Jean Monnet, der Leiter der französischen Planungsbehörde für den Wiederaufbau und die Modernisierung Frankreichs, sein berühmtes Memorandum vom 3. Mai 1950 für Außenminister Schuman einleitete: »Wohin man sich in der gegenwärtigen Weltlage auch wendet, überall trifft man auf Sackgassen.« Im Frühjahr 1950 galt das insbesondere für die französische Deutschlandpolitik, die fünf Jahre nach Kriegsende im Grunde gescheitert war, da das Ziel dieser Politik, Sicherheit vor Deutschland durch politische und wirtschaftliche Schwächung Deutschlands, nicht erreicht worden war. Im Gegenteil: Deutschland war zwar geteilt, aber schon das Rumpfdeutschland schien Frankreich überlegen zu sein; außerdem stand – zumindest in der Öffentlichkeit – die Frage der Wiedervereinigung nach wie vor auf der Tagesordnung. Das Vertrauen Frankreichs in die bestehenden Mechanismen zur Kontrolle Deutschlands war gering. Auch mit seiner Ruhrpolitik war Frankreich gescheitert: Das Ruhrgebiet

war weder von Deutschland abgetrennt noch die Ruhrindustrie internationalisiert worden; und die Internationale Ruhrbehörde war nicht das erhoffte Kontrollinstrument geworden: Bei der Aufteilung der Kohle zwischen Export und deutschem Verbrauch hatte sie sich inzwischen angesichts der enormen Wirtschaftsentwicklung praktisch als überflüssig erwiesen, und in entscheidenden Fragen wie z. B. der Entflechtung bestimmten nach wie vor die Hohen Kommissare.

Nach der Abstimmungsniederlage in der AHK bei der Präambel des Gesetzes Nr. 27 (dem ehemaligen Gesetz Nr. 75, *siehe S. 70ff.*) und der damit zumindest theoretisch weiter bestehenden Möglichkeit einer Sozialisierung der Eisen- und Stahlindustrie suchte Frankreich nach neuen Wegen zur Kontrolle der westdeutschen Montanindustrie. Die UN-Wirtschaftskommission für Europa hatte im Dezember 1949 für 1953 einen Stahlüberschuß von 8 Millionen Tonnen vorausgesagt; zur Lösung dieses Problems gab es nur drei Möglichkeiten: internationale Planung, private Kartelle oder einen Konkurrenzkampf, den die französische Industrie nach Meinung ihrer Regierung nicht ungefährdet überstehen würde. Hinzu kam, daß zu diesem Zeitpunkt schon öffentlich von einer Remilitarisierung Westdeutschlands gesprochen wurde: ein deutscher Verteidigungsbeitrag schien nur noch eine Frage der Zeit.

Unter diesen Umständen war eine neue französische Deutschlandpolitik zwingend notwendig. Nach der Vorstellung Monnets bedurfte es einer »tiefgreifenden, wirklichen, sofortigen und dramatischen Aktion, die die Lage ändert und in die Wirklichkeit wieder Hoffnung bringt, an die die Menschen schon nicht mehr glauben können«.[5] Der Schuman-Plan sollte diese Aktion sein.

Die neue Politik lautete jetzt: Kontrolle Deutschlands und Sicherheit vor Deutschland durch Integration Deutschlands mit Hilfe dauerhafter Institutionen. Dauerhaft würden sie aber nur sein, wenn die Deutschen ihnen aus freiem Willen beitreten würden; dazu aber war es erforderlich, die Westdeutschen zum erstenmal als gleichberechtigte Partner zu behandeln. Gleichzeitig sollte der Schuman-Plan der europäischen Einigung, die mit dem wenig befriedigenden Europarat schon im Ansatz steckengeblieben war, neue Impulse verleihen.

Adenauer stimmte dem französischen Vorschlag vorbehaltlos zu: zum einen aus innerer Überzeugung, da er in der Integration Westeuropas den einzig richtigen Weg zur Stärkung Westeuropas und des Westens insgesamt sah – die wiederum Voraussetzung für eine erfolgreiche Politik der Stärke gegenüber der Sowjetunion war; zum anderen sah er nur in der Integration den Weg zum Abbau des französischen Mißtrauens gegenüber Deutschland *(Dok. 19)*. Noch ein weiterer Aspekt kam hinzu, der bisher in der Forschung kaum beachtet worden ist: Im Schuman-Plan sah er die Chance, die Alliierten von ihrer restriktiven Entflechtungspolitik abzubringen.

Die Initiative der französischen Regierung führte schließlich am 18. März 1951 zur Unterzeichnung des Vertrages über die Gründung der »Europäischen Gemeinschaft für Kohle und Stahl« zwischen Frankreich, der Bundesrepublik, den Beneluxstaaten und Italien. Großbritannien fehlte, die Labour-Regierung war nicht bereit, auf Teile nationaler Souveränität zu verzichten.

Der Vorsitzende der SPD, Kurt Schumacher, bekämpfte diesen Vertrag mit nie dagewesener Härte. Er erreichte durch beispiellosen persönlichen Einsatz, mit Hilfe eines gut eingespielten Parteiapparates, durch zahllose Presse- und Rundfunkerklärungen und durch die Veröffentlichung entsprechender Broschüren in hoher Auflage, daß im Jahre 1951 der Schuman-Plan in den Mittelpunkt der politischen Auseinandersetzung in der Bundesrepublik gerückt wurde *(Dok. 20)*.

Auffallend an der Haltung der SPD war, daß sie mit zunehmender Dauer der Auseinandersetzung mehr und mehr taktierte, die Gewichtung in der Argumentation verlagerte und das gesamtdeutsche Argument in dem Moment in den Vordergrund rückte, als feststand, daß die Ruhrbehörde bei Annahme des Schuman-Plans ihre Tätigkeit einstellen und damit eines der Hauptargumente der SPD entfallen würde. Daß die Ruhrbehörde der Haupteinwand der SPD war, war zumindest auch die Auffassung der Alliierten; als McCloy im August 1951 nach Washington berichtete, mit Abschaffung der Ruhrbehörde werde dieser Haupteinwand fallen, wies Schumacher dies zwar scharf zurück und erklärte sofort, in der Konstruktion der Hohen Behörde befänden sich sehr viele andere Bestimmungen, von denen einzelne allein schon zur Ablehnung des Planes genügen würden, verwies jetzt aber mit großem Nachdruck auf die gesamtdeutsche Problematik des Schuman-Plans. Dabei war das Problem der deutschen Einheit überhaupt zum erstenmal erst am 24. Mai 1951 von Schumacher angeschnitten worden. Das Argument, der Schuman-Plan werde den Weg zur deutschen Einheit im Rahmen der europäischen Integration versperren, war dann allerdings in sich brüchig, da Schumacher im gleichen Atemzug diese Integration im Prinzip bejahte und seine Bereitschaft erklärte, über den Prozentsatz der Vertretung in den Institutionen mit sich reden zu lassen.

Im August 1951 bezeichnete er dann die Auswirkungen des Planes auf das Verhältnis des deutschen Westens zum Osten als »besonders schwerwiegend«; mehr und mehr rückte die Integration Europas in den Hintergrund; in einem seiner letzten Interviews kurz vor seinem Tode stellte er dann unmißverständlich fest:

»Die Wiedervereinigung Deutschlands ist nach sozialdemokratischer Meinung vordringlicher und für die Befriedung und Neuordnung wichtiger als jede Form der Integration mit anderen Ländern.«[6]

Die Haltung der SPD stieß im Ausland auf Unverständnis und Ablehnung; dort stand ihre Glaubwürdigkeit auf dem Spiel. Wenn Ollenhauer am 20. Mai 1951 in Berlin erklärte, die Ablehnung dieses Plans durch die SPD bedeute in Wirklichkeit ein »Ja« zu einer echten europäischen Gemeinschaft, weil die SPD eine europäische Organisation nicht mit engen nationalistischen Vorteilsansprüchen der einen oder anderen Seite und nicht mit Ressentiments aus der Vergangenheit belasten wolle, und Schumacher vier Tage später in Gelsenkirchen unter Hinweis auf die deutsche Wirtschaftskraft neue Verhandlungen über die deutsche Vertretung in den Institutionen der Montanunion forderte, stellte man in London erschrocken fest, daß Deutschland dann 40 Prozent aller Stimmen besitze, und fragte, wo unter solchen Umständen der Anspruch auf Gleichberechtigung der übrigen Partner – etwa Italien – bleibe. Nicht nur die Internationalität der Partei wurde unter solchen Umständen mehr als fragwürdig. Trotz der Offensive Schumachers wurde jedenfalls das Inkrafttreten des Vertrages am 25. 7. 1952 nicht verhindert.
Am gleichen Tag wurden das Ruhrstatut sowie jegliche alliierte Kontrolle bzw. Beschränkung im Montanbereich aufgehoben und die Internationale Ruhrbehörde aufgelöst. Die »Montanunion« aber wurde zum Ausgangspunkt einer Entwicklung, die dann 1957 in die Gründung der Europäischen Wirtschaftsgemeinschaft mündete – mit dem hochgesteckten Ziel der politischen Einigung Europas.

Dokumente zum 4. Kapitel

[19] Konrad Adenauer zum Schuman-Plan

Schumans Plan entsprach voll und ganz meinen seit langem vertretenen Vorstellungen einer Verflechtung der europäischen Schlüsselindustrien. Ich teilte unverzüglich Robert Schuman mit, daß ich seinem Vorschlag aus ganzem Herzen zustimme.

Die von mir auf der Sitzung mit den Hohen Kommissaren am 22. März erbetene Geste war in einer von mir nicht erwarteten, sehr positiven Form gegeben worden. Der von Schuman dargelegte Plan würde das Problem der Saarkonventionen und die Frage des Beitritts der Bundesrepublik zum Europarat bei ihrer Behandlung im Deutschen Bundestag außerordentlich erleichtern.

Am Abend gab ich auf der Pressekonferenz Erläuterungen zum Schuman-Plan und zu dem Beschluß der Bundesregierung, dem Europarat beizutreten. [...]

Ich ging dann auf den Beschluß des französischen Ministerrats ein, der an diesem Vormittag des 9. Mai 1950 gefaßt worden war. Ich betonte nachdrücklich, daß ich ihn als einen großherzigen Schritt Frankreichs und seines Außenministers Schuman gegenüber Deutschland und gegenüber der europäischen Frage betrachte. Er sei zweifellos von der denkbar größten Bedeutung für die Beziehungen zwischen Deutschland und Frankreich und für die ganze europäische Entwicklung. Der Beschluß enthalte nicht allgemeine Redensarten, sondern konkrete und präzise Vorschläge über eine Zusammenfassung der Produktionen von Kohle, Eisen und Stahl Frankreichs und Deutschlands unter ausdrücklicher Betonung, daß alle anderen Staaten diesem Abkommen beitreten könnten. Ich hob hervor, der französische Vorschlag beruhe auf der Basis der Gleichberechtigung. Es sei vorgesehen, falls die Deutschen und die Franzosen sich in dem vorgesehenen Gremium nicht einigen könnten, daß ein Schiedsrichter, der von beiden Seiten gewählt würde, die Entscheidung über strittige Fragen fällen solle. Ich betrachtete den Vorschlag Schumans als einen sehr wichtigen Fortschritt in den deutsch-französischen Beziehungen, dessen Bedeutung nicht nachdrücklich genug unterstrichen werden könne. Ich fügte hinzu, daß auch die Saarproduktion unter diesen Plan falle und daß dadurch ein wesentliches Moment der Entfremdung zwischen Frankreich und uns beseitigt werde. Ich erklärte, die Zusammenlegung der Grundproduktion von Kohle, Eisen und Stahl schaffe eine echte Voraussetzung dafür, daß zwischen Frankreich und Deutschland in Zukunft jeder Konflikt ausgeschaltet sein werde.

(Adenauer, 41, I, S. 315 ff.)

[20] Kurt Schumacher zum Schuman-Plan

(Rede auf der Konferenz der Sozialen Arbeitsgemeinschaften der SPD in Gelsenkirchen, 24. 5. 1951)

[...]

Der Schuman-Plan ist, da er nur sechs Länder umfaßt, nicht ein europäischer Plan, sondern ein regionaler Spezialpakt innerhalb Europas. Er umfaßt die Länder eines gewissen kulturellen, politischen und wirtschaftlichen Typs. Dieser Typ ist konservativ und klerikal, er ist kapitalistisch und kartellistisch. Er ist bei der großen Auseinandersetzung der Prinzipien restaurativ und liegt nicht im Sinne der modernen Arbeiterbewegung. Er birgt, weil er nur eine bestimmte Gruppe von bestimmter Prägung umfaßt, mehr noch die Gefahr der Absonderung dieser Gruppe von den anderen europäischen Faktoren in sich als die Chance des Auswachsens zu einem Ganzen der Demokratie in Europa. [...]

Es kommt noch ein anderer Faktor hinzu. [...] Dieser andere ist die große Hypothek der Unterschiede in den wirtschaftlichen Voraussetzungen der einzelnen Länder. Ich meine hier nicht nur die Verschiedenheit in Löhnen, Steuern und Sozialgesetzen, die sich auch in den Produktionskosten auswirken. Ich denke an die machtpolitischen, von den Besatzungsmächten zum Zwecke der Begünstigung der einen und der Benachteiligung der anderen geschaffenen Tatsachen. [...] → neue Marktordnung

Angesichts der Tatsache, daß mit Hilfe der amerikanischen ERP-Mittel speziell die Stahlindustrie der Nationalwirtschaft in Frankreich, in den Beneluxländern und in Italien übermäßig ausgebaut worden ist, bedeutet dieses Verhältnis von Kohle und Stahl eine Hypothek auf die zukünftige deutsche Produktion. Mit dem Schuman-Plan wird eine Marktordnung

geschaffen, die Frankreich und den anderen Ländern die Konkurrenz der deutschen Stahlindustrie vom Halse schafft, aber den Zugriff auf die deutsche Kohle aus bevorzugter Position heraus ermöglicht. [...]
Im Rat der Außenminister stellt die deutsche Bundesrepublik von sechs Vertretern einen. Das sind 16 Prozent. In der »Hohen Behörde« stellen wir zwei von neun Vertretern, das sind 22 Prozent. In der gemeinsamen Versammlung sollen wir 18 von 78 Delegierten, gleich 23 Prozent, haben. Das vergleiche man mit den 45 Prozent, die wir im Produktions- und Umsatzwert stellen. [...]
Die Zusammenfassung der »Hohen Behörde« ist nicht nur nationalpolitisch zu sehen, sie hat auch eine klassenpolitische Bedeutung. Acht Kapitalmanager sollen einem Gewerkschafter gegenüberstehen. Das ist das »paritätische Mitbestimmungsrecht« für Kohle und Eisen im europäischen Rahmen. Ich meine, die deutsche Mitbestimmung in diesen Wirtschaftszweigen erleidet aus dieser internationalen Organisationsform eine sehr starke Einbuße. Es gibt in dem Plan nicht nur privilegierte Völker, es gibt auch privilegierte Klassen. Aber die Schlacht um das Mitbestimmungsrecht der arbeitenden Menschen in Deutschland ist noch lange nicht geschlagen. [...]
Um den Weg nach Europa freizuhalten, müssen wir den Schuman-Plan ablehnen. Wir lehnen ihn ab aus der Gesinnung der internationalen Sozialisten. Wir lehnen ihn ab aus den Notwendigkeiten der Arbeiterbewegung. Wir lehnen ihn ab aus den Gründen der Selbstbehauptung des deutschen Volkes. Wir lehnen ihn gleicherweise ab als internationale Sozialisten wie als deutsche Patrioten. Wir lehnen ihn ab als Europäer! Wir wollen die Zusammenarbeit der Freien und Gleichen!
[...]

(50 Jahre mit gebundenen Händen, hrsg. v. SPD-Parteivorstand, 1951.)

5. Kapitel

»Wohlstand für alle!«

Die Währungsreform
Wirtschafts- und Sozialpolitik

»Wohlstand für alle!«

Die Währungsreform

Die Hoffnung, die General Clay im Herbst 1947 im Hinblick auf die Wirtschaftsordnung in Westdeutschland äußerte *(siehe S. 66)*, erfüllte sich schon bald. In den folgenden Jahren stellten sich wirtschaftliche Verbesserungen in einem kaum vorstellbaren Umfang ein. Ausgangspunkt war die Währungsreform als eine der »zentralen ordnungspolitischen Vorentscheidungen, die Struktur und Entwicklung der westdeutschen Wirtschaft und Gesellschaft auf eine langfristige, gültige Grundlage« stellte.[1] Für den 20. Juni 1948 waren in den Westzonen Waren gehortet worden, der Schwarzhandel feierte seine letzten Triumphe – bis es über Nacht fast wieder alles zu kaufen gab. Volksvermögen und Geldmenge wurden durch die Währungsreform wieder ins Gleichgewicht gebracht. Das sichtbare Zeichen der von den Nazis zugrunde gerichteten deutschen Währung, jene 300 Mrd. Reichsmark, denen fast kein Warenangebot gegenübergestanden hatte und die das Verdienen und Verkaufen zur Farce gemacht hatten, verschwanden im Reißwolf.
Obwohl an jenem 20. Juni jeder Deutsche in den Westzonen das inzwischen berühmt gewordene »Kopfgeld«, 40 Deutsche Mark, bekam – wenig später noch einmal 20 Mark –, ist es falsch anzunehmen, daß an diesem Tag alle Deutschen »gleich« waren, daß es von nun an gar eine klassenlose Gesellschaft in Deutschland gab, in der jeder gleich viel besaß, wie auch später noch oft zu hören war. Die Währungsreform war tatsächlich die größte Enteignungsaktion für Bargeldbesitzer in der deutschen Geschichte; sie brachte ungewöhnliche Ungerechtigkeiten mit sich: Bank- und Sparguthaben sollten zunächst im Verhältnis 1:10 umgetauscht werden, das tatsächliche Verhältnis betrug dann 1: 6,5. Für 100 alte Reichsmark gab es 6,50 neue Mark; die Besitzer von Sachwerten aber wurden in unvertretbarem Maße bevorzugt, Aktien wurden im Verhältnis 1:1 umgestellt. Mit dem gleichzeitigen Abbau hemmender Bewirt-

schaftungs- und Preisvorschriften – der Lohnstopp wurde allerdings erst Monate später aufgehoben – setzte die Währungsreform ungeheure Kräfte frei. Sie erwies sich in der Folgezeit – nach erheblichen Anfangsschwierigkeiten, in denen die Diskussion um die Wirtschaftsordnung weiterging – als eine Zündkraft, die der westdeutschen Wirtschaft schon bald eine solche Dynamik verlieh, daß die Welt sich daran gewöhnte, in den fünfziger Jahren voller Staunen vom deutschen »Wirtschaftswunder« zu sprechen.

Wirtschafts- und Sozialpolitik

Wenn man die zurückliegenden Jahre betrachtete: Trümmerhaufen, Chaos, Verzweiflung, Resignation, Elend und Hoffnungslosigkeit, in denen sich das deutsche Volk teilweise schon aufgegeben hatte, so sah das, was nun einsetzte, wirklich wie ein Wunder aus.
Nüchtern betrachtet bleibt aber wenig Wundersames übrig. Man könnte sogar behaupten, daß es gar nicht anders kommen konnte. Die Trümmerhaufen in Deutschland täuschten über den wahren Grad der Zerstörung. Die alliierten Bombenangriffe hatten nicht in erster Linie den Industrieanlagen gegolten: Am Ende des Krieges waren nur 10–20 Prozent der Fabriken in Deutschland zerstört – das war gerade soviel, wie im Krieg an neuen Anlagen hinzugekommen war. Mit anderen Worten: Das Industrie*potential* des Jahres 1945 entsprach in etwa dem Stand des Jahres 1939.
Daneben standen eine hochqualifizierte Arbeiterschaft und rd. 12 Millionen Flüchtlinge und Vertriebene zur Verfügung, die von 1944/45 bis zum Bau der Berliner Mauer 1961 in den Westen strömten. Sie bildeten eine industrielle Reservearmee, die nur darauf wartete, daß äußere Bedingungen geschaffen wurden, unter denen es sich wieder lohnte zu arbeiten – wobei diese Arbeiter bereit waren, sich mit geringem Lohn zu begnügen.
Die relativ schnelle und erfolgreiche Integration der Flüchtlinge und insbesondere der Vertriebenen gehört dabei zu den größten Leistungen in der deutschen Nachkriegsgeschichte.

»Die Alternative ist nie auch nur erwogen worden: bewußtes Offenhalten der explosiven Lage, um von den Deutschland-Mächten mit der Drohung gewaltsamer Konflikte die Rückgabe der Ostgebiete zu erzwingen. Das Gefühl nationaler Solidarität und die Sorge vor einer Bedrohung der Demokratie durch radikalisierte Vertriebene ließen allein die Eingliederungslösung als annehmbar erscheinen.«[2]

Am Wiederaufstieg Westdeutschlands änderten auch die Demontagen nichts. Seit dem ersten Tag nach der Kapitulation wurde von den Besatzungsmächten demontiert: bis 1953 für 66 Mrd. Mark in der Ostzone bzw. DDR, für 4 Mrd. in den Westzonen, vom Verlust zahlreicher Patente ganz zu schweigen. Die Amerikaner stellten die Demontage als erste ein, Briten und Franzosen setzten sie bis ins Jahr 1951 fort. Was als Entmilitarisierungsmaßnahme deklariert wurde, war vielfach eine Maßnahme, Deutschland als zukünftigen Konkurrenten auf dem Weltmarkt auszuschalten – mit mehr als zweifelhaftem Erfolg: während die Briten demontierten, deutsche Arbeiter, Gewerkschafter und Politiker demonstrierten, knüpften deutsche Unternehmer bereits Verbindungen zu amerikanischen Banken und Firmen; mit dem Ergebnis, daß demontierte Anlagen wenig später durch hochmoderne Maschinen ersetzt wurden. So hatte die Demontage, die nach 1945 zunächst das Gefühl der Hoffnungslosigkeit im deutschen Volk verstärkt hatte, auch ihr Gutes; überdies wurden in den Westzonen nur 5–8 Prozent der Industrieanlagen demontiert – dazu stand der massive öffentliche Protest in keinem Verhältnis, was nicht heißt, daß Demontagemaßnahmen nicht im Einzelfall zu besonders schweren sozialen Härten führten. Neben Währungsreform und Marshallplan war der Koreakrieg der große Schub, der die westdeutsche »soziale Marktwirtschaft« endgültig auf Erfolgskurs brachte. Allein von Juli bis September 1950 stieg die Produktion um mehr als 20 Prozent – und dies trotz einiger Engpässe bei Kohle und Stahl. Deutsche Güter waren gefragt; der weltweite »Koreaboom«, der dann verfügte Demontagestopp und die Aufhebung der 1950 noch bestehenden alliierten Wirtschaftsbeschränkungen wirkten sich nun außerordentlich positiv auf die deutsche Industrie aus. Der wachsende Weltbedarf an Waren bot westdeutschen Unternehmen die Chance, verlorengegangene Exportmärkte zurückzuerobern; darüber hinaus erlaubte die Steuer- und Gesellschaftspolitik jährliche Investitionen von mehr als 22 Prozent des Bruttosozialproduktes.

Die »freie Marktwirtschaft« feierte Triumphe, auch wenn es gerade die Amerikaner waren, die, wie Abelshauser nachgewiesen hat, im Frühjahr 1951 in ultimativer Form eine »bedeutsame Modifizierung« gerade dieser Marktwirtschaft forderten: nämlich direkte staatliche Bewirtschaftungs- und Lenkungsmaßnahmen für die Wirtschaft, Preis- und Devisenkontrollen, Prioritätenfestsetzungen der westlichen Welt. Die »Politik der freien Wirtschaft« sei wohl in der Zeit des »rasend schnellen Aufschwungs« nach der Währungsreform für Deutschland richtig ge-

wesen, angesichts der neuen weltpolitischen Konstellation aber »ein Anachronismus und ein Luxus, der höchst unangebracht wäre«, weil eine uneingeschränkte Produktion »...zu einer starken Produktion von unwesentlichen Gütern oder Luxuswaren führen« würde.
Obwohl McCloy die Fortsetzung der Dollarhilfe und die Belieferung mit unentbehrlichen Rohstoffen von der sofortigen Erfüllung der amerikanischen Forderungen abhängig machte, ließ Adenauer keinen Zweifel daran, daß die Bundesregierung gar nicht daran dachte, zu einem System rüstungsbezogener, staatlicher Wirtschaftslenkung überzugehen. Er teilte dem amerikanischen Hochkommissar mit, »daß die Wirtschaft der Bundesrepublik nicht nach einem festen Rüstungsplan ausgerichtet werden kann, sondern gerade dadurch zu Höchstleistungen für den Westen gelangen wird, daß sie sich beweglich den wachsenden Bedürfnissen der westlichen Verteidigung anpaßt«. Für die Belassung eines gewissen Freiraums in der Durchführung des westlichen Verteidigungsbeitrags spreche auch die Notwendigkeit, »die breiten Massen der westdeutschen Bevölkerung, und insbesondere die Millionen von Vertriebenen, physisch und moralisch widerstandsfähig *gegen* die beispiellose Beunruhigung zu erhalten, der sie ununterbrochen hart an ihren Grenzen ausgesetzt werden«. Die Amerikaner nahmen dies hin, da die Westdeutschen ihren Verteidigungsbeitrag schließlich auf andere, bessere Weise leisteten. Der amerikanische Vorstoß aber wurde zur »Stunde der Verbände«; die Spitzenverbände der Wirtschaft boten Adenauer »ihre guten Dienste« an mit dem langfristigen Ergebnis, daß die Marktwirtschaft »stärker korporative Züge (gewann)«.[3] An der Effektivität dieser Wirtschaftsordnung änderte dies nichts, im Gegenteil: die Zahl der Arbeitslosen ging stetig zurück; schon 1956 wurden die ersten italienischen »Gastarbeiter« ins Land geholt.
Zehn Jahre nach der Währungsreform zeigte sich das »Wirtschaftswunder« u.a. in folgendem: Die Bevölkerung der Bundesrepublik war von 50 auf 54,3 Mio. – 11,5 Mio. mehr als vor dem Krieg auf dem gleichen Raum –, die Zahl der Erwerbstätigen noch stärker gestiegen, da 1950–58 jährlich eine halbe Million Arbeitsplätze geschaffen wurden. Gleichzeitig verdoppelte sich das reproduzierbare Vermögen. Seit 1951 war die Leistungsbilanz aktiv; Ende 1958 beliefen sich die Auslandsaktiva der Deutschen Bundesbank auf 27 Mrd. DM. Der bundesdeutsche Export machte 1958 9,2 Prozent des Weltexports aus. Das Jahr 1958 konnte als »Konsolidierungsphase« (Bundesbank) bezeichnet werden, die Zeit von 1953 bis 1958 als die »Goldenen Jahre der Nachkriegszeit«.

Allerdings waren es nur für bestimmte Bevölkerungsgruppen »goldene« Jahre; der Lebensstandard erhöhte sich zwar für *alle*, aber die Vermögensbildung blieb einseitig, für die Masse der Arbeitnehmer ein utopisches Fernziel; an Flüchtlingen und Vertriebenen, Kriegsversehrten und Rentnern ging das »Wirtschaftswunder« doch fast gänzlich vorbei: Ende der fünfziger Jahre befanden sich 75 Prozent aller privaten Vermögen im Besitz von nur 17 Prozent der Bevölkerung. Daran änderten auch die schon früh einsetzenden Bemühungen um soziale Gerechtigkeit und der sogenannte Lastenausgleich nichts. Bei der von der amerikanischen Militärregierung durchgeführten Währungsreform fehlten die von deutschen Sachverständigen geforderten flankierenden Maßnahmen im sozialen Bereich, um einen Ausgleich der Lasten und einen Abbau der strukturellen Begünstigung der Besitzer von Produktivkapital zu erreichen, daher »blieben auch die deutschen Folgemaßnahmen weitgehend wirkungslos«, sie »verstärkten im Gegenteil den Trend zur Selbstfinanzierung der Unternehmen und damit zur Konzentration des Produktivvermögens, die ihrerseits die Einkommensverteilung in hohem Maße präformierte«.[4] Für die arbeitenden Menschen verbesserte sich die wirtschaftliche Situation zwar langsam, aber immerhin wurde den Rentnern im Jahre 1957 ein Wahlgeschenk besonderer Art gemacht: die »dynamische«, an den Bruttolohn gebundene Rente.

Die Rentenreform wurde als wichtigstes soziales Reformwerk seit Bismarck gepriesen – und trug entscheidend dazu bei, daß die CDU/CSU bei den Bundestagswahlen 1957 mit ihrem gelungenen Wahlslogan »Konrad Adenauer – keine Experimente« die absolute Mehrheit erreichte. Hinzu kam, daß die CDU neben Adenauer Wirtschaftsminister Ludwig Erhard als »Wahllokomotive« aufbieten konnte. Erhard, der trotz aller Schwierigkeiten von Anfang an konsequent am freien Wettbewerb der »sozialen Marktwirtschaft« festgehalten hatte, war angesichts des Erfolges dieses Wirtschaftssystems zum populärsten Minister geworden. (1963 löste er Adenauer, gegen dessen Willen, als Kanzler ab, mußte aber schon drei Jahre später zurücktreten.)

Die SPD war der große Verlierer der fünfziger Jahre; die Wahlniederlage 1957 zwang sie zum beschleunigten Überdenken ihrer innen- und außenpolitischen Positionen. Das Ergebnis war 1959 das »Godesberger Programm«, ein Meilenstein auf dem Weg zur »Volkspartei«.

Dokument zum 5. Kapitel

[21] Soziale Marktwirtschaft
(Zeitungsanzeige im Wahlkampf 1953)

WOHLSTAND AUS EIGENER KRAFT
Seit fünf Jahren wächst und erstarkt die deutsche Wirtschaft, so rasch, daß die Welt erstaunt. Am eigenen Leib, an Kleid und Nahrung hat's jeder von uns erfahren. Verantwortlich für die deutsche Wirtschaft steht vor uns Professor Dr. Ludwig Erhard. Er hat für uns Entscheidendes geleistet.

1948 Ein zerstörtes Land, ein durch Hunger geschwächtes Volk, eine zerrüttete Währung. Ehrliche Arbeit hatte ihren Sinn verloren. Mit schnellem Entschluß zerreißt Ludwig Erhard am Tage der Währungsreform die Karten und Bezugscheine der Zwangswirtschaft.
Seine Ideen feuern die Wirtschaft an: Zeige jeder, was er kann! Sicherheit des Daseins soll jeder aus sich selbst, aus seiner schöpferischen Arbeit gewinnen.
Professor Erhard verkündet: Nur ein freier Wettbewerb steigert die Produktion und die Qualität unserer Erzeugnisse. Nur harte Konkurrenz, nicht Polizei und Schnellgerichte, drücken die Preise und erhöhen die Kaufkraft des Geldes.

1953 Fünf Jahre harter Arbeit liegen hinter uns, aber sie waren nicht vergeblich.
Das graue Gespenst der Arbeitslosigkeit wurde gebannt. Fast drei Millionen neue Arbeitsplätze wurden geschaffen. Wohnungen für über 5 Millionen Menschen wurden neu erbaut.
Unerbittlich wacht Erhard über den festen Wert des Geldes. Die D-Mark ist heute so kerngesund wie der Dollar und der Schweizer Franken. Der deutsche Export, ohne den wir hungern müßten, ist in vier Jahren um das Siebenfache gestiegen. Wir verfügen über 6 Milliarden D-Mark an Gold und Devisen.
In Deutschland ist der Mensch nicht verstaatlicht, sondern Staat

Wir schaffen Arbeit, nicht durch Inflation, sondern durch Aufbau. Nur wenn soziale Gesinnung und persönliches Leistungsstreben sich vereinigen, können wir dauerndem Wohlstand entgegensehen.

und Wirtschaft sind dem Menschen dienstbar gemacht worden! Das ist der »betrügerische Bankrott«, der Ludwig Erhard von seinen Gegnern vorausgesagt wurde. Aber er weiß, daß er längst die überwältigende Mehrheit des Volkes hinter sich hat.

Auch heute sind noch nicht alle Wunden geheilt, die der Krieg geschlagen hat, nicht alle Gefahren gebannt, die unsere wirtschaftliche Gesundung bedrohen. Deshalb gilt es unseren friedlichen Wiederaufbau zu sichern und morgen unsere Stimme einer der Parteien zu geben, die sich bekennen zu

ERHARDS SOZIALER MARKTWIRTSCHAFT

(»Rhein-Neckar-Zeitung«, 5. 9. 1953; zit. bei Habel/Kistler, 17, S. 143.)

6. Kapitel

»Die Teilung Deutschlands ist eine vollendete Tatsache.«
Auf dem Weg zur »Souveränität« für die Bundesrepublik

Koreakrieg
Wiederbewaffnung und »Deutschlandvertrag«

Exkurs: John McCloy, der amerikanische Hohe Kommissar in Bonn

»Die Teilung Deutschlands ist eine vollendete Tatsache.« Auf dem Weg zur »Souveränität« für die Bundesrepublik

Koreakrieg

»Neben dem Schuman-Plan hat der Korea-Krieg als zweiter entscheidender Anstoß die Entwicklung der Bundesrepublik für das gesamte Jahrzehnt und weit darüber hinaus bestimmt«; er war »der Vater aller Dinge: nicht nur der Souveränität und der Bundeswehr, sondern – wenigstens zum Teil – auch des deutschen Wirtschaftswunders«. Präziser als mit diesen Worten von H.-P. Schwarz[1] läßt sich die Bedeutung des Koreakrieges für die Bundesrepublik kaum beschreiben (mit der notwendigen Einschränkung, daß die Bundesrepublik 1955 nur bedingt souverän wurde). Es gab zwar schon vor Ausbruch des Krieges am 25. Juni 1950 Überlegungen für eine Wiederbewaffnung; selbst der britische Außenminister Bevin, der davon keinesfalls begeistert war, schloß sie nicht aus, vorausgesetzt, die Bundesrepublik sei fest mit dem Westen verbunden und akzeptiere »die Spielregeln des westlichen Clubs«, wie er am 13. Mai schrieb. Drei Wochen vorher hatte er in einer geheimen Kabinettsvorlage das Ziel der westlichen Politik folgendermaßen formuliert: die Bundesrepublik »schrittweise an den Westen zu binden«, u. a. durch Aufnahme in internationale Organisationen. Und er hatte weiter geschrieben: wenn manchmal argumentiert werde, diese Politik würde die Teilung Deutschlands in Ost und West endgültig besiegeln, so glaube er nicht, daß diese Bedenken gut durchdacht seien, denn »die Teilung Deutschlands ist eine vollendete Tatsache«.[2]
Wichtig – und lange Zeit nicht bekannt – ist, daß Adenauer den Briten und Amerikanern bereits kurz vor Ausbruch des Koreakriegs deutsche Soldaten angeboten hatte![3]
Im Mai 1950 hielt Bevin die Zeit für eine Wiederbewaffnung noch nicht für gekommen, ganz zu schweigen von den Franzosen. Der Koreakrieg brachte die Wende – besser hätte es für Adenauer nicht laufen können. Ohne diesen Krieg wäre die grundsätzliche Entscheidung des Westens

für einen deutschen Wehrbeitrag nicht schon im Jahre 1950 gefallen. Er beschleunigte die Entwicklung zur wirkungsvollen Verteidigung Westeuropas und zum Aufbau der NATO in ungeahntem Maße.
Im Frühjahr 1950 – nach dem Sieg der Kommunisten in China und dem erfolgreichen sowjetischen Atombombenversuch – war die Truman-Administration mehr denn je davon überzeugt, daß es Ziel der sowjetischen Politik sei, »die eurasische Landmasse zu beherrschen«. Zur Abwehr dieser vermeintlichen Bedrohung wurde der beschleunigte Aufbau politischer, wirtschaftlicher und militärischer Stärke gefordert; u. a. eine Vervierfachung der Rüstungsausgaben auf etwa 50 Mrd. Dollar, Verstärkung der militärischen und wirtschaftlichen Hilfsorgane, Entwicklung von Programmen für die innere Sicherheit und Zivilverteidigung und Steuererhöhungen. Dieses vom Nationalen Sicherheitsrat verabschiedete Memorandum mit der Registriernummer NSC-68 (NSC = National Security Council; 1977 zum erstenmal veröffentlicht) wurde am 25. April 1950 von Truman im Prinzip gebilligt. Offen jedoch war, wie dieses Programm verwirklicht werden sollte. Offen war auch, wie die gleichzeitig erhobene Forderung der amerikanischen Stabschefs nach Aufstellung deutscher Infanterieverbände in Divisionsstärke und deren Angliederung – als Polizeieinheiten getarnt – an die NATO-Streitkräfte realisiert werden sollte. Bei all diesen Fragen wirkte der Ausbruch des Koreakrieges wie ein Katalysator, er war gleichsam die Bestätigung für die in den Monaten zuvor angestellten Analysen der sowjetischen Politik. Der britische Geheimdienstchef, General Strong, notierte am 20. Oktober 1950 nach einwöchigen Gesprächen mit »Ostexperten« und arbeitslosen Generälen in der Bundesrepublik als deren Überzeugung: »Der Koreakrieg war der Wendepunkt in unserem Leben; in erster Linie, weil er in den USA und den übrigen westlichen Ländern zur Aufrüstung führte.«[4]
Korea wurde in Washington als Beginn einer großangelegten kommunistischen Offensive gesehen. Als nächste mögliche Ziele wurden genannt: Indochina, Burma, Malaya, Jugoslawien, Persien und Deutschland. Demnach stand die Zukunft der gesamten freien Welt auf dem Spiel. Es galt, der kommunistischen Aggression in Korea entschlossen entgegenzutreten. Truman befahl am 27. Juni den Einsatz amerikanischer Luft- und Seestreitkräfte in Südkorea. Dieser Beschluß wurde in dem vollen Bewußtsein des damit verbundenen Risikos eines Krieges mit der Sowjetunion getroffen.
Erst zehn Stunden später wurde diese Maßnahme vom UNO-Sicher-

heitsrat nachträglich sanktioniert. Dies war nur möglich, weil die Sowjetunion den Sicherheitsrat seit Monaten boykottierte. Sie protestierte damit gegen die Haltung der UNO-Mehrheit, das kommunistische China nicht in die Weltorganisation aufzunehmen und den Vertreter Formosas nach wie vor als Repräsentanten Chinas anzuerkennen.

Am 30. Juni ging Truman einen entscheidenden Schritt weiter: Er befahl den Einsatz amerikanischer Bodentruppen in Korea. Die Sitzung, in der dieser historische Beschluß gefaßt wurde, dauerte nur eine halbe Stunde. Er befahl außerdem die Errichtung einer Seeblockade und die Bombardierung Nordkoreas. Verschont werden sollten lediglich noch die Grenzgebiete zu China und der Sowjetunion. Washington hatte sich für den großen antikommunistischen Kreuzzug entschieden.

Im geteilten Deutschland wurden die Ereignisse in Korea wie ein Schock empfunden. Presse und Rundfunk sahen eine deutliche politische und militärische Parallele zwischen dem Schicksal Koreas und der Lage in Deutschland.

In der DDR sprach das SED-Blatt »Neues Deutschland« vom Probefall für Westdeutschland und behauptete, die USA spielten in Korea ihr Angriffsvorhaben in Zentraleuropa durch. Nach Ostberliner Analyse signalisierte der Koreakrieg den Übergang von der Politik der Vorbereitung der Aggression zur direkten Aggression auf seiten des Westens, besonders der USA. Korea war demnach die Generalprobe auf westlicher Seite für den geplanten amerikanischen Angriff auf die DDR.

In der Bundesrepublik wurde ebenfalls vom »Probefall Korea« und von Korea als dem »Modellfall für Deutschland« gesprochen. Die »Frankfurter Allgemeine Zeitung« kommentierte einen Tag nach Ausbruch des Krieges:

»Unnötig zu sagen, daß kein anderes Volk gegenwärtig mit solcher Spannung nach Korea blicken kann wie das deutsche. Das liegt nicht nur daran, daß Deutschland der unmittelbare Nachbar jener gewaltigen östlichen Welt ist, deren äußerste Vorposten gegenwärtig in Korea zum Angriff übergegangen sind. Stärker noch ist der Eindruck einer unheimlichen Gleichförmigkeit des russischen Vorgehens in Korea und bei uns.«

Ähnlich argumentierten die »Frankfurter Rundschau«, der »Rheinische Merkur«, der »Spiegel«, der sozialdemokratische Pressedienst und der »Deutschland-Union-Dienst«, der Pressedienst der CDU.

War Korea wirklich der Probefall für einen Angriff auf die Bundesrepublik oder gar für einen Angriff auf die DDR – wie damals befürchtet wurde? War damals die Sicherheit der Bundesrepublik wirklich ernsthaft gefährdet? Wie weit reichten die Parallelen zwischen dem geteilten Deutschland und dem geteilten Korea? Dies sind Fragen, die bei nüchterner Betrachtung der Situation deutlich machen, wie fragwürdig die vielzitierten und geradezu beschworenen Parallelen in Wirklichkeit waren. Deutschland war zwar nach 1945 wie Korea in Besatzungszonen geteilt, und es hatte sich jeweils ein kommunistischer und ein nichtkommunistischer Staat etabliert. Auch die Militarisierung war unter den Kommunisten weit fortgeschritten, doch es gab einen entscheidenden Unterschied: In Korea hatten die Besatzungstruppen das Land verlassen; den beiden deutschen Staaten garantierten die jeweiligen Besatzungsmächte ihre Sicherheit.

Zu nüchterner Einschätzung der Lage war damals kaum jemand fähig. Der Koreaschock saß tief. Kritische Stimmen verhallten ungehört. Im Westen kam es überall zu Hamsterkäufen. Die Bevölkerung der Bundesrepublik war pessimistisch: Bei einer Meinungsumfrage antworteten auf die Frage: »Machen Sie sich Sorgen, daß in diesem Jahr ein neuer Weltkrieg ausbrechen könnte?« 53 Prozent der Befragten mit Ja, 47 Prozent mit Nein. Noch drei Monate vor dem Koreakrieg hatten 74 Prozent dieselbe Frage mit Nein beantwortet.

Wiederbewaffnung und »Deutschlandvertrag«

Der ehemalige General der Panzertruppe Graf von Schwerin, der sich im Auftrage Adenauers mit Sicherheitsfragen beschäftigte, erinnerte sich 1974 auf einer vom Militärgeschichtlichen Forschungsamt in Freiburg durchgeführten Tagung:

> »Von ganz entscheidender Bedeutung für mein Amt war der Ausbruch des Koreakrieges... Von amerikanischer Seite aus kam über General Hays, den militärischen Berater des Hohen Kommissars [McCloy], die massive Aufforderung an die Bundesregierung und an den Bundeskanzler: Der dritte Weltkrieg steht vor der Tür; wir müssen sofort mit der Aufstellung deutscher Verteidigungskräfte beginnen.«[5]

Mit Billigung Adenauers begannen in Bonn streng geheime Gespräche. Auf deutscher Seite war Schwerin beteiligt, der Adenauer von General Robertson, inzwischen Hoher Kommissar in Bonn, empfohlen worden war. Adenauer war damals tief beunruhigt über die äußere und innere Sicherheit der Bundesrepublik.

Die Machthaber in der DDR taten ein übriges, seine Befürchtungen noch zu verstärken. Walter Ulbricht erklärte am 3. August im »Berliner Rundfunk«:

»Korea lehrt, daß eine solche Marionettenregierung wie die in Südkorea, oder man kann auch nennen die in Bonn, früher oder später doch vom Willen des Volkes hinweggefegt werden. Korea lehrt: Es ist nichts so fein gesponnen, es kommt doch ans Licht der Sonnen. Das heißt, die Bevölkerung, die den Frieden will, wird mithelfen, jede Kriegsvorbereitung rechtzeitig aufzudecken. Da aber die Völker den Frieden erhalten wollen, wird jede Kriegsaggression imperialistischer Mächte die Mehrheit jedes Volkes gegen sich haben. Und von den patriotischen Kräften des Volkes wird mit aller Kraft der Kampf geführt werden, um die Nester der Kriegsprovokation zu liquidieren, so wie das in Südkorea gegenwärtig geschieht.«[6]

Zu diesem Zeitpunkt war die Remilitarisierung der DDR schon weit fortgeschritten. Die kasernierte Volkspolizei umfaßte über 60000 Mann. Hinzu kamen rund 30000 Grenz- und Transportpolizisten, Marine und Luftwaffe befanden sich im Aufbau.
Der Ausbruch des Koreakrieges und der damit verbundene Koreaschock bei den Westdeutschen und den Westalliierten wurden damals zu einer Sternstunde für Adenauer: Er war sofort entschlossen, sie zu nutzen und die große Politik in einem entscheidenden Punkt in seinem Sinne zu beeinflussen. Öffentliche Unterstützung in der Frage eines Wehrbeitrages erhielt er vom Oppositionsführer im britischen Unterhaus, Winston Churchill, der am 11. August 1950 vor dem Europarat in Straßburg die Initiative ergriff und die sofortige Bildung einer europäischen Armee forderte. Adenauer stimmte wenige Tage später bei einem Treffen mit den drei Alliierten Hohen Kommissaren diesem Plan einer Europa-Armee zu und ging am 29. August einen entscheidenden Schritt weiter. Er bot den Westmächten einen Verteidigungsbeitrag der Bundesrepublik an. Am Morgen des 30. August ließ er dem amerikanischen Hohen Kommissar John McCloy unmittelbar vor dessen Abflug nach New York zwei Memoranden mit der Bitte überreichen, sie den drei Außenministern der Westmächte rechtzeitig für die Beratungen der bevorstehenden Außenministerkonferenz in New York zukommen zu lassen.
Das mit wenigen engen Mitarbeitern verfaßte geheime und jahrzehntelang geheimnisvoll behandelte »Memorandum über die Sicherung des Bundesgebietes nach innen und außen« konnte erst 1977 im vollen Wortlaut veröffentlicht werden. Die entscheidenden zwei Sätze des Memorandums lauteten:

»Der Bundeskanzler hat ferner wiederholt seine Bereitschaft erklärt, im Falle der Bildung einer internationalen westeuropäischen Armee einen Beitrag in Form eines deutschen Kontingents zu leisten. Damit ist eindeutig zum Ausdruck gebracht, daß der Bundeskanzler eine Remilitarisierung Deutschlands durch Aufstellung einer eigenen nationalen militärischen Macht ablehnt.« *(Dok. 22)*

Im zweiten Memorandum ging Adenauer indirekt auf sein Angebot westdeutscher Soldaten ein und forderte den schrittweisen Abbau des Besatzungsstatuts, an dessen Stelle vertragliche Regelungen treten sollten.[7]

Die Außenminister der USA, Großbritanniens und Frankreichs kamen Adenauer auf ihrer Konferenz in New York vom 12. bis 18. September 1950 in mehreren, aber nicht in allen Punkten entgegen. Die Bundesregierung wurde als einzige rechtmäßig gebildete deutsche Regierung anerkannt. Der Kriegszustand mit Deutschland sollte beendet, das Besatzungsstatut revidiert, Wirtschaftsbeschränkungen gelockert werden. Die Westmächte erweiterten ihre Sicherheitsgarantie ausdrücklich auch auf einen Angriff der DDR-Volkspolizei. Gleichzeitig wollten sie ihre Truppen in Deutschland um zunächst vier Divisionen verstärken. Um die innere Sicherheit der Bundesrepublik zu gewährleisten, genehmigten sie die Aufstellung einer 30000 Mann umfassenden mobilen Polizeitruppe auf Länderebene. Großbritannien war schon zu diesem Zeitpunkt bereit, der Bundesrepublik auf dem Wege zur Partnerschaft mit dem Westen weitergehende Souveränitätsrechte zuzugestehen, konnte sich aber gegenüber Frankreich und – erstaunlicherweise – den USA nicht durchsetzen (u.a. in der Frage, in Paris, London und Washington deutsche Botschafter zu akkreditieren).

(Im Sinne der New Yorker Beschlüsse kam es am 6. März 1951 zur ersten, für Adenauer enttäuschenden Revision des Besatzungsstatuts. Nachdem die Bundesregierung die von den Westmächten geforderten Bedingungen erfüllt hatte, nämlich Anerkennung der deutschen Auslandsschulden und Mitwirkung bei der Rohstoffverteilung im Interesse der gemeinsamen Verteidigung, wurden ihr erweiterte Befugnisse in den auswärtigen Angelegenheiten zugestanden, die deutsche Devisenhoheit teilweise wiederhergestellt und Wirtschaftsrestriktionen gelockert. Adenauer übernahm am 15. März auch das neugeschaffene Amt des Bundesaußenministers.)

Die Situation in New York war gekennzeichnet durch das kategorische Verlangen der Amerikaner nach etwa zehn deutschen Divisionen und einer Erhöhung der Verteidigungsanstrengungen der Westeuropäer. Davon machten sie die dauernde Stationierung und Verstärkung der eigenen Truppen in Europa, erhöhte Militärhilfe für die Europäer und die Übernahme des Oberbefehls der NATO abhängig. Frankreich lehnte zu diesem Zeitpunkt noch jede deutsche Wiederbewaffnung kompromißlos ab. Auch die Briten hatten noch gewisse Vorbehalte, das britische Kabinett akzeptierte aber schließlich am 15. September die amerikanischen Forderungen »im Prinzip«, auch um amerikanische Unterstützung sicherzustellen.

Außenminister Schuman blieb bei seiner ablehnenden Haltung: Die französische Öffentlichkeit werde eine solche Entscheidung nicht hinnehmen, es bestehe keine unmittelbare Notwendigkeit zur Wiederbewaffnung Westdeutschlands, die westlichen Alliierten müßten zunächst ihre Truppen verstärken; insbesondere befürchtete er die Reaktion in Deutschland und mögliche Gegenaktionen der Sowjetunion. Unbeeindruckt von diesen Argumenten beharrte Acheson auf Annahme des gesamten amerikanischen »single package«-Vorschlages; bis auf Schuman akzeptierten die NATO-Außenminister dann diesen Vorschlag. Die Tagung des Ministerrates wurde schließlich um eine Woche vertagt in der Hoffnung, die französische Delegation doch noch umzustimmen.

Inzwischen war der französische Verteidungsminister Jules Moch mit neuen Instruktionen des Kabinetts in New York eingetroffen. Acheson und Bevin bemühten sich nun gemeinsam mit ihren Verteidigungsministern Marshall und Shinwell, Schuman und Moch umzustimmen. Bei diesem Versuch, so Bevin später in seinem Bericht für das Kabinett, scheiterten sie vollständig (»we failed utterly«). Moch war sogar noch unzugänglicher in dieser Frage als Schuman. Schuman und Moch stimmten zwar der Verstärkung der Polizei und den Planungen für die Produktion leichter militärischer Ausrüstung zu, beharrten aber mit Nachdruck darauf, daß dies nichts mit der Aufstellung deutscher Einheiten zu tun habe.

Die NATO-Außenminister einigten sich dann zwar darauf, zur Abwehr einer Aggression und zur Sicherung der Verteidigung Westeuropas so schnell wie möglich eine integrierte Streitmacht aus nationalen Kontingenten aufzustellen (unter Einschluß der USA und Kanadas, mit internationalem Generalstab und amerikanischem Oberbefehlshaber), wobei es über die Rolle der Bundesrepublik hieß, der Rat sei sich einig darüber gewesen, »daß Deutschland in die Lage versetzt werden soll, zum Aufbau der Verteidigung Westeuropas beizutragen«, tatsächlich aber blieb alles in der Schwebe: Ohne französische Zustimmung zur Aufstellung deutscher Soldaten waren die USA nicht bereit, die angekündigten

Verteidigungsmaßnahmen für Westeuropa durchzuführen. Acheson gab den Franzosen Gelegenheit, bis zum 28. Oktober, an dem die NATO-Verteidigungsminister tagten, eine Entscheidung vorzubereiten.
Am 5. Oktober begann im Eifelkloster Himmerod eine von Adenauer vorbereitete Geheimkonferenz ehemaliger deutscher Militärs, unter ihnen die Generale Heusinger und Speidel.
Am Ende wurde die Aufstellung von 12 Divisionen gefordert. Außerdem sollte die Bundesrepublik nicht mehr als Vorfeld einer am Rhein geplanten Hauptverteidigungslinie angesehen werden. General Speidel erinnerte sich 1977:

»Unsere Arbeit aber hatte in erfreulicher Weise die Gemeinsamkeit soldatischen Denkens und die alte ungebrochene Kameradschaft bestätigt. Rückblickend läßt sich sagen, daß unsere Planungen... sich auf Jahre hinaus für den Aufbau der Bundeswehr als maßgebend und gültig erwiesen.«[8]

Der eigentliche Kampf um die militärische Rolle der Bundesrepublik begann im Oktober 1950. Die westeuropäische und deutsche Öffentlichkeit wurde nun erst in vollem Maße auf die westlichen Pläne aufmerksam, die vielen als tödliche Gefahr erschienen. Die meisten Deutschen wollten nach zwölf Jahren Nationalsozialismus, inmitten der Trümmer und angesichts Millionen Gefallener, Verschollener und Verkrüppelter und Hunderttausender, die noch nicht aus der Kriegsgefangenschaft zurückgekehrt waren, nichts mehr wissen von Soldatentum, Krieg, Wiederbewaffnung und Gewaltanwendung.
Am 26. Oktober ernannte Adenauer den CDU-Bundestagsabgeordneten Theodor Blank zu seinem »Beauftragen für die mit der Vermehrung der alliierten Truppen zusammenhängenden Fragen«. Diese »Dienststelle Blank« wurde zur Keimzelle des späteren Bundesverteidigungsministeriums. Zuvor hatte er Graf Schwerin entlassen, der auf einer vertraulichen Pressekonferenz Einzelheiten über seine Arbeit preisgegeben hatte, die natürlich sofort veröffentlicht worden waren. In den Augen Adenauers hatte Schwerin damit einen unverzeihlichen Fehler begangen.
Frankreich versuchte nun, in der Frage der deutschen Wiederbewaffnung mit einem komplizierten Plan in seinem Sinne die Initiative zu übernehmen. Am 24. Oktober 1950 schlug Ministerpräsident René Pleven für die sechs Montanunion-Staaten die Schaffung einer europäischen Armee vor, eine Art »Schuman-Plan auf dem Verteidigungssektor«. Frankreich

wollte damit vor allem den Beginn der deutschen Wiederbewaffnung verzögern und die Aufstellung deutscher Divisionen und deren Integration in die NATO verhindern. Der Plan enthielt denn auch eine Reihe von Diskriminierungen der Bundesrepublik. So sollten die Kontingente auf der Ebene der kleinstmöglichen Einheit – Bataillons- oder höchstens Regimentsstärke – in die europäische Armee eingegliedert werden, nur die deutschen Truppen sollten durch einen europäischen Hochkommissar rekrutiert werden. Alle nichtdeutschen Teilnehmer sollten im übrigen Generalstab und Verteidigungsminister beibehalten können.
Am 8. November stimmte Adenauer im Bundestag in einer Regierungserklärung dem Pleven-Plan prinzipiell zu, allerdings nur bei völliger Gleichberechtigung der Bundesrepublik, und legte dann eine Entschließung seines Kabinetts vor, die die erste große Wehrdebatte im Bonner Parlament auslöste.
Ihm antwortete Kurt Schumacher. Er lehnte eine Wiederaufrüstung nicht grundsätzlich ab. Nur war er gegen Vorleistungen und eine überstürzte Aufrüstung. Seiner Meinung nach war die Zeit dafür noch nicht reif. Er forderte außerdem Garantien, daß ein möglicher Krieg nicht auf deutschem Boden ausgetragen wurde. Mehr und mehr trat dann ein anderer Grund für die Haltung der Sozialdemokraten in den Vordergrund: die Wiedervereinigung. Eine allzu eindeutige Zustimmung zur Wiederbewaffnung im Rahmen eines antisowjetischen Bündnisses, d. h. statt abwartender Neutralität eindeutige Gegnerschaft zum kommunistischen Ostblock, würde eine Wiedervereinigung des geteilten Deutschland unmöglich machen.
Dies alles ließ Adenauer unberührt. Er wartete auf die Aufforderung der Westmächte an die Bundesregierung zu gemeinsamen Besprechungen über einen deutschen Verteidigungsbeitrag. Noch aber ließ diese Aufforderung auf sich warten. Der Durchbruch kam erst am 19. Dezember. An diesem Tag erteilten die Außenminister der USA, Großbritanniens und Frankreichs ihren Hohen Kommissaren in Bonn Vollmacht für Verhandlungen mit der Bundesregierung.
Auch diese Entscheidung war auf dem Hintergrund der Ereignisse in Korea zu sehen, wo sich zu diesem Zeitpunkt für die Amerikaner eine der schwersten militärischen Niederlagen ihrer Geschichte anbahnte. Das kommunistische China hatte Ende November mit mehreren hunderttausend Mann in den Krieg eingegriffen und trieb die Amerikaner und ihre Verbündeten nach Süden. In Korea hatte ein vollkommen neuer Krieg begonnen. Die Gefahr eines Weltkrieges vergrößerte sich bedenklich.

Amerikanische Einheiten wurden weltweit in Alarmbereitschaft versetzt, in Washington wurde der Ruf nach dem Einsatz der Atombombe und der Ausweitung des Krieges auf China immer lauter. Am 16. Dezember verkündete Präsident Truman den nationalen Notstand in den USA. Die USA beendeten nun endgültig ihre seit 1945 praktizierte Abrüstungspolitik. Die Zahl der Streitkräfte sollte um eine Million auf drei Millionen Mann erhöht, die Rüstungsproduktion erheblich gesteigert, der Rüstungshaushalt für das Jahr 1951 von 13,5 auf 52 Milliarden Dollar vervierfacht werden.

In dieser Situation sprach Außenminister Acheson am 1. Dezember von Panik unter den Verbündeten der USA:

»Wir müssen etwas in Korea tun, und wir müssen etwas tun, um dem schnell wachsenden Neutralismusdenken in Deutschland entgegenzuwirken.«
Schon drei Tage vorher hatte er betont: »Beim Aufbau unserer Verteidigung müssen wir energischer vorgehen. Wir müssen Frankreichs Widerstand gegen den Aufbau einer europäischen Armee brechen.«[9]

Es ging darum, so schnell wie möglich deutsche Kontingente aufzustellen, was mit dem Pleven-Plan nicht zu erreichen war. Frankreich mußte am 6. Dezember den Grundsatz der unmittelbaren westdeutschen Bewaffnung anerkennen. Die Amerikaner gestanden als Kompromiß lediglich zu, noch keine Divisionen, sondern Kampftruppen zu je 5000 bis 6000 Mann (Spofford-Plan; nach dem US-Vertreter im NATO-Rat, Charles Spofford) aufzustellen, die dann der NATO unterstellt werden sollten; eine spätere Zusammenfassung zu nationalen Divisionen sollte ebenso möglich sein wie taktische deutsche Luftwaffen- und Marineeinheiten. Insgesamt rechneten die Amerikaner bis zum 1. Juli 1954 mit der Aufstellung von 10 westdeutschen Divisionen.

Frankreich wurde allerdings zugestanden, seine Pläne für eine »Europa-Armee« im Rahmen der NATO weiterzuverfolgen. Am 18./19. Dezember traf der NATO-Rat in Brüssel die entsprechenden Beschlüsse. Adenauer wurde am 21. Dezember von den Hohen Kommissaren informiert. Er war damit zwar noch längst nicht am Ziel, aber nicht einmal sechs Monate nach Ausbruch des Koreakrieges war die Grundsatzentscheidung gefallen. Meisterhaft hatte der Kanzler in diesen Monaten den Koreaschock genutzt und das Eisen geschmiedet, solange es heiß war. »In der prekären Unsicherheit jenes Korea-Sommers 1950«[10] hatte er die Einmaligkeit der historischen Situation erkannt, die große Politik in einem entscheidenden Punkt in seinem Sinne beeinflußt und das neugewonnene Gewicht der Bundesrepublik voll in die Waagschale geworfen; dies wurde auch deutlich, als die Amerikaner Anfang 1951 zum erstenmal Bilanz zogen.

Nach jener denkwürdigen Sitzung der Hohen Kommissare mit Adenauer am 21. Dezember schickte der britische Hochkommissar eine scharfsinnige Analyse nach London. Für ihn hatte diese Sitzung einen »tiefen Einblick in die Psyche der Deutschen« geliefert. Sein Urteil über diese Deutschen fiel dabei nicht gerade schmeichelhaft aus. Aus seiner Sicht waren sie »nervös, voller Mißtrauen und fast hysterisch«. Und weiter hieß es da:

»Sie erwarten von uns, daß wir ihnen den Hof machen, und sie reagieren wie eine Frau, die sitzengelassen worden ist, falls wir uns ihnen nicht wie ein Freier nähern. Wenn sich die deutschen Experten unter diesen Umständen mit unseren militärischen Vorschlägen auseinandersetzen, können wir uns darauf gefaßt machen, daß sie um jede Kleinigkeit feilschen werden. Der Kanzler hat noch nicht begriffen, daß Deutschland nicht im Ministerrat vertreten sein wird. Dies wird ein besonders schwieriger Punkt werden. Auf politischem Gebiet werden die Deutschen auch weiter alles daran setzen, als Grundvoraussetzung für ihre Kooperation das Besatzungsstatut abzuschaffen. Je mehr Zeit vergeht, um so nachhaltiger werden sie drängen und um so weniger werden sie bereit sein, halbe Sachen zu akzeptieren. Selbst in Detailfragen (wie zum Beispiel den Besatzungskosten) müssen wir mit langen Diskussionen und großen Schwierigkeiten rechnen. Das wird alles ziemlich lange dauern, und wir werden ständig mit der Drohung leben, daß es zum Abbruch der Verhandlungen oder zum Ausbruch des Volkszorns kommt. Die Geduld der Hohen Kommissare wird auf eine harte Probe gestellt werden. Wenn es uns, falls überhaupt, gelingt, Adenauer und seine Paladine auf unsere Linie zu bringen (»Whenever, if ever, we succeed in squaring the Chancellor and his minions«), dann müssen wir anschließend den Bundestag dahin bringen. Es ist zu früh, um etwas über unsere Erfolgsaussichten zu sagen, aber wir können wohl davon ausgehen, daß die Opposition Himmel und Hölle in Bewegung setzen wird (»will fume and rage«) und die Parteien, falls sie die Politik des Kanzlers absegnen, dies ohne Begeisterung tun werden. Kurz: wir haben noch einen weiten und beschwerlichen Weg vor uns.«[11]

Auf dem Weg zu diesem 21. Dezember hatte Adenauer den Hohen Kommissaren mehrfach zu verstehen gegeben, worauf es ihm ankam. Am 16. November äußerte er sich kritisch zum Ergebnis der New Yorker Konferenz; inzwischen sei eine neue Situation eingetreten, jenes nach deutscher Auffassung sehr häßlich klingende Wort »Besatzungsstatut« müsse verschwinden. Er übergab ein entsprechendes Aide-mémoire, in dem schon sehr detailliert formuliert war, was er als Gegenleistung für den Wehrbeitrag haben wollte. Ausdrücklich betonte er, das Kabinett habe keine Kenntnis von diesem Memorandum. Kommentar im Foreign Office: »Adenauer spielt wieder sein altes Spiel: er stellt Bedingungen.«

Am 1. Dezember wies er auf die besondere psychologische Situation in der Bundesrepublik hin, die völlig anders sei als in den Ländern der westlichen Alliierten; dort bestehe keine Gefahr, daß sich die Bevölkerung dem Feind zuwende, »aber in der Bundesrepublik besteht die Gefahr«. Noch vor zwei Wochen habe er die Möglichkeit ausgeschlossen, daß der Bundestag eine Aufforderung des Westens nach einem westdeutschen Verteidigungsbeitrag abgelehnt hätte, »heute aber muß ich Ihnen mit großem Ernst und aller Offenheit sagen, daß eine solche Möglichkeit besteht«. Selbst wenn der Bundestag zustimmen würde, könnte der Bundesrat ablehnen – nach den schlechten Ergebnissen für die CDU / CSU bei den Landtagswahlen in Hessen und Bayern. Es sei für ihn völlig unmöglich, in dieser Situation weiterzukämpfen mit nichts in der Hand als einem Katalog verschiedener in New York beschlossener Maßnahmen, daß man wieder Schiffe bauen dürfe etc. – und er versäumte nicht, einen »guten Freund« zu zitieren, der ihm gegenüber die Situation in Deutschland mit der des Jahres 1933 verglichen habe. Trotz all seiner Fehler (»defects«), wie es Kirkpatrick am 22. November 1950 formulierte, sei es dennoch Adenauer, der wahrscheinlich besser als jeder andere deutsche Politiker die Dinge in großen Zusammenhängen sehe. Von daher habe man ein Interesse daran, ihn dadurch zu stützen, »daß wir, so weit es eben geht, demonstrieren, daß seine Integrationspolitik der Bundesrepublik in der Tat konkrete Vorteile bringt«.[12]

Was folgte, waren mühsame Verhandlungen in Paris über den Pleven-Plan (seit dem 15. Februar 1951) und parallel dazu auf dem Petersberg mit den Hohen Kommissaren, in deren Verlauf sich die USA für das Konzept der Europaarmee entschieden und Paris auf die »kleinste militärische Einheit« verzichtete. Bei all diesen Verhandlungen vermieden es die Westmächte geradezu peinlichst, den – richtigen – Eindruck zu erwecken, daß sie auf den Partner Bundesrepublik Deutschland angewiesen waren, um dessen Verhandlungsposition nicht zu verbessern. Vom Sommer 1951 bis Frühjahr 1952 ging es um die »Europäische Verteidigungsgemeinschaft« (EVG) und um die endgültige Revision des Besatzungsstatuts, d. h. um die von Adenauer im Zusammenhang mit der Wiederbewaffnung angestrebte Souveränität – »von der Besatzung zur Partnerschaft«, wie die Briten dies formulierten.

Dieser Weg war schwierig, die Interessen der Beteiligten zeitweise scheinbar unvereinbar; am 4. Februar 1952 unterrichtete Kirkpatrick seine Regierung, man befinde sich ganz offensichtlich in einer kritischen Phase; ein Scheitern des ganzen Unternehmens sei nicht ausgeschlossen.[13] Genau daran aber waren die beteiligten Regierungen nicht interessiert.

Die sowjetische Notenoffensive *(vgl. Kapitel 7)* hat dann die Positionen außerordentlich schnell geklärt. Adenauer schaltete sich jetzt direkt in die Verhandlungen ein. Die Amerikaner übten erheblichen Druck aus und diktierten den Zeitplan: Außenminister Acheson verlangte am 12. April ultimativ die Unterzeichnung am 9. Mai; für den Fall, daß die Verträge nicht mehr im Mai unterzeichnet würden, war wegen der anstehenden Kongreßwahlen erst für Anfang 1953 mit ihrer Ratifizierung zu rechnen – wenn überhaupt. In mehreren »Marathonsitzungen« – so Frank Roberts – im April und Mai, an denen der 76jährige Adenauer trotz Fiebers teilnahm – allein am 16. Mai 12 Stunden –, kam man zu dem gewünschten Ergebnis. Außenminister Eden hatte noch am 5. Mai gegenüber Premierminister Churchill und dem Kabinett Besorgnis über die Situation in Deutschland geäußert und hinzugefügt:

»Zugegebenermaßen gibt es viele, die ein Scheitern dieser Politik wünschen: Sowjetrußland und seine Satelliten und Handlanger, viele davon in Frankreich – die nach der EVG verlangt haben und jetzt nicht mehr sicher sind, ob sie sie noch haben wollen und überhaupt eine Abneigung dagegen haben, irgendwelche Entscheidungen zu treffen – und der linke Flügel der Arbeiterpartei hier bei uns. Wenn wir und die Amerikaner an unserer Politik festhalten, wird das Ergebnis am Ende so, wie wir es uns wünschen, aber es kann notwendig werden, Adenauer ein oder zwei Zugeständnisse zu machen.«[14]

Gewisse Schwierigkeiten machte die Wahl des Ortes, an dem die Verträge unterzeichnet werden sollten.

Nach den Vorstellungen des State Department sollte dies gleichzeitig in *einer* Stadt geschehen, »als eindrucksvolles historisches Ereignis«. Acheson schlug dafür zunächst Den Haag als »idealen Ort« vor, »weil die Stadt so eng mit den Idealen des Friedens verbunden ist und dort der Friedenspalast steht«[15], später dann Straßburg, was besonders im Foreign Office Kopfschütteln hervorrief. Schließlich beugte sich das State Department den Wünschen der Europäer und akzeptierte Paris als Ort der Unterzeichnung für den EVG-Vertrag, wünschte allerdings eine eindrucksvolle Zeremonie, dem »Beginn dieser neuen Epoche in der Geschichte« angemessen. Im Foreign Office wurde auch dieser Wunsch als »ziemlich lächerlich« bezeichnet; den Amerikanern wurde prophezeit, daß sie später, falls die französische Nationalversammlung die Ratifizierung des Vertrages ablehnen würde – was am 30. August 1954 geschah –, »ziemlich dumm aussehen würden«. Zur Unterzeichnung des Vertrages mit der Bundesrepublik war Acheson schließlich bereit, nach Bonn zu kommen, »falls man damit die bittere Pille für Adenauer versüßen könne«, wie es hieß. Dies entsprach dem Wunsch Adenauers und wurde von den Briten unterstützt, denen es darum ging, »etwas für das Ansehen Adenauers und der Bundesregierung zu tun durch eine Zeremonie in Bonn, einer Stadt, die dringend etwas Glanz gebrauchen kann«.[16]

Für Adenauer und die Bundesregierung war es denn auch ein außerordentliches Ereignis, als am 26. Mai die drei westlichen Außenminister zum erstenmal seit Gründung der Republik nach Bonn kamen, um das Besatzungsregime – bis auf wenige Vorbehalte – zu beenden. Der »Vertrag über die Beziehungen zwischen der Bundesrepublik Deutschland und den Drei Mächten«, dem Adenauer sogleich den inoffiziellen Namen »Deutschlandvertrag« gab, konnte nur gemeinsam mit dem Vertrag über die EVG in Kraft treten, der am 27. Mai in Paris unterzeichnet wurde. Der Bundesrepublik wurden zwölf Divisionen für das Heer, 85000 Mann taktische Luftwaffe (1350 Flugzeuge) und 12000 Mann Marinestreitkräfte, insgesamt 407000 Mann zugestanden – nach Frankreich die stärkste Armee auf dem Kontinent. Auch um sie zu verhindern, hatte Stalin im März sein Wiedervereinigungsangebot gemacht *(s. Kap. 7)*. Am gleichen Tag, als die Außenminister in Bonn den »Deutschlandvertrag« unterzeichneten, riegelte die DDR die innerdeutsche Grenze ab: von nun an gab es eine 5 km breite Sperrzone und einen zehn Meter breiten Kontrollstreifen, der für viele zum Todesstreifen wurde *(Dok. 23, 24)*. Die Bewohner im östlichen Zonengrenzraum wurden zwangsausgesiedelt.[17]

Nichts konnte die Spaltung des Landes besser dokumentieren, zumal Adenauer auch in den Verhandlungen über den »Deutschlandvertrag« zur Überraschung der Hohen Kommissare auf die Beibehaltung der sog. Bindungsklausel gedrängt hatte, die auch ein wiedervereinigtes Deutschland auf den Westen – und das hieß die EVG – verpflichtete. Wie sollte unter solchen Umständen eine Wiedervereinigung aussehen? Schloß diese Klausel sie nicht praktisch aus?

Nach der Unterzeichnung entbrannte in der Bundesrepublik noch einmal eine leidenschaftliche Debatte um das Für und Wider dieser Verträge, die schließlich am 19. März 1953 gegen die Stimmen der SPD, des Zentrums und der KPD gebilligt wurden.

Adenauer hatte mit dem Inkrafttreten der Verträge bereits für August/September 1952 gerechnet, im Frühjahr 1953 fehlte noch die Zustimmung Frankreichs und Italiens, sogar ein Scheitern des ganzen Vertragswerkes schien nicht mehr ausgeschlossen. Um aber nicht mit leeren Händen von seiner ersten USA-Reise Anfang April 1953 zurückzukehren, gerade auch im Hinblick auf die SPD-Opposition und die anstehenden

Abb. 5: Vor der Unterzeichnung des »Deutschlandvertrages« am 26. Mai 1952 in Bonn (v. l.): Anthony Eden (Großbritannien), Robert Schuman (Frankreich), Dean Acheson (USA) und Bundeskanzler Konrad Adenauer.

Bundestagswahlen, schlug er daher in Washington vor, den »Deutschlandvertrag« ohne EVG-Vertrag in Kraft zu setzen (außerdem sollten die Hohen Kommissare zu Botschaftern ernannt und die diplomatischen Vertretungen in Washington, London und Paris in Botschaften umgewandelt werden).

Außenminister Dulles lehnte dies jedoch als »in höchstem Maße unklug, wenn nicht gar verhängnisvoll« ab, da dies die Ablehnung Frankreichs geradezu provozieren würde. Wie weit Adenauer zu gehen bereit war, macht ein anderer Vorschlag deutlich, den er im Vorfeld dieser Reise durch seinen Vertrauten Blankenhorn in Washington ventilieren ließ: 100 000 deutsche Soldaten sollten als Kadertruppen für die vorgesehenen 12 Divisionen durch Amerikaner und Briten insgeheim in der Bundesrepublik ausgebildet werden, um sofort bei Inkrafttreten des EVG-Vertrages zur Verfügung zu stehen. Angesichts der militärischen Situation des Westens war seiner Meinung nach die Zeit für eine solche Maßnahme gekommen. Um Einzelheiten auszuhandeln, sollte Blank ihn nach Washington begleiten.

Dieser Vorschlag war so atemberaubend kühn, daß selbst die Amerikaner entsetzt abwinkten. Eine solche Maßnahme ließ sich ihrer Meinung nach nicht lange verheimlichen; Dulles bezeichnete dies alles für verfrüht; und der Leiter der Europa-Abteilung im State Department, James Riddleberger, gab Blankenhorn am 29. März 1953 außerdem zu verstehen, Adenauer sei »gut beraten, den bisherigen klaren Kurs beizubehalten: Ratifizierung der Verträge und weitere Entwicklung der europäischen Einheit«. Blankenhorn – nach Meinung Riddlebergers keineswegs überrascht – antwortete, er habe verstanden und werde Adenauer entsprechend unterrichten.[18]
Aus all diesen Plänen wurde daher zunächst nichts; dennoch erbrachten die Bundestagswahlen am 6. September 1953 eine Zwei-Drittel-Mehrheit für die Regierungsparteien. Dieses Ergebnis wurde auch als Zustimmung der Bevölkerung zu diesen Verträgen und zur Politik Adenauers interpretiert, wobei die SPD mit Bitterkeit auf die »Wahlhilfe« der USA durch Verzögern der Viermächtekonferenz über den Wahltag hinaus verwies *(siehe hierzu Kap. 9)*.

Exkurs: John McCloy, der amerikanische Hohe Kommissar in Bonn

»Neben der Abwehr der russischen Bedrohung ist die Integration Westdeutschlands in den Westen die größte Herausforderung, vor der die Westmächte stehen.«

Mit diesen Worten hatte der amerikanische Außenminister Dean Acheson im Mai 1950 das Ziel der westlichen und vor allen Dingen amerikanischen Politik formuliert. Er glaube, so fuhr er fort, daß niemals zuvor eine schwierigere Aufgabe übernommen worden sei, daß daher Deutschland, »ob man nun will oder nicht«, Teil des Westens sei. Acheson hatte umschrieben, was als Westintegration der Bundesrepublik erfolgreiche Politik des Westens und Adenauers wurde. Auf amerikanischer Seite stand John Jay McCloy als Hoher Kommissar für die Realisierung dieser Politik.

McCloy gehörte zu den »Weisen Männern« der amerikanischen Nachkriegspolitik; er war mit dem deutschen Problem vertraut, er kannte die deutsche Geschichte. Anders als nach 1919 mußte man seiner Meinung nach den Deutschen eine Chance geben. (West-)Deutschland in die Gemeinschaft der zivilisierten Völker zurückführen, das hieß für ihn Integration Westdeutschlands in den Westen, und zwar moralisch, wirtschaftlich, militärisch, politisch und kulturell. Mit dem Petersberger Abkommen vom November 1949 wurde das Ende der Demontagen in der Bundesrepublik eingeleitet. McCloy war ein entschiedener Befürworter dieses Abkommens; ebenso entschieden befürwortete er den Schuman-Plan.

Während die wirtschaftliche Integration gelang, war es McCloy selbst, der bei der moralischen Integration Abstriche machte. Damals war viel die Rede von »Vergangenheitsbewältigung« als Voraussetzung für die Aufnahme der Deutschen in die Gemeinschaft des Westens. Die Amerikaner hatten ihren »Kreuzzug« geführt und von Oktober 1946 bis April 1949 noch zwölf Kriegsverbrecherprozesse geführt; 78 Angeklagte waren zu langjährigen Freiheitsstrafen, 15 zum Tode verurteilt worden. Die

Entscheidung, was mit den Gefangenen geschehen sollte, fiel in die Verantwortung von McCloy. Im September 1950 teilte er Präsident Truman mit, daß »gewisse Dinge, die wir eigentlich in Deutschland durchführen wollten, nicht mehr zu Ende gebracht werden können«. Ende Januar 1951 bestätigte er zwar fünf Todesurteile, erließ aber eine Amnestie: 32 Gefangene wurden entlassen, unter ihnen Alfried Krupp, der in Landsberg einsaß. Krupp feierte nicht nur ein Champagnerfrühstück, er erhielt auch sein gesamtes Vermögen zurück.

Die Entscheidung über die Gefangenen in Landsberg war nach eigener Aussage McCloys eines der wichtigsten Probleme seiner Tätigkeit in Deutschland. Im »Landsbergfall« hat sich McCloy seine Entscheidung nicht leichtgemacht, aber die Gründe dafür waren eindeutig, wie er gegenüber Truman festhielt: Es ging um die Wiederbewaffnung der Bundesrepublik, seit dem Ausbruch des Koreakrieges im Juni 1950 das zentrale Thema. Bis zu diesem Zeitpunkt verstand sich McCloy noch ganz als Vertreter einer Weltmacht, die ihre Aufgabe darin sah, den Westdeutschen politische Moral und demokratisches Bewußtsein beizubringen.

Beim Thema Wiederbewaffnung spielte McCloy eine entscheidende Rolle. Für ihn war schon Anfang August 1950 die Zeit gekommen, in Washington auf eine Grundsatzentscheidung in Sachen Verteidigung Westeuropas zu drängen. Die bisher verfolgte Strategie der Vereinigten Staaten – bei einem sowjetischen Angriff Europa aufzugeben und es Monate oder sogar Jahre später zurückzuerobern – war für ihn gleichbedeutend mit dem Ende der europäischen Zivilisation. Von daher mußte es seiner Meinung nach darum gehen, eine wirkungsvolle Verteidigung aufzubauen, um eine sowjetische Invasion zu verhindern. »Ich denke, es gibt keine andere Alternative«, schrieb er am 3. August nach Washington. Auch für ihn war klar, daß das ohne deutsche Soldaten nicht zu verwirklichen war. Der Aufbau einer deutschen Nationalarmee kam dabei allerdings für ihn nicht in Frage. Dies zu tun wäre für ihn ein »tragischer Fehler«. Für ihn gab es nur eine Möglichkeit, das Problem zu lösen: durch die Schaffung einer Europaarmee. Damit würde die Eindämmung Rußlands erreicht, aber auch die Eindämmung Deutschlands: Integration in den Westen als bestmögliche Sicherheit gegen eine künftige deutsche Aggression (»doppelte Eindämmung«). Diese Armee mußte seiner Meinung nach ein Schritt hin auf einem Weg zu einer europäischen Föderation oder Integration sein. Und wenn die Deutschen bei dieser Truppe mitmachten, dann mußte man wohl oder übel auch an eine

Abb. 6: »Frau, komm...« Mit Erinnerungen an den Einmarsch der Roten Armee 1945 wird in Westdeutschland im Herbst 1951 wirksame Propaganda für die Wiederbewaffnung betrieben.

»grundlegende Revision« des Besatzungsstatuts denken, dann mußte man die Deutschen auch als vollwertige Mitglieder in den »westlichen Club« aufnehmen.

Wiederbewaffnung hieß aber auch Fortdauer der Teilung Deutschlands. Dies war ein Thema, das McCloy bis zum Sommer 1952, als er die Bundesrepublik verließ, nicht loslassen sollte. Immer wieder befürchtete er, daß die Sowjets das große Ziel der amerikanischen Politik durch entsprechende Initiativen mit Blick auf eine mögliche Wiedervereinigung stören könnten. Der Höhepunkt dieser Entwicklung war die berühmte Stalin-Note vom 10. März 1952. Adenauer hielt damals Kurs und schwankte nicht. Es gab keine Verhandlungen mit der Sowjetunion, statt dessen wurden im Mai 1952 der Generalvertrag und der Vertrag über die Europäische Verteidigungsgemeinschaft unterschrieben. Für Adenauer war dies »bei weitem das wichtigste historische Ereignis für Europa seit Hunderten von Jahren«.[19] McCloy ging wenige Wochen später zurück nach Amerika; seinem Nachfolger Conant hinterließ er in Bonn ein wohlbestelltes Feld: »America's Germany« war auf dem Weg zur Integration in den Westen. Viele Probleme mußten noch gelöst werden, aber der Grundstein für eine Erfolgsstory amerikanischer Nachkriegspolitik war gelegt worden – mit Hilfe Adenauers, zu dem McCloy übrigens nur sehr langsam das später so vielgerühmte Vertrauensverhältnis aufbaute.

Dokumente zum 6. Kapitel

[22] »Sicherung des Bundesgebietes nach innen und außen«
(Memorandum von Bundeskanzler Adenauer, 29. 8. 1950)

I.
Die Entwicklung im Fernen Osten hat innerhalb der deutschen Bevölkerung Beunruhigung und Unsicherheit ausgelöst. Das Vertrauen, daß die westliche Welt in der Lage sein würde, Angriffshandlungen gegen Westeuropa rasch und wirksam zu begegnen, ist in einem besorgniserregenden Ausmaß im Schwinden begriffen und hat zu einer gefährlichen Lethargie der deutschen Bevölkerung geführt.
[...]

II.
Der ganze Ernst der Situation ergibt sich aus der Betrachtung der in der Ostzone versammelten sowjetischen Kräfte und der dort im beschleunigten Aufbau befindlichen Volkspolizei. [...]
Nach bestätigten Informationen befinden sich im Raum der Ostzone an sowjetischen Truppen zur Zeit zwei Armeen schneller Truppen mit zusammen 9 motorisierten Divisionen, vier Panzer-Armeen mit zusammen 13 Divisionen, insgesamt also 22 motorisierte und Panzerdivisionen. Die Divisionen zu 10000 bis 12000 Mann gerechnet sind personell voll aufgefüllt und verwendungsbereit auf den Sommerübungsplätzen versammelt. Sämtliche Führungsstäbe sind vorhanden. Die Mobilmachungsausrüstung (Munition, Betriebsstoff, Fahrzeuge, Marschverpflegung usw.) ist in den Händen der Truppe, die innerhalb 24 Stunden in Marsch gesetzt werden kann.
Diese sowjetischen Armeen stehen auf der Linie Neustrelitz – Döberitz/Berlin – Wittenberg/Elbe – Grimma/Harz. Ihr Aufmarsch zeigt in vorderer Linie die motorisierten schnellen Truppen, dahinter in zweiter Linie die schweren Panzerverbände, mit dazwischenliegenden besonderen

peur de la RFA face à RDA: dort
dfse, armement => peur

Artillerie- und Flakeinheiten. – Dieses Bild muß als ausgesprochener Offensiv-Aufmarsch bezeichnet werden.
Die Zahl der einsatzbereiten Panzer muß mit 5000 bis 6000 angenommen werden. [...]
Neben diesen außerordentlich starken sowjetrussischen Kräften macht der Aufbau der Volkspolizei in der Ostzone in den letzten Monaten besondere Fortschritte. Dabei ist ihre Entwicklung von der Polizei zur Polizei-Armee bemerkenswert. In den letzten Monaten wurden ca. 70000 Mann aus der Allgemeinen Polizei der Ostzone herausgelöst, in militärähnlichen Formationen organisiert und militärisch ausgebildet. [...]
Es ist damit zu rechnen, daß die Volkspolizei in naher Zukunft etwa 150000 Mann umfassen wird, die nach der Gesamtplanung auf rund 300000 Mann gebracht werden soll.
Die Nachrichten über die Zielsetzung, die von seiten der Sowjet- und der Ostzonenregierung diesen Truppen gegeben wird, lauten einheitlich dahin, daß ihre in naher Zukunft zu lösenden Aufgaben darin bestehen sollen, Westdeutschland von seinen alliierten Gewalthabern zu befreien, die »kollaborationistische Regierung« der Bundesrepublik zu beseitigen und Westdeutschland mit der Ostzone zu einem satellitenartigen Staatengebilde zu vereinigen. Hält man dies mit den gleichlautenden öffentlichen Erklärungen der ostzonalen Politiker Pieck und Ulbricht zusammen, so muß man annehmen, daß in der Ostzone Vorbereitungen zu einem Unternehmen getroffen werden, das unter vielen Gesichtspunkten an den Ablauf der Aktion in Korea mahnt.
[...]

IV.
Das Problem der Sicherheit des Bundes stellt sich zunächst unter dem äußeren Gesichtspunkt. Die Verteidigung des Bundes nach außen liegt in erster Linie in den Händen der Besatzungstruppen. Der Bundeskanzler hat wiederholt um die Verstärkung dieser Besatzungstruppen gebeten und erneuert diese Bitte hiermit in dringendster Form. Denn die Verstärkung der alliierten Besatzungstruppen in Westeuropa kann allein der Bevölkerung sichtbar den Willen der Westmächte kundtun, daß Westdeutschland im Ernstfall auch verteidigt wird. Eine solche Verstärkung der alliierten Truppen ist aber auch deshalb notwendig, weil nur hinter dem Schutz einer ausreichenden Zahl gut ausgerüsteter alliierter Divisionen die gegenwärtig in Westeuropa anlaufenden Verteidigungsmaßnahmen ungestört durchgeführt werden können.

Der Bundeskanzler hat ferner wiederholt seine Bereitschaft erklärt, im Falle der Bildung einer internationalen westeuropäischen Armee einen Beitrag in Form eines deutschen Kontingents zu leisten. Damit ist eindeutig zum Ausdruck gebracht, daß der Bundeskanzler eine Remilitarisierung Deutschlands durch Aufstellung einer eigenen nationalen militärischen Macht ablehnt.
[...]
(Schubert, 922, S. 79ff.)

[23] »Verordnung über Maßnahmen an der Demarkationslinie zwischen der Deutschen Demokratischen Republik und den westlichen Besatzungszonen«, 26. 5. 1952

Die Regierung der Deutschen Demokratischen Republik hat der Bonner Regierung und den Regierungen der Westmächte Vorschläge über die Durchführung freier gesamtdeutscher Wahlen und den baldmöglichsten Abschluß eines Friedensvertrages mit Deutschland zugeleitet. Dabei ließ sich die Regierung der Deutschen Demokratischen Republik von dem einmütigen Willen des Volkes leiten, der auf die Erhaltung des Friedens und die Einheit Deutschlands gerichtet ist. Diese Vorschläge wurden von der Adenauer-Regierung abgelehnt, die auf Weisung der amerikanischen, englischen und französischen Besatzungsmächte sich anschickt, den Generalvertrag abzuschließen, der gegen den Friedensvertrag und die Wiederherstellung der Einheit Deutschlands gerichtet ist.
[...]
Durch Handlungen der anglo-amerikanischen Besatzungsmächte und der Bonner Regierung hat sich die Regierung der Deutschen Demokratischen Republik gezwungen gesehen, durch eine Regierungsverordnung Maßnahmen anzuordnen, die das Ziel haben, die Interessen der Bevölkerung der Deutschen Demokratischen Republik zu verteidigen und das Eindringen von feindlichen Agenten in das Gebiet der Deutschen Demokratischen Republik unmöglich zu machen.
Durch diese Regierungsverordnung wird entlang der Demarkationslinie eine besondere Sperrzone errichtet, in der eine besondere Ordnung eingeführt wird.

Zur Durchführung dieser Regierungsverordnung ergeht folgende Polizeiverordnung:

§ 1. Die entlang der Demarkationslinie zwischen der Deutschen Demokratischen Republik und Westdeutschland festgelegte Sperrzone umfaßt einen 10 m breiten Kontrollstreifen unmittelbar an der Demarkationslinie, anschließend einen etwa 500 m breiten Schutzstreifen unmittelbar an der Demarkationslinie und dann eine etwa 5 km breite Sperrzone.

§ 2. Die Bestimmungen über den kleinen Grenzverkehr sind sofort aufgehoben. Die Demarkationslinie darf nur mit gültigem Interzonenpaß an den vorgesehenen Kontrollpunkten passiert werden.

§ 3. Für Personen, die im Sperrgebiet wohnen, werden ab sofort keine Interzonenpässe mehr ausgegeben. Für Personen, die in Westdeutschland wohnen, werden für das Sperrgebiet keine Aufenthaltsgenehmigungen mehr erteilt. Die Einreise in das Sperrgebiet mit Interzonenpaß oder Visum ist mit sofortiger Wirkung verboten.

§ 4. Das Überschreiten des 10 m Kontrollstreifens ist für alle Personen verboten. Personen, die versuchen, den Kontrollstreifen in Richtung der Deutschen Demokratischen Republik oder Westdeutschland zu überschreiten, werden von den Grenzkontrollstreifen festgenommen. Bei Nichtbefolgung der Anordnungen der Grenzstreifen wird von der Waffe Gebrauch gemacht. [...]

(Gesetzblatt der DDR, 1952, S. 405 f. »Verordnung über weitere Maßnahmen zum Schutz der Deutschen Demokratischen Republik vom 9. Juni 1952: § 1. Das Ministerium für Staatssicherheit wird beauftragt, unverzüglich strenge Maßnahmen zu treffen für die Verstärkung der Bewachung der Demarkationslinie zwischen der Deutschen Demokratischen Republik und den westlichen Besatzungszonen, um ein weiteres Eindringen von Diversanten, Spionen, Terroristen und Schädlingen in das Gebiet der Deutschen Demokratischen Republik zu verhindern.« Ebd., S. 406.)

[24] Absperrung der Zonengrenze zur Bundesrepublik: Bericht der Grenzpolizeibereitschaft Halberstadt, 29. 5. 1952

Am 26. 5. 1952, gegen 15 : 30 Uhr, erhielt die hiesige Dienststelle den Befehl, mit der Durchführung der Aktion *»Amboß«* zu beginnen. Daraufhin erfolgte sofortige Benachrichtigung der unterstellten Dienststellen und die Korrektur der Plakate sowie die Übergabe der Plakate zur Plakettierung [sic] an die Bürgermeister. Selbigen Tages, gegen 23.00 Uhr, war diese erste Maßnahme durchgeführt.

Eine einberufene Kommandanturleiter-, Kommandantur-PK-Leiter- und Kommandoleiterbesprechung auf der Grenzbereitschaft diente dazu,

allen Offizieren den Befehl 3/52 mitzuteilen, eingehend zu erläutern und ihnen die Richtlinie zu geben für die Aufgaben, die uns als Grenzpolizei in der jetzigen Situation erwachsen. Die Offiziere verließen nach dem die GB und begaben sich zu ihren Dienststellen zurück. Fahrzeuge waren bereits organisiert und jeder Kommandoleiter bekam die Schilder für 500-m-Linie und 5-km-Linie sowie die benötigten Schlagbäume. Desgleichen erhielt jeder Kommandoleiter den Stempel, Registrierbücher und Passierscheine mit.
Bereits in den frühen Morgenstunden wurde mit dem Setzen der Schilder für beide Linien begonnen, jedoch ergaben sich hier einige Verzögerungen, die darauf zurückzuführen waren, daß auch gleichzeitig mit dem Pflügen des 10-m-Kontrollstreifens begonnen wurde und sich eine Kräfteverzettelung ergab. Die Beschilderung im Bereich der GB auf beiden Linien ist beendet, lediglich erfolgt noch die Umschreibung der Schilder in russisch und deutsch, da sämtliche Schilder auf Anweisung der vorgesetzten Dienststelle anfangs nur in deutscher Sprache beschriftet waren.
Wie bereits erwähnt, begann auch gleichzeitig am 27. 5. 1952 in den Morgenstunden die Errichtung des 10-m-Kontrollstreifens. Die MAS-Stationen hatten ihre Traktoren zu den unterstellten Dienststellen gesandt und es erfolgte sofortige Einweisung über Ziehung des 10-m-Kontrollstreifens. Im Gebiet der Grenzpolizeibereitschaft ist der 10-m-Kontrollstreifen im offenen Gelände gezogen. Im Waldgebiet der Kommandantur Lüttgenrode, Kommando Stapelburg und Ilsenburg, und in der Kommandantur Ausleben mit den Kommandos Harbke, Beendorf und Schwanefeld laufen die Forstarbeiten mit der Schlagung des 10-m-Kontrollstreifens durch das Waldgebiet. Dieses ist im Gebiet der Kommandantur Lüttgenrode in den Kommandos Stapelburg und Ilsenburg mit einigen Schwierigkeiten verbunden, da es sich hier um sehr bergiges Gelände handelt. Die Arbeiten gehen jedoch voran.
Die Arbeiten in der Anbringung von weißen Streifen an Bäumen im Waldgelände am 10-m-Kontrollstreifen, an der 500-m- und 5-km-Linie sind im Laufen.
Das Gebiet der 500-m-Zone im Bereich der GB enthält drei Ortschaften, es handelt sich hier um die Ortschaften Wülperode, Hötensleben und die Ortschaft Beendorf zu 50%. In allen drei Ortschaften ist die Registrierung der Bevölkerung bis auf einen wenigen Teil abgeschlossen. [...]
Mit der Aussiedlung der negativen Elemente aus der 500-m- und 5-km-Zone wurde am heutigen Tag begonnen. Die Zivilbevölkerung ist teils

beunruhigt in den Ortschaften, wo Aussiedlungen vorgenommen werden, da Gerüchte verbreitet sind, daß die gesamte Bevölkerung aus beiden Zonen ausgesiedelt wird. Durch Einschaltung der Agitations- und Aufklärungsarbeit der Partei- und Massenorganisation[en] gelang es, den größten Teil der Bevölkerung zu beruhigen. Ein Großteil der Bevölkerung, der nicht unter Beeinflussung von irgendwelchen Gerüchten steht, steht positiv den besonderen Maßnahmen an der Demarkationslinie gegenüber. Negative Diskussionen bringen größtenteils die Arbeiter zum Ausdruck, welche in der Westzone gearbeitet haben gemäß Direktive 42 und im Augenblick ohne Arbeit sind, so z. B. in der Ortschaft Hötensleben. Dort kommt dieses kraß zum Ausdruck, da sehr viel[e] Arbeiter aus Hötensleben in den BKB-Betrieben gearbeitet haben, diese Arbeiter stehen jetzt auf der Straße herum und diskutieren fast ausschließlich negativ. Gesprächsstoff ist: Wann sie wieder zur Arbeit in den BKB können, warum diese Maßnahme nur, wer bezahlt uns den Ausfall der Arbeit usw. Aufklärungsarbeit durch Partei und Massenorganisationen wird laufend durchgeführt. Auch in den anderen Gebieten in der 5-km-Zone treten verschiedentlich negative Diskussionen auf. So z. B. in der Ortschaft Göddeckenrode, wo sich der Mühlenbesitzer L. äußerte, daß ihm das Herz im Leibe weh täte, wenn er so etwas sehe (100[sic]-m-Kontrollstreifen usw.). Desgleichen sagte eine Frau aus dem gleichen Ort sinngemäß: Daß Gott schon die rechte Strafe für diese Tat finden würde.
Im Kurort Ilsenburg, welcher ebenfalls in der 5-km-Zone liegt, laufen ebenfalls Gerüchte herum dahingehend, daß eine Aussiedlung der gesamten Bevölkerung der Ortschaft Ilsenburg vorgenommen wird. Oder: Daß keine Urlauber mehr nach Ilsenburg einreisen dürfen und die Urlauber, die sich im Moment im Kurort Ilsenburg befinden, sofort den Kurort verlassen müssen. Auch hier sind die Partei und Massenorganisationen dabei, aktive Aufklärungsarbeit zu betreiben, um die Gerüchte zu unterbinden bzw. zu entkräftigen.
Teils sind aber auch positive Diskussionen vorhanden. Ein Teil der Bevölkerung aus Hötensleben begrüßt es, daß die Verordnung durchgeführt wird, da endgültig ein Riegel die Schieberei der Westarbeiter unterbinden wird. Auch ein Teil der Grenzbevölkerung der übrigen Ortschaften steht positiv zur Durchführung unserer Maßnahmen.
Die Stimmung der Mannschaften, Unterführer und Offiziere der unterstellten Grenzpolizeieinheiten kann durchschnittlich als gut angesprochen werden. [...] Der beste Ausdruck der gegenwärtigen lebensbeja-

henden, optimistischen und kämpferischen Stimmung ist die Tatsache, daß unsere Grenzpolizisten neue, modernere und bessere Waffen fordern, um noch erfolgreicher zum Wohle unserer Heimat zu kämpfen. [...] Außerdem muß gesagt werden, daß sich in den vergangenen Tagen die Wachsamkeit und Disziplin bedeutend verbessert hat. Es gibt nicht wenige Grenzpolizisten, die aufgrund der Provokationen im eigenen Dienstbereich sowie der ihnen erläuterten von einem wirklichen Haß gegen die imperialistischen Räuber beseelt sind.
Als ein sehr negatives Beispiel muß die Diskussion des Wm. B. vom Grenzkommando Beendorf angeführt werden. Er erklärte: »Diese Polizeiverordnung ist eine Willkürmaßnahme. Lieber will er für Adenauer arbeiten als diese Aufgabe zu erfüllen.« Trotz erfolgter Aufklärungsarbeit ließ er sich von seiner grundsätzlich schädlichen, man kann sagen, in der Form, wie B. diskutierte, feindlichen Einstellung nicht überzeugen. Auf meine Anordnung wurde B. wegen Zersetzungsarbeit und Schwächung der Kampfbereitschaft mit 10 Tagen Arrest disziplinarisch bestraft. Der Vorgang wird der Hauptabteilung Deutsche Grenzpolizei, P IV, überreicht und der sofortige Ausschluß aus den Reihen der Deutschen Grenzpolizei gefordert. Der zuständige MfS-Offizier ist hiervon unterrichtet und schließt sich unserer Meinung an. Der Ausstoß des B. vor versammelter Mannschaft wird die positiven Kräfte der Einheit stärken. [...]

(Hoffmann / Schmidt / Skyba, 608, S. 106–109.)

7. Kapitel

Adenauer »amerikanischer als die Amerikaner«?
Eine vertane Chance – Die Stalin-Note vom 10. März 1952

Die Westmächte und die Stalin-Note
Adenauer und die Stalin-Note
Stalin und die Stalin-Note
Fazit

Exkurs: Die Stalin-Note – Reaktionen auf ein Buch

Adenauer »amerikanischer als die Amerikaner«? Eine vertane Chance – Die Stalin-Note vom 10. März 1952

Am 10. März 1952 überreichte der stellvertretende sowjetische Außenminister Andrej Gromyko den Botschaftern der drei Westmächte in Moskau eine Note seiner Regierung, in der diese die Wiedervereinigung vorschlug *(Dok. 25)*. Schon bei den Zeitgenossen haben diese Note und der sich daran anschließende Notenwechsel zu leidenschaftlichen Auseinandersetzungen geführt; jahrzehntelang waren sie Gegenstand heftiger Kontroversen zwischen Politikern, Historikern und Journalisten, was nicht verwundert, ging es doch letztlich um die Frage, wer für die fortdauernde Spaltung des Landes verantwortlich war. Für die einen bot die Stalin-Note die Chance zur Wiedervereinigung, die verpaßt wurde, man bedauerte, daß die Note nicht »ausgelotet«, Stalin nicht gezwungen wurde, seine Karten auf den Tisch zu legen. Für die anderen war die Note nur ein Täuschungsmanöver der Sowjets, ein taktisches Störmanöver zur Verhinderung von EVG- und »Deutschlandvertrag«. Sämtliche Untersuchungen litten darunter, daß die Akten der beteiligten Regierungen nicht zugänglich waren. Hermann Graml vom Institut für Zeitgeschichte in München hatte 1981 erstmals Zugang zu amerikanischen Akten; sein Fazit: Im Zusammenhang mit einer möglichen Wiedervereinigung gab es bei der Stalin-Note keine »verpaßte Gelegenheit«, Adenauer hatte völlig richtig gehandelt! Einem ausgewählten Teilnehmerkreis trug Graml im Rahmen der von der Stiftung Bundeskanzler-Adenauer-Haus organisierten »Rhöndorfer Gespräche« seine Ergebnisse vor. Die Öffentlichkeit wurde anschließend auch von Hans-Peter Schwarz informiert. Die von ihm herausgegebene Publikation trug den gleichen Titel wie Gramls Aufsatz und war genauso bezeichnend und fast schon Programm: »Die Legende von der verpaßten Gelegenheit«.[1]

1983 wertete ich weiteres amerikanisches und erstmals auch britisches Material aus, das neues Licht in das Dunkel dieser Note brachte.[2] Die Akten zu diesem Thema habe ich dann 1985 in einer separaten Publikation mit einer ausführlichen Einleitung veröffentlicht.[3] Die Reaktionen entsprachen der Bedeutung des Themas. Inzwischen hat die Wiedervereinigung stattgefunden; der »Visionär« Adenauer hat sich für die Adenauer-Apologeten als »Realist« erwiesen; selten, so der im Kanzleramt in Bonn tätige Klaus Gotto stellvertretend für sie, wurde jemand so bestätigt wie Adenauer. Eigentlich könnte man deren Meinung nach damit das Thema zu den Akten legen. Das wird nicht geschehen: Zum einen gilt für das Jahr 1952 genau dasselbe, was Ilse Spittmann – die man wahrlich nicht zu den Kritikern der Adenauerschen Politik zählen kann – für das Jahr 1953 formuliert hat[4], und zum anderen bleibt es eine vertane Chance! Was wäre den Deutschen, vor allem den Ostdeutschen, möglicherweise nicht alles erspart geblieben! Von daher ist es nicht verwunderlich, daß gerade das Thema Stalin-Note nach der Wiedervereinigung eher mehr als weniger Aufmerksamkeit für sich beansprucht. Dies um so mehr, als jetzt erstmals auch sowjetische und ostdeutsche Akten zur Verfügung stehen. Im folgenden werden noch einmal die Ergebnisse aufgrund der amerikanischen und britischen Akten zusammengefaßt, dann die Position Adenauers untersucht und ergänzend dazu die Erkenntnisse auf der Basis der neuen Akten aus östlichen Quellen vorgestellt.

Die Westmächte und die Stalin-Note

Die Westmächte haben damals die Stalin-Note, wie immer wieder formuliert worden ist, nicht »ausgelotet«. Die Frage lautet: Warum ist dies nicht geschehen? Von welchen Vorstellungen, Zielen und Kalkülen haben sie sich bei der Ablehnung leiten lassen? Kam das Angebot möglicherweise zu spät?

Hans-Peter Schwarz hat die Vermutung geäußert, die Sowjets hätten auf der Konferenz der Außenminister-Stellvertreter vom 5. März bis 21. Juni 1951 im Palais Marbre Rose in Paris »den entscheidenden Fehler ihrer Deutschlandpolitik gemacht. Hätte Moskau ohne Zögern einer Außenministerkonferenz zugestimmt und dabei jene Neutralisierungsvorschläge vorgelegt, die erst am 10. März 1952 in Gestalt der berühmten Stalin-Note auf den Tisch kamen, so wäre die künftige Entwicklung völlig unvorhersehbar gewesen«, und zwar, weil im Frühjahr 1951 »weder festgelegt (war), ob und in welcher Form es einen deutschen Verteidigungsbeitrag geben würde, noch, wie die Zukunft des Besatzungsregimes aussehen sollte«.[5]

In den geheimen Planspielen der Westmächte – etwa der Briten – kam schon im Sommer 1951 genau jener Vorschlag vor, den die Sowjetunion dann 1952 machte. Die Antwort war eindeutig: Eine Wiedervereinigung unter diesen Bedingungen hätte für die Westalliierten zu viele Risiken mit sich gebracht; aus ihrer Sicht war die Teilung des Landes allemal besser.

Daß die Teilung »eine sehr gute Sache« sei, davon waren im übrigen auch die Vertreter anderer westlicher Regierungen überzeugt, z. B. der italienische Botschafter in London. Bei seinem Antrittsbesuch im Foreign Office im Januar 1952 – nach mehreren Jahren Dienst in Moskau – äußerte er sich jedenfalls so und fügte hinzu, er hoffe, daß das auch noch eine ganze Weile so bleibe. Die Antwort von Frank Roberts, Assistant Under-Secretary of State, war zurückhaltend: Die Teilung helfe zweifelsohne bei der Westintegration der Bundesrepublik.[6]

Als am 10. März die Note auf dem Tisch lag, waren sich die westlichen Beobachter einig, daß dies eine erste Reaktion sowohl auf die Beschlüsse der NATO-Konferenz vom 20. bis 25. Februar in Lissabon (Aufnahme der Türkei und Griechenlands in die NATO, Bildung eines Nahostkommandos der NATO, Aufstellen von etwa 100 Divisionen, einschließlich der EVG, bis Ende 1954) als auch auf die sich abzeichnende militärische und politische Integration der Bundesrepublik in den Westen war. Es stellte sich die entscheidende Frage: War dies nur ein taktisches Manöver, um den Gegnern dieser Politik Munition zu liefern, falsche Hoffnungen zu wecken, mit dem Ziel, diese Politik zu torpedieren, oder signalisierte die Note einen grundsätzlichen Kurswechsel der sowjetischen Politik? Die Antwort auf diese Frage klärt auch die anfangs gestellte Frage nach den Zielen der Westmächte.

Zunächst waren die Meinungen nicht einhellig. Die amerikanische Botschaft in Moskau konnte es sich nicht vorstellen, daß die Sowjetunion freie Wahlen in der DDR zulassen und damit die Kontrolle über dieses Land aufgeben würde; Außenminister Acheson war hingegen von der Note »offensichtlich beeindruckt..., ihr Ton sei so anders als der früherer Noten«; er sei auf den nächsten Zug der Russen gespannt.[7]

Von den zahlreichen Telegrammen des amerikanischen Hochkommissars in Bonn, John McCloy, und dessen Stellvertreters, Samuel Reber, sind drei besonders interessant. Am 16. März verwies McCloy auf die unterschiedlichen Meinungen politischer Beobachter. Die meisten hielten die Note für sowjetische Obstruktionspolitik; einige sprächen von »einem grundlegenden Kurswechsel des Kreml, einem ernstgemeinten Angebot im Sinne eines umgekehrten Rapallo«. Er fügte hinzu, angesichts der Tatsache, daß der Kreml es für notwendig gehalten habe, seine politischen Karten auf den Tisch zu legen, wage man in der Hohen Kommission die Vermutung, der Kreml gehe offensichtlich davon aus, daß der militärische Aufbau Westeuropas schon »weiter fortgeschritten ist, als wir selber glauben«. Wenn das zutreffe, handle es sich offensichtlich um eine Entwicklung »von größerer Tragweite, als man sie aus Bonner Sicht interpretieren könne«.[8]

Am 29. März war für McCloy bei aller Problematik klar, daß der Kreml den Deutschen ein überraschend klares Angebot gemacht habe, auch wenn man die bekannte Semantik der sowjetischen Begriffe mitberücksichtige; die Deutschen könnten nun selbst Vor- und Nachteile der Integrationspolitik beurteilen. McCloy schloß nicht aus, daß der Kreml mit seinem nächsten Schritt entschlossen sein Ziel angehe, nämlich Adenauer in Deutschland zu isolieren, Deutschland von Westeuropa und Westeuropa von den USA abzukoppeln.[9]

Vier Tage später machte eine Besprechung der führenden Beamten im State Department deutlich, daß es in der Frage, ob man überhaupt eine Wiedervereinigung Deutschlands wolle, grundlegende Meinungsverschiedenheiten gab.

Schließlich, als die größte Gefahr gebannt war, faßte am 2. Juni Samuel Reber die Einschätzung der Lage durch die US-Hochkommission in Bonn zusammen. Man neigte demnach zu der Meinung (»inclined to opinion«), daß die erste sowjetische Note ernst gemeint gewesen sei (»serious move«) und die Bedingungen für einen Friedensvertrag enthalten habe. Die Sowjets hätten aber ihr Ziel, »unseren großen Plan für Europa zu zerstören«, nicht erreicht.

Nach Ablehnung des sowjetischen Angebotes sah man jetzt einen Wendepunkt, und zwar in dem Sinne, daß die Sowjets offensichtlich beschlossen hätten, den Zugriff auf die Ostzone zu verstärken und sie in einen vollständigen Satelliten zu verwandeln, mit dem Ergebnis, daß sich die Ost-West-Spannungen eher verschärfen als verringern würden[10] (so ähnlich sah es im übrigen auch Stalin).

Bei der Formulierung der westlichen Notenpolitik übernahm das Foreign Office sofort die Initiative. Am 12. März empfing Außenminister Eden die Botschafter Frankreichs und der USA, um das weitere Vorgehen zu erörtern; schon am 13. wurde der erste Entwurf einer Antwortnote nach Washington übersandt.

In einer ersten Analyse am 11. März kamen Denis Allen, der Leiter des Central Department, und Frank Roberts zu dem Ergebnis: Hauptziel der

Note sei es, die Integration der Bundesrepublik in den Westen zu verzögern und, falls möglich, ganz zu verhindern. Das Angebot solle alle jene Kritiker in Deutschland und Westeuropa ansprechen, die ihre Zweifel an der Fortsetzung der vom Westen verfolgten Integrationspolitik hätten, bevor nicht sämtliche Möglichkeiten einer Übereinkunft mit der Sowjetunion ausgeschöpft seien. Daraus ergab sich für sie die Notwendigkeit, die ganze Angelegenheit in einer Weise zu behandeln, die diesen Kritikern nicht in die Hände spielte, das hieß, man mußte auf Zeit spielen, zumindest bis zur Unterzeichnung von EVG- und »Deutschlandvertrag«, die von Anfang an absolute Priorität hatten. Man schloß zu diesem Zeitpunkt allerdings die Möglichkeit von frühzeitigen Viermächteverhandlungen nicht aus, in der Hoffnung, »ziemlich schnell« zeigen zu können, daß eine Einigung nicht möglich sei; danach könnten dann die Verhandlungen mit der Bundesregierung fortgesetzt werden. Man war sich über die Risiken eines solchen Kurses einig (»clearly be hazardous«), zumal auch die US-Regierung dem wohl kaum zustimmen werde.[11]

Im Kabinett am Vormittag des 12. März erwähnte Außenminister Eden diese Möglichkeit nicht. Er bezeichnete hier die Note als »wichtigen Fortschritt gegenüber jedem Angebot«, das die Sowjetunion bisher gemacht habe; sie sei ein »schlau eingefädeltes Manöver«, um die Integrationspolitik zum Scheitern zu bringen; aber, so fügte er hinzu, sie könnte auch den »ernsten Wunsch« der Sowjets nach Wiedervereinigung Deutschlands widerspiegeln. Die Taktik müsse sein: Fortsetzung der EVG- und Deutschlandvertragsverhandlungen; vielleicht würden die Sowjets dann ein noch besseres Angebot machen. Wie ernst sie es meinten, würde sich beim Thema freie gesamtdeutsche Wahlen unter internationaler Kontrolle zeigen; bezeichnenderweise werde dieser Punkt in der Note nicht erwähnt.[12]

Die Botschafter stimmten Eden am Nachmittag in dessen Lagebeurteilung zu, daß die Note ein Erfolg der westlichen Politik sei und daß die Sowjetunion jetzt möglicherweise bereit sei, einen höheren Preis als bisher zu zahlen, um die Integration der Bundesrepublik in den Westen zu verhindern.

Selbst wenn man das Angebot für bare Münze nehme, sei es in gar keiner Weise akzeptabel. Dennoch könne man vernünftigerweise diese Entwicklung als ermutigend betrachten. Adenauers »entschlossene Reaktion« sei zwar erfreulich, schließe aber nicht aus, daß die Vorschläge für deutsche Sozialisten und »Neutralisten« attraktiv seien. Die west-

liche Antwort müsse daher der Bundesregierung in der Auseinandersetzung mit der Opposition helfen.
Eden schloß jetzt nicht aus, daß die Sowjetunion freie gesamtdeutsche Wahlen anbieten werde und eine wirklich freie Regierung in Berlin errichtet werden könne. Für diesen Fall sah er neue Schwierigkeiten: bei den anschließenden Verhandlungen über einen Friedensvertrag könne die Sowjetunion keine »annehmbaren Bedingungen« anbieten, und dann habe man die gleiche Situation wie in Österreich.[13]
Genau das gleiche Argument hatte wenige Stunden zuvor schon der französische Botschafter vorgetragen; Roberts wies darauf hin, daß die Sowjets damit allerdings nicht ihr Ziel, den Abzug der amerikanischen Truppen aus Deutschland und Westeuropa, erreicht hätten. Auch am Quai d' Orsay war man zu diesem Zeitpunkt nicht der Meinung, daß die Note mehr als nur ein Störmanöver war.[14] Zwei Tage später sah die Lagebeurteilung allerdings völlig anders aus. Paris war jetzt davon überzeugt, daß der sowjetische Vorschlag »viel mehr als ein taktischer Schritt« sei, nämlich »ein ernstgemeinter, aber sehr gefährlicher Versuch, die deutsche Frage zu lösen«, was Eden zu dem Kommentar veranlaßte, das sei von Anfang an seine Meinung gewesen, »die Sowjets meinen es ernst mit diesem Vorschlag. Er ist zwar nicht ungefährlich für sie; aber unterm Strich würde er ihnen gut in den Kram passen.«[15] *(vgl. Abb. 7, S. 182f.)*
Wenn das so war, dann war wie bisher auch schon die vorgesehene Integration der Bundesrepublik – und die Fortdauer der Teilung – allemal die bessere Lösung für die Westmächte. Jetzt durfte es erst recht nicht zu Verhandlungen mit der Sowjetunion kommen, die die Integrationspolitik hätten gefährden können.
Es ging jetzt nicht mehr allein um die bis zu diesem Zeitpunkt immer wieder gestellte Forderung nach freien gesamtdeutschen Wahlen. Das Risiko, daß die Sowjetunion freie Wahlen zugestehen würde, war jetzt zu groß. Es mußten weitere Bedingungen gestellt werden. Worum es ging, macht eine Anmerkung Edens einen Tag später deutlich. William Strang hatte unter den Entwurf eines Antwortschreibens – gedacht als Grundlage für Dreimächteberatungen in Paris – notiert, man habe in dem Papier den Schwerpunkt auf freie Wahlen gelegt; würden die Russen alle Bedingungen akzeptieren, was man für unwahrscheinlich halte, würde wahrscheinlich aufgrund der Tatsache, daß die CDU in Ostdeutschland nur schwach sei, Schumacher die gesamtdeutsche Regierung bilden, dann Adenauers Politik der Westintegration stoppen und

eine Neutralitäts- und Schaukelpolitik zwischen Ost und West treiben. Daraus zog Strang die eher resignierende Schlußfolgerung: »Wir müssen dieses Risiko auf uns nehmen. Wir haben keine Alternative.« Genau dies bezweifelte Eden; er notierte am Rand: »Ist das wirklich so? Gibt es nicht noch andere Bedingungen, die wir stellen können, z. B. Österreich? Ich schlage nicht vor, dies unseren Verbündeten jetzt schon mitzuteilen.« Er habe diese Anmerkung nur für den Fall gemacht, so fügte er hinzu, daß die Sowjets wirklich eine neue Politik verfolgten. Und als ob er Bestätigung bei seinen Mitarbeitern suchen wollte, fragte er: »Wenn sie diese Politik realisieren könnten, brächte ihnen das nicht große Vorteile?«[16]

Edens Sorge war unbegründet; die Franzosen dachten ähnlich, außerdem gab es zahlreiche andere Bedingungen. Zunächst die Oder-Neiße-Linie; dies war nach Meinung des britischen Botschafters in Moskau eine »wesentliche Schwäche des russischen Angebotes«, obwohl dies auch für den Westen eine »heikle« Sache sei; Edens Kommentar: Der Botschafter »hat uns möglicherweise eine gute Karte in die Hand gespielt«.[17] Sie war so gut, daß sie als Punkt 5 in der Antwortnote vom 25. März auftauchte. Den Abschluß des Staatsvertrages mit Österreich wollte auch Paris zunächst als Vorbedingung in der Antwortnote erwähnen; dies wurde dann auf Intervention Adenauers (!) fallengelassen (das State Department wollte im übrigen die Antwort lediglich auf die freien Wahlen konzentrieren). Wichtiger war Punkt 3 der Antwortnote: Handlungsfreiheit der gesamtdeutschen Regierung. Diese Bedingung war für die Sowjetunion unannehmbar – und die Westmächte wußten dies.

Am 25. März wurden die drei westlichen, identischen Noten *(Dok. 26)* in Moskau überreicht. Außenminister Wyschinski empfing die Botschafter einzeln und unterhielt sich jeweils etwa 30 Minuten mit ihnen, was »ungewöhnlich für einen solchen Anlaß« war, wie Eden notierte.[18] Jetzt war man erst recht davon überzeugt, daß die Sowjetunion ernsthaft Verhandlungen wollte. Im Westen wußte man jetzt allerdings auch endgültig, wie weit die Sowjetunion gehen würde: Wyschinski hatte klargemacht, daß eine Mitgliedschaft ganz Deutschlands in der EVG, der NATO etc. nicht möglich sei. Die Sowjets, so die amerikanische Botschaft in Moskau, betrachteten ihr Angebot wahrscheinlich dennoch als das »attraktivste, was überhaupt möglich sei«: Für den Westen war die Sache nicht einfach, denn: »Einheit plus Nationalarmee plus Frieden sind schwer zu überbieten.«

Die sowjetische Antwortnote vom 9. April *(Dok. 27)* machte beim Punkt

C1074/10

The ~~French~~ Minister confirmed French agreement to our proposals. He told me however that Paris telegram No. 149 gave perhaps rather too summary and clear-cut a picture of French views. He read to me the more important passages in a long telegram just received from Paris. Perhaps the most important point made by the Quai d'Orsay was that we must be very careful not to get into a position in which free elections would take place, a neutralised German Government (probably a Schumacher Government) would be established in Berlin, and then further progress on a peace treaty would be held up, as in Austria. This would mean that we should have lost all the advantages of the E.D.C., Western integration, etc. In return, the unified Germany would be increasingly under Soviet pressure and influence. While we must of course concentrate upon free elections and unity in our reply from the point of view of German public opinion, we should be quite clear in our own minds that we could not accept a unified Germany, even with genuinely free elections, until we knew that a peace treaty satisfactory to us would also be concluded shortly. While our draft reply need not enter into the Soviet peace treaty proposals, it should include some formula to reserve the position on the above lines.

Flag B

This is important. W.S.

The Quai d'Orsay telegram then commented on the following points arising out of the Soviet note:-

(1) Saar. The Soviet proposals meant that Poland would have the Oder/Neisse frontier but France would lose the Saar.

(2) Neutralisation clause. This would of course mean the complete abandonment of the E.D.C. and of all our present European policies.

(3) Military clauses. A new element had been ~~brought in~~ introduced in that not only must troops be withdrawn but bases must also be liquidated. The really essential point in regard to both the military clauses and the neutralisation clause was that there was no provision whatever for any control.

(4) Economic clauses. These were perhaps even more dangerous, since Germany would be left completely free to trade with the East whereas other West European countries had accepted important limitations upon their trade with the Communist world. Germany could rapidly build herself up into a more formidable economic unit than ever before by trading on an immense scale with her natural hinterland in Eastern Europe and also in Russia and China. Furthermore, there would be nothing to stop Germany setting up an immense military industry to supply the armies of the Soviet Union and the Satellites, even though her military production for

So is this W.S.

/equipping

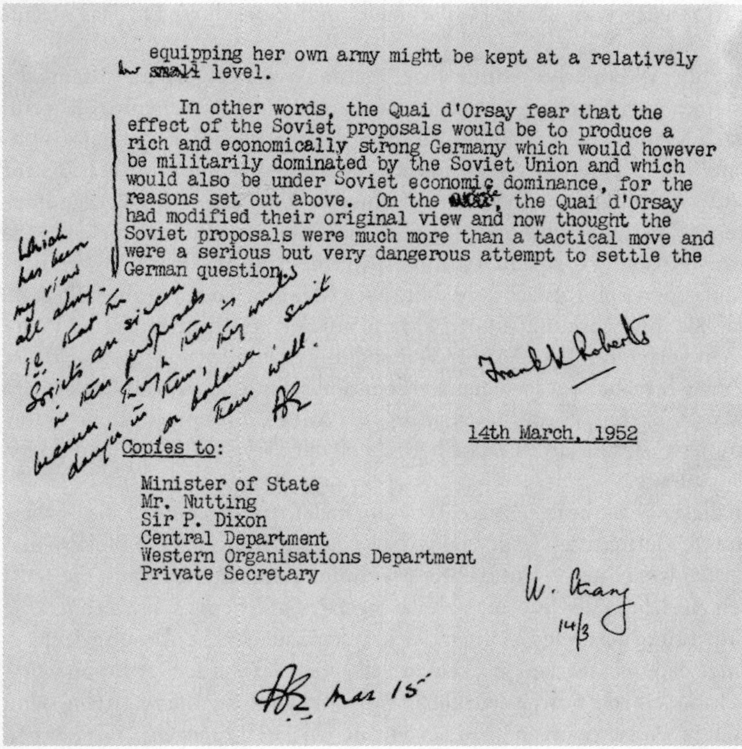

equipping her own army might be kept at a relatively low level.

In other words, the Quai d'Orsay fear that the effect of the Soviet proposals would be to produce a rich and economically strong Germany which would however be militarily dominated by the Soviet Union and which would also be under Soviet economic dominance, for the reasons set out above. On the whole, the Quai d'Orsay had modified their original view and now thought the Soviet proposals were much more than a tactical move and were a serious but very dangerous attempt to settle the German question.

14th March, 1952

Copies to:

Minister of State
Mr. Nutting
Sir P. Dixon
Central Department
Western Organisations Department
Private Secretary

Abb. 7: Die französische Haltung zur Stalin-Note. Aufzeichnung von Frank Roberts mit Anmerkungen von Sir William Strang: »This is important«, und »So is this«, und von Außenminister Eden: »Which has been my view all along, i. e. that the Soviets are sincere in these proposals because, though there is danger in them, they would on balance, suit them well.«

»freie Wahlen« Zugeständnisse. Die Wirkung blieb nicht aus, in der Bundesrepublik zerbrachen die letzten Gemeinsamkeiten zwischen Regierung und Opposition; die Gegner der Integrationspolitik forderten jetzt mit Nachdruck Viermächteverhandlungen. Es dürfe nichts unversucht bleiben, so Schumacher am 22. April in einem Schreiben an Adenauer, um »festzustellen, ob die Sowjetnote eine Möglichkeit bietet, die Wiedervereinigung Deutschlands in Freiheit durchzuführen«. Wenn sich bei den Verhandlungen herausstellen würde, daß es keine Möglichkeit gebe, »dann wäre doch auf jeden Fall klargestellt, daß die Bundesrepublik keine Anstrengung gescheut hat, um eine sich bietende Chance zur Wiedervereinigung Deutschlands und Befriedung Europas auszunützen«.[19]

Für die Westmächte wurde die Situation schwieriger; die öffentliche Meinung in Frankreich und Deutschland sei »unberechenbar, ja geradezu hysterisch«, berichtete Kirkpatrick nach London.[20] An der grundsätzlichen Position der Westmächte änderte sich dennoch nichts. Bis zur Unterzeichnung von EVG- und »Deutschlandvertrag« – die Verhandlungen liefen auf Hochtouren – wollte man weiter »auf Zeit spielen«. Die Antwortnote – erst fünf Wochen später überreicht – war als »Verzögerungsoperation« gedacht, sie sollte nach Meinung Edens so abgefaßt sein, daß sie ihre Wirkung auf den »Mann auf der Straße in der freien Welt« nicht verfehlte.[21] Die Tür für Verhandlungen mit der Sowjetunion sollte dennoch nicht zugeschlagen werden, um nicht unerwartete Reaktionen zu provozieren; es sollte auch nicht, wie Außenminister Schuman es formulierte, der Eindruck entstehen, als ob der Westen vor Verhandlungen davonlaufe.

In dieser Phase beabsichtigte Acheson, in der Antwortnote an die Sowjetunion Viermächte-Gespräche vorzuschlagen *(Dok. 28)*; ein bloßer Austausch von Noten reichte seiner Meinung nach nicht mehr aus, die wahren Absichten der Sowjets »bloßzulegen«; das Thema sollte sich auf die Erörterung der freien Wahlen beschränken, die Unterzeichnung der Verträge dadurch aber auf gar keinen Fall gefährdet werden. Acheson wörtlich: »Wenn die Sowjets wirklich bereit sind, die Ostzone zu öffnen, dann sollten wir sie zwingen [ihre Karten auf den Tisch zu legen]. Wir können *nicht* zulassen, daß unsere Pläne vereitelt werden lediglich aufgrund von *Spekulationen*, wonach die Sowjets möglicherweise bereit sind, tatsächlich einen hohen Preis zu zahlen.«[22] Adenauer lehnte ab *(Dok. 29)*.

Die Amerikaner akzeptierten einen britischen Gegenentwurf, und am 13. Mai wurden die westlichen Antwortnoten in Moskau überreicht. Die eigentliche Antwort aber war die Unterzeichnung von EVG- und »Deutschlandvertrag«. Die zuvor eingegangene sowjetische Note bereitete keine Schwierigkeiten mehr. Am 28. Mai konnte Eden in Paris gegenüber Acheson und Schuman befriedigt feststellen, daß die Westmächte »die Notenschlacht gewonnen haben«.[23]

Adenauer und die Stalin-Note

Welche Rolle hat Adenauer bei dieser Schlacht gespielt? 1983 hatte ich geschrieben, daß er auf die Notenpolitik der Westmächte zwar einen wichtigen, aber keinen entscheidenden Einfluß ausgeübt habe; das habe vor allem für die Abfassung der beiden ersten Noten gegolten; nach Unterzeichnung der Verträge sei sein Einfluß größer geworden – dies schon ein Ergebnis der neuen Situation –, allerdings sei dann die Grundsatzentscheidung längst gefallen, und zwar im Sinne Adenauers. Adenauer habe die sowjetische Notenoffensive genauso wie die Westmächte interpretiert und dies sofort und unmißverständlich klargemacht. Heute würde ich einen Schritt weitergehen und Adenauer einen *entscheidenden* Einfluß auf die Notenpolitik der Westmächte zubilligen (das spiegelt sich im übrigen auch in den Gesprächen mit den Hohen Kommissaren wider).
Schon am 11. März 1952, unmittelbar nach der Kabinettssitzung, in der es zum Zusammenstoß mit Jakob Kaiser gekommen war (Kaiser: Adenauer dürfe nicht »amerikanischer als die Amerikaner« sein[24]), betonte *er* gegenüber den Hohen Kommissaren – anders, als in seinen »Erinnerungen« dargestellt –, daß die Note die Politik der Bundesregierung in gar keiner Weise beeinflussen werde. Das Kabinett habe sich auf gewisse Richtlinien für die Presse geeinigt, da die Note für den nicht informierten Leser einige verführerische Punkte enthalte. Das Ziel sei eindeutig die Neutralisierung Deutschlands, was durch den Vorschlag nationaler Streitkräfte etwas schmackhafter gemacht werden solle; die Bundesregierung wolle aber keine Nationalarmee und habe außerdem gar keine Mittel für eine schlagkräftige Armee. Auffallend sei an der Note außerdem, wie sie den Nazis und deutschen Militaristen schmeichle; er wisse eigentlich nicht, an wen sich die Note mehr richte: an das französische Parlament oder die deutschen Rechtsparteien. Er nehme an und hoffe, die drei Westmächte würden schnell auf die Note antworten, da bis dahin die öffentliche Meinung ernsthaft beunruhigt sei. Er vertraue darauf, daß sich die Westmächte auf keine Viermächtekonferenz einlassen würden.
In seinen »Erinnerungen« liest sich das anders. Dort faßt er das Gespräch – wohl nicht ohne Grund – in folgendem Satz zusammen:

»Ich begrüßte es daher sehr, daß die drei Westmächte unmittelbar nach Bekanntwerden der russischen Note mir durch ihre Hohen Kommissare am 11. März erklärten: ›Wir werden in unseren Verhandlungen über die Europäische Verteidigungsgemeinschaft und den Deutschlandvertrag so fortfahren, als ob es die Note nicht gäbe!‹«[25]

In den inzwischen veröffentlichten Gesprächen zwischen Adenauer und den Hohen Kommissaren fehlt merkwürdiger- oder bezeichnenderweise das Protokoll dieser wohl wichtigsten Sitzung. Die Bearbeiter weisen hier freundlicherweise zum ersten und letzten Mal auf meine Dokumentation und das dort abgedruckte kurze Telegramm des britischen Hohen Kommissars hin. Ob dieses Protokoll wirklich nicht existiert, bleibt wohl eine offene Frage. Möglicherweise sind hier »Tendenzhistoriker« im Sinne Adenauers am Werke gewesen.[26]

Wie dem auch sei, damals war entscheidend, daß die Westmächte jetzt wußten: Adenauer würde nicht schwanken. Er hatte genauso reagiert, wie sie sich das erwartet hatten. Warum sollten *sie* sich jetzt noch für Gespräche einsetzen? Adenauers Willen zur Wiedervereinigung hielt man ohnehin nicht für besonders ausgeprägt. Es gibt zahlreiche Belege für diese Einschätzung; zitiert sei Außenminister Schuman, der noch am 11. November 1951 gegenüber dem britischen Botschafter in Paris geäußert hatte, Adenauer müsse sich zwar öffentlich für die Wiedervereinigung aussprechen, halte aber tatsächlich nicht sehr viel davon, weil sicher sei, daß die Sozialdemokraten eine Mehrheit erhalten würden, sollte es eines Tages zu gesamtdeutschen Wahlen kommen[27] (genauso dachten ja auch die Briten im März).

Am 16. März 1952 bezog Adenauer auf der ersten Tagung des Evangelischen Arbeitskreises der CDU in Siegen zum ersten Mal öffentlich und grundsätzlich Stellung zur Stalin-Note. Er erklärte u. a.:

> »Seien wir uns darüber klar, daß dort [im Osten] der Feind des Christentums sitzt. Hier handelt er sich nicht nur um politische, sondern auch um geistige Gefahren. [. . .] Es gibt drei Möglichkeiten für Deutschland: den Anschluß an den Westen, Anschluß an den Osten und Neutralisierung. Die Neutralisierung aber bedeutet für uns die Erklärung zum Niemandsland. Damit würden wir zum Objekt und wären kein Subjekt mehr. Ein Zusammenschluß mit dem Osten aber kommt für uns wegen der völligen Verschiedenheit der Weltanschauungen nicht in Frage. Ein Zusammenschluß mit dem Westen bedeutet – und das möchte ich nach dem Osten sagen – in keiner Weise ein(en) Druck gegen den Osten, sondern er bedeutet nichts anderes als die Vorbereitung einer friedlichen Neuordnung des Verhältnisses zur Sowjetunion, zur Wiedervereinigung Deutschlands und zur Neuordnung in Osteuropa. Und das sind auch die Ziele unserer Politik.«

Er ging dann direkt auf die Note ein und meinte:

»Im Grunde genommen bringt sie wenig Neues. Abgesehen von einem starken nationalistischen Einschlag will sie die Neutralisierung Deutschlands, und sie will den Fortschritt in der Schaffung der Europäischen Verteidigungsgemeinschaft und in der Integration Europas verhindern.«

-o Adenauer contre SN

Wieder lehnte er nationale Streitkräfte ab:

»Es gehören ungeheure Summen dazu, auch nur einige Divisionen auszurüsten, an die wir gar nicht denken können, und deshalb ist dieser Teil der sowjetischen Note nichts weiter als Papier und sonst gar nichts! Aber die Note ist da, und sie muß beantwortet werden, und sie bedeutet, wenn auch in viel geringerem Maße, als man das allgemein glaubt, doch einen gewissen Fortschritt, und darum dürfen wir keine Möglichkeit außer acht lassen, zu einer friedlichen Verständigung zu kommen und eine Neuordnung in dem von mir beschriebenen Sinne zu bekommen. Aber auf der anderen Seite dürfen wir unter gar keinen Umständen zulassen, daß eine Verzögerung in der Schaffung der Europäischen Verteidigungsgemeinschaft Platz greift; denn eine solche Verzögerung würde wahrscheinlich auch das Ende dieser gemeinsamen Bestrebungen bedeuten. [...]
Wenn diese Dinge jetzt nicht zu Ende gebracht werden, dann sind sie nach meiner Auffassung ein für allemal vorbei, und darum wiederhole ich: Der allgemeine Standpunkt gegenüber dieser Note muß sein: Wir dürfen nicht außer acht lassen, daß jede Möglichkeit, bald zu einer Neuordnung Osteuropas zu kommen, ausgenutzt werden muß. Wir dürfen aber ebensowenig ein Werk, wie es sich jetzt der Vollendung nähert, zum Stillstand bringen; denn dann würden die Dinge sehr schlimm werden.«

Zu den politischen Zielen der Bundesregierung sagte Adenauer:

»Wir wollen, daß der Westen so stark wird, daß er mit der Sowjetregierung in ein vernünftiges Gespräch kommen kann, und ich bin fest davon überzeugt, daß diese letzte sowjetrussische Note ein Beweis hierfür ist. Wenn wir so fortfahren, wenn der Westen unter Einbeziehung der Vereinigten Staaten so stark ist, wie er stark sein muß, wenn er stärker ist als die Sowjetregierung, dann ist der Zeitpunkt gekommen, an dem die Sowjetregierung ihre Ohren öffnen wird. Das Ziel eines vernünftigen Gesprächs zwischen Westen und Osten aber wird sein: Sicherung des Friedens in Europa, Aufhören von unsinnigen Rüstungen, Wiedervereinigung Deutschlands in Freiheit und die Neuordnung im Osten. Dann endlich wird die Welt nach all den vergangenen Jahrzehnten das werden, was sie dringend braucht: ein langer und sicherer Frieden!«[28]

Dies war und blieb Adenauers Grundüberzeugung und bestimmte sein Handeln: Selbst bei Achesons Versuch, den Sowjets aus taktischen Gründen Vierergespräche anzubieten, war er auf der Seite der Konferenzgegner. Er sah immer und überall eine Gefährdung der Westverträge und wurde in diesen Wochen trotz aller Loyalität zu den Westmächten den Verdacht nicht los, daß sie sich möglicherweise doch noch mit den Sowjets hinter seinem Rücken arrangieren könnten. Sein Mißtrauen saß so tief, daß er auch den Hinweis auf das Vorgehen der Sieger nach dem Ersten Weltkrieg nicht scheute – ohne allerdings den Namen Versailles auszusprechen, wie Kirkpatrick aufmerksam notierte. In einem Memorandum vom 3. Juli – wie schon zuvor im Juni *(Dok. 30)* – warnte er erneut mit allem Ernst vor Gesprächen mit der Sowjetunion.[29]

MOSKAU
will das
RUHRGEBIET
für die sowjetische Rüstung
Deshalb soll Deutschland
vom Westen isoliert werden
Niemals!
STOSSTRUPP GEGEN BOLSCHEWISTISCHE ZERSETZUNG FÜRTH i. BAY. SCHLIESSFACH 252

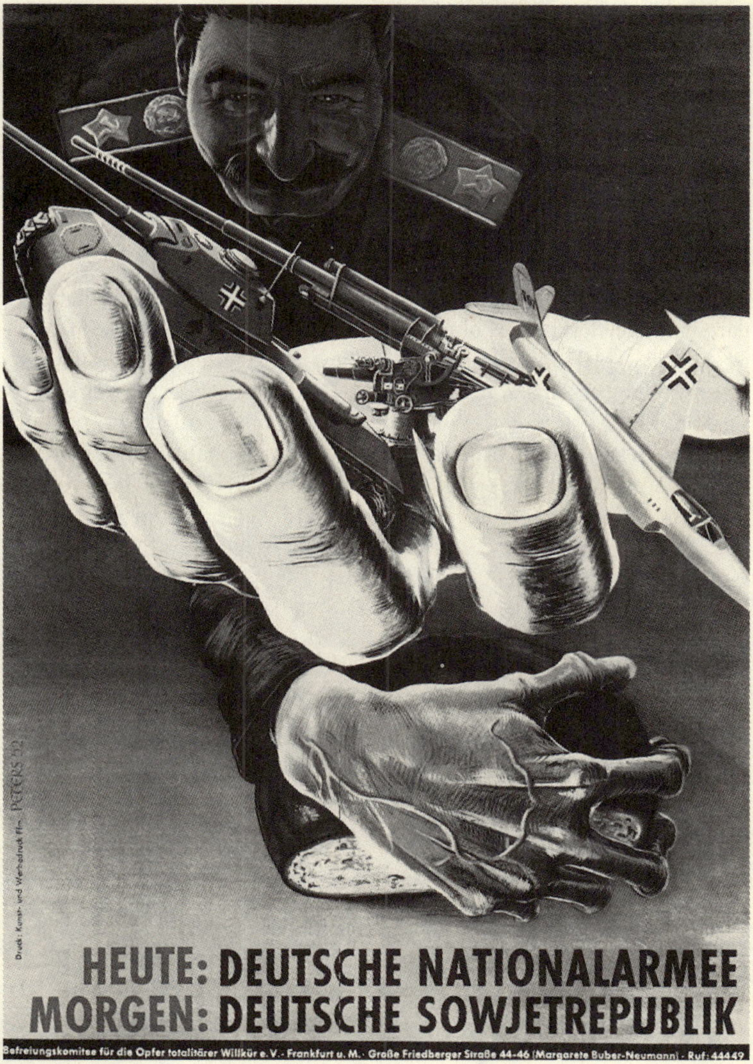

Abb. 8 und 9: Westdeutsche Propaganda gegen die Stalin-Note vom 10. März 1952.

1983 und dann 1985 habe ich aus der Analyse der britischen und amerikanischen Akten den Schluß gezogen, daß das Angebot Stalins ernst gemeint gewesen sei (so sahen es auch die Westmächte), und daß es 1952 offensichtlich eine Chance zur Wiedervereinigung auf der Basis dieses Angebotes gegeben habe, die Westmächte und mit ihnen Adenauer aber daran nicht interessiert gewesen seien. Stalin sei offensichtlich zur Opferung der SED-Herrschaft bereit gewesen, wenn er dafür das blockfreie Deutschland erhalten hätte. Gleichzeitig habe ich darauf hingewiesen, daß ohne Kenntnis der sowjetischen Akten vieles Spekulation bleiben müsse. Inzwischen liegen einige dieser sowjetischen Akten, ergänzt um ostdeutsche Dokumente, vor. Gerhard Wettig konnte als erster die sowjetischen Akten auswerten. Der »Schuldspruch« dieses Zeithistorikers lautet: »In der damaligen sowjetischen Deutschland-Politik läßt sich kein Wille zur Verständigung mit der westlichen Seite erkennen.«[30] Wettig wurde von seinem Ostberliner Kollegen Jochen Laufer bestätigt, der die Feststellung »für ebenso berechtigt wie selbstverständlich« hält, daß »Stalin und mit ihm wohl die übergroße Mehrheit der Bürger der UdSSR 1952 nicht an der Herstellung der deutschen Einheit interessiert waren«[31] (als ob Stalin sich jemals um die Meinung seiner Bürger [!] gekümmert hätte). Es verwundert nicht, daß Wettigs Befunde für Arnulf Baring, Alexander Fischer und Hermann Graml eindeutig waren.[32] Es erstaunt allerdings auch nicht, daß andere Historiker Wettigs Befunde keinesfalls als so eindeutig akzeptierten. Elke Scherstjanoi kommt auch zu abweichenden Schlüssen. Für sie ist klar, daß

> »deutsche Einheit und Neutralität ebenso in sowjetischem Interesse (lagen) wie wirtschaftliche Entlastung. Das hatte Priorität vor ostdeutschen Sozialismus-Experimenten. Kein Zweifel, die sowjetische Deutschlandpolitik war hier, wie auch zu anderen Zeiten, offensiv. Expansionsstreben läßt sich jedoch daraus (!) nicht ableiten. Die deutsche Frage blieb... auch nach 1949 offen.«

Ihre Kritik an Wettig »war und ist eine an der Schlüssigkeit seiner Argumentation und an der Beweiskraft seiner Dokumente«. Nicht einer der sogenannten Beweise trage eine »eindeutige Beurteilung der Stalin-Note, und auch in ihrer Summe bringen sie nicht wesentlich weiter als die bislang bekannten Dokumente«.[33] Wohl wahr! Der Streit kann also weitergehen.

Wenn wir die Dinge ohne Aufgeregtheit und ideologische Scheuklappen

bilanzieren, so ergibt sich folgendes Bild: Wettigs Verdienst ist es zweifelsohne, einige Unklarheiten über die Genesis der Stalin-Note beseitigt zu haben. Aber auch hier gibt es Ungereimtheiten, vergleicht man seine Erkenntnisse mit jenen von Vojtech Mastny, der ebenfalls sowjetisches Material eingesehen hat. Fest steht demnach, daß die Stalin-Note nicht nur aus der Not des Augenblicks, sprich angesichts der NATO-Entscheidung von Lissabon im Februar 1952, entstanden ist, sondern eine längere Vorgeschichte hatte und im Grunde in der Kontinuität der Stalinschen Deutschlandpolitik stand.
Die Vorüberlegungen zu dieser Note setzten bereits im Februar 1951 mit Blick auf die anstehenden Beratungen der Außenministerstellvertreter in Paris ein. Die erste Fassung der Grundsätze eines Friedensvertrages mit Deutschland wurde dann am 8. September 1951 fertiggestellt. Das Dokument war weit umfangreicher als der endgültige Text, der am 10. März 1952 verwendet wurde. Diese Erstfassung enthielt nach Wettig bereits alle Elemente der später den Westmächten übersandten Grundsätze und wich nur in verschiedenen Einzelheiten inhaltlich von diesen ab. Federführend bei der Formulierung dieser Note war der stv. Außenminister Andrej Gromyko.
Nach Mastny dagegen war ein Entwurf entstanden, der kaum für eine ernsthafte Diskussion mit den Westmächten geeignet war. Das Dokument sollte veröffentlicht und nicht auf diplomatischem Wege versandt werden; es sah die Abhaltung einer Außenministerkonferenz ohne Tagesordnung vor; erst später sollte es mit Inhalt gefüllt werden, was allerdings von der Reaktion der Westmächte abhing. Die Note sollte nicht als Ausgangspunkt für Verhandlungen dienen, sondern die große politische Bedeutung unterstreichen im Kampf für den Frieden gegen die Remilitarisierung Westdeutschlands und jenen helfen, die für die Einheit Deutschlands waren, und gleichzeitig die aggressiven Intentionen der drei Westmächte offenlegen. Dieser Entwurf wurde am 18. Februar von Gromyko an Stalin weitergeleitet; darin wurde die Existenz der Bundesrepublik einfach ignoriert; statt dessen ging es um die Errungenschaften der DDR, die als Grundlage für ein wiedervereinigtes Deutschland dienen sollten, dessen Regierung, wie es weiter hieß, die im Ostteil durchgeführten demokratischen Umgestaltungen festigen und weiterführen müsse, einschließlich jener in der Industrie, in der Landwirtschaft, in anderen Bereichen der Wirtschaft, des Justizwesens, der Erziehung etc. Im übrigen sollten alle antisowjetischen Flüchtlinge, die in der Bundesrepublik lebten, an die Sowjetunion ausgewiesen werden – das erinnerte an

das berüchtigte Abkommen von Jalta –; darüber hinaus sollten die wirtschaftlichen Bindungen der Bundesrepublik an den Westen, insbesondere die Montanunion, aufgehoben werden (dies vor allen Dingen mit Blick auf das Ruhrgebiet). Während die Vorkriegsschulden gestrichen werden sollten, bestand die Sowjetunion auf Reparationsforderungen in Höhe von 6,829 Milliarden Dollar. Deutschland sollte weder eine eigene Nationalarmee noch eine eigene Rüstungsproduktion zugestanden werden. Die Besatzungstruppen sollten Deutschland innerhalb eines Jahres verlassen, während eine Vier-Mächte-Kontrollkommission die Durchführung aller Verpflichtungen überwachen würde.

Offensichtlich auf Anweisung Stalins wurde dieser Entwurf geändert; fünf Tage später legte Gromyko nämlich eine gekürzte Version vor. Dieser Entwurf war offensichtlich noch immer nicht gut genug, um den Westmächten fünf Tage später überreicht zu werden, wie ursprünglich geplant. Die Note, die dann am 10. März überreicht wurde, enthielt nur allgemeine Prinzipien.

Hat Stalin sein Angebot ernst gemeint? Ging es darum, EVG- und »Deutschlandvertrag« zu verhindern, die westdeutschen Massen gegen das Adenauer-Regime zu mobilisieren, mit dem Ziel, Adenauer zu stürzen etc.? Aus der Genesis der Note kann ich jedenfalls die weitreichende Schlußfolgerung Wettigs nicht nachvollziehen, daß es in der damaligen Deutschlandpolitik keinen Willen zur Verständigung mit der westlichen Seite gegeben habe. Um zu einer solchen Erkenntnis zu kommen, fehlen weitere Dokumente – der Rest bleibt nach wie vor Spekulation. Wettig verweist dabei auf ein »äußerst aufschlußreiches Detail«, das Hermann Graml den amerikanischen Akten entnommen habe, nämlich: Als der amerikanische Geschäftsträger am 25. März die westliche Note dem sowjetischen Außenminister Wyschinski übergeben habe, habe dieser den Inhalt überflogen und dabei in dem Ausdruck seines Gesichtes »Freude über die Zurückweisung des sowjetischen Vorschlages« erkennen lassen. Dieses Detail habe Frau Scherstjanoi nicht zur Kenntnis genommen. Nach all den wichtigen Dokumenten, die Wettig in Moskau eingesehen hat, ist dies ein äußerst schwaches Argument, um seine These zu bekräftigen. Wyschinski hat nämlich keinesfalls Freude gezeigt, als man ihm das Dokument übergab, und das konnte man schon vor zehn Jahren nachlesen![34]

1983 und dann noch einmal 1985 habe ich auf jenes Gespräch zwischen Stalin und dem Führer der italienischen Linkssozialisten, Pietro Nenni, im Juli 1952 hingewiesen, in dem Stalin festgestellt hatte, das Politbüro

sei bei der ersten Note »wirklich bereit gewesen, Opfer zu bringen, um die Wiedervereinigung zu erreichen«. Man hätte die ostdeutschen Kommunisten geopfert für ein Deutschland, dessen Regierung zwar dem Westen freundlich gesonnen wäre, in dem es aber eine starke linke Opposition wie in Italien gegeben hätte. Stalin glaubte demnach, daß ein schwaches Deutschland, mit starken politischen Kräften sowohl nach Westen als auch zur Sowjetunion hin ausgerichtet, zu einem politischen Gleichgewicht geführt hätte, das ausreichend gewesen wäre, um jede Kriegsgefahr zu beseitigen. Mit der Unterzeichnung der Verträge in Bonn und Paris, der Ratifizierung durch den US-Senat und der Nominierung Eisenhowers, von dem Stalin annahm, daß er der nächste Präsident werden würde, sei eine Wiedervereinigung nach Meinung des Politbüros unmöglich geworden. Er, Stalin, beabsichtige daher, zur Schaffung eines militärischen Gleichgewichts zwischen West und Ost den NATO-Streitkräften in Westdeutschland eine gleich starke ostdeutsche Armee entgegenzustellen. Er gehe davon aus, daß die Teilung Deutschlands noch etliche Zeit bestehen bleibe; aber er glaube, daß es nicht zum Krieg kommen werde, solange eine starke DDR unter sowjetischer Kontrolle die russische Westflanke absichere. Er sei zu der Überzeugung gekommen, daß Deutschland nicht mehr der größte Gefahrenherd sei, sondern nur noch ein Gebiet wie jedes andere auch, wo man einen langen Atem haben müsse und der Austausch von Noten an Bedeutung verliere.[35]
Damals war dies die einzige Reaktion, die wir von Stalin kannten. Inzwischen liegen die Aufzeichnungen vor, die Wilhelm Pieck anläßlich des Besuchs der SED-Delegation in Moskau in jenen wichtigen Tagen gemacht hat. Die SED-Genossen kamen zweimal mit Stalin zusammen, am 1. April und am 7. April. Mit Blick auf die Stalin-Note (über die Pieck erst am Abend des 9. März in Berlin informiert worden war) geben Piecks Notizen wenig her. In der ersten Besprechung am 1. April wurde das Thema demnach überhaupt nicht erwähnt. Pieck notierte: »*Volksarmee schaffen* – ohne Geschrei – *Pazifistische Periode ist vorbei.*« Und nach der Schlußbesprechung am 7. April vermerkte er:

»St[alin]: Bisher alle Vorschläge abgelehnt – *Lage:* keine Kompromisse; Schaffung Europa-Armee – nicht gegen SU, sondern um Macht in Europa. *Atlantikpakt – selbständiger Staat im Westen; Demarkationslinie gefährliche Grenze*; 1. Linie Deutsche (Stasi), dahinter Sowjetsoldaten. Wir müssen mit terroristischen Akten rechnen.«[36]

Über diese Besprechung hat Mikhail Narinski aus Moskau ein sowjetisches Protokoll gefunden, das in mehreren Punkten die Notizen Piecks ergänzt und deutlicher macht, wie Stalin damals die Lage sah. In diesem Protokoll heißt es:

»Genosse Stalin sagte, daß beim letzten Gespräch Wilhelm Pieck die Frage aufgeworfen habe, wie die Entwicklung in Deutschland weitergehen würde in Zusammenhang mit dem sowjetischen Vorschlag für einen Friedensvertrag und die Politik der Amerikaner und Briten in Deutschland. Genosse Stalin ist der Meinung, daß, egal welchen Vorschlag wir mit Blick auf die deutsche Frage machen, die Westmächte dies ablehnen werden und sich auf gar keinen Fall aus Deutschland zurückziehen werden. Es wäre ein Fehler zu glauben, daß ein Kompromiß möglich wäre oder daß die Amerikaner dem Friedensvertragsentwurf zustimmen würden. Die Amerikaner brauchen ihre Armee in Westdeutschland, um Westeuropa zu kontrollieren. Sie sagen, daß sie ihre Armee dort haben, um sich gegen uns zu schützen. Aber das eigentliche Ziel, was sie mit dieser Armee wollen, ist die Kontrolle Europas. Die Amerikaner werden Westdeutschland in den Atlantikpakt hineinbringen. Sie werden westdeutsche Soldaten schaffen. Adenauer ist in der Tasche der Amerikaner. Alle ehemaligen Faschisten und Generäle sind ebenfalls da drin. In Wirklichkeit wird ein unabhängiger Staat in Westdeutschland errichtet. Und ihr müßt euren eigenen Staat organisieren. Die Demarkationslinie zwischen Ost- und Westdeutschland muß als eine gefährliche Grenze gesehen werden und nicht als eine einfache Grenzlinie. Und man muß den Schutz dieser Grenze verstärken.«[37]

Und was zum Schutz dieser Grenze zu tun sei, das notierte Pieck, und das entspricht etwa dem, was Stalin zu Nenni gesagt hat. Es ging jetzt um den Aufbau einer Armee, neun bis zehn Armeekorps, 30 Divisionen, 300000 Mann; »*nicht Miliz, sondern ausgebildete Armee. Alles ohne Geschrei, aber beharrlich.*« Auch sonst wurde klar, worum es jetzt ging, nämlich um den »Sozialismus. Tatsachen schaffen. Im Anfang die Tat – *Weg zum Sozialismus* – staat[liche] Prod[uktion] ist sozialistische.« Außerdem wurde den SED-Genossen aufgetragen, »*Prozesse durchführen* – kein Pazifismus«.[38]

Die SED-Genossen erkannten die Gunst der Stunde; für sie ging es jetzt um den »Aufbau des Sozialismus«. In den Vorbereitungen zur II. Parteikonferenz im Juli war dies bis zu diesem Zeitpunkt kein Thema gewesen – jetzt wurde es eines, und zwar das zentrale. Interessant ist, daß Moskau erst im allerletzten Moment diesen Kurs billigte. Daran sind alle möglichen Spekulationen geknüpft worden, inwieweit tatsächlich mit diesem neuen Kurs die Spaltung vertieft wurde. Die Verkündung des »Aufbaus des Sozialismus« war jedenfalls die Antwort auf die Unterzeichnung von EVG- und »Deutschlandvertrag«. Für die SED schien damit gleichzeitig die Gefahr gebannt, die mit der Stalin-Note verbunden gewesen war, daß nämlich ihr Staat möglicherweise doch an einem bestimmten Punkt zur Disposition gestellt würde.

Fazit

Was bleibt nach all den hitzigen Diskussionen und Aufgeregtheiten als Fazit zur Einschätzung und Beurteilung der Stalin-Note?

1. Nach anfänglichem Zögern waren die Westmächte davon überzeugt, daß die Stalin-Note ernst gemeint war. Sie waren allerdings nicht bereit, diese für sie »sehr gefährliche« Lösung der deutschen Frage zu akzeptieren. Sie wollten kein militärisch neutrales Gesamtdeutschland, da dies für sie zu große Risiken und Nachteile gebracht hätte. Die Westintegration der Bundesrepublik war in jedem Fall die bessere Lösung, und die Teilung des Landes begünstigte diese Lösung, die im Frühjahr 1952 mit Nachdruck betrieben wurde, auch um vollendete Tatsachen zu schaffen. Entsprechend lautete ihre Forderung: freie Wahlen und Handlungsfreiheit einer gesamtdeutschen Regierung. Über den ersten Punkt hätte Stalin möglicherweise mit sich reden lassen (2. Note), der zweite war unannehmbar, denn damit wäre für *ganz* Deutschland das möglich geworden, was er mit seinem Angebot ja schon für die Bundesrepublik hatte verhindern wollen: die Integration in den Westen. So waren die Positionen von Ost und West von Anfang an unvereinbar. Nur Adenauer hätte Bewegung in die Sache bringen können.
2. Entscheidend war daher Adenauers Haltung. Da er für sich die Alternative Westintegration oder »Einheit in Freiheit« ausschloß, vielmehr das erste im Vertrauen auf den Westen als Voraussetzung für das zweite betrachtete und entsprechend handelte, gab es auch für die Westmächte keinerlei Veranlassung, von ihrer Position abzurücken, obwohl sie die Problematik Westintegration – Wiedervereinigung sehr deutlich sahen. Die ganze »Notenschlacht« 1952 war denn auch lediglich Taktik; damit wurde sozusagen ein Nebenkriegsschauplatz eröffnet, um insbesondere in der deutschen Öffentlichkeit die forcierte Integration abzusichern.
   Für Adenauer war die EVG mit der geplanten europäischen politischen Gemeinschaft »bei weitem das wichtigste historische Ereignis für Europa seit Hunderten von Jahren«. In diesem Sinne war die EVG »Ziel seiner Politik«, gleichzeitig aber auch »Mittel zum Ziel« einer beinahe schon globalen Auseinandersetzung mit der Sowjetunion. Eines war sie für Adenauer auf gar keinen Fall: Tauschobjekt für ein Wiedervereinigungsgeschäft mit Stalin. Hier stießen zwei sich grundsätzlich ausschließende Prinzipien aufeinander. Das von Stalin

angebotene Deutschland hatte keinen Platz in Adenauers Denken. Es hätte darin auch keinen Platz gehabt, hätte Stalin sein Angebot noch verbessert. Über ein solches Deutschland gab es für Adenauer nichts zu verhandeln; insofern gab es für ihn auch bei der Note nichts »auszuloten«, war die Note keine Chance, von daher die grundsätzliche und sofortige Ablehnung.
Hundert Meter vor dem Ziel, der Unterzeichnung der Westverträge, wollte sich Adenauer durch nichts diesen Erfolg nehmen lassen. Seine ganze Kraft, sein ganzes Geschick setzte er daran, um jeden Preis Verhandlungen mit der Sowjetunion zu verhindern, die Westverträge so schnell wie möglich unter Dach und Fach zu bringen, und dies alles auch noch in der eigenen Fraktion und der deutschen Öffentlichkeit als den einzig richtigen und zugleich kürzesten Weg zur Wiedervereinigung darzustellen. Allzu große Anstrengungen waren dafür allerdings nicht erforderlich; viele dachten ohnehin so wie er.

3. Am 2. Juni 1952 formulierte Adenauer einmal, »kein Angebot der Sowjetunion« könne ihn bewegen, aus der Verbindung mit dem Westen auszubrechen.[39] Und weil das so war und weil dies den Intentionen der Westmächte, insbesondere der Amerikaner, entsprach, hatte Stalin völlig recht, wenn er am 7. April gegenüber den SED-Genossen feststellte, man könne anbieten, was man wolle, die Westmächte würden sowieso nicht zustimmen und sich auf keinen Fall aus Deutschland zurückziehen. Von daher gab es keine Möglichkeit zur Lösung der deutschen Frage. Die Antwort auf die »Jahrhundertfrage«, wie Loth das nennt[40], ob es denn 1952 eine Chance für eine Einheit in Freiheit gegeben habe, liegt, so Loth, und dem stimme ich zu, auf der Hand: Nach den Akten gab es eine Chance, zu den Bedingungen abzuschließen, die Stalin in der Note vom 10. März grob skizziert hatte. Da im Westen niemand daran interessiert war, gingen die Dinge ihren Gang, und das hieß: Vertiefung und Fortdauer der Teilung des Landes und damit Verschärfung der deutsch-deutschen Beziehungen in der Ost-West-Konfrontation. Daß nicht einmal versucht wurde, in direkten Verhandlungen »auszuloten«, wie weit Stalin wirklich bereit gewesen wäre zu gehen, was – bei aller Problematik – ohne Gefährdung der Westintegration möglich gewesen wäre, bleibt das historische Versäumnis jenes Frühjahrs 1952.
Dies ist um so unverständlicher, als es mehrfach Ansätze für ein solches »Ausloten« gegeben hat.

Der Westkurs kostete letztlich einen Preis, »der moralisch um so anfechtbarer war, da ihn die 18 Millionen Mitteldeutschen bezahlen mußten«.[41] Es war in der Tat ein hoher Preis.

Exkurs: Die Stalin-Note – Reaktionen auf ein Buch

1985 habe ich das o. g. Buch über die Stalin-Note veröffentlicht[42], als Beiheft des Archivs für Sozialgeschichte, und nicht als Veröffentlichung der Konrad-Adenauer-Stiftung – auch dies ein Teil der Geschichte.[43] Das Fazit meiner Arbeit lautete: Die Westmächte waren, wenn auch aus taktischen Gründen, bereit, Stalins Angebot »auszuloten« (Thema: freie Wahlen), aber Adenauer hat jeden diesbezüglichen Versuch von Anfang an entschlossen abgewürgt. Für ihn hatte die Westintegration der Bundesrepublik, nicht aber die Wiedervereinigung, absolute Priorität; der entscheidende Grund: grenzenloses Mißtrauen gegenüber dem eigenen Volk. Adenauers Desinteresse an der Wiedervereinigung, das auf ihre politische Ablehnung hinauslief, war mit dieser Arbeit nicht mehr eine Frage der Analyse und Bewertung Adenauerscher Politik, »es ist aktenkundig«, wie dies Karl Feldmeyer von der »Frankfurter Allgemeinen Zeitung« betonte, und weiter,

»daß die Diskussion weitergehen wird, steht fest. Der maßgebliche Grund dafür ist weder eine allgemeine Neigung zur Konjekturalpolitik, wie Bismarck gesagt hätte, noch rein wissenschaftliche Neugier, sondern die Betroffenheit der Zeitzeugen und die viele bedrängende Frage, ob es trotz der Katastrophe Hitler, trotz Jalta und Potsdam, trotz des Kalten Krieges und trotz eines Walter Ulbricht möglich gewesen wäre, die gewaltsame Trennung der Deutschen in zwei gegnerische Lager zu verhindern, wenn Konrad Adenauer damals anders gehandelt hätte.«[44]

Die Reaktion auf diese Dokumentation war entsprechend: eine zweite Auflage innerhalb kürzester Frist, mehr als 60 Besprechungen in allen großen Zeitungen und Fachzeitschriften – weit über die Grenzen der Bundesrepublik hinaus –, mehrere Hörfunk- und Fernsehdiskussionen. Genau das, was Hans-Peter Schwarz und die Konrad-Adenauer-Stiftung offensichtlich verhindern wollten, war eingetreten: die schon abgeschlossene Diskussion über die Stalin-Note war wieder eröffnet worden. Adenauer und die Wiedervereinigung waren plötzlich wieder ein Thema, von der »Sunday Arizona Republic« über die »American Historical Review«, den »Sunday Oberserver« (Neal Ascherson: »West-Germany is arguing passionately over a new book about the Stalin Note of 1952«) bis zu einem polnischen Provinzblatt in Breslau.[45]

Für die einen war das Buch »eines der wichtigsten politischen Quellenwerke der letzten 35 Jahre«[46], das »noch Geschichte machen dürfte«[47]; es wurde anerkannt, daß der Verfasser sich in der »umfänglichen und umsichtig argumentierenden Einführung außerordentlich fair mit den bisherigen Interpretationen zur Stalin-Note auseinandersetze« und daß, wie es Andreas Hillgruber in der »Frankfurter Allgemeinen Zeitung« formulierte, »der Fortgang der Forschung zur Deutschlandpolitik in den entscheidenden Nachkriegsjahren... mit der Vorlage eines reichen, in sich vielfach kontroversen Quellenmaterials hohen Ranges einen mächtigen Anstoß bekommen (hat)«.[48] Selbst weniger Wohlgesonnene, wie Paul Noack, mußten zugestehen, daß das »schmale Buch seine Meriten (hat)«, wobei er in der »Süddeutschen Zeitung« gleich zweimal das Wörtchen »schmal« benutzte; den umfangreichen Dokumentenband erwähnte er mit keinem Wort.[49]

Die enragierten Adenauer-Apologeten – allen voran Hans-Peter Schwarz –, für die wissenschaftliche Kritik an Adenauer offensichtlich schon ein Sakrileg ist, versuchten von Anfang an, das für den »Patrioten« Adenauer in der Tat eher betrübliche Fazit der Dokumentation in Frage zu stellen – allerdings ohne Erfolg; das entsprechende Kapitel in Schwarzens Adenauer-Biographie wurde zu »Adenauers Abwehrkampf gegen die sowjetische Notenoffensive«, wo doch vorher dessen Anteil nur »minimal« gewesen sein sollte; dieser »Abwehrkampf« war zwar erfolgreich im Sinne Adenauers, warf allerdings mehr denn je Zwielicht auf den Kanzler; wo gar nichts mehr ging, blieb dann nur die gleichermaßen larmoyante wie absurde Polemik von Schwarz:

> »Gerade gegenwärtig stellen die verkappten deutschnationalen Staatsanwälte in der Historikerzunft ihre Dossiers zusammen, um dem alten Herrn wieder einmal wegen Reichsvergessenheit, Anti-Preußentum und wegen seines Ausschlagens angeblicher Wiedervereinigungschancen in den Jahren 1952 und 1953 den Prozeß zu machen.«[50]

Auch Jürgen C. Heß und Friso Wielenga in Amsterdam polemisierten im Zusammenhang mit einem von der VW-Stiftung finanzierten Projekt in den von Schwarz herausgegebenen »Vierteljahrsheften für Zeitgeschichte« – allerdings ging das nur in einer Fußnote: sie machten sich demnach Sorgen um die westdeutsche Identität, konnten nur mit »großer Besorgnis« feststellen, »in welchem Maß Wunschdenken das Urteilsvermögen selbst eines so ausgewiesenen Historikers wie Rolf Steininger beeinträchtigt hat«; sie orteten bei mir bestimmte Elemente eines national getönten Argumentationsstiles, u. a. wegen meiner »Betonung des Primats der Wiedervereinigungspolitik« und Deutschlands Mittellage in Europa in dem Sinne, daß Deutschland zu West und Ost gehöre. Da konnte ich nur fragen: Wie denn das? Wie hatte doch Bundeskanzler Kohl im Bericht zur Lage der Nation im geteilten Deutschland am 1. 12. 1988 im Bundestag gesagt: »Es geht uns dabei immer auch um die Schärfung des Bewußtseins für die Einheit der Nation. Wir finden uns mit der Teilung unseres Vaterlandes nicht ab.« Und weiter: »Die EG ist ebensowenig das ganze Europa wie die Bundesrepublik Deutschland unser ganzes Vaterland ist. Auch Warschau und Prag, Kiew und Budapest – um nur wenige Städte zu nennen – gehören zu Europa und ganz selbstverständlich Leipzig, Dresden und Rostock.«[51]

Im Hinblick auf die Aufmerksamkeit, die »Steiningers Thesen in der Öffentlichkeit gefunden haben«, so Heß/Wielenga weiter, dürfe eine adäquate historische Interpretation der Entscheidungssituation jener Monate im Frühjahr 1952 nicht auf »wortgewandtem Utopismus« beruhen, denn dem »Selbstfindungsprozeß der Bundesrepublik Deutschland«, um den sich beide auch sorgten, »ist durch die Erzeugung historischer Nebelbänke nicht gedient«[52] – was in der Tat richtig ist. Sie bewiesen, was niemand in Frage gestellt hatte (auch ich nicht), daß nämlich die Niederländer an dem von den Sowjets vorgeschlagenen Deutschland kein großes Interesse gehabt haben. Das gleiche gilt für die Arbeit von Nikolaus Meyer-Landrut[53] über »Frankreich und die deutsche Einheit«. Hier wurde zunächst etwas – erstmals mit französischen Akten – bewiesen, was ebenfalls niemand in Frage gestellt hatte, daß nämlich auch die französische Regierung an dem von den Sowjets vorgeschlagenen Deutschland kein Interesse gehabt hat. Eigentlich ging es Meyer-Landrut ja auch um Adenauer, nur: was im Klappentext des Buches und in allen Anzeigen als neues Ergebnis verkündet wurde, nämlich eine »starke Relativierung der Bewertung des westdeutschen, d. h. Adenauers Einflusses«, hält der genauen Nachprüfung nicht stand. (Wie steht es dabei mit Schwarzens »Abwehrkampf«?) Adenauer wird nicht exkulpiert, kann es auch gar nicht, denn er war nun einmal kein »Wiedervereinigungskanzler«, »kein Kanzler für alle Deutschen«, wie es in der angesehenen Wochenzeitung »DIE ZEIT« hieß, als dort im Anschluß an die Veröffentlichung der Dokumentation eine heftige Diskussion geführt wurde.[54]

Als die Herausgeberin, Gräfin Dönhoff, Ende Januar 1986 in einem vom

New Yorker Goethe-Institut und der Columbia University organisierten Symposion über das Thema »Gründung der Bundesrepublik Deutschland und die Rolle der USA« ausführlich auf das Buch einging[55], die Hauptthesen daraus übernahm und von einer verpaßten Gelegenheit sprach, die sowjetische Bereitschaft zur Aufgabe der DDR auszuloten, erntete sie heftigen Widerspruch und mußte sich sogar den Vorwurf gefallen lassen, damit an der Verbreitung einer »Dolchstoßlegende« mitzustricken. Die »Frankfurter Allgemeine Zeitung« sorgte dafür, daß auch ihre Leser von dem erfuhren, was in New York geschehen war.[56]

Am 21. März 1986 veröffentlichte Gräfin Dönhoff dann ihren Vortrag in deutscher Sprache in der »ZEIT« unter dem Titel »Von der Schwäche starker Politik«. Darin ging sie auch auf ein Dokument ein, das Josef Foschepoth und ich fast gleichzeitig im Public Record Office in London aufgespürt und bekanntgemacht hatten *(siehe dazu unten, S. 329f., 332 u. Abb. 11)*. In meiner Arbeit hatte ich noch vorsichtig gefragt:

»Was blieb von Adenauers Behauptung, dieser ›Abmarsch der Bundesrepublik in den Westen‹, wie Gustav Heinemann das damals nannte, sei zugleich auch der kürzeste Weg zur Wiedervereinigung? Waren alle seine Wiedervereinigungsbeteuerungen eine einzige, gigantische Lüge? Hat er nicht erkannt, daß sich Westintegration und Wiedervereinigung ausschlossen? War er so naiv – was ich bezweifle –, in dieser Frage auf die Solidarität der Westmächte zu hoffen und ihren Wiedervereinigungsbekundungen zu glauben? Es gibt keine schlüssigen Antworten auf diese Fragen, es sei denn, man unterstellt Adenauer, daß er die Wiedervereinigung überhaupt nicht wollte.«[57]

Ich wollte ihm dies damals nicht unterstellen, mit dem oben erwähnten Dokument aber gab es die Antwort auf diese Frage. Adenauer dachte nur an eine Form der Wiedervereinigung mit für die Sowjets unannehmbaren Bedingungen, d. h. sie unmöglich zu machen.

An diesem Dokument, das inzwischen im Public Record Office in London zurückgezogen worden und nicht mehr zu erhalten ist, ließ und läßt sich nichts deuteln.[58] Botschafter a. D. Hans von Herwarth zu Bittenfeld bestätigte in zwei Interviews mit einem meiner Mitarbeiter die Authentizität der Aufzeichnung von Kirkpatrick.[59]

Nun war die Aufregung erst recht groß, und es kam zu einer erstaunlichen Situation in der »ZEIT«. Gerd Bucerius, ein mir ansonsten wohlgesonnener Kritiker, der schon im November 1985 einer Rezension des Buches den Titel gegeben hatte »dann wären nur Scherben geblieben ...« – nämlich wenn ein anderer Weg als der von Adenauer durchgesetzte verfolgt worden wäre –,[60] meldete sich eine Woche später zu Wort. Titel des Beitrages: »Adenauer, Preußen und der Kreml. Über den

Umgang mit der Geschichte – eine Polemik unter Freunden.« Bucerius lehnte die Thesen von Gräfin Dönhoff rundweg ab und bekannte (ganz überzeugend klang das allerdings nicht):
»Adenauer hat mich oft gekränkt. Aber alles, was er in Sachen Deutschland und Westpolitik *gesagt* und getan hat, unterschreibe ich.«[61] Die Reaktion der Leser war entsprechend. Ein Teil der Leserbriefe wurde wenig später auf anderthalb Seiten abgedruckt. Überschrift: »Wurde die Wiedervereinigung verspielt? Adenauer war kein Kanzler für alle Deutschen.«[62] Schon am 7. April hatte »Die Welt« Wilhelm Grewe eine ganze Seite zur Verfügung gestellt *(s. dazu unten, S. 203ff.)*; als ich ebenfalls um eine Seite bat, um antworten zu können, wurde mir mitgeteilt, daß »Die Welt« »aufgrund ihrer redaktionellen Überzeugungen die Diskussion über die eventuellen Chancen, die sich aus der Note Stalins ergeben konnten, nicht fortsetzen (wolle)!« Aus »Fairneßgründen« wurde dann allerdings eine halbe Seite zugestanden.[63] Der Artikel erschien am 6. Mai 1986.[64] Anschließend traf die Redaktion der »Welt« dann doch noch eine andere Entscheidung: Die Diskussion wurde fortgesetzt, und zwar mit einem Beitrag von Andreas Hillgruber am 20. Mai. Hillgruber, der, wie Paul Noack sehr richtig erkannt hatte, »in seinen Schlußfolgerungen dem Autor gar nicht so fern steht«[65], brachte das »Moment des Tragischen« in die ganze Angelegenheit hinein, so wie schon etliche Jahre vorher in einem brillanten Aufsatz über Adenauer und die Stalin-Note. Hillgrubers Fazit: »Das Moment des Tragischen jenseits von ›richtig‹ oder ›falsch‹ ist in diesem Falle gar nicht zu übersehen.« Im Gegensatz zu Paul Noack schließe ich mich dem Urteil allerdings nicht an, das Tragische sollte man bei diesem Unternehmen denn doch nicht allzusehr strapazieren, und wenn schon Tragik, dann wohl kaum bei Adenauer, sondern eher bei jenen, die beim Thema »Wiedervereinigung« ihm geglaubt hatten oder bei jenen in Unfreiheit entlassenen Ostdeutschen.
Michael Stürmer sah zu diesem Zeitpunkt die Verankerung der Bundesrepublik Deutschland im Atlantischen Bündnis und in der Wertegemeinschaft der Völker des freien Westens schon längst bedroht und das Abendland in Gefahr; gleich in zwei Leitartikeln in der »Frankfurter Allgemeinen Zeitung« zeigte er den Lesern seine Sicht der Dinge: Am 17. April 1986 machte er klar, daß es keinen Weg nach Rapallo geben könne – wovon auch niemand gesprochen hatte. Stürmer weiß, was Stalin wollte, nämlich »den Deutschen nicht das Geschenk der Einheit in Freiheit machen, das noch heute mancher in der Notenfolge an die Westalliierten von 1952 zu sehen vermeint. Stalin zielte auf das Kernstück

amerikanischer Sicherheitspolitik in Europa und für Europa.« Wodurch wurde nach Meinung Stürmers der »europäische Alptraum gebannt«? Durch Adenauers »Kaltblütigkeit und Standfestigkeit von Regierung und sozialdemokratischer Opposition«.[66] Offensichtlich doch nicht ganz zufrieden mit dieser Interpretation, griff Stürmer noch einmal zur Feder und stellte eine Woche später in einem zweiten Leitartikel der »Frankfurter Allgemeinen Zeitung« fest: »Heute ist die Geschichte des Nachkriegssystems Gegenstand politischer und wissenschaftlicher Studien.« Für Stürmer war auch klar, was das zur Folge haben wird, nämlich »daß die Leistung Konrad Adenauers deutlich hervortritt, der alles tat, um den deutschen Sonderweg der moralischen und politischen Trennung vom Westen zu überwinden«. Ob es vielleicht auch einen deutschen »Sondierungsweg« geben konnte, ist für den Kritiker freilich kein Thema. Und für Stürmer wurde im selben Atemzug die Stalin-Note von 1952 endlich zur »berüchtigten« Stalin-Note, »die eben dies durchkreuzen sollte«; sie werde als »Mythos der verpaßten Einheitschance« dargestellt und der russische Tyrann als Nikolaus, von dem die Deutschen nur zu wünschen brauchten, was sie wollten: Einheit, Freiheit, Wohlstand und Sicherheit dazu. Die Geschichte des Nachkriegssystems ist zwar noch nicht Gegenstand von Stürmers politischen und wissenschaftlichen Studien geworden, er konnte dennoch die erlösende Antwort auf die Frage geben, worum es bei der Stalin-Note nun wirklich ging, nämlich: »In Wahrheit aber ging es doch nur um Vorformen von Sowjet-Deutschland.« So einfach war das. Stürmers Schlußsatz klang dann auch fast wie eine Warnung: »In einem Land ohne Erinnerung ist alles möglich.«[67]

An vorderster Front kämpfte Wilhelm Grewe, einer der engsten Mitarbeiter Adenauers. In einem Artikel der »Welt« sprach er gar von einer »Bewußtseinsspaltung« und unterstellte unsauberes wissenschaftliches Arbeiten.[68] Seine diversen Beiträge wurden Ende 1986 in einem Buch zusammengefaßt[69] und in einer Auflage von 10000 Stück kostenlos unter die Leute verteilt – finanziert vom damaligen Innerdeutschen Ministerium; der Vorschlag, doch auch das Taschenbuch »Eine vertane Chance« anzukaufen, wurde vom Ministerium abgelehnt; Begründung: »Zum einen dürfte der Interessentenkreis für diese Thematik abgedeckt sein, da das Buch ein Renner war«, zum anderen sah man keinen Anlaß, »dieses Thema durch einen Ankauf erneut publizistisch zu beleben, nachdem das Buch eingehend rezensiert wurde und dem Zeithistoriker die Dokumente und Argumente bekannt sind«. Die Entscheidung zum

Ankauf des Buches von Grewe sei unter dem Aspekt »Zeitzeuge« gefallen, denn »hier sind, wie in vielen anderen Fällen auch, unmittelbare Schilderungen und auch Meinungen von politisch Handelnden festgehalten; Informationen also, wie sie nicht in den Akten enthalten sind und mit dem Wegsterben dieser Generation aus den Aufbaujahren der Bundesrepublik Deutschland verlorengingen« – so die Mitteilung des Ministeriums.[70] Von Grewe und dem Ministerium wohl nicht so gewollt, gebührte ihnen dennoch Dank für die Investition, konnte doch nun jeder kostenlos nachlesen, was Helmut Grieser in Kiel zur Kontroverse Grewe – Steininger folgendermaßen formulierte: »Merk- und denkwürdig mutet es schon an, wenn nach einer heftigen Auseinandersetzung um die Frage, ob Adenauer 1952 ›eine Chance vertan habe‹, zur Einheit und Freiheit Deutschlands zu kommen, der eine Kontrahent den Platz vollständig räumt, wie dies der langjährige Mitgestalter der westdeutschen Integrationspolitik, Wilhelm Grewe, in seiner neuesten Aufsatzsammlung tut.«

Offensichtlich wurde mit der Dokumentation bei einigen Leuten ein empfindlicher Nerv getroffen und ein liebgewonnenes Weltbild angekratzt. Die Dokumente gaben auf einige Fragen nämlich eindeutige Antworten. Die Akten zeigen nicht nur einen Adenauer, der gegen ein wiedervereintes, neutrales, blockfreies, aber bewaffnetes Deutschland war, nach dem Motto: »Neutralisierung heißt Sowjetisierung« – so noch in seinen »Erinnerungen«[71] –, er war auch gegen ein auf der Grundlage freier, gesamtdeutscher Wahlen zustande gekommenes Deutschland, das innen- und außenpolitisch völlige Handlungsfreiheit gehabt hätte. Die Westbindung war für ihn wichtiger als selbst ein solches Deutschland. Der Grund dafür ist schon genannt worden: er mißtraute den Deutschen zutiefst und befürchtete, eine gesamtdeutsche Regierung würde sich, wenn er einmal nicht mehr da wäre, auf ein Geschäft mit den Sowjets einlassen auf Kosten der Deutschen. Diese Grundeinstellung erklärt auch sein Verhalten in jenen Wochen, in denen es um die Stalin-Note ging. Schon vor Jahren hat der Politologe Waldemar Besson betont, damals habe Adenauer seine »gesamtdeutsche Unschuld« verloren.[72] Wie dies geschah, ist nun in den Akten nachzulesen.

Wie schön wäre es, wenn die Westmächte für alles verantwortlich wären, was damals gelaufen ist. In seinen »Erinnerungen« wollte Adenauer offensichtlich genau diesen Eindruck vermitteln. Über sein schon erwähntes Gespräch mit den Hohen Kommissaren am 11. März 1952 *(s. o., S. 185)* kann man mit Grewe der Meinung sein – so als Antwort auf meine Frage in einer Talkshow in SAT 1 –,[73] daß es doch völlig egal sei, wer hier was gesagt habe, verkennt dann aber ganz bewußt einen wichtigen Punkt. Es ging hierbei nämlich um die Frage, ob es eine Chance zum »Ausloten« gegeben hat. Bucerius ging gleich zweimal auf diesen Punkt ein. Am 29. November 1985 schrieb er in der »ZEIT«:

»Irgendwo hätte Roberts, als der zuständige Beamte (und übrigens späterer britischer Botschafter in Bonn), doch wohl mal vorgeschlagen: Warum nicht die Unterzeichnung aufschieben, Stalin auf die Probe stellen und, wenn das scheitert, dann neu die Unterzeichnung vereinbaren? Nichts darüber, nur Eile, schnell unterzeichnen.«[74]

Und am 28. März 1986, wiederum in der »ZEIT«:

»Es gab auch bei den Alliierten niemanden mit Entscheidungsbefugnis, der bereit gewesen wäre, die Unterzeichnung des Deutschlandvertrages aufzuschieben und zuerst mit den Sowjets zu verhandeln. Steininger berichtet über eine Unterhaltung, die er jüngst mit dem damaligen Chef der Deutschlandabteilung im Foreign Office, Frank Roberts, geführt hat: Man könne ruhig mit Moskau verhandeln (ein, zwei Jahre) und nach gescheiterten Verhandlungen die Unterzeichnung nachholen. Ich habe vor einigen Tagen Sir Frank hiernach gefragt. Er bestreitet Steiningers Darstellung rundweg: das Angebot der Russen sei nichts als ein ›Stör‹-maneuvre; Roberts gebrauchte das kombinierte deutsch-englische Wort.«[75]

Grewe griff in seiner Argumentation die Überlegungen von Bucerius auf[76] – wohl wissend, daß sie nicht zutreffen! Aber offensichtlich sollte der Eindruck entstehen, als ob der »Politologe« Steininger – so in schöner Wiederholung bei Grewe (offensichtlich stehen Politologen bei ihm nicht sehr hoch im Kurs) – falsch zitiert hätte. Ich jedenfalls habe das Gespräch mit Sir Frank korrekt wiedergegeben; von »ein, zwei Jahren« war allerdings nie die Rede, insofern hatte Sir Frank recht, ganz davon zu schweigen, daß ich das auch nirgends geschrieben habe. »Ein, zwei Jahre« ist ein reines Phantasieprodukt. Im übrigen hat Sir Frank in dem Gespräch das bestätigt, was er am 11. März 1952 (!) zu Papier gebracht hat, daß man nämlich in London – allerdings bevor Adenauers Reaktion bekannt war – die Möglichkeit frühzeitiger Viermächteverhandlungen nicht ausschloß. Dieses Dokument ist in jedem Fall wichtiger und eindeutiger als das Gespräch; es ist in der Dokumentation abgedruckt, für jeden nachlesbar.[77] Auch Achesons Vorschlag, den Sowjets aus taktischen Gründen Gespräche anzubieten *(s. o., S. 184)*, taucht in Adenauers »Erinnerungen« nicht auf.

Wenn ich von »vertaner Chance« gesprochen habe, um auf den zweiten Buchtitel ohne Fragezeichen zu kommen, dann habe ich in erster Linie gemeint, daß die Chance zum Ausloten vorhanden war. Hätte Adenauer

Stalin auf die Probe stellen, die Note »ausloten« wollen – die Chance war gegeben. Aber – und das ist entscheidend – Adenauer wollte nicht!
Mit den Beiträgen in der »Frankfurter Allgemeinen Zeitung«, »ZEIT«, »Welt«, »Spiegel«, »Süddeutsche Zeitung«, »Frankfurter Rundschau« im Frühjahr 1986 und den diversen Hörfunk- und Fernsehsendungen war der Höhepunkt der öffentlichen Diskussion erst einmal erreicht. Die zwanzigste Wiederkehr des Todestages von Konrad Adenauer ein Jahr später bot Anlaß, erneut über Adenauer nachzudenken – diesmal im Fernsehen. In den Dritten Programmen der ARD lief eine siebenteilige Serie, gefolgt von einer abendfüllenden Darstellung im Ersten Programm, die Henric Wuermeling vom Bayerischen Rundfunk besorgte. Am 18. April beschloß das ZDF die Reihe der Gedächtnissendungen mit einem einstündigen Film. Von einem Interview mit dem Autor wurde »aus technischen Gründen«, wie es hieß, nichts in den Film über Adenauer übernommen. Der Lohn stellte sich umgehend ein, wieder verabreicht von der »Frankfurter Allgemeinen Zeitung«: In einer Fernsehkritik mit dem Titel »Verpaßte Gelegenheit?« lobte Günther Gillessen die Autoren und machte auch dem Letzten klar, worum es 1952 seiner Meinung nach gegangen war: »Die Bundesrepublik hätte die Wiedervereinigung unter der Bedingung haben können, daß sie sich in den Vorhof des Gefängnisses begeben hätte, in dem Stalin und alle seine Nachfolger Europa bis zur Elbe gehalten haben.« Für Gillessen war klar, daß die Bundesrepublik für die nationale Einheit das Opfer ihrer Freiheit hätte bringen müssen. Und weiter:

»Von der Festigkeit und der Kontinuität der sowjetischen Deutschland- und Europapolitik abzusehen, gab diesem Wiedervereinigungsstreit und den später daran anknüpfenden Nachfolgedebatten ihren allzu nationalbezogenen, utopischen Charakter. Der Film konnte das Thema nicht zu Ende bringen. Aber zu seinem Lobe ist zu sagen, daß er zur weiteren Verwirrung, zur Befestigung der Legende von den ›verpaßten Gelegenheiten‹ nichts beitrug.«[78]

Schon drei Tage vorher hatte sich Gillessen Sorgen gemacht über den publizistischen Streit um die Bedeutung der Stalin-Note vom März 1952 und die Frage gestellt, ob Adenauer aufrichtig die deutsche Wiedervereinigung gewünscht habe.[79] Jetzt endlich hatte er die Antwort auf seine Weise gefunden.
Die Diskussion ging weiter – diesmal in den USA. Columbia University Press brachte eine englische Übersetzung der »Vertanen Chance« heraus, obwohl »Inter Nationes« in Bonn es abgelehnt hatte, einen Zuschuß von 3000 Dollar zu den Übersetzungskosten zu gewähren – ein unge-

wöhnlicher Vorfall bei einem so renommierten Verlag. Die Arbeit erschien dennoch – wenn auch mit Verzögerung.[80]
Dokumente sind für einen Historiker nicht alles, aber doch schon eine ganze Menge, jedenfalls mehr als die Aussagen von Zeitzeugen, wie etwa Wilhelm Grewe, der – menschlich verständlich – so und nicht anders seine damalige Tätigkeit als enger Vertrauter Adenauers verteidigt. Andere sind da offener; so schrieb mir der inzwischen verstorbene Johann Baptist Gradl nach Lektüre des Buches am 6. Dezember 1985 u. a.:

»Das, was bei Ihnen über die Haltung der Alliierten und über die Haltung Adenauers in der Zeit unmittelbar nach dem Eingang der ersten Note zu lesen ist, ist einigermaßen aufregend. Es bestätigt meine unveränderte Auffassung, daß – aus mancherlei Gründen – damals eine auf den Grund gehende Prüfung der sowjetischen Absichten nicht vorgenommen worden ist. Das bedauere ich damals wie heute.«

Gradl gehörte zu jenen, die im März/April 1952 zumindest den Versuch machen wollten, die Entwicklung in eine andere Richtung zu lenken. Wir kennen das Ergebnis; Adenauer setzte sich mit dem Argument durch, daß man am Ende »zwischen zwei Stühlen sitzen« werde: also um keinen Preis eine Viermächtekonferenz, die Sowjets nicht zwingen, ihre Karten auf den Tisch zu legen. Adenauer hat denn auch von Anfang an und immer wieder bei den Alliierten mit Nachdruck darauf gedrängt, sich auf gar keinen Fall auf Verhandlungen mit den Sowjets einzulassen; in dem Moment, als Adenauer den Westmächten klarmachte, daß er an einem »Ausloten« der Note nicht interessiert war, waren auch diese logischerweise nicht mehr daran interessiert, diesen Weg zu gehen. Wie die Sache ausging, ist bekannt: am Ende stand jener vom britischen Außenminister Eden schon zitierte Sieg in der »Notenschlacht«. Wie schrieb Gottfried Niedhardt 1992 in der »ZEIT«?

»Wenn 1990 die Vereinigung der beiden deutschen Staaten tatsächlich als Beitritt der DDR zur Bundesrepublik zustande kam, so hat dies nichts mit Adenauers Politik zu tun... Adenauer war der Vater der Westintegration des westdeutschen Teilstaates. ... Er war aber nicht – wie man jetzt mancherorts hört – der Vater der Wiedervereinigung.«[81]

Dokumente zum 7. Kapitel

[25] Note der sowjetischen Regierung an die Regierungen Frankreichs, des Vereinigten Königreiches und der Vereinigten Staaten, 10. 3. 1952

(Wortlaut der an die Vereinigten Staaten gerichteten Note)

[...]

Es versteht sich, daß ein solcher Friedensvertrag unter unmittelbarer Beteiligung Deutschlands, vertreten durch eine gesamtdeutsche Regierung, ausgearbeitet werden muß. Hieraus folgt, daß die UdSSR, die USA, Großbritannien und Frankreich, die in Deutschland Kontrollfunktionen ausüben, auch die Frage der Bedingungen prüfen müssen, die die schleunigste Bildung einer gesamtdeutschen, den Willen des deutschen Volkes ausdrückenden Regierung fördern.

Um die Vorbereitung des Entwurfs eines Friedensvertrages zu erleichtern, legt die Sowjetregierung ihrerseits den Regierungen der USA, Großbritanniens und Frankreichs den beigefügten Entwurf für die Grundlagen eines Friedensvertrages mit Deutschland zur Prüfung vor.

Die Sowjetregierung schlägt vor, diesen Entwurf zu erörtern, und erklärt sich gleichzeitig bereit, auch andere eventuelle Vorschläge zu dieser Frage zu prüfen.

[...]

Grundlagen des Friedensvertrages mit Deutschland

Die Teilnehmer:

Großbritannien, die Sowjetunion, die USA, Frankreich, Polen, die Tschechoslowakei, Belgien, Holland und die anderen Staaten, die sich mit ihren Streitkräften am Krieg gegen Deutschland beteiligt haben.

Politische Leitsätze:

1. Deutschland wird als einheitlicher Staat wiederhergestellt. Damit

wird der Spaltung Deutschlands ein Ende gemacht, und das geeinte Deutschland gewinnt die Möglichkeit, sich als unabhängiger, demokratischer, friedliebender Staat zu entwickeln.

2. Sämtliche Streitkräfte der Besatzungsmächte müssen spätestens ein Jahr nach Inkrafttreten des Friedensvertrages aus Deutschland abgezogen werden. Gleichzeitig werden sämtliche ausländischen Militärstützpunkte auf dem Territorium Deutschlands liquidiert.
3. Dem deutschen Volk müssen die demokratischen Rechte gewährleistet sein, damit alle unter deutscher Rechtsprechung stehenden Personen, ohne Unterschied der Rasse, des Geschlechts, der Sprache oder Religion, die Menschenrechte und die Grundfreiheiten genießen, einschließlich der Redefreiheit, der Pressefreiheit, des Rechts der freien Religionsausübung, der Freiheit der politischen Überzeugung und der Versammlungsfreiheit.
4. In Deutschland muß den demokratischen Parteien und Organisationen freie Betätigung gewährleistet sein; sie müssen das Recht haben, über ihre inneren Angelegenheiten frei zu entscheiden, Tagungen und Versammlungen abzuhalten, Presse- und Publikationsfreiheit zu genießen.
5. Auf dem Territorium Deutschlands dürfen Organisationen, die der Demokratie und der Sache der Erhaltung des Friedens feindlich sind, nicht bestehen.
6. Allen ehemaligen Angehörigen der deutschen Armee, einschließlich der Offiziere und Generale, allen ehemaligen Nazis, mit Ausnahme derer, die nach Gerichtsurteil eine Strafe für von ihnen begangene Verbrechen verbüßen, müssen die gleichen bürgerlichen und politischen Rechte wie allen anderen deutschen Bürgern gewährt werden zur Teilnahme am Aufbau eines friedliebenden, demokratischen Deutschland.
7. Deutschland verpflichtet sich, keinerlei Koalitionen oder Militärbündnisse einzugehen, die sich gegen irgendeinen Staat richten, der mit seinen Streitkräften am Krieg gegen Deutschland teilgenommen hat.

Das Territorium:

Das Territorium Deutschlands ist durch die Grenzen bestimmt, die durch die Beschlüsse der Potsdamer Konferenz der Großmächte festgelegt wurden.

Wirtschaftliche Leitsätze:

Deutschland werden für die Entwicklung seiner Friedenswirtschaft, die

der Hebung des Wohlstandes des deutschen Volkes dienen soll, keinerlei Beschränkungen auferlegt.
Deutschland werden auch keinerlei Beschränkungen in bezug auf den Handel mit anderen Ländern, die Seeschiffahrt und den Zutritt zu den Weltmärkten auferlegt.
Militärische Leitsätze:
1. Es wird Deutschland gestattet sein, eigene nationale Streitkräfte (Land-, Luft- und Seestreitkräfte) zu besitzen, die für die Verteidigung des Landes notwendig sind.
2. Deutschland wird die Erzeugung von Kriegsmaterial und -ausrüstung gestattet werden, deren Menge oder Typen nicht über die Grenzen dessen hinausgehen dürfen, was für die Streitkräfte erforderlich ist, die für Deutschland durch den Friedensvertrag festgesetzt sind.

Deutschland und die Organisation der Vereinten Nationen:
Die Staaten, die den Friedensvertrag mit Deutschland abgeschlossen haben, werden das Ersuchen Deutschlands um Aufnahme in die Organisation der Vereinten Nationen unterstützen.
(Jäckel, 21, S. 23 f.)

[26] Note der Regierungen Frankreichs, des Vereinigten Königreiches und der Vereinigten Staaten an die Regierung der Sowjetunion, 25. 3. 1952

(Wortlaut der amerikanischen Note)

[...]
2. Der Abschluß eines gerechten und dauerhaften Friedensvertrages, der die Teilung Deutschlands beendet, ist stets ein wesentliches Ziel der amerikanischen Regierung gewesen und wird es bleiben. Der Abschluß eines derartigen Friedensvertrages macht, wie die Sowjetregierung selbst anerkennt, die Bildung einer gesamtdeutschen Regierung erforderlich, die den Willen des deutschen Volkes zum Ausdruck bringt. Eine derartige Regierung kann nur auf der Grundlage freier Wahlen in der Bundesrepublik, der sowjetischen Besatzungszone und in Berlin geschaffen werden. Derartige Wahlen können nur unter Verhältnissen stattfinden, die die nationalen und individuellen Freiheiten des deutschen Volkes gewährleisten. Die Vollversammlung der Vereinten Nationen hat zur Prüfung der Frage, ob diese erste wesentliche Voraussetzung gegeben ist, eine Kommission ernannt, die

eine gleichzeitige Untersuchung in der Bundesrepublik, der Sowjetzone und in Berlin durchführen soll. Dieser Untersuchungskommission ist in der Bundesrepublik und in West-Berlin die erforderliche Unterstützung zugesichert worden. Die amerikanische Regierung würde die Mitteilung zu schätzen wissen, daß eine derartige Unterstützung auch in der Sowjetzone und in Ost-Berlin vorhanden sein wird, damit die Kommission ihre Aufgabe durchzuführen vermag.

3. Die Vorschläge der sowjetischen Regierung geben keinen Hinweis auf die internationale Stellung einer gesamtdeutschen Regierung vor dem Abschluß eines deutschen Friedensvertrages. Die amerikanische Regierung ist der Ansicht, daß es der gesamtdeutschen Regierung sowohl vor wie nach Abschluß eines Friedensvertrages freistehen sollte, Bündnisse einzugehen, die mit den Grundsätzen und Zielen der Vereinten Nationen in Einklang stehen.
4. Mit der Unterbreitung ihrer Vorschläge für einen deutschen Friedensvertrag verlieh die Sowjetregierung ihrer Bereitschaft Ausdruck, auch weitere Vorschläge zu erörtern. Die US-Regierung hat von dieser Erklärung Kenntnis genommen. Nach ihrer Ansicht wird es nicht möglich sein, sich auf ins einzelne gehende Diskussionen über einen Friedensvertrag einzulassen, bis die Voraussetzungen für freie Wahlen geschaffen sind und eine freie gesamtdeutsche Regierung gebildet worden ist, die an derartigen Erörterungen teilnehmen könnte. Es bestehen verschiedene grundsätzliche Fragen, die gleichfalls gelöst werden müßten.
5. So stellt die amerikanische Regierung fest, daß die sowjetische Regierung erklärt, das deutsche Hoheitsgebiet werde durch die Grenzen bestimmt, die durch die Entscheidungen der Potsdamer Konferenz festgelegt wurden. Die amerikanische Regierung möchte daran erinnern, daß in Wirklichkeit keine endgültigen deutschen Grenzen in den Potsdamer Entscheidungen festgelegt wurden, die eindeutig vorsehen, daß die endgültige Entscheidung territorialer Fragen einer Friedensregelung vorbehalten bleiben muß.
6. Die amerikanische Regierung stellt ferner fest, daß die sowjetische Regierung gegenwärtig der Auffassung ist, der Friedensvertrag solle die Aufstellung nationaler deutscher Land-, Luft- und Seestreitkräfte vorsehen, während gleichzeitig die Freiheit Deutschlands, Bündnisse mit anderen Ländern abzuschließen, eingeschränkt wird. Die amerikanische Regierung ist der Ansicht, daß derartige Bestimmungen einen Schritt zurück bedeuten und den Anbruch einer neuen Epoche

in Europa gefährden könnten, in der sich internationale Beziehungen auf Zusammenarbeit und nicht auf Rivalität und Mißtrauen aufbauen. Von der Notwendigkeit einer Politik der europäischen Einheit überzeugt, gibt die amerikanische Regierung Plänen ihre volle Unterstützung, die die Beteiligung Deutschlands an einer rein defensiven europäischen Gemeinschaft sichern, die Freiheit wahren, eine Aggression verhüten und das Wiederaufleben des Militarismus ausschließen sollen. Die amerikanische Regierung ist der Auffassung, daß der Vorschlag der sowjetischen Regierung zur Aufstellung nationaler deutscher Streitkräfte mit der Erreichung dieser Ziele nicht zu vereinbaren ist. Die amerikanische Regierung ist weiterhin überzeugt, daß diese Politik der europäischen Einheit die Interessen irgendeines anderen Landes nicht bedrohen kann und den wahren Weg zum Frieden darstellt.

(Jäckel, 21, S. 24f.)

[27] Note der sowjetischen Regierung an die Regierungen Frankreichs, des Vereinigten Königreiches und der Vereinigten Staaten, 9. 4. 1952

[...] Die Dringlichkeit des Abschlusses eines Friedensvertrages mit Deutschland macht es notwendig, daß die Regierungen der UdSSR, der USA, Großbritanniens und Frankreichs unverzüglich Maßnahmen zur Vereinigung Deutschlands und zur Bildung einer gesamtdeutschen Regierung treffen.

In Übereinstimmung hiermit erachtet es die Sowjetregierung für notwendig, daß die Regierungen der UdSSR, der USA, Großbritanniens und Frankreichs ohne Verzug die Frage der Durchführung freier gesamtdeutscher Wahlen erörtern, wie sie dies bereits früher vorgeschlagen hat. Die Anerkennung der Notwendigkeit der Durchführung freier gesamtdeutscher Wahlen seitens der Regierungen der UdSSR, der USA, Großbritanniens und Frankreichs würde durchaus die Möglichkeit schaffen, diese Wahlen in kürzester Zeit durchzuführen.

Was den Vorschlag betrifft, daß eine UN-Kommission im Zusammenhang mit bevorstehenden freien gesamtdeutschen Wahlen prüfen soll, ob die Voraussetzungen für solche Wahlen gegeben sind, so steht dieser Vorschlag im Widerspruch zur UN-Charta, die gemäß Artikel 107 eine Einmischung der Vereinten Nationen in deutsche Angelegenheiten aus-

schließt. Eine solche Prüfung könnte durch eine Kommission vorgenommen werden, die von den vier in Deutschland Besatzungsfunktionen ausübenden Mächten zu bilden wäre. [...]
(Jäckel, 21, S. 26.)

[28] Außenminister Dean Acheson an die US-Botschaft in London, 30. 4. 1952

(Geheim)

[...]
Wir denken, es gibt vier Hauptprinzipien:
Erstens, wir sollten die Politik der Integration Europas mit Nachdruck und positiv vertreten, wobei wir allerdings darauf achten sollten, diese Politik nicht so darzustellen, als ob sie von den drei Westmächten erfunden worden sei, die nun auch auf ihrer Durchführung bestehen, sondern eher als Politik der Bundesrepublik und der anderen europäischen Staaten, die wir (USA und Großbritannien) unterstützen. [...] Wir halten diesen Punkt für wichtig, da viele Deutsche zu der Meinung neigen, wir zwängen den Deutschen *unseren* Willen auf.
[...]
Viertens, da irgendwelche Gespräche wahrscheinlich notwendig sind, ist es wünschenswert, die Initiative zu ergreifen und sie vorzuschlagen, um die Deutschen davon zu überzeugen, daß wir es ernst meinen und daß wir keine Angst vor Gesprächen haben, aber auch um bestimmen zu können, auf welcher Ebene, worüber und wann verhandelt wird. Das Außenministerium ist in dieser Sache zunehmend zu der Überzeugung gelangt, daß wir viel zu gewinnen und nichts zu verlieren haben, wenn wir in unserer Antwortnote einen präzisen Gesprächsvorschlag machen.
Sie sollten mit Nachdruck auf den Punkt verweisen, den auch Adenauer betont hat, daß die Versuche der Sowjets, unsere Pläne zu verhindern, nach Unterzeichnung der Verträge nicht enden werden, sondern wahrscheinlich während der Ratifizierungsphase noch verstärkt werden. Dementsprechend liegt es in unserem Interesse, die Unaufrichtigkeit der Sowjets zum frühest möglichen Zeitpunkt bloßzulegen, in jedem Fall aber vor Abschluß des Ratifizierungsprozesses. Für dieses begrenzte Ziel halten wir ein Treffen auf der Ebene der Hochkommissare oder ihrer Vertreter für den besten Weg. [...] Wenn die Sowjets wirklich bereit sind, die Ostzone zu öffnen, dann sollten wir sie zwingen [ihre Karten auf

den Tisch zu legen]. Wir können nicht zulassen, daß unsere Pläne vereitelt werden nur aufgrund von Spekulationen, daß die Sowjets tatsächlich bereit sein könnten, dafür einen hohen Preis zu zahlen.

(Steininger, 960, Dok. 89.)

[29] Hochkommissar John McCloy an Außenminister Dean Acheson über ein Gespräch mit Adenauer, 3. 5. 1952
(Geheim)

Der Kanzler sagte mir heute, nachdem er gestern »den ganzen Tag und die halbe Nacht« den amerikanischen Vorschlag für ein Treffen in Berlin mit allem Ernst geprüft habe, sei er definitiv zu dem Schluß gekommen, daß dieser Vorschlag zum gegenwärtigen Zeitpunkt ein Fehler sei. Wenn ein solches Treffen jetzt vorgeschlagen würde, dann bezweifelt der Kanzler, daß das Kabinett ihn zur Unterzeichnung der Verträge ermächtigt, bevor dieses Treffen nicht Klarheit gebracht hat, ob die Sowjets es mit ihrem Angebot freier Wahlen ernst meinen. Die Opposition würde seiner Meinung nach darauf bestehen, daß ein solches Treffen vor einer Vertragsunterzeichnung stattfindet, aber er befürchtet jetzt, daß sogar Mitglieder seiner Regierung die gleiche Haltung einnehmen würden. Er hält es auch für unklug, Vier-Mächte-Gespräche auf das Thema freie Wahlen zu beschränken, da die Sowjets möglicherweise so viel Konzessionen machen, daß sehr lange Verhandlungen gerechtfertigt erscheinen, in deren Verlauf sich das öffentliche Interesse auf diese Zugeständnisse konzentriert und andere Punkte des sowjetischen Vorschlages, die abzulehnen seien, gar nicht mehr beachtet würden. Unter diesen Umständen wäre es dann unmöglich, die Verhandlungen zu einem definitiven Ende zu bringen. [...]

(Steininger, 960, Dok. 100.)

[30] Bericht von Samuel Reber an Außenminister Dean Acheson über ein Gespräch mit H. Blankenhorn, 13. 6. 1952
(Geheim)

[...]
Im Auftrage Adenauers suchte mich Blankenhorn heute nachmittag auf, um mir Adenauers Besorgnis mitzuteilen, über den Vorschlag [des briti-

schen Außenministers] Edens für ein Treffen mit den Sowjets, so wie [der britische Hohe Kommissar] Kirkpatrick ihn heute erläutert hat. Der Kanzler erklärte Kirkpatrick, man solle zwar die Tür für zukünftige Verhandlungen mit den Sowjets offenlassen, ein solcher Vorschlag würde sich aber nachteilig auf die deutsche Ratifizierung von EVG- und Deutschlandvertrag auswirken. Er würde zu einer Konferenz führen, auf die man sich nicht ausreichend vorbereitet habe; die wichtigen Punkte, die die Alliierten in ihrer Antwortnote vom 13. Mai erwähnt hätten, seien ungeklärt, und es gäbe keine ausreichende Zusicherung in bezug auf freie Wahlen und Handlungsfreiheit einer gesamtdeutschen Regierung. Die Sowjets würden die beste Gelegenheit erhalten, die Öffentlichkeit zu verwirren und den Eindruck zu erwecken, als ob die Alliierten ihre bisherige Haltung, die in Deutschland völlig verstanden worden sei, aufgegeben hätten. Der Kanzler ist der Meinung, daß Edens Vorschlag so ernste Rückwirkungen auf die deutsche Haltung haben würde, daß er gezwungen sein könnte, seine Entscheidung zu überdenken, auf schnelle Ratifizierung der Verträge zu drängen. Unter diesen Umständen bat er dringend darum, die Versuche, durch den Austausch von Noten die sowjetischen Absichten zu erkunden, bis nach der Ratifizierung fortzusetzen; seiner Meinung nach seien die Chancen für eine Ratifizierung innerhalb der nächsten Wochen jetzt besser als je zuvor.

[...]

(Steininger, 960, Dok. 126.)

8. Kapitel

1953: »Wir wollen Freiheit, Recht und Brot...«
Der 17. Juni

Volksaufstand in der DDR
Churchill und die Wiedervereinigung

1953: »Wir wollen Freiheit, Recht und Brot...« Der 17. Juni

Volksaufstand in der DDR

37mal wurde jeweils am 17. Juni in der Bundesrepublik der »Tag der deutschen Einheit« begangen – von einigen wenigen Offiziellen, feierlich mit Kranzniederlegungen, Ansprachen und einer Sondersitzung des Bundestages, zuletzt am 17. Juni 1990. Die meisten Westdeutschen konnten allerdings mit diesem Tag nur noch als »gesetzlichem Feiertag« im Sinne einer sozialen Errungenschaft etwas anfangen – es gab kaum noch Erinnerungen an den 17. Juni 1953. Jahrzehntelang hieß es auf seiten der DDR, dies sei ein von außen gesteuerter faschistischer Putsch gewesen, der lange vorausgeplante Tag »X«. In der Bundesrepublik hieß es, dies sei der allgemeine Arbeiteraufstand gewesen. Wissenschaftlich ausgedrückt lautete das so:

»Der Aufstand vom 17. Juni 1953 erschütterte die DDR bis in ihre Grundfesten. Weite Kreise der Bevölkerung hatten dem ersten Arbeiter- und Bauernstaat auf deutschem Boden ihr Vertrauen entzogen... Nur der Einsatz sowjetischer Truppen verhinderte den vollständigen Zusammenbruch des SED-Regimes« –

so Hermann Wentker im Mai 1993.[1] Kurt Gossweiler, ehemals Mitarbeiter im Zentralinstitut für Geschichte der DDR, gab die SED-Position bis zur Wende wieder:

»Lange Zeit konnten wir den 17. Juni als einen zwar schmerzlichen, aber doch nicht überzubewertenden Betriebsunfall auf einer trotz gelegentlicher Rückschläge zum Ziel führenden Erfolgsbahn betrachten.«[2]

Wie Ilse Spittmann zu Recht betont, können für beide Wertungen Fakten in Anspruch genommen werden.[3] Tatsache ist allerdings auch, daß für die Historiographie im Staat der SED die Geschichte des 17. Juni bis zuletzt mit ideologischen Tabus belegt war. Der Aufstand durfte wissenschaftlich nicht erforscht werden, Monographien dazu gab es nicht; wo in größeren Geschichtswerken das Geschehen der Chronologie wegen nicht unerwähnt bleiben konnte, verkam seine Darstellung zu purer Propaganda. Wie sehr den SED-Genossen der 17. Juni in den Knochen steckte, wurde im Herbst 1989 deutlich, als bei Beginn der Demonstrationen der Chef der Staatssicherheit, Erich Mielke, die Frage stellte, ob dies ein zweiter 17. Juni sei. Mit dem Ende der DDR hat sich dies nun entscheidend geändert. Die erste wissenschaftliche Analyse von Arnulf Baring aus dem Jahre 1956 hatte relativierenden Charakter für die Politik des Westens und Adenauers; Baring standen relativ wenig Quellen zur Verfügung; in manchen Punkten ist seine Arbeit daher inzwischen überholt, und zwar:

1. Die Berichte des RIAS sind nicht entscheidend für die Auslösung der Ereignisse gewesen, sondern eher für die Ausbreitung der Unruhen; die Unruhen waren bereits im Gange;
2. die Intervention der sowjetischen Truppen sei keine Wende des Aufstandes gewesen, da der Aufstand vorher schon erlahmt sei; richtig ist, daß die revolutionäre Welle noch nicht abgeebbt war, als die sowjetischen Panzer anrollten – und sich anfänglich auffallend zurückhielten –, und
3. der Aufstand ging in den Bezirken weiter.

Insbesondere die Arbeiten von Stefan Wolle und Armin Mitter werfen ein neues, interessantes Licht auf verschiedene Aspekte dieses 17. Juni. Das betrifft den Umfang des Aufstands, die internen Diskussionen innerhalb der SED, das Einwirken Moskaus und auch die deutschlandpolitischen Überlegungen des Kreml, inwieweit in Moskau damals an eine grundsätzliche Kursänderung in der Deutschlandfrage gedacht wurde.
Zunächst ein Rückblick auf das, was damals in der DDR und in Ost-Berlin geschehen ist, wie es zu jenen Ereignissen des 17. Juni kommen konnte und wie sie abgelaufen sind.
Zur Vorgeschichte des Aufstands entwirft Torsten Diedrich[4] das Bild einer tiefen inneren Krise der DDR, deren Ursachen er nicht monokausal auf die falsche Politik der SED seit 1952 zurückführt, sondern auf die gesamte Systementwicklung spätestens seit 1948. Zwischen 1948/49 und 1952 vollzog sich in der DDR der Übergang von der »antifaschistisch-demokratischen« Periode zur Volksdemokratie. Hauptmerkmal dafür war zum einen die Sammlung aller Parteien und Organisationen in der am 7. Oktober 1949 gegründeten »Nationalen Front«, die unter der Führung der SED stand, und zum anderen der Beginn einer umfassenden

Wirtschaftsplanung mit einem Übergewicht der volkseigenen über die privaten Betriebe. So wurde etwa 1950 der Anteil der volkseigenen Betriebe auf 51 Prozent gesteigert, gegenüber 20 Prozent im Jahre 1946.
Eine entscheidende Zäsur bildete die II. Parteikonferenz der SED vom 9. bis 12. Juli 1952. Die SED proklamierte den »Aufbau der Grundlagen des Sozialismus«. Ihr Generalsekretär Walter Ulbricht verkündete: »Die demokratische und wirtschaftliche Entwicklung sowie das Bewußtsein der Arbeiterklasse und der Mehrheit der Werktätigen sind so weit entwickelt, daß der Aufbau des Sozialismus zur grundlegenden Aufgabe geworden ist.« Und weiter: »Auf dem Wege der sozialistischen Entwicklung werden wir alle bei uns vorhandenen Schwierigkeiten überwinden können.«[5] Damit begann die zweite Phase des revolutionären Umwandlungsprozesses, und das hieß: völlige Zentralisierung der Verwaltung, strikte Umgestaltung der Justiz, Aufbau nationaler Streitkräfte, volle Verstaatlichung der Industrie und Teilkollektivierung der Landwirtschaft. Der Jubel der SED-Genossen auf der Parteikonferenz erwies sich allerdings als verfrüht, die optimistische Voraussage Ulbrichts binnen eines Jahres als schlichtweg falsch. Weder entsprach die wirtschaftliche Entwicklung noch das Bewußtsein der Arbeiter oder gar der Mehrheit der Bevölkerung der Aufgabenstellung, die Ulbricht lautstark in die Welt gerufen hatte, noch konnten dadurch irgendwelche Schwierigkeiten gemeistert werden. Keines der drückenden Probleme wurde gelöst, alle wurden extrem verstärkt.
Im Zeichen des »Aufbaus des Sozialismus« lief der erste Fünfjahresplan (1951–55) weiter. Ohne Rücksicht auf die Schwierigkeiten eines rohstoffarmen, durch Krieg, Demontagen und Reparationen geschwächten Landes sollte eine bedeutende Schwerindustrie aus dem Boden gestampft werden. Hierfür ein Beispiel: Auf dem Gebiet der DDR waren 1936 1,2 Mio. Tonnen, 1946 nur noch 97000 Tonnen Rohstahl produziert worden; im Rahmen des Fünfjahresplans hatte das Planziel für 1955 3,4 Mio. Tonnen gelautet, dies wurde jetzt herabgesetzt, und zwar für 1953 3 Mio. Tonnen. Der zuständige Minister erklärte schon im Februar 1953, daß allein in seinem Bereich die Investitionen die Leistungsgrenze der gesamten Volkswirtschaft erreicht hätten. Gleichzeitig wurde im Rahmen der kasernierten Volkspolizei der Aufbau bewaffneter Streitkräfte beschleunigt vorangetrieben; bis Ende 1952 gab es sechs motorisierte Divisionen, dazu Luft- und Seestreitkräfte.
Daneben entstanden die Organisation »Dienst für Deutschland« und die »Gesellschaft für Sport und Technik« mit fast 500000 Mitgliedern. Die

finanziellen Aufwendungen waren gewaltig und in keinem Haushalt vorgesehen. Allein für die Verteidigung und Aufrüstung wurden rd. anderthalb Milliarden Mark ausgegeben; hinzu kamen die sowjetischen Reparationsforderungen. Die Frage war, woher diese Mittel genommen werden sollten. Zunächst wurde die Konsumgüter- und Lebensmittelindustrie vernachlässigt; ergänzend wurden rd. 450 Mio. Mark aus dem Fonds für die Renten- und Sozialfürsorge genommen, d. h. ein Viertel dieser Kosten sollten die Ärmsten der Armen tragen, was wie ein Hohn wirken mußte im Zusammenhang mit dem Aufbau des Sozialismus.
Das im Juli verkündete Programm bedeutete noch in anderer Hinsicht eine radikale Veränderung der gesellschaftlichen Struktur; es wurden reihenweise Maßnahmen durchgeführt, die den Alltag veränderten. Die Gründung der »Landwirtschaftlichen Produktionsgenossenschaften« (LPG) wurde forciert, manchmal glich dies einer Zwangskollektivierung; die neuen LPGs wurden steuerlich bevorzugt, sie wurden außerdem mit Geräten, Vieh und Saatgut weit besser ausgestattet als die privaten Bauern. Als trotzdem positive Ergebnisse nicht schnell genug spürbar wurden, wurden Großbauern, die die erhöhten Steuern nicht entrichten und das übersteigerte Ablieferungssoll nicht erfüllen konnten, die Bewirtschaftung des Bodens untersagt und gravierende Strafen gegen sie verhängt. Viele hielten dem Druck nicht stand und flüchteten in die Bundesrepublik (1951: 4343; 1952: 14141; 1953: 37396, jeweils ohne Familienangehörige); 1952 waren bereits 13 Prozent der landwirtschaftlichen Anbaufläche »herrenlos«.
Insgesamt wurde der ideologische Druck stärker, entsprechend der Stalinschen Doktrin, daß sich der Klassenkampf ständig verschärfe. Ziel war es, die in Wirtschaft und Politik vermuteten Widersacher auszuschalten. Dies führte zu einem weiteren Anstieg der Fluchtbewegung: Wurden im ersten Halbjahr 1952 insgesamt 72226 Flüchtlinge registriert, so waren es im zweiten Halbjahr bereits 110167, von Januar bis Mai 1953 184793, und bis Juli sollten es dann 320000 sein. Dies war die höchste Jahresrate seit Gründung der DDR. Von den Flüchtlingen waren zwei Drittel Erwerbstätige, mehr als die Hälfte war unter 25 Jahre. Gleichzeitig wurde eine radikale Verwaltungsreform durchgeführt; die fünf Länder wurden aufgelöst, dafür einzelne Bezirke und mehr als 200 Kreise geschaffen. Straffung der Verwaltung und Kontrolle war das eine Ziel, Beseitigung des föderalistischen Prinzips das andere.
Bei der offen betriebenen »Revolution von oben« kam der Strafjustiz die Aufgabe zu, als »Hebel« der sozialen Umwälzung zu wirken. Mit dem

seit Oktober 1952 in Kraft getretenen »Gesetz zum Schutz des Volkseigentums« wurde Justizterror ausgeübt. Das Gesetz forderte bei geringfügigsten Angriffen auf das Volkseigentum obligatorisch als Mindeststrafe ein Jahr Zuchthaus und führte dazu, daß Tausende Arbeiter – etwa wegen Diebstahls von 2 kg Zement im Wert von 0,25 Pf – zu Zuchthausstrafen verurteilt wurden. Die Zahl der Strafgefangenen stieg bis zum Juni 1953 auf ca. 60000 (in der Bundesrepublik mit 52 Mio. Einwohnern gab es 40000 Gefangene).

Mit dem »Aufbau des Sozialismus« war die radikale Veränderung der gesellschaftlichen Struktur geplant. Die Sonderentwicklung, die die DDR bis dahin genommen hatte, sollte vertieft und beschleunigt, damit aber auch eine mögliche Annäherung an die Bundesrepublik oder gar eine Wiedervereinigung erschwert werden. Es war dies eine Politik, die auf den Gleichschritt im sozialistischen Lager zielte und dazu führen mußte, eigene Entwicklungen zu bestärken und die Spaltung zu vertiefen. Dem Weg zum Sozialismus in der DDR stand die forcierte Westintegration der Bundesrepublik gegenüber. Dabei ist anzumerken, daß der Beschluß der II. Parteikonferenz zwar mit – allerdings später – Billigung der KPdSU erfolgte, jedoch keine Initiative Moskaus war. Es ging um das Eigeninteresse der SED, deren Ziel es war, die DDR in den östlichen Block zu integrieren, um auf diese Weise Sicherheit zu erlangen. So stand im Mittelpunkt der Parteikonferenz nicht mehr das Ziel der Vereinigung, sondern der Ausbau der sozialistischen DDR zu einem Bollwerk des internationalen Sozialismus. Das paßt zum IXX. Parteitag der KPdSU im November 1952, wo Stalin davon sprach, daß die Lage kompliziert und eine Kriegsgefahr unübersehbar sei. Zur selben Zeit lief der Krieg in Korea weiter, und die USA hatten mit der Explosion der ersten Wasserstoffbombe eine neue Stufe des Rüstungswettlaufs beschritten.

In den ersten Wochen des Jahres 1953 waren die Anzeichen für die wachsende Unzufriedenheit der Menschen in der DDR unübersehbar geworden; die Partei- und Staatsführung allerdings ignorierte sie nicht nur, sie dienten ihr vielmehr als Anlaß, den Kurs in Richtung Sozialismus zu verschärfen. Justizmaßnahmen wurden härter; die Flüchtlingswelle schwoll an. Da starb Stalin am 5. März. Es gab Erschütterungen, Unsicherheit griff um sich. Die Frage war, wer würde die Nachfolge im Kreml antreten, welche Politik würde die Zukunft bestimmen? In dieser Situation faßte das Zentralkomitee der SED einen folgenschweren Entschluß: Am 14. Mai wurde die Erhöhung aller Arbeitsnormen in den volkseigenen Betrieben um mindestens 10 Prozent bis zum 1. Juni angeordnet

(Dok. 33); der Ministerrat beschloß entsprechend am 28. Mai, setzte als Frist jedoch den 30. Juni, den 60. Geburtstag Ulbrichts. Schon am 17. Mai wurde der ZK-Beschluß in einem Bericht der »Täglichen Rundschau« bekannt; die Situation verschärfte sich, es kam zu ersten Unruhen und Streiks.

Am 9. Juni beschloß das Politbüro der SED für die DDR einen »Neuen Kurs«. Diese Entscheidung wurde in dem inzwischen berühmten Kommuniqué am 11. Juni veröffentlicht *(Dok. 39)*. Im Westen ist damals und auch später nicht erkannt worden, in welcher Weise dieser neue Kurs die Parteimitglieder und die Bevölkerung in der DDR geradezu geschockt hat. Es gab weitverbreitete Enttäuschung, Ungläubigkeit, völlige Konfusion und Unruhe unter den Parteimitgliedern und in der Öffentlichkeit. Vielen erschien dieses Kommuniqué wie eine Bankrotterklärung der SED. Die neuen Maßnahmen, so hieß es, sollten in erster Linie Bauern, Handwerkern, Geschäftsleuten und Unternehmern zugute kommen; von einer Rücknahme der Arbeitsnormen war nicht die Rede, was die Sache offensichtlich noch schlimmer machte. Rudolf Herrnstadt, Politbüromitglied und Chefredakteur des »Neuen Deutschland«, einer der schärfsten Kritiker Ulbrichts, hatte den neuernannten sowjetischen Hohen Kommissar Wladimir Semjonow am 10. Juni vergebens gebeten, mit der Veröffentlichung des Kommuniqués noch zwei Wochen zu warten, um die Bevölkerung auf den drastischen Kurswechsel vorzubereiten. Semjonow hatte dies abgelehnt und die Warnung hinzugefügt, daß es möglicherweise in 14 Tagen keine DDR mehr geben werde. Ein im Juli erstellter interner Bericht der SED über den 17. Juni vermerkt, daß weite Teile der Bevölkerung den neuen Kurs nicht verstanden, ihn als ein Zeichen der Schwäche und sogar als einen Sieg der Amerikaner oder der Kirche betrachtet hätten.[6]

Erst seit der Wende 1989 wissen wir, wie es zu diesem radikalen Kurswechsel der SED-Führung gekommen ist. Aus den bislang bekanntgewordenen Dokumenten läßt sich folgendes rekonstruieren: Eine Delegation des Zentralkomitees der SED, bestehend aus Otto Grotewohl, Walter Ulbricht und Fred Oelßner (als Dolmetscher), war zu Gesprächen vom 2. bis 4. Juni nach Moskau zitiert worden. Dort hatte das Zentralkomitee der KPdSU Ende Mai eine grundsätzliche deutschlandpolitische Diskussion geführt und die Lage in der DDR erörtert. Das Ergebnis war ein bis Ende 1989 geheimgehaltener Beschluß »Über die Maßnahmen zur Gesundung der politischen Lage in der Deutschen Demokratischen Republik«. Auf der Grundlage einer sachlich-kritischen Analyse der in der

DDR bestehenden Lage wurden darin mit »brutaler Offenheit« (Herrnstadt) Fehler und Mängel aufgedeckt; sie erhellen gleichzeitig die Hintergründe für eine Reihe grundlegender Ereignisse und Entscheidungen der Jahre 1952 und 1953 *(Dok. 34)*.
Am 2. und 3. Juni 1953 fanden die Beratungen der Delegation der SED mit den Vertretern des ZK der KPdSU statt. Die Sowjets äußerten ihre tiefe Beunruhigung über die in der DDR entstandene Lage und übergaben der SED-Delegation das erwähnte Dokument. Anschließend begannen die Diskussionen. Die Sowjets forderten eine rasche, kräftige, offene Korrektur, eine Wende in der Politik, die Wirkung auf ganz Deutschland zeigen sollte. Als Kennzeichen für die Diskussion vermerkte Grotewohl: »Wir alle haben die Fehler mitgemacht; keine Vorwürfe« (Berija). »So viele Fehler, darum so korrigieren, daß ganz Deutschland es sieht« (Molotow). »Nicht Prestige fürchten; wenn wir jetzt nicht korrigieren, kommt eine Katastrophe« (Malenkow).
Am 5. und 6. Juni 1953 begann in Ost-Berlin mit Sitzungen des Politbüros des ZK der SED die intensive Auswertung der Reise und die Erörterung des Beschlusses des Politbüros des ZK der KPdSU. Das Ausmaß der sowjetischen Kritik und die energischen Forderungen zur Korrektur der seit Juli 1952 betriebenen Politik müssen auf die SED-Genossen bei ihrem Moskauaufenthalt wie ein Schock gewirkt haben. Grotewohl formulierte dies in der Sitzung des Politbüros mit den Worten, man habe bei den Beratungen in Moskau »einen schlechten Eindruck gemacht«[7] *(Dok. 35–38)*.
Ein schwerer Fehler war offensichtlich, daß in dem Moskau-Papier von der Rücknahme der Arbeitsnormen nicht die Rede gewesen war (die dann auch nicht geändert wurden, wobei sich die Frage stellt, ob dies bewußt so geschehen ist). Die Arbeiter waren empört; entsprechend war ihre unmittelbare Reaktion. Es gab »an die 60« Streiks in der DDR, und Betriebsräte einer SED-Bauarbeiterkonferenz der Stalinallee-Baustellen riefen: »Den Kapitalisten macht Ihr Geschenke, uns beutet Ihr aus.«[8]
Am 14. Juni warnte daher Rudolf Herrnstadt in einem Artikel des Parteiorgans, »es werde Zeit, den Holzhammer beiseite zu legen«; erst wenn die Arbeiter überzeugt seien, dürften Normenerhöhungen verbindlich werden. Zwei Tage später betonte dagegen Otto Lehmann – Ulbrichts Vertrauensmann im FDGB – in der Gewerkschaftszeitung »Tribüne«, die Beschlüsse über die Erhöhung der Normen seien »in vollem Umfang richtig«, müßten aufrechterhalten und durchgeführt wer-

den *(Dok. 41)*. Dieser Artikel wurde zum »Zünder... für die Erregungswelle«, wie der stellvertretende DDR-Ministerpräsident Otto Nuschke (CDU) in einem Interview des RIAS das beschrieb, was nun folgte.

Mehrere hundert Bauarbeiter von Block 40 der Stalinallee – die die SED-Führung zur »ersten sozialistischen Straße Deutschlands« ausbauen wollte – waren entschlossen, gegen die Normerhöhung vorzugehen. Mit einem Transparent »Wir fordern Herabsetzung der Normen« marschierten sie am Morgen des 16. Juni zunächst zu den übrigen Baustellen der Stalinallee, um weitere Kollegen für die Demonstration zu gewinnen; etwa 2000 Mann zogen anschließend zum Haus des FDGB-Vorstandes. Bei diesem Protestmarsch ging es eindeutig nur um die Rücknahme der Normenerhöhung. Da das FDGB-Haus verschlossen war, ging der Zug weiter zum Haus der Ministerien in der Leipziger Straße, dem ehemaligen Luftfahrtministerium. Dort versammelten sich dann etwa 10000 Demonstranten im strömenden Regen. Industrieminister Fritz Selbmann und Robert Havemann wurden ausgepfiffen, die Menge wollte Ulbricht und Grotewohl sehen. Etwa um 14.00 Uhr erklärte Selbmann, der Ministerrat habe die Normenerhöhung zurückgenommen; nun aber wurden politische Forderungen und Parolen laut: »Spitzbart, Bauch und Brille sind nicht des Volkes Wille«, »Freiheit«, »Nieder mit der Regierung«, »Wir brauchen keine Volksarmee«; »HO macht uns k. o.«; »Wir wollen Freiheit, Recht und Brot, sonst schlagen wir die Bonzen tot.«[9]

Anschließend marschierten die Arbeiter zurück zur Stalinallee. Lautsprecherwagen verkündeten inzwischen den Beschluß des Ministerrates, allerdings in einer Form, die offenließ, ob die Normenerhöhung tatsächlich zurückgenommen worden war. Daraufhin besetzten Arbeiter einen dieser Lautsprecherwagen und forderten ihre Kollegen für den nächsten Tag zum Generalstreik auf; sie sollten sich am Strausberger Platz (Stalinallee) versammeln. Etwa um 17.00 Uhr war die Demonstration beendet, der Lautsprecherwagen wurde zurückgegeben, die Arbeiter gingen nach Hause.

Informationen über die Ereignisse in Ost-Berlin breiteten sich wie ein Lauffeuer aus, obwohl die Berichterstattung im RIAS genauso zurückhaltend war – das Wort »Generalstreik« durfte nicht benutzt werden; den Bauarbeitern wurde Sprecherlaubnis verweigert – wie eine Erklärung des Bundesministers für gesamtdeutsche Fragen, Jakob Kaiser; er richtete an »jeden einzelnen Ostberliner und an jeden Bewohner der Sowjetzone die Mahnung, sich weder durch Not noch durch Provokationen zu unbedachten Handlungen hinreißen zu lassen. Niemand solle sich selbst und seine Umgebung in Gefahr bringen.« Und weiter:

»Die grundlegende Änderung eures Daseins kann und wird nur durch die Wiederherstellung der deutschen Einheit und Freiheit erreicht werden. Gerade in diesem Augenblick, da die Politik um die Wiedervereinigung immerhin in Bewegung geraten ist, sollte sich niemand zu gefahrvollen Aktionen verleiten lassen. Denkt daran, daß wir uns unserer Verpflichtung für euch in jedem Augenblick bewußt sind. Wir werden den großen Mächten die Dringlichkeit einer raschen Lösung der deutschen Frage gerade jetzt mit besonderem Nachdruck vor Augen führen. Dabei brauche ich nicht zu betonen, daß sich jedermann in der Bundesrepublik und in der ganzen freien Welt mit euch in Solidarität verbunden weiß. Wir wissen den Sinn und wir wissen den Mut eurer Demonstrationen zu würdigen; wir bitten euch aber, im Vertrauen auf unsere Solidarität Besonnenheit zu wahren.«

Am weitesten ging noch die Erklärung des Westberliner Gewerkschaftsvorsitzenden Ernst Scharnowski. Er rief zur Solidarität auf:

»Die Maßnahmen, die ihr als Ostberliner Bauarbeiter in voller eigener Verantwortung und ohne fremde Einmischung selbst beschlossen habt, erfüllen uns mit Bewunderung und Genugtuung. Ihr könnt diese Forderungen, gestützt auf die in der sowjetischen Besatzungszone geltenden menschlichen Grundrechte der Verfassung, mit vollem Recht verlangen. Eure Regierung hat selber diese Grundrechte beschlossen und damit auch für euch die Freiheit zum Kampf für bessere Arbeitsverhältnisse gestattet. Die gesamte Ostberliner Bevölkerung darf deshalb auf die stärksten und erfolgreichsten Gruppen der Ostberliner Arbeiterbewegung vertrauen. Laßt sie nicht allein. Sie alle kämpfen nicht nur für die sozialen Rechte der Arbeitnehmer, sondern für die allgemeinen Menschenrechte der gesamten Ostberliner und ostzonalen Bevölkerung. Tretet darum der Bewegung der Ostberliner Bauarbeiter, BVGer und Eisenbahner bei und sucht eure Strausberger Plätze überall auf. Je größer die Beteiligung ist, desto machtvoller und disziplinierter wird die Bewegung für euch mit gutem Erfolg verlaufen.«[10]

Im übrigen sperrten in West-Berlin Polizisten die Zufahrtsstraßen zur Sektorengrenze. Der Regierende Bürgermeister Ernst Reuter hielt sich in Wien auf; seine Bitte an die Amerikaner um einen Platz in einer Militärmaschine, um schnell nach Berlin zurückzukommen, wurde abgelehnt; eine Ansprache, in der er in russischer Sprache dazu aufforderte, nicht auf unbewaffnete deutsche Arbeiter zu schießen, durfte nicht gesendet werden.

Die neueren wissenschaftlichen Arbeiten zum 17. Juni zeigen, daß der Protest von Arbeitern ausgegangen und weitergetragen, aber sehr schnell in eine politisch motivierte Volkserhebung übergegangen ist[11], die spontan aus den inneren Widersprüchen des Regimes hervorbrach. Die Unruhen erfaßten 373 Städte und Ortschaften in der DDR – hundert mehr, als bislang im Westen angenommen worden war. Gestreikt wurde am 17. Juni in 11 von 15 Bezirksstädten (einschließlich Ost-Berlins) sowie in 113 von 181 Kreisstädten der DDR. Über 13 Bezirks- und 51 Kreisstädte verhängten die sowjetischen Militärkommandanten am Nachmittag des 17. Juni den Ausnahmezustand. In 593 Betrieben wurde gestreikt; die Zahl der Streikenden betrug 496765 – auch dies mehr, als bislang im Westen angenommen worden war. Die Zentren der Erhebung waren Berlin, Halle, Leipzig, Merseburg, Magdeburg, Görlitz und Bitterfeld, dies aber nicht nur auf die Städte reduziert. Sie verlief flächendeckend und formierte sich in den Dörfern später als in den großen Industriekomplexen. Die Kommunikation lief noch nicht übers Fernsehen. Einzelne große LGPs wurden bereits wieder aufgelöst. In mancher Dorfkneipe feierte man zu früh die Vereinigung und trank irrigerweise auf Adenauer. Ging es am Anfang noch um Normenerhöhungen, niedrige Löhne, schlechte Versorgung mit dem Notwendigsten und soziales Elend, so wurden daraus sehr schnell stark politisch motivierte Forderungen. Jetzt ging es um freie Wahlen, Redefreiheit, Vereinigung Deutschlands, um die Abschaffung des Systems an sich. Ab Mittag des 17. Juni kam es auch zu Plünderungen, Brandstiftungen und unkontrollierten Gefangenenbefreiungen. 140 Gebäude wurden gestürmt, darunter neun Gefängnisse, aus denen insgesamt 1317 Häftlinge befreit wurden. Schußwaffen kamen in Ost-Berlin sowie in den Bezirken Potsdam, Dresden, Leipzig, Halle und Magdeburg zum Einsatz. Es gab 51 Todesopfer unter den Demonstranten, von denen 33 an den Folgen von Schußverletzungen starben.

Es war ein Aufstand gegen die SED. Es ging nicht mehr nur um Anliegen der Arbeiter (Arbeitsnormen). Die seit langem aufgestaute Erbitterung gegen dieses Regime machte sich in einer spontanen Erhebung Luft. Im Grunde ging es um das, was ein Belegschaftsmitglied des Hydrierwerkes Zeitz auf einer Betriebsversammlung bereits am 16. April 1953 ausgerufen hatte: »Wir wollen leben wie die Menschen, weiter wollen wir nichts!«[12] Die sowjetischen Panzer sorgten für »Ruhe und Ordnung«. Der Aufstand hatte keine Führungspersönlichkeit; Strukturen und geistige Vorbereitung auf die Aktionen, wie etwa 1968 beim Prager Frühling, fehlten.

Im Führungsgremium der SED herrschte ein desolater Zustand; es war handlungsunfähig. Lebensfremd und beschäftigt mit sich selbst, wurden die Genossen von den Ereignissen überrascht. Um so härter schlug man zurück, als die Kontrolle wiederhergestellt war, obwohl teilweise die

Abb. 10: Steine gegen Panzer: Volksaufstand in der DDR.

Streikwelle bis in den Sommer hinein weiterlief: Noch am 15.–17. Juli legte im Buna-Werk ein Drittel der Belegschaft, fast 6000 Menschen, die Arbeit nieder. Bis zum 22. Juni waren 6057 Personen in Ost-Berlin und in der DDR verhaftet worden; zu 65,2 Prozent kamen sie aus der Arbeiterschaft – amtliche Zahlen, die bislang unbekannt waren. Nach der Niederschlagung des Widerstands begann der SED-Staat sofort mit dem umfangreichen Ausbau des Sicherheitsapparates und eines nahezu beispiellosen Bespitzelungsnetzes. Trotzdem sollte die Realitätsferne der

SED-Führung sich 36 Jahre später für sie verhängnisvoll wiederholen. Und dann rettete die Macht kein russischer Panzer mehr.
Am 4. August 1953 wurde der 17. Juni als »Tag der deutschen Einheit« gesetzlicher Feiertag in der Bundesrepublik. Man blieb bei liebgewonnenen Illusionen und damit auch bei dem am 10. Juni 1953 einstimmig verabschiedeten »Sofortprogramm zur Wiedervereinigung«, in dem als Verhandlungsziel einer Viermächtekonferenz gefordert worden war:

1. Abhaltung freier Wahlen in ganz Deutschland;
2. Bildung einer freien Regierung für ganz Deutschland;
3. Abschluß eines mit dieser Regierung frei vereinbarten Friedensvertrages;
4. Regelung aller noch offenen territorialen Fragen in diesem Friedensvertrag;
5. Sicherung der Handlungsfreiheit für ein gesamtdeutsches Parlament und eine gesamtdeutsche Regierung im Rahmen der Grundsätze und der Ziele der Vereinten Nationen.[13]

Die Durchführung dieses Programms, das allein schon aufgrund der »Bindungsklausel« im »Deutschlandvertrag« zur Einbindung *ganz* Deutschlands in den Westen geführt hätte, setzte die vorherige Kapitulation der Sowjetunion voraus – womit man schon ein Jahr zuvor ohne Erfolg geblieben war.
Auf der anderen Seite konnte sich die mit dem Schrecken davongekommene SED damit beruhigen, daß der 17. Juni ein »nicht überzubewertender Betriebsunfall« gewesen sei. Die sowjetische Führung setzte erneut auf die Gruppe um Ulbricht, dessen Kritiker Herrnstadt und Zaisser aus der Parteiführung ausgeschlossen wurden. In der DDR wurde der »neue Kurs« bekräftigt, die Sowjets kündigten die Senkung der Besatzungskosten auf 5 Prozent des DDR-Haushaltes, die Einstellung der Reparationen, die Rückgabe der restlichen SAG-Betriebe (u. a. Autowerke, chemische Betriebe, Kabelwerke) und das Ende der Tilgung von Auslandsschulden aus der Nachkriegszeit sowie umfangreiche Lebensmittellieferungen aus der Sowjetunion zum 1. Januar 1954 an. Die passive Hinnahme des Aufstandes durch die USA (trotz Lebensmittelpaketaktion, die für erhebliche Unruhe innerhalb der SED-Führung sorgte[14]), und in ihrem Gefolge die demonstrative Zurückhaltung der Bundesregierung (nur mit Mühe konnte Adenauer von seinen engsten Beratern überredet werden, nach Berlin zu fahren), machte die Planlosigkeit der insbesondere vom neuen US-Außenminister John Foster Dulles proklamierten

»roll-back«-Strategie – nicht mehr »Eindämmung«, sondern »Zurückdrängung« des Kommunismus und Befreiung der osteuropäischen Länder – überdeutlich. »Roll-back« war im Prinzip ein Konzept der leeren Worte, das mit der tatsächlich betriebenen US-Politik nichts gemein hatte. Spätestens 1959 machte auch Adenauer – der sechs Jahre für diese Erkenntnis brauchte – diese Erfahrung. Jetzt hatten die Menschen in der DDR diese bittere Erfahrung gemacht. Angesichts der westlichen und vor allem westdeutschen Propaganda, die die Destabilisierung der DDR zum Ziel hatte – betrachtet man etwa die Aktivitäten der »Kampfgruppe gegen Unmenschlichkeit«[15] und anderer Organisationen –, hatten die DDR-Bewohner offensichtlich Hilfe und Unterstützung während des Aufstandes erwartet. Nun fühlte man sich zu Recht vom Westen allein gelassen. Am Ende stand das, was Ilse Spittmann folgendermaßen formuliert:

»Hier, nicht erst nach der Mauer, nahm das Auseinanderleben der Deutschen seinen Anfang. Während Westdeutschland auf das Wirtschaftswunder zuschritt und seine Bürger sich mit Neckermann die westliche Welt erschlossen, mußten die Ostdeutschen lernen, sich in der DDR einzurichten. Anpassung oder Flucht lautete von nun an die Alternative.«[16]

Gerade unter diesem Aspekt lohnt es sich, einige Fragen aufzuwerfen und möglicherweise Spekulationen anzustellen, die mit diesem Schlüsselereignis deutsch-deutscher Geschichte zu tun haben und zurück in das Jahr 1952 reichen. Auf bemerkenswerte Weise formuliert Ilse Spittmann diese Fragen, nämlich:

»In welchem Verhältnis steht der Beschluß der II. Parteikonferenz über den Aufbau des Sozialismus vom Juli zur Stalin-Note mit Vorschlägen für ein neutrales, wiedervereinigtes Deutschland vom März 1952? War der Aufbau des Sozialismus in der DDR Ausdruck sowjetischer Doppelzüngigkeit oder Stalins Antwort an die Westmächte auf die Ablehnung seiner Vorschläge? Wollte Ulbricht damit Stalins gesamtdeutsche Konzeption konterkarieren ... oder nutzte der SED-Generalsekretär die Gunst der Stunde, um den lange gehegten Plan eines sozialistischen deutschen Separatstaates durchzusetzen ...? Gibt es einen Zusammenhang zwischen den Anklagen gegen Berija vom Juli 1953, er habe nach Stalins Tod die DDR aufgeben wollen, mit der Stalin-Note von 1952? War der von Moskau dekretierte neue Kurs 1953 der Auftakt für eine neue sowjetische Deutschlandpolitik mit glaubwürdigen Wiedervereinigungsangeboten unter Verzicht auf den Sozialismus in der DDR oder nur ein weiterer Versuch, den Aufbau der westlichen Militärallianz zu stoppen?«[17]

Trotz der bislang zugänglichen neuen Quellen sind diese Fragen nach wie vor nicht definitiv zu beantworten. Dennoch festigt sich immer mehr die Überzeugung, daß mit Blick auf das Frühjahr 1953 davon auszugehen ist, daß Berija tatsächlich »eine Übereinkunft über ein wiedervereinigtes Deutschland angestrebt hat« – so selbst Gerhard Wettig[18], der ansonsten mit Blick auf die Ernsthaftigkeit der sowjetischen Deutschlandpolitik zu den größten Skeptikern gehört. Berija wurde am 26. Juni verhaftet und soll am 23. Dezember erschossen worden sein. Schon vor Jahren hat Richard Löwenthal darauf hingewiesen, daß mit diesem 17. Juni ein offizielles Experiment der sowjetischen Politik scheiterte. Jenen, die daraus schließen, daß der 17. Juni die entscheidende Ursache dieses Scheiterns war, hat er allerdings zu bedenken gegeben, daß damit der eigentlich ursächliche Faktor übersehen würde, nämlich die Starrheit der westlichen, auch der westdeutschen Außenpolitik in den kritischen Monaten nach Stalins Tod:

»Speziell im Falle der Bundesrepublik handelt es sich hier nicht um ein Versagen aus Unfähigkeit, sondern um eine mit vollem Bewußtsein betriebene Politik ihres ersten Kanzlers. [...] Die deutsche Teilung (wurde) festgeschrieben; und damit zum Schlußstein der Teilung Europas.«[19]

Churchill und die Wiedervereinigung

Stalins Tod eröffnete für Adenauer keine neuen Perspektiven im Hinblick auf die Wiedervereinigung und einen Interessenausgleich mit den Sowjets. Das Gegenteil war der Fall. Am 1. April 1953 hatte er den britischen Hohen Kommissar vor der Illusion gewarnt, daß es einen Gesinnungswandel bei den Russen gebe. Man müsse von der neuen Situation nach Kräften profitieren und soviel wie möglich bei den Sowjets herausholen. Der Tod des sowjetischen Diktators war für ihn eine »Atempause, die der Himmel geschickt hatte«. Die Sowjets würden gezwungen sein, eine ganze Weile kürzerzutreten; der Westen müsse dies ausnutzen – und die Integrationspolitik entschlossen vorantreiben, da man jetzt ziemlich sicher sein könne, daß die Sowjets nicht mit Gewalt antworten würden.[20]
Der einzige Staatsmann im Westen, der den Dialog mit der neuen sowjetischen Führung suchte, war Winston Churchill. Anfang Mai war der britische Premierminister entschlossen, den direkten Kontakt mit Moskau herzustellen und notfalls eine »einsame Pilgerfahrt« nach Moskau zu unternehmen – zur Vorbereitung einer Gipfelkonferenz. Er schloß dabei ein neutralisiertes, wiedervereinigtes Deutschland als Teil einer Gesamtregelung mit der Sowjetunion zur Entschärfung bzw. Beendigung des

Kalten Krieges nicht aus. Nicht nur in den eigenen Reihen im Foreign Office, auch in Washington und Paris wurden Churchills Aktivitäten mit Skepsis beurteilt; Adenauer war geradezu entsetzt. Und dann kam der 17. Juni. Für all jene im Westen, die am bisherigen Kurs in der Deutschland- und Rußlandpolitik festhalten wollten, war dies geradezu ein Geschenk des Himmels. Im Foreign Office gab Staatsminister Selwyn Lloyd seinem Premierminister eine Lektion in Sachen Deutschlandpolitik. Was damals unausgesprochen hinter allen Aktionen stand – und Kritiker der westlichen Politik schon immer vermutet haben –, kann man hier schwarz auf weiß nachlesen:

»Deutschland ist der Schlüssel zum Frieden in Europa. Ein geteiltes Europa bedeutet ein geteiltes Deutschland. Deutschland wiederzuvereinigen, solange Europa geteilt ist, ist – falls machbar – gefährlich für uns alle. Deshalb fühlen wir alle – Dr. Adenauer, die Russen, die Amerikaner, die Franzosen und wir selbst – im Grunde unseres Herzens, daß ein geteiltes Deutschland fürs erste sicherer ist. Aber keiner von uns wagt es, dies wegen der Auswirkungen auf die öffentliche Meinung in Deutschland auch offen auszusprechen. Daher treten wir alle in der Öffentlichkeit für ein vereintes Deutschland ein, jeder auf Grund seiner eigenen Bedingungen.«[21]

Vierzehn Tage später nahm Churchill noch einmal zur deutschen Frage Stellung. Was bisher gleichsam wie ein Naturgesetz zur Grundlage jeglicher westlicher Deutschlandpolitik gemacht worden war, daß nämlich ein wiedervereintes, unabhängiges Deutschland in jedem Fall Verbündeter der Sowjetunion oder von ihr kontrolliert und sowjetisiert würde, stellte er in einem Memorandum an den amtierenden Außenminister radikal in Frage:

»Nichts wird das deutsche Volk von der Einheit abbringen können. Wir müssen der Tatsache ins Auge sehen, daß es immer ›ein deutsches Problem‹ und ›eine preußische Gefahr‹ geben wird. Ich bin der Meinung, daß ein vereintes, unabhängiges Deutschland kein Verbündeter der Sowjetunion werden würde.«

Drei Gründe sprachen nach seiner Auffassung für diese Annahme:
1. der überlegene Charakter des deutschen Volkes sei mit den sklavischen Bedingungen in den kommunistischen Ländern nicht vereinbar;
2. das Schicksal der Ostzone sei für die Deutschen ein lehrreicher Anschauungsunterricht gewesen, und Millionen von ihnen würden noch viele Jahre leben, um die Greueltaten der Kommunisten, selbst von Deutschen an Deutschen begangen, bezeugen zu können;
3. der von Hitler gegen den Bolschewismus gelenkte Haß sitze tief im Herzen der Deutschen.[22]

Churchill konnte seine Gegner nicht überzeugen. Adenauer, der wohl ahnte, was für ihn auf dem Spiel stand, wurde in diesen Wochen zum erbitterten Gegenspieler Churchills. Dessen Schlaganfall im Juni erleichterte ihm das Spiel. Die von Churchill anvisierte Gipfelkonferenz im Stil der Kriegskonferenzen der »Großen Drei« kam nicht zustande.
So kam im Sommer 1953 alles zusammen, was eine mögliche Lösung der deutschen Frage verhinderte. Im Westen war niemand daran interessiert, und im Kreml führten die Nachfolgekämpfe zur Ausschaltung jener Fraktion, die unter Führung von Berija eine Lösung der deutschen Frage durch Verhandlungen nicht ausgeschlossen hatte. Daran anknüpfend hat Richard Löwenthal schon vor Jahren die Frage gestellt:

»Müssen wir daraus schließen, daß die Volkserhebung vom 17. Juni die entscheidende Ursache dieser Abkehr war – daß die streikenden und demonstrierenden Arbeiter der Sowjetzone in tragischer Weise das Gegenteil dessen bewirkten, was sich im Laufe der Bewegung als ihr letztes und höchstes Ziel herausgestellt hatte? Ein solcher Schluß würde sich auf den unmittelbaren Anlaß der sowjetischen Wendung konzentrieren und den eigentlich bestimmenden Faktor übersehen – die Passivität der westlichen, auch der westdeutschen Außenpolitik in den kritischen Monaten nach Stalins Tod. [...] So gesehen bezeichnet der 17. Juni nicht nur eine Krise der sowjetischen, sondern eine verpaßte Chance der westlichen Politik.«[23]

40 Jahre später hat Ilse Spittmann die Frage gestellt, was wohl wäre, wenn die DDR statt 1989 schon 1953 zusammengebrochen wäre. Sie selbst gibt zu, daß die Frage müßig, aber mit Blick auf die Probleme, die die vereinten Deutschen heute miteinander haben, doch nicht ganz sinnlos sei. Man kann die Frage noch erweitern; es geht nicht nur um das Zusammenbrechen der DDR, es geht auch um die Frage, ob eine ernsthaft betriebene Wiedervereinigungspolitik zu dem gewünschten Ergebnis geführt hätte, nicht nur im Frühjahr 1953, sondern bereits ein Jahr vorher im Zusammenhang mit der Stalin-Note. Die Antwort, die Ilse Spittmann für das Jahr 1953 gibt, gilt genauso für 1952; es war eine Zeit, als die »Wessis« noch keine Mercedes fuhren und die »Ossis« noch keine Trabis, mit den Worten Spittmanns:

»Die Deutschen waren damals ein Volk mit gemeinsamer historischer Prägung und weitgehend gleicher Sozialstruktur. Die Gesellschaft war noch stark gegliedert, die bürgerlichen Milieus zwar angeschlagen, aber noch nicht verschwunden, der Mittelstand noch nicht vernichtet, noch existierte eine starke Sozialdemokratie. Es gab noch keine Generation, die in der DDR geboren, aufgewachsen, soziokulturell wie politisch allein von ihr geprägt war. Es gab noch kein IM-Stasi-Problem, ›Vergangenheitsbewältigung‹ bezog sich nur auf die gemeinsam erlebte NS-Zeit. Der Abstand zu Westdeutschland in Wirtschaft, Konsum, Lebensweise war noch nicht groß, er wäre tatsächlich in kurzer Zeit zu überbrücken gewesen. Wir hätten den Nachkriegsaufbau gemeinsam bewältigt, das ›Wirtschaftswunder‹ und den gesellschaftlichen Modernisierungsschub der sechziger Jahre gemeinsam erfahren. Hält man sich das vor Augen, versteht man vielleicht besser, was die 40 Jahre wirklich ausmachen, die auch eine gegenseitige Isolierung waren.«[24]

Und daran schließt sich denn auch die Frage, wer dafür letztlich verantwortlich war. Für Adenauers Politik beantwortet Frau Spittmann diese Frage allerdings nicht.

Dokumente zum 8. Kapitel

[31] Brief der SED-Führung an Stalin, 2. 7. 1952

Das Politbüro des ZK der SED hat am 1. Juli 1952 zum Entwurf des Referats auf der II. Parteikonferenz Stellung genommen und seine Meinung zu einigen grundlegenden Fragen formuliert, zu denen wir um die Stellungnahme des Politbüros des ZK der KPdSU (B) bitten.

1. Frage: Einschätzung der Entwicklung der SED

Die SED hat sich zu einer marxistisch-leninistischen Partei entwickelt. Vor der Partei steht die geschichtliche Aufgabe, die Arbeiterklasse und die Werktätigen auf dem Wege des Aufbaus des Sozialismus vorwärtszuführen, eine Aufgabe, in der sich die SED als marxistisch-leninistische Partei, als die Vorhut des deutschen Volkes bewähren muß.

2. Frage: Charakteristik der Adenauer-Regierung

Die Unterzeichnung des Separatpaktes bedeutet eine grobe Handlungsweise gegen das Potsdamer Abkommen. Der Separatpakt zeigt, daß der amerikanische Imperialismus das Wiedererstehen des westdeutschen Militarismus mit allen Mitteln fördert, um Westdeutschland zum Hauptaufmarschgebiet des Atlantikkriegsblockes in Europa* zu machen. [...]
Die Besonderheit des deutschen Militarismus und Imperialismus ist die Tatsache, daß sein Auftreten von Anfang an als offener nationaler Verrat sichtbar ist. Die Adenauer-Regierung ist die Regierung der reaktionärsten, militaristischen, profitgierigsten Kreise des westdeutschen Finanzkapitals, die unter dem Kommando des USA-Imperialismus Westdeutschland den aggressiven Zielen des Atlantikkriegspaktes opfern wollen. Die Adenauer-Regierung ist eine Vasallenregierung der USA.

* »in Europa« handschriftlich ergänzt.

3. Frage: Welches Entwicklungsstadium haben wir in der Deutschen Demokratischen Republik erreicht?

In der ersten Phase nach der Befreiung durch die Sowjetarmee erfolgte die Einigung der Arbeiterklasse unter Zusammenschluß aller demokratischen Kräfte, um die Aufgaben der bürgerlich-demokratischen Revolution zu Ende zu führen und die Grundlagen des faschistischen deutschen Imperialismus zu vernichten. Es wurde ein antifaschistisch-demokratisches Regime geschaffen. Gegenwärtig hat die Arbeiterklasse die führende Rolle im Staat und das Bündnis mit den werktätigen Bauern gefestigt. Der Staat der Werktätigen hat zur Grundlage zwei Klassen, die Arbeiterklasse und die Klasse der werktätigen Bauernschaft. Beide Klassen sind durch das Bündnis der Arbeiterklasse mit den werktätigen Bauern verbunden. Die Arbeiterklasse und alle fortschrittlichen Kräfte werden von der Sozialistischen Einheitspartei Deutschlands geführt, die im Block der antifaschistisch-demokratischen Parteien und Massenorganisationen die Hauptkraft ist.

In der Wirtschaft wurde und wird die sozialistische Planwirtschaft entwickelt. Die ökonomische Grundlage sind die Betriebe sozialistischen Charakters (volkseigene und Genossenschaftsbetriebe), die Ende 1952 81% der Industrieproduktion erzeugen. In der Landwirtschaft sind die Bedingungen herangereift für die Schaffung von Produktionsgenossenschaften, die auf der Grundlage der Freiwilligkeit gegenwärtig von den Landarbeitern und werktätigen Bauern geschaffen werden. Es sind damit die entscheidenden Voraussetzungen für den Übergang zum Aufbau des Sozialismus und die Schaffung der Grundlagen des Sozialismus in der Landwirtschaft geschaffen. Das Hauptwerkzeug bei der Schaffung der Grundlagen des Sozialismus ist die Staatsmacht, die sich von der antifaschistisch-demokratischen Ordnung zur demokratischen Volksmacht, zur Volksdemokratie entwickelt hat.

Welche Wirkung würde eine solche grundsätzliche Stellungnahme auf den Kampf um die Einheit eines demokratischen Deutschland haben? Über die Gestaltung des einigen Deutschland entscheidet das deutsche Volk in freien, gesamtdeutschen Wahlen zur Nationalversammlung. Die Nationalversammlung ist die höchste Instanz. Das Hauptargument des Gegners in den letzten Jahren und auch in Zukunft ist die Erklärung, daß die Deutsche Demokratische Republik bereits eine Volksdemokratie sei. Die Volksdemokratie wird als etwas Schlimmes dargestellt. Wenn wir die Entwicklung der Deutschen Demokratischen Republik real einschätzen und erklären, daß die Staatsmacht den Charakter einer Volksdemokratie hat, dann werden breite Massen der Arbeiterklasse und der Werktätigen sagen, daß eine solche Volksmacht annehmbar ist. Durch diese Fragestellung wird der grundsätzliche Kampf in der Sozialdemokratie und in den Gewerkschaften Westberlins und Westdeutschlands entwickelt und die Arbeiterklasse zum Klassenbewußtsein erzogen. Auch die werktätigen Bauern und die Kleinbürger werden zu dem Resultat kommen, daß man bei uns besser leben kann als in Westdeutschland.

In der Deutschen Demokratischen Republik wird eine solche Einschätzung unseres gegenwärtigen Entwicklungsstandes die Initiative der Arbeiterklasse und der Werktätigen bedeutend entwickeln. Das ist von großer Bedeutung für die Sicherung der Deutschen Demokratischen Republik gegen feindliche Sabotage- und Diversionsmaßnahmen und für die Organisierung der bewaffneten Streitkräfte der Deutschen Demokratischen Republik.

Die vorstehenden Formulierungen entsprechen der einmütigen Auffassung des Politbüros.

(SAPMO-BA, ZPA, J IV 2/2/218; Staritz, 959, S. 686–700.)

[32] Bericht der ZK-Abteilung LOPM über die Haltung der Bevölkerung zur Versorgungslage und zu den Normenerhöhungen, 24. 4. 1953

Auf den Beschluß des Ministerrates vom 16. 4. 1953 zur Preisregulierung bei einigen Waren hat ein großer Teil der Bevölkerung äußerst negativ reagiert. Die Ursachen der schlechten Stimmung sind vor allem die ungenügende Erläuterung und Begründung des Beschlusses in der Presse, wofür bei einem großen Teil der Bevölkerung kein Verständnis vorhanden ist. Besonders kommt das bei den Hausfrauen, Rentnern und z. T. auch bei Betriebsarbeitern zum Ausdruck. Die wichtigsten Argumente sind:

1. Die letzten Beschlüsse der Regierung hätten eine ständige Verschlechterung der Lebenslage der werktätigen Bevölkerung mit sich gebracht. Dabei verweist man auf die Neuregelung der SVK-Beiträge und Kuraufenthalte, die neue Fahrpreisregelung, den Wegfall der Punktkarte, die Neuregelung des Lebensmittelkartenbezuges und schließlich die erfolgte Preisregulierung.
2. In einer Reihe von Betrieben des Bezirkes Dresden [...] ist seit Montag das Argument aufgetreten: auf der einen Seite würden Normen-

erhöhungen gefordert, die sowieso schon bedeuteten, daß die Arbeiter weniger verdienen, und auf der anderen Seite würden die Preise noch erhöht. Eine besonders ernste Erscheinung in diesem Zusammenhang ist, daß von einem Teil der Werktätigen in den Betrieben seit Anfang dieser Woche eine ablehnende Haltung zur Normenerhöhung zum Ausdruck gebracht wird.

3. Allgemein wird argumentiert, daß von keiner Preisregulierung zu sprechen sei, sondern vielmehr von Preiserhöhungen. Durch die ungenügende Begründung und Erläuterung des Beschlusses in der Presse und die in dieser Frage sehr mangelhafte Arbeit und Unbeweglichkeit der Mehrzahl der Parteileitungen, die oftmals nichts zur Aufklärung der Bevölkerung unternahmen und auf Anweisungen und Argumentationen der übergeordneten Leitungen warteten, wurde dem Klassenfeind seine gegnerische Tätigkeit erleichtert. Das führte dazu, daß durch die vom Gegner verbreiteten Gerüchte ein bedeutender Teil der Bevölkerung beeinflußt wurde und in großem Maße Angsteinkäufe tätigte (z. B. im Bezirk Chemnitz). In diesem Zusammenhang wurde von seiten der Bezirksleitungen eine ernste Kritik an der Arbeitsweise der Abteilung Agitation beim Zentralkomitee geübt, weil keine Argumentation zum Beschluß des Ministerrates herausgegeben wurde. Allgemein wird zum Ausdruck gebracht, daß es unverständlich ist, daß bei solchen wichtigen Beschlüssen nicht sofort den Bezirksleitungen Mitteilung gemacht [wurde], während den Räten der Bezirke und Kreise die Zusatzbestimmungen bekanntgegeben wurde[n]. Harte Kritik wurde an der Arbeitsweise des Staatsapparates geübt, besonders dahingehend, daß bei der Bekanntgabe der neuen Preise durch Vertreter der Regierung keine politische Begründung und umfassende Erläuterung der Verordnung zu dieser wichtigen Frage gegeben wurde. (Z. B. gab der Genosse S., Mitarbeiter der Regierung in Chemnitz, nur die neuen Preise bekannt, ohne eine politische Begründung geben zu können. Auf Befragen erklärte er, daß er bei der Regierung selbst nur kurz vor der Wegfahrt eine halbstündige Besprechung gehabt hätte und ihm dort keinerlei Hinweise und Argumentationen gegeben worden seien.)

Es wäre unbedingt notwendig, daß bei solchen Beschlüssen von zentraler Stelle aus sofort den leitenden Parteiorganen in den Bezirken die nötigen Anweisungen, besonders in Hinsicht auf die rechtzeitige Ausarbeitung von Argumentationen, gegeben würden.

(SAPMO-BA, ZPA, IV 2/5/259, Bl. 138 f., Hoffmann/Schmidt/Skyba, 608, S. 146 f.)

[33] Beschluß der 13. Tagung des Zentralkomitees der SED vom 14. 5. 1953

Die völlig unbefriedigende Bestimmung der Arbeitsnormen in unseren sozialistischen Betrieben aller Wirtschaftszweige zeigt, daß der Verwirklichung dieser für unsere wirtschaftliche Entwicklung so bedeutungsvollen Erkenntnisse ungenügende Beachtung geschenkt wurde. Der Anteil der technisch begründeten Arbeitsnormen ist unbefriedigend niedrig und die bestehenden »erfahrungsstatistischen« Normen stehen im Gegensatz zu der entwickelten Technik, zu den Erfahrungen und Leistungen der Aktivisten, zur Organisation des Arbeitsablaufs und zu der gewachsenen Qualifikation der Arbeiter. Sie sind ein ernstes Hemmnis unserer wirtschaftlichen und gesellschaftlichen Entwicklung in der Deutschen Demokratischen Republik geworden.

Die Leitungen der Betriebe und der Wirtschaftsorgane schenken der Ausarbeitung und Einführung technisch begründeter Arbeitsnormen ungenügende Aufmerksamkeit und überlassen diese bedeutungsvollen Fragen dem Selbstlauf. Dadurch entstehen Normen, die zu den Interessen der Erhöhung des Lebensstandards der Bevölkerung im Widerspruch stehen. Ohne entsprechende Leistungen zu erzielen, werden Normerfüllungen von 150 bis 200 Prozent erreicht.

Die Aufstellung von Arbeitsnormen auf falscher Grundlage wird begünstigt durch die in den vom Ministerium für Arbeit erlassenen Richtlinien über die Ausarbeitung und Einführung technisch begründeter Arbeitsnormen enthaltene Bestimmung, wonach bei Einführung neuer Arbeitsnormen eine Senkung des bisherigen Verdienstes nicht zulässig ist. Die Bestimmung hat sich als ein Fehler und als ein Hemmnis in der ganzen Entwicklung für die Ausarbeitung und Einführung technisch begründeter Arbeitsnormen erwiesen und muß korrigiert werden.

Das Zentralkomitee der Sozialistischen Einheitspartei Deutschlands steht auf dem Standpunkt, daß die Minister, Staatssekretäre sowie die Werkleiter alle erforderlichen Maßnahmen zur Beseitigung des schlechten Zustands in der Arbeitsnormung einleiten und durchführen mit dem Ziel, die Arbeitsnormen auf ein normales Maß zu bringen und eine Erhöhung der für die Produktion entscheidenden Arbeitsnormen um durchschnittlich mindestens 10 Prozent bis zum 1. Juni 1953 sicherzustellen. Unverzüglich sind die Arbeitsnormen mit dem Ziel ihrer Erhöhung zu überprüfen und die so erhöhten Normen nach gründlicher und gewissenhafter Aufklärungsarbeit durch die Betriebsparteiorganisation und die Genossen der Gewerkschaftsorganisationen vom Werkdirektor einzuführen.

(»Tägliche Rundschau« vom 17. Mai 1953.)

[34] Anweisungen der sowjetischen Führung, ohne Datum *

Über die Maßnahmen zur Gesundung der politischen Lage in der Deutschen Demokratischen Republik

Infolge der Durchführung einer fehlerhaften politischen Linie ist in der Deutschen Demokratischen Republik eine äußerst unbefriedigende politische und wirtschaftliche Lage entstanden.

Unter den breiten Massen der Bevölkerung, darunter auch unter den Arbeitern, Bauern und der Intelligenz ist eine ernste Unzufriedenheit zu verzeichnen in bezug auf die politischen und wirtschaftlichen Maßnahmen, die in der DDR durchgeführt werden. Das kommt am deutlichsten in der massenhaften Flucht der Einwohner der DDR nach Westdeutschland zum Ausdruck. So sind vom Januar 1951 bis April 1953 447 Tausend Personen nach Westdeutschland geflüchtet, darunter über 120 Tausend lediglich während der vier Monate des Jahres 1953. Einen bedeutenden Teil der Geflüchteten machen werktätige Elemente aus. Unter den 1953 geflüchteten befinden sich: Arbeiter – etwa 18 Tausend, mittlere und Kleinbauern, Handwerker und Rentner – etwa 9 Tausend, Angestellte und Angehörige der werktätigen Intelligenz – etwa 17 Tausend, Hausfrauen über 24 Tausend. Von den Einheiten der kasernierten Polizei sind nach Westdeutschland 8 Tausend Mann geflüchtet. Es fällt auf, daß sich unter den innerhalb der vier Monate 1953 nach Westdeutschland Geflüchteten 2718 Mitglieder und Kandidaten der SED und 2610 Mitglieder der FDJ befinden.

Als Hauptursache der entstandenen Lage ist es anzuerkennen, daß gemäß den Beschlüssen der Zweiten Parteikonferenz der SED, gebilligt vom Politbüro des ZK der KPdSU (B), fälschlicherweise der Kurs auf einen beschleunigten Aufbau des Sozialismus in Ostdeutschland genommen worden war ohne Vorhandensein der dafür notwendigen realen sowohl innen- als auch außenpolitischen Voraussetzungen. Die sozial-wirt-

* Anlage zum Protokoll der Politbürositzung vom 5. 6. 1953. Bis auf offensichtliche Schreibfehler ist das Dokument unverändert wiedergegeben; darüber hinausgehende Fehler und nicht eindeutige Stellen sind nicht gesondert gekennzeichnet.

schaftlichen Maßnahmen, die in Verbindung damit durchgeführt werden, und zwar eine Beschleunigung der Entwicklung der schweren Industrie, die dabei auch keine gesicherte Rohstoffquellen hat, eine jähe Einschränkung der Privatinitiative, die die Interessen einer breiten Schicht der nicht großen Eigentümer in Stadt und Land beeinträchtigt, und Entzug der Lebensmittelkarten für alle Privatunternehmer und Freischaffenden, besonders eine übereilte Schaffung der landwirtschaftlichen Produktionsgenossenschaften ohne eine dafür notwendige Grundlage auf dem Dorfe haben dazu geführt, daß auf dem Gebiet der Versorgung der Bevölkerung mit Industriewaren und Nahrungsmitteln ernste Schwierigkeiten entstanden, daß der Kurs der Mark stark gefallen ist, daß eine große Anzahl der kleinen Eigentümer wie Handwerker, Gewerbetreibende usw. ruiniert sind und haben bedeutende Schichten der Bevölkerung gegen die bestehende Macht gestimmt. Es ist so weit gekommen, daß zur Zeit über 500 Tausend Hektar Land verlassen und brachliegen, und die haushälterischen deutschen Bauern, die sonst stark an ihrem Landstück hängen, begannen, massenhaft ihr Land und ihre Wirtschaft zu verlassen und sich nach Westdeutschland zu begeben.

Die politische und ideologische Arbeit, geführt unter der Lenkung von der SED, entspricht nicht den Aufgaben der Stärkung der Deutschen Demokratischen Republik. Insbesondere wurden ernste Fehler in bezug auf die Geistlichen begangen, die in einer Unterschätzung des Einflusses der Kirche unter den breiten Massen der Bevölkerung, in groben Administrierungsmaßnahmen und Repressalien ihren Ausdruck fanden.

Als ein grober Fehler ist auch die Unterschätzung der politischen Arbeit unter der Intelligenz anzuerkennen. Dadurch erklären sich teilweise die in einem bedeutenden Teil der Intelligenz vorhandenen Schwankungen, Unbeständigkeit und sogar ein feindliches Verhalten zur gegenwärtigen Ordnung.

Das alles schafft eine ernste Gefahr für die politische Beständigkeit der Deutschen Demokratischen Republik.

Zur Verbesserung der entstandenen Lage ist es notwendig:

1. Unter den heutigen Bedingungen der Kurs auf eine Forcierung des Aufbaus des Sozialismus in der DDR, der von der SED eingeschlagen und vom Politbüro des ZK der KPdSU(B) in seinem Beschluß vom 8. Juli 1952 gebilligt worden war, ist für nicht richtig zu halten.
2. Zur Gesundung der politischen Lage in der DDR und zur Stärkung

unserer Positionen sowohl in Deutschland selbst, als auch in der Deutschlandfrage auf der internationalen Ebene und zur Sicherstellung und Ausbreitung der Basis einer Massenbewegung für die Schaffung eines einheitlichen, demokratischen, friedliebenden, unabhängigen Deutschlands ist der Führung der SED und der Regierung der DDR die Durchführung folgender Maßnahmen zu empfehlen:

a) Ein künstliches Aufbringen der landwirtschaftlichen Produktionsgenossenschaften, die sich in der Praxis nicht bewährt haben und die eine Unzufriedenheit unter den Bauern hervorrufen, ist einzustellen.
Alle bestehenden landwirtschaftlichen Produktionsgenossenschaften sind sorgfältig zu überprüfen und dieselben, die auf einer unfreiwilligen Basis geschaffen sind oder die sich als lebensunfähig gezeigt haben, sind aufzulösen. Es ist im Auge zu halten, daß unter den heutigen Bedingungen in der DDR nur eine einfachere Form der Produktionskooperierung der Bauern, wie die Genossenschaften zur gemeinsamen Bearbeitung des Bodens, ohne daß die Produktionsmittel vergesellschaftlicht werden, mehr oder weniger lebensfähig sein kann. Solche Genossenschaften können, wenn ihnen eine zustehende Hilfe gewährt wird, zu einem anziehenden Beispiel für das Bauerntum werden.

b) Es sind die bestehenden Maschinen-Ausleihstationen zu stärken und die neuen M S* nach Möglichkeit zu schaffen als der wichtigste Hebel der Einwirkung im Dorfe und das Hauptmittel der Hilfeleistung an die werktätigen Bauern zur Hebung der Produktivität der Landwirtschaft.
Neben der Hilfe an die Genossenschaften zur gemeinsamen Bearbeitung des Bodens sollen die Maschinen-Ausleihstationen auch individuelle Bauernwirtschaften auf Grund der Ausleihverhältnisse bedienen.

c) Die Politik der Einschränkung und der Ausdrängung des mittleren und kleinen Privatkapitals ist als eine vorzeitige Maßnahme zu verwerfen. Zur Belebung des wirtschaftlichen Lebens der Republik ist es notwendig, eine breite Heranziehung des Privatkapitals in verschiedenen Zweigen der kleinen und Gewerbeindustrie, in der Landwirtschaft, sowie auch auf dem Gebiet des Handels für zweckmäßig zu

* Ein Buchstabe nicht lesbar; es kann sich hier um MAS oder MTS handeln.

halten, ohne dabei seine Konzentrierung in großem Ausmaß zuzulassen.

Bei der Verteilung der materiellen Ressourcen ist die Zuteilung von Rohstoffen, Heizmitteln, Elektroenergie und die Bereitstellung von Krediten an die Privatunternehmen vorzusehen. Das existierende System der Besteuerung der Privatunternehmer, das praktisch den Drang zur Beteiligung an dem Wirtschaftsleben tötet, ist in der Richtung einer Linderung der Steuerpresse zu revidieren. Die Kartenversorgung mit Lebensmitteln für die Privatunternehmer sowie auch für die Freischaffenden ist wiederherzustellen.

d) Der Fünfjahrplan der Entwicklung der Volkswirtschaft der DDR ist zu revidieren in der Richtung einer Lockerung des überspannten Tempos der Entwicklung der schweren Industrie und einer schroffen Vergrößerung der Produktion der Massenbedarfswaren und der vollen Sicherung der Versorgung der Bevölkerung mit Lebensmitteln, um schon in der nächsten Zeit es möglich wäre, das Kartensystem der Versorgung mit Lebensmitteln zu liquidieren;

e) Notwendige Maßnahmen zur Sanierung des Finanzsystems zur Herabsetzung der administrativen und Sonderausgaben, sowie zur Stärkung und Hebung des Kurses der Mark der DDR sind durchzuführen.

f) Maßnahmen zur Stärkung der Gesetzlichkeit und Gewährung der Bürgerrechte zu treffen, von harten Strafmaßnahmen, die durch Notwendigkeit nicht hervorgerufen werden, abzusehen. Die Gerichtsunterlagen der bestraften Bürger wieder zu prüfen zwecks Befreiung der ohne genügende Gründe zur Verantwortung gezogenen Personen. Unter diesem Gesichtspunkt entsprechende Änderungen in der bestehenden Strafgesetzgebung vorzunehmen.

g) Eine breite Entfaltung der politischen Arbeit unter allen Volksschichten bei entscheidender Ausrottung der Elemente von nackter Administrierung ist als eine der wichtigsten Aufgaben der SED zu betrachten. Es ist eine solche Lage zu erreichen, daß die Regierungsmaßnahmen vom Volke verstanden werden und unter der Bevölkerung selbst Unterstützung finden.

Besondere Aufmerksamkeit ist der politischen Arbeit unter der Intelligenz zu widmen, um zu gewähren, daß die Hauptmasse der Intelligenz sich der aktiven Teilnahme an der Durchführung der Maßnahmen zur Stärkung der bestehenden Ordnung zuwendet.

Zur Zeit und in der nächsten Zukunft ist es notwendig, sowohl in der

DDR als auch in Westdeutschland die Aufgaben des politischen Kampfes für die Wiederherstellung der nationalen Einheit Deutschlands und zur Abschließung eines Friedensvertrages zum Mittelpunkt der Aufmerksamkeit der breiten Massen des deutschen Volkes zu machen. Dabei ist es notwendig, die politische und wirtschaftliche Lage in der DDR zu berichtigen und zu stärken und den Einfluß der SED unter den breiten Arbeitermassen und anderen demokratischen Schichten in Stadt und Land bedeutend zu vergrößern.

Die bis zu dieser Zeit durchgeführte Propaganda über die Notwendigkeit des Übergangs der DDR zum Sozialismus als unrichtig zu betrachten, da sie die Parteiorganisationen der SED zu unzulässig vereinfachten und hastigen Schritten sowohl auf dem politischen als auch auf dem wirtschaftlichen Gebiet treibt.

Dabei ist die bedeutende Stärkung der Rolle des Blocks der demokratischen Parteien und Massenorganisationen sowie der Nationalen Front des demokratischen Deutschlands im Staats- und Gesellschaftsleben der DDR als notwendig zu betrachten.

h) Einem nackten Administrieren in bezug auf die Geistlichen ist Schluß zu machen und die schädliche Praxis der groben Einmischung der Behörden in die Angelegenheiten der Kirche ist einzustellen. Alle Maßnahmen, die die direkten Interessen der Kirche und der Geistlichen einengen, sind aufzuheben, und zwar: Beschlagnahme der karitativen Kirchenanstalten (Alten- und Waisenheime), Abnahme durch lokale Behörden brachliegender kirchlicher Bodenfläche, Entziehung der für die Kirche festgelegten Subventionen usw. Die Verfolgung der einfachen Teilnehmer der kirchlichen Jugendorganisation »Junge Gemeinde« ist einzustellen und die politische Arbeit unter ihnen zum Schwerpunkt zu machen. Es ist im Auge zu halten, daß Repressalien gegenüber der Kirche und den Geistlichen nur dazu beitragen können, den religiösen Fanatismus der rückständigen Schichten der Bevölkerung zu stärken und ihre Unzufriedenheit zu vergrößern, darum muß als Hauptkampfmittel gegen den reaktionären Einfluß der Kirche und der Geistlichen eine tüchtig durchdachte Aufklärungs- und Kulturarbeit sein. Als Grundform der antireligiösen Propaganda ist eine weite Verbreitung der wissenschaftlichen und politischen Kenntnisse unter der Bevölkerung zu erkennen.

3. Die Gewährung der wirtschaftlichen Hilfe an die DDR seitens der UdSSR, insbesondere auf dem Gebiet der Lebensmittelversorgung, ist als notwendig zu erkennen.

4. Der Hohe Kommissar der UdSSR in Deutschland, Genosse Semjonow, und der Befehlshaber der sowjetischen Besatzungstruppen, Genosse Gretschko, sind verpflichtet, die bestehenden Mängel in der Ausübung des Besatzungsregimes durch sowjetische Truppen zu beseitigen, Maßnahmen zu treffen, um zu gewähren, daß das Dasein der sowjetischen Besatzungstruppen möglichst weniger die direkten Interessen der Zivilbevölkerung beeinträchtigt, insbesondere sind alle durch sowjetische Truppen besetzten Räume der Bildungsanstalten, Krankenhäuser und Kulturstätten freizumachen.
5. Von dem Standpunkt ausgehend, daß die politische und wirtschaftliche Lage der DDR einer der wichtigsten Faktoren nicht nur in der Lösung der allgemeinen Deutschlandfrage, sondern auch für die friedliche Regelung der internationalen Grundprobleme ist, sind in Zukunft bei der Bestimmung der gesamten politischen Linie für diese oder jene Zeitperiode und bei der Durchführung jeder konkreten Maßnahme zur Stärkung der DDR streng die realen Bedingungen innerhalb der DDR wie auch die Lage in ganz Deutschland und die internationale Lage zu berücksichtigen.
6. Da zur Zeit die Hauptaufgabe der Kampf für die Vereinigung Deutschlands auf demokratischer und friedlicher Grundlage ist, müssen die SED und die KPD, als Bannerträger im Kampf für die nationalen Bestrebungen und für die Interessen des ganzen deutschen Volkes, die Durchführung einer elastischen, auf maximale Splitterung der Kräfte ihres Gegners und Ausnutzung jeglicher oppositionellen Strömungen gegen die käufliche Clique Adenauers gerichtete Taktik gewährleisten. Deshalb, da die Sozialdemokratische Partei Westdeutschlands, der noch bisher bedeutende Massen der Werktätigen folgen, gegen die Bonner Verträge, wenn auch ungenügend konsequent, auftritt, ist die total feindliche Position gegenüber dieser Partei für die heutige Periode zu verwerfen, und es ist zu versuchen, wo und wenn es möglich ist, gemeinsame Aktionen gegen die Adenauersche Politik der Spaltung und der imperialistischen Knechtung Deutschlands zu organisieren.

(SAPMO-BA, ZPA, J IV 2/2/286; Stöckigt, 1003, S. 648–654. Stöckigt zitiert nach NL 3/2.)

[35] Protokoll Nr.33/35 der außerordentlichen Sitzung des Politbüros des Zentralkomitees am 6.6.1953

Tagesordnung:
Aussprache zum Bericht über die Reise

Anwesende Mitglieder: Grotewohl, Ulbricht, Oelßner, Rau, Ebert, Zaisser
Anwesende Kandidaten: Schmidt, Honecker, Jendretzky, Herrnstadt, Mückenberger
Zur Sitzung hinzugezogen: Semjonow
Es fehlten entschuldigt:

Pieck	Kur
Matern	Urlaub
Ackermann	Urlaub
Sitzungsleitung:	Grotewohl
Protokollführung:	Oelßner

Behandelt:

1. Aussprache zum Bericht über die Reise: Beschlossen:

1) Nach eingehender Diskussion, an der sich alle anwesenden Genossen beteiligten, wird die allgemeine Zustimmung zu dem vorgelegten Dokument erklärt.
2) Es soll ein umfassendes Dokument über die Selbstkritik an der Arbeit des Politbüros und des Sekretariats ausgearbeitet und dem Präsidium des ZK der KPdSU überreicht werden.
3) Zur Vorbereitung einer organisatorischen Neuordnung der Arbeitsweise des Politbüros und des Sekretariats wird eine Kommission eingesetzt aus den Genossen Ulbricht, Zaisser, Oelßner, Herrnstadt, Jendretzky.
4) Die Genossen Ebert und Jendretzky werden beauftragt, für die in der Sitzung des Politbüros am 5.6.1953 eingesetzten Kommissionen je einen Berliner Genossen zu benennen.
5) Die gesamte Sichtpropaganda ist sofort zu überprüfen.
6) Genosse Grotewohl wird ermächtigt, mit den Kirchenführern zu verhandeln. An den Verhandlungen sollen teilnehmen die Genossen: Wandel, Zaisser, Grötschel, Herr Nuschke.
7) An die Genossen Zaisser, Maron und den Generalstaatsanwalt ist Anweisung zu geben, keinerlei weitere Maßnahmen gegen die soge-

nannte »Junge Gemeinde« und sonstigen kirchlichen Einrichtungen einzuleiten.
Die weitere Regelung der Angelegenheiten der »Jungen Gemeinde« ist durch das Amt für Jugendfragen und nicht durch das Ministerium des Innern vorzunehmen.

8) Die beschlagnahmten Einrichtungen kirchlichen Charakters sind an die früheren Verwaltungen zurückzugeben.
9) Die vorgesehenen Zuschüsse an die Kirchen sind zu zahlen.
10) Die Quarantänelager für zurückkehrende Republikflüchtige sind sofort aufzulösen. Es ist eine entsprechende Pressenotiz zu veröffentlichen.
Zur Regelung aller mit der Rückführung früherer Republikflüchtlinge im Zusammenhang stehenden Fragen sind Richtlinien von folgender Kommission auszuarbeiten: Zaisser, Plenikowski, Maron, Sorgenicht, Strampfer, ein Mitarbeiter von Scholz.
11) Die geplanten Sommerlager zur körperlichen Ertüchtigung der Mitglieder und Kandidaten der SED sind nicht durchzuführen.
In der Presse ist folgende Notiz zu veröffentlichen: »Das Politbüro des Zentralkomitees der SED hat die Frage der Durchführung von Sommerlagern zur körperlichen Ertüchtigung der Parteimitglieder und Kandidaten überprüft und beschlossen, von dieser Maßnahme Abstand zu nehmen. Alle in dieser Richtung getroffenen Vorbereitungen werden eingestellt.«
12) Die Genossen Ebert und Jendretzky werden beauftragt, konkrete Maßnahmen in bezug auf Berlin vorzuschlagen.

[gez.] W. Ulbricht [gez.] O. Grotewohl

(SAPMO-BA, ZPA, JIV 2/2/287, Scherstjanoi, 1001, S. 668 f.)

[36] Otto Grotewohl. Mitschrift von der Politbürositzung am 6.6.1953

Walter [Ulbricht]:
Wodurch sind wir in diese Lage geraten? Opfer der Provokationen = Bonner Verträge. Klassenkämpfe – Agentenangst – Gefährdung der Gesetzlichkeit. Sekretariat beschränken auf Parteibeschlüsse.
Durchführung
1.) Beratung Pol[it]büro + Minister über ihre Verantwortung u[nd] Zuständigkeit

2.) Verhältnis u[nd] Arbeitsmethode zwischen Partei u[nd] H[ohem] Kommissar
3.) Rolle der Persönlichkeit
4.) Geburtstag »Ich werde in der nächsten Sitzung Vorschläge machen.«*
5.) Arbeitsteilung – Konferenzen – Besprechungen
6.) Verantwortung in D[eutschland] tragen wir allein. Ich habe Verantwortung zu tragen und werde meine Arbeit ändern.

[Fred] Oelßner:

Ziel der Politik: die Massen [der] DDR zu gewinnen, nicht durch Theorien, sondern durch Maßnahmen. Unsere Aufgabe ist, daß sich jeder wohlfühlt.

1.) Sofortmaßnahmen
Waren an Einzelhändler
Verhaftungen – Stromsperren
Schrebergärten – Lebensmittelkarten
Junge Gemeinde – Kirche
2.) Erweiterung des Dokuments:
Kommissionen müssen vorher mit Menschen sprechen. Vereinsfreiheit. Pressewesen – Auflockerung. Lockerung der Diktatur ist nötig. Blockpolitik ehrlich (Aufgabe der Bevormundung). Klassenkampf nicht schüren, nicht schreien.

Gefahr:

1.) Augenzwinkern-Ehrlichkeit
2.) mit administrativem Druck durchführen
3.) *freie* Entscheidung

Partei:

Verhältnis Sekretariat – Pol[it]büro.

Sekr[etariat] ist kein Organ der Partei, sondern des Generalsekr[etärs]. Die Mitglieder sind nicht für die Aufgabe qualifiziert. Mitgl[ieder] müssen Eigenverantwortung bekommen.

1.) [Hermann] Axen
2.) Nachwahlen aus Kandidaten [des] ZK
3.) Nur 1 Sitzung [pro] Woche, nicht mehr 15 T[ages]O[rdnungs-punkte]
4.) Lotte U[lbricht] – Zusammenarbeit unmöglich

* Einem Beschluß zufolge sollte Ulbrichts 60. Geburtstag (30. Juni) zu einem politischen Höhepunkt gestaltet werden. Dafür wurde eine spezielle Kommission gegründet. Ulbricht reagierte mit der Absichtserklärung, neue Vorschläge zu machen, offenbar schon auf Kritik an diesem Personenkult.

[Wilhelm] Zaisser:
Absolute Änderung erforderlich.
Änderung wie seit 1918 nicht. (Ausgang: Kritik + Selbstkritik)
O[elßner] = 100% unterstreichen. – W[alter] völlig enttäuscht. Charaktereigenschaften – unnatürlich empfindlich, grob – Drang z[um] Kommandieren. Kollektivverantwortung des Politbüros muß erkennbar werden in Zukunft.
Linie des Befehlens und Gehorchens. Von oben bis unten zuviel kommandiert. Das Gefühl für Parteidemokratie ist verlorengegangen.

[Friedrich] Ebert:
Gesamtverantwortung, aber man muß über sich selbst klar werden. Ich fühle mich nicht ganz gleichberechtigt. Zuviel Funktionen liegen auf dem Einzelnen. Schluß mit Geheimnistuerei, es gibt nicht 2 Gruppen von Pol[it]büromitgliedern. Kollektive Arbeit.

[Rudolf] Herrnstadt:
3 Fragen zum Dokument
a) reale Grundlage der DDR
b) reale Grundlage in ganz D[eutschland]
c) internationale Lage
Bedenken gegen Vorschlag LPG
a) nur wer will
b) Keine Neugründung bis [zur] Ernte
c) nur später bei Freiwilligkeit
d) freies Spiel der Kräfte, keine Sonderunterstützung
Sprache einfach und klar.
Das ZK hat sich entschieden ... (Einleitung).
Eigene Schuld: Abgerissenheit von der Masse – nicht verstehen – arrogantes nacktes Administrieren ohne ernsten Kampf dagegen. Auffassung der Funktionäre ist, administrieren sei der *normale* Zustand, 2 Dokumente.
1.) Dokument über Selbstkritik an Präsidium [der] KPdSU – Kollektive Arbeit = Artikel Slepow (Prawda)* die Arbeit des Volkes. Kann nicht gegen Arbeiterklasse. Es steht nicht im Statut: das Sekretariat darf nicht auf den Beinen stehen, sondern es muß auf dem Bauche

* Ein mit L. Slepow gezeichneter Artikel in der »Prawda« vom 16. April 1953 beschäftigte sich mit der »Kollektivität als dem höchsten Prinzip der Parteiführung«.

liegen. Unglück – keiner fühlt sich persönlich verantwortlich im Verwaltungsapparat. Rückendeckung bei U[lbricht].

[Wladimir Semjonowitsch] Semjonow:
SED steht nicht allein im Friedenslager. DDR muß ein magnetisches Feld werden für Westd[eutschland], Frankreich – Italien. Unsere Empfehlungen sind keine Befehle. Keine Reformen, sondern Wendung. Abschaffung der *alten* Maßnahmen; Ersetzen durch neue [Maßnahmen]. Darlegung Ergänzung der Fehler. Volkseigene Industrie kann nicht mit Kleinkonsum u[nd] Luxus bedienen. Darum müssen Handwerk und Privatbetrieb erhalten bleiben. *Landwirtschaft* (Sonderdokument)
Übersetzung*
Politische Normen, 26 Stück (Sonderdokument).
Falsche Propaganda (soz[ialistische] Stadt – Straßen).
Fehler rufen Widerstand hervor, Widerstand erfordert Polizeimaßnahmen, so geht es weiter, Kluft Staat – Partei wird weiter, Avantgarde entfernt sich. Gefahren der Vernichtung nicht nur der Avantgarde, sondern auch [unleserlich: »armer« oder »armee«). Also Wiedervereinigung.
Rückzug ohne Panik.
Überprüfung der Lehrer. 1000 Entlass[ungen]. Block ernst arbeiten. Bürger müssen kritisieren und uns bremsen. Block stärker offen.
Sekretariat muß man verbessern. W[alter] muß prüfen. Jub[iläum] bescheiden. Große Feiern sind falsch. Keine Zitate. Arbeit im Pol[it]büro – kollektiv.
Frauen von verantw[ortlichen] Genossen nicht im Apparat des Mannes beschäftigen.

E[lli] Schmidt:
Wir haben keine Verbindung zueinander. Ich bin noch nie so einsam gewesen wie jetzt im Pol[it]büro. Minister kann man nicht immer prügeln. Sekretariat ist überheblich. Es sieht im Pol[it]büro eine peinliche und überflüssige Einrichtung.

* Offenbar lag zur Agrarproblematik ein spezielles Dokument der Sowjetischen Kontrollkommission oder gar aus Moskau vor bzw. wurde erwartet. Bislang konnte nichts dergleichen gefunden werden.

[Heinrich] Rau:
Es gibt Versuche, Begründungen sachlich zu fälschen. Auf *allen* Gebieten muß die neue Linie erarbeitet werden. P[artei]apparat erdrückt jede Initiative. Formale Arbeit Partei – Regierung erstickt Kader, sie können sich nicht mehr entwickeln.

[Hans] Jendretzky:
Zustimmung. Kritik und Selbstkritik bekommt eine völlig neue Basis. Treuhandbetriebe – VEB – Schrebergärtner – Sekretariat überheblich.

[Erich] Honecker.
Einverstanden. Uns ist der Mut genommen, offen zu sprechen.
(SAPMO-BA, ZPA, NL 90/699. Scherstjanoi, 1001, S. 669ff.)

[37] Rudolf Herrnstadt: Notizen aus der Sitzung am 6.6.1953

Ich halte das Dokument im ganzen für absolut richtig, für ein erlösendes Wort in zweierlei Hinsicht:
a) hinsichtlich der politischen Linie
b) wegen seiner brutalen Offenheit, die keinerlei Abschweifung oder taktische Manöver erlaubt.

Was ist unser schwerster Fehler?
Ich stelle den Ausgangspunkt dieses Dokumentes unserem bisherigen Ausgangspunkt gegenüber.
Der Ausgangspunkt des Dokumentes lautet: »Von dem Standpunkt ausgehend, daß die politische und wirtschaftliche Lage der DDR einer der wichtigsten Faktoren nicht nur für die Lösung der allgemeinen Deutschlandfrage, sondern auch für die friedliche Regelung der internationalen Grundprobleme ist, sind in Zukunft bei der Bestimmung der gesamten politischen Linie für diese oder jene Zeitperiode und bei der Durchführung jeder konkreten Maßnahme zur Stärkung der DDR streng die realen Bedingungen innerhalb der DDR wie auch die Lage in ganz Deutschland und die internationale Lage zu berücksichtigen.«
Dem entspricht eine andere Stelle des Dokumentes.
»Gegenwärtig und in der nächsten Zukunft muß in den Mittelpunkt der Massen des deutschen Volkes sowohl in der DDR als auch in Westdeutschland die Aufgabe des politischen Kampfes für die Wiederherstellung der nationalen Einheit Deutschlands und für den Abschluß eines

Friedensvertrages gestellt werden. Dabei ist es notwendig, die politische und wirtschaftliche Lage in der DDR auszurichten und zu stärken und den Einfluß der SED unter den breiten Schichten in Stadt und Land bedeutend zu vergrößern.«

Wir können nicht behaupten, daß wir von diesem Ausgangspunkt ausgegangen wären, obwohl wir es den Worten nach taten. Sonst wäre es nicht möglich gewesen, daß wir uns mit 450000 Republikflüchtigen abfinden konnten, die 450000 Propagandisten gegen uns drüben sind. Sonst wäre es ferner nicht möglich gewesen, daß wir uns mit der Notlage breiter werktätiger Massen als einer Dauererscheinung abfanden (siehe das ständige Chaos in der Lebensmittelversorgung; nicht einmal gesicherte Kartenbelieferung als Dauererscheinung).

Von welchem Ausgangspunkt sind wir also ausgegangen? Man muß heute sagen: von einem irrealen, metaphysischen, der etwa so aussah: Wir bauen den Sozialismus auf, die Deutschlandfrage regelt sich inzwischen auf irgend eine Weise allein, oder, wenn sie das nicht tut, wird sie letzten Endes von den Bajonetten der Sowjetarmee geregelt. Von diesem »Ausgangspunkt« also gingen wir aus. Und da dieser Ausgangspunkt falsch ist, stellte sich zweierlei heraus:

1. daß unsere Politik den realen Möglichkeiten der friedlichen Lösung der Deutschlandfrage nicht gerecht wurde, ja, ihre Ausnutzung unmöglich machte,
2. daß der Ausgangspunkt, weil falsch, hinsichtlich des Aufbaus des Sozialismus in der DDR zu schweren politischen und ökonomischen Widersprüchen führte. Diese Widersprüche haben wir nicht ernsthaft analysiert, sondern auf administrativem Wege zu liquidieren versucht. Dadurch wiederum haben wir uns immer tiefer verheddert und das Vertrauen und die Anhängerschaft breiter Massen verloren.

Ich glaube, wir haben allen Anlaß, dem ZK der KPdSU dankbar zu sein, daß es wieder einmal den Mut und die Kraft fand, uns rechtzeitig vom falschen Weg zurückzureißen und auf den richtigen Weg zu stoßen.

Nun zu den einzelnen Vorschlägen des Dokumentes:

Ich bin mit allen Maßnahmen, mit Ausnahme einer einzigen, ohne Bedenken einverstanden. Bedenken habe ich zur Einstellung des Dokumentes in der Frage der Landwirtschaftlichen Produktionsgenossenschaften.

Stutzig macht mich die Formulierung:

»Es ist im Auge zu behalten, daß unter den heutigen Bedingungen in der DDR nur eine einfache Form der Produktionsgenossenschaft der Bauern, wie die Genossenschaften zur gemeinsamen Bodenbearbeitung, ohne daß die Produktionsmittel vergesellschaftet werden, mehr oder weniger lebensfähig sein kann.«

Hinter dieser Wendung »mehr oder weniger lebensfähig sein kann« steht offenkundig der Gedanke: eigentlich ist es zu früh, es wäre besser gewesen, man hätte überhaupt nicht angefangen. Dem widerspricht der Verlauf der Aktion. Man darf nicht nur die geflohenen Groß- und Mittelbauern sehen (das ist der kapitale Fehler, den wir gemacht haben, ich komme auf ihn im Zusammenhang mit der Frage des »nackten Administrierens« zurück), man muß auch die 4000 innerhalb von 6 oder 9 Monaten gegründeten Genossenschaften sehen. Diese 4000 Genossenschaften sind in der überwältigenden Mehrzahl freiwillig zustande gekommen. Die hohe Zahl ist kein Zufall, sondern der Ausdruck der Tatsache, daß bei uns besondere, d. h. besonders günstige Voraussetzungen für die Schaffung von Landwirtschaftlichen Produktionsgenossenschaften bestehen. Einige dieser Voraussetzungen sind: das außerordentliche Übergewicht des industriellen Sektors gegenüber dem agrarischen Sektor in der DDR; die dadurch möglich gewordene sofort spürbare Produktionshilfe für die Landwirtschaftlichen Produktionsgenossenschaften; der in der ökonomischen Struktur, der Geschichte, der räumlichen Nähe zwischen Stadt und Land begründete Charakter unserer Bauern – sie sind gewissermaßen verstädterte Bauern, für die technische Hilfe sehr empfänglich und imstande, sie ohne große Schwierigkeiten sofort in Anwendung zu bringen; die große Zahl ehemaliger Arbeiter auf dem Lande, einmal in Gestalt von Neubauern, zum zweiten in Gestalt von Zehntausenden von Bauern und Bauernsöhnen, die zeitweise in der Industrie gearbeitet haben usw. Unter diesen Umständen gebe ich zu bedenken, ob es nicht zweckmäßig wäre, auf folgende Linie zu gehen:

a) Auflösung der erzwungenen oder lebensunfähigen Landwirtschaftlichen Produktionsgenossenschaften,
b) Verhinderung der Neubildung und der Beitritte bis zur Ernte,
c) breite Bekanntgabe – im Zuge unserer gesamten Neuorientierung – der folgenden Linie: Die einseitige Bevorzugung der Landwirtschaftlichen Produktionsgenossenschaften hört auf. In Zukunft werden die Einzelbauern ebenso aktiv unterstützt, so daß sich ein freies Spiel der Kräfte entwickelt. D. h. praktisch, die lebensfähigen Produktionsgenossenschaften werden alle Hilfe bekommen, auch beim Übergang zu Typ 3, wenn sie nachweisen können, daß sie dafür reif sind; die Einzelbauern ihrerseits werden gleichfalls alle Hilfe bekommen, so daß in

Zukunft der Einzelbauer nur deswegen in die Genossenschaft geht, weil sie ihm nachweist, daß er dort *noch* besser steht und nicht deswegen, weil er sonst zugrunde geht.

Nun einige Gesichtspunkte für die große politische Erklärung:

Es werden alle Voraussetzungen dafür gegeben sein, daß die Wendung zu einem weittragenden Sieg der Partei wird, wenn die große politische Erklärung, mit der wir beginnen müssen, von der gleichen schonungslosen, fortreißenden Offenheit und Klarheit ist wie das Dokument des ZK der KPdSU. Einige Gedanken zu der großen politischen Erklärung, die nur den Ton angeben sollen:

Das ZK hat sich zu einer entscheidenden Wendung in seiner Politik entschlossen.

Warum? (folgen Beispiele: Wie Arbeiter mit Recht sagen: »Es wird schlechter, statt besser.« Wie Kleinhändler, die zugrunde gerichtet wurden, zu uns kommen und erklären: »Wir sind doch keine Feinde von Euch, aber laßt uns doch leben.« Wie diese und jene Folgen entstanden. Wie wir stutzig wurden und uns schließlich fragten:)

Ist das der Sinn unserer Maßnahmen? Natürlich nicht! Sondern das Gegenteil: die Lebenshaltung beständig sichtbar zu verbessern und dadurch

1. die Lage der Arbeiterklasse zu verbessern und
2. die breitesten Schichten des Volkes um die Arbeiterklasse zu scharen.

Wir haben also entscheidende Fehler gemacht. Welches ist der entscheidendste Fehler? Daß wir die Losung »Beschleunigter Aufbau des Sozialismus« herausgegeben haben zu einem Zeitpunkt, als die Voraussetzungen dafür nicht vorlagen, und daß wir im Zusammenhang damit das Schwergewicht zu sehr auf die Produktionsmittelindustrie verlegten.

Als bolschewistische Partei korrigieren wir diesen Fehler vor aller Öffentlichkeit. Es handelt sich also nicht um Einzelmaßnahmen, die wir durchführen, sondern um eine neue, den Verhältnissen entsprechende reale Politik, deren Ergebnisse die Massen in kürzester Frist in Gestalt einer entschieden verbesserten Versorgung mit Lebensmitteln, Industriewaren und auf dem Gebiete der Kultur spüren werden.

Nun die Frage der Schuld. Wer ist schuld? Natürlich sind wir alle schuld, und es wäre lächerlich und aufreizend, sich jetzt mit der Frage der Dosierung der Schuld befassen zu wollen, statt mit der exakten Durchführung der Wendung, d. h. mit der Herbeiführung eines entscheidenden Sieges für unsere Partei. Nur auf einen Umstand möchte ich im Zusammenhang mit der »Schuld« eingehen, weil er für unsere weitere Orientierung von Wichtigkeit ist.

»Schuld« ist natürlich auch die internationale Entwicklung vom vergangenen Sommer zu diesem Sommer, und zwar »schuld« in einem sehr erfreulichen Sinne. Als im vergangenen Sommer auf der II. Parteikonferenz die Losung »Beschleunigter Aufbau des Sozialismus« verkündet wurde, war auch ich begeistert, aber ich erinnere mich, daß eine Erwägung mir sehr zu denken gab. Wenn sich die Genossen in Moskau – sagte ich mir damals – entschieden haben, diesem Schritt zuzustimmen, so bedeutet das, daß nach ihrer Auffassung die Perspektive »friedliche Einigung« in den Hintergrund zu treten hat gegenüber der Perspektive der bewaffneten Auseinandersetzung. Ihr Einverständnis für diese Losung bedeutet also gleichzeitig ein äußerst negatives Urteil über die Arbeit der KPD und der SED hinsichtlich der entscheidenden Frage, der Deutschlandfrage; es bedeutet die Feststellung, daß die KPD und die SED nicht imstande gewesen sind, in der historisch zur Verfügung stehenden, nun im wesentlichen abgelaufenen Frist, das Kräfteverhältnis in Deutschland zu unseren Gunsten zu ändern. War diese Einschätzung der Tätigkeit der KPD und der SED hinsichtlich der Lösung der gesamtdeutschen Frage richtig? Unzweifelhaft war sie richtig. Und was ist nun geschehen? Jetzt, im Sommer 1953, muß man feststellen, daß *andere* Faktoren – die hervorbrechenden Widersprüche zwischen den imperialistischen Staaten sowie ihre überlegene Ausnutzung durch die Sowjetunion – auch uns, der KPD und der SED, eine zusätzliche Atempause, eine neue Chance gebracht haben. Um so mehr müssen wir durch exakte und erfolgreiche Durchführung der im Dokument vorgeschlagenen Wendung diese Atempause, diese Chance ausnutzen.

Nun die Lehren für unsere Partei.

Wir haben einzustehen für die Schuld, die wir haben, und die Gründe für unser Versagen zu beseitigen, sonst werden wir unweigerlich in der Zukunft aus dem gleichen Grunde noch schlimmere Fehler begehen. Als den Hauptgrund unserer Fehler sehe ich:

Abgerissensein von den Massen,
ungenügende Achtung vor den Massen,
gleichgültiges, oft zynisches Verhalten gegenüber den Massen,
daher völlig ungenügende Ausnutzung ihrer Initiative und Bereitschaft, die außerordentlich groß sind,
die ständige Tendenz zum – wie es im Dokument heißt – »nackten Administrieren« ohne ernste Analyse.

Und das Schlimmste: es wird innerhalb der Partei kein Kampf dagegen entfaltet, außer einem »Kampf«, der aus Lippenbekenntnissen besteht, und den ich nicht zähle. Im Gegenteil, die Methode des nackten Administrierens gilt faktisch noch heute als die richtige und zulässige Hauptmethode der Partei und frißt sich immer weiter.
Im Zusammenhang mit dem nackten Administrieren steht, daß es bei uns keine ernste wissenschaftliche Durcharbeitung der laufenden Fragen gibt. Natürlich – wenn man administriert, braucht man keine ernste wissenschaftliche Durcharbeitung, keinen verantwortungsbewußten, kühnen Meinungsstreit, es geht ja auch ohne das und viel bequemer. Das ist auch der Grund, weswegen wir erst heute die Fehler zugeben, obwohl sie der Mehrheit von uns längst bekannt sind. Wenn wir sie auch nicht mit solcher Klarheit, so umfassend und im Zusammenhang gesehen haben, wie das im Dokument der Fall ist – gesehen haben wir sie durchaus und nicht nur das, auf allen Korridoren der Partei und der Verwaltung wurde über sie gesprochen.
(Folgen Ausführungen über die hauptsächlichen Fehler in unserer Parteiarbeit in Form der Stellungnahme zu einer Reihe von Bemerkungen der Genossen Grotewohl und Ulbricht.)

Erste Schlußfolgerungen:

a) Die notwendigen konkreten Maßnahmen müssen sofort beschlossen und durchgeführt werden.
b) Die große politische Erklärung des ZK ist auszuarbeiten.
c) Ich schlage vor, ein weiteres Dokument auszuarbeiten, und zwar unsere rückhaltlose bolschewistische Selbstkritik an die Adresse des ZK der KPdSU.

Dieses Dokument muß aus zwei Teilen bestehen: aus der politischen Darlegung und den konkreten Maßnahmen zur Überwindung der Schwächen unserer Partei, die wir beschlossen bzw. bereits durchgeführt haben.
Ein solches Dokument erscheint mir aus zwei Gründen notwendig: 1. Wir haben, nach den Worten des Genossen Grotewohl, »einen schlechten Eindruck gemacht«. Wir haben allen Anlaß, diese Scharte auszuwetzen. 2. Die Abfassung eines solchen Dokumentes wird uns zur vorherigen Durchführung konkreter Maßnahmen zur innerparteilichen Gesundung zwingen.

(SAPMO-BA, ZPA, NL 90/699. Scherstjanoi, 1001, S. 671–674.)

[38] Friedrich Ebert: Diskussionsrede auf der Sitzung des Politbüros am 6. 6. 1953

Dieser Diskussionsbeitrag ist nach Notizen und aus der Erinnerung niedergeschrieben.
Es gehört nicht zu meinen Gewohnheiten, in Diskussionen Dinge zu wiederholen, die bereits von anderen richtig zum Ausdruck gebracht wurden. In dieser Stunde aber und angesichts des Ernstes der Situation wäre es falsch, diese Praxis anzuwenden. Ich will daher mit aller Offenheit sagen, welchen Eindruck das uns zur Beratung vorgelegte Dokument auf mich gemacht hat. Ich kann mich nicht erinnern, in den letzten Jahrzehnten meines Lebens von einer Sache so nachhaltig und so tief bewegt gewesen zu sein, wie von dem Inhalt dieses Dokuments, der sogar körperliche Schmerzen auslöste. Nach seinem mehrmaligen Studium habe ich mich gefragt: Wollen wir den Sozialismus? Ja, wir wollen ihn. Mit unserem ganzen Sein. Kann man den Sozialismus verwirklichen ohne harten Klassenkampf? Nein, das kann man nicht! Brauchen wir zur erfolgreichen Führung dieses Kampfes eine starke Staatsgewalt, die sich ganz auf das Volk zu stützen vermag? Ja, die brauchen wir. Dann brauchen wir selbstverständlich ein Organ, in dem unsere Verteidigungsbereitschaft organisiert ist.
Aus all diesen Gründen haben wir, nicht weil irgend jemand es gewünscht hat, sondern aus voller Überzeugung und mit großer Begeisterung hier die Beschlüsse vorbereitet und dann beschlossen, die das Ergebnis der II. Parteikonferenz geworden sind. Wir waren unglücklich darüber, haben oft hier in diesem Gremium, aber auch in der Partei und im Staatsapparat heftig und leidenschaftlich kritisiert, daß manche zur Durchführung dieser großen Beschlüsse notwendigen Maßnahmen nur zögernd und mangelhaft durchgeführt wurden. Die Folge war die Verschärfung des Tempos zum Aufbau des Sozialismus und der Festigung der volksdemokratischen Grundlagen der Staatsmacht. Auf alle Schichten des Volkes legte sich ein ständiger harter Druck zu immer neuen Höchstleistungen. – Und jetzt soll das alles falsch gewesen sein? Das erschien mir gestern und bis zum heutigen Morgen unfaßbar. Man weigert sich, das zu glauben. Man fühlt einen tiefen Schmerz über die offenbar vorhandene politische Unzulänglichkeit des einzelnen und des Ganzen. Und doch! Bei dem letzten Studium dieses Dokumentes in den heutigen frühen Morgenstunden bin ich zu der Erkenntnis gekommen, daß jedes seiner Worte und das Gesamturteil richtig sind.

Es zeugt von der Größe und der Kraft unserer Freunde, daß sie sich in aller Offenheit dazu bekennen, diese Politik nicht mehr gebilligt*, sondern auch stark beeinflußt zu haben. Ohne dieses mutige bolschewistische Bekenntnis hätte ich vermutlich jetzt mein inneres Gleichgewicht noch nicht wiedergefunden. Diese Offenheit unserer sowjetischen Freunde enthebt uns der Verpflichtung, nach einem »Schuldigen« zu suchen oder nach einem Schlüssel zur Verteilung der Verantwortlichkeit. Aber uns selbst und unsere Arbeit müssen wir ernsthaft prüfen.

Wir haben in unserem ehrlichen Drängen zum Ziel, zu höchstmöglichen Ergebnissen, die Menschen und ihre täglichen Sorgen aus dem Auge verloren, obwohl sie ständig vor uns stehen. Wir haben sie gesehen, aber wir haben über sie hinweg nur auf das große Ziel und die Erfüllung des Beschlusses geschaut. Wir haben das, was da auf uns zukam, geringgeschätzt insofern, als wir ihm mit dem Hinweis auf das große, fast übermenschliche Beispiel begegneten, das uns die Sowjetmenschen zum Beispiel in der Zeit der Interventionskriege gaben. Wir haben die immer größer werdenden Mängel in der Versorgung mit allen möglichen Gründen zu entschuldigen versucht. Ich erinnere nur an die Kohlenkalamität des letzten Winters und an die Tatsache, daß uns der Zucker alle geworden ist. Walter Ulbricht hat noch in seinem Artikel »Es gibt eine Kraft...«** mit souveräner Überlegenheit von Wachstumsschwierigkeiten gesprochen und davon, daß uns das nicht wieder passieren wird.

Die Ursache zu all den Dingen liegt meines Erachtens nicht in den Beschlüssen der II. Parteikonferenz allein, sondern in der von uns schuldhafterweise betriebenen beschleunigten und übereilten Durchführung dieser Beschlüsse, die nicht Rücksicht nahmen auf die volkswirtschaftlichen und politischen Möglichkeiten. Wir haben uns verloren in einer Jagd nach vorfristiger Planerfüllung, für die es häufig weder ideologische noch materielle Voraussetzungen gab. Klappte dann die Geschichte an der einen oder anderen Stelle nicht, dann waren eben lauter »Saboteure« und »Agenten« am Werk, oder die »Dummköpfe in der Verwaltung« waren die Schuldigen.

Hier beginnt unsere Schuld, meine Schuld und Eure Schuld. Wir haben vieles gesehen, manchmal auch nur gefühlt. Aber dann haben wir die

* Vermutlich: »... nicht nur gebilligt...«

** Im »Neuen Deutschland« vom 15. und 16. April 1953 veröffentlichte W. Ulbricht einen zweiteiligen Beitrag unter dem Titel »Es gibt eine Kraft, die fähig ist, die Deutsche Frage zu lösen«. Der zweite Teil wurde als Rede vor den Abteilungsleitern im Apparat des ZK, den Genossen Ministern und Staatssekretären ausgewiesen.

Dinge und die mit ihnen verbundenen Probleme eben nur »angesprochen«. Im ganzen gesehen aber sind wir nicht bis ans Ende gegangen. Der Hinweis auf »höhere staatspolitische Notwendigkeiten« hat uns vor den notwendigen Auseinandersetzungen kapitulieren lassen.

Berichteten z. B. die Genossen Pieck, Grotewohl und Ulbricht hier von Unterredungen in Karlshorst, ergaben sich gegen die aus diesem Meinungsaustausch gezogenen Schlußfolgerungen hier Bedenken, die besonders häufig und energisch von Anton Ackermann vertreten wurden, dann wurde manchmal sehr laut und sehr grob auf die »bestimmte Art« hingewiesen, mit der dieser oder jener Vorschlag unserer Freunde vorgetragen worden sei. Ich denke dabei besonders an die Bemerkungen, die uns bezüglich der Leistungen der Sozialversicherung schriftlich vorlagen. Die berichtenden Genossen erweckten hier sicher nicht ohne Absicht den Eindruck, daß es sich bei den Empfehlungen und Wünschen unserer Freunde einfach um Weisungen handle, die sie in dieser oder jener Form verwirklicht zu sehen wünschen.

Das war falsch, Genossen. Falsch war auch häufig die Darstellung, die uns gegeben wurde. Falsch war, daß ich und wir in solchen Fällen darauf verzichteten, unsere Meinung an unsere Freunde zu übermitteln. So haben wir sicher viel dazu beigetragen, daß unsere Freunde trotz ihrer eigenen guten Informationen doch ein nicht ganz wahrheitsgetreues Bild von der Lage erhielten.

An diesen Dingen trage ich einen besonderen Schuldteil. Warum? Häufig ergibt sich aus Kleinigkeiten – die wahrscheinlich nur von mir empfunden werden – bei mir das Gefühl, ein nicht ganz ebenbürtiges Mitglied dieses Kreises zu sein. Wahrscheinlich ist das ganz falsch. Sicher aber ist, daß auf beiden Seiten Fehler gemacht wurden, die im Psychologischen ihren Ursprung haben und von mir nicht überwunden wurden. Dazu kommt, daß ich leider zu viel Praktiker und leider zu wenig Theoretiker bin und daher oft genug von sogenannten Minderwertigkeitskomplexen beherrscht werde, die mich sozusagen einschüchtern und daran hindern, meine richtige Auffassung mit größerem Nachdruck zur Geltung zu bringen. Für mich ergibt sich daher aus dieser Lage genau dasselbe, was Grotewohl und Oelßner schon vor mir gesagt haben. Man muß in jeder Lage ganz offen, ohne Rücksicht auf eigene fehlerhafte Auffassungen und Unduldsamkeiten anderer, ohne Furcht davor, als Opportunist oder Versöhnler verdächtigt zu sein, seine Meinung zu den Dingen sagen und solange für ihre Durchsetzung eintreten, bis man zu einer anderen Auffassung überzeugt wurde.

Unsere Genossen in den leitenden Körperschaften der Partei sind immer der Meinung, es sei besser, die Beschlüsse einmütig zu fassen. Das sieht gewiß sehr gut aus. Aus der Geschichte der deutschen Arbeiterbewegung aber sollten wir längst gelernt haben, daß diese nach außen hin zur Schau getragene Einmütigkeit nichts bedeutet, wenn nicht auch ideologische Klarheit vorhanden ist. Der Genosse Jendretzky z. B. ist immer sehr traurig, wenn der Genosse Ebert nicht einverstanden ist mit Beschlüssen des Sekretariats der Bezirksleitung. Er hat es nicht gern, wenn das Protokoll einer Sitzung des Sekretariats einen entsprechenden Vermerk enthält. Häufig habe ich dann auf solchen Vermerk verzichtet, obwohl ich nicht einverstanden war mit einem Beschluß. So wie in der letzten Sitzung des Sekretariats der Bezirksleitung werde ich auch in Zukunft immer darauf bestehen, daß bei etwaigen Meinungsverschiedenheiten ein solcher Vermerk in das Protokoll kommt.
Und nun zu Einzelfragen. Zuerst möchte ich mich an den Genossen Hohen Kommissar wenden. Seit 4½ Jahren versehe ich das Amt eines Oberbürgermeisters von Groß-Berlin. In dieser ganzen Zeit habe ich einmal das Vergnügen gehabt, von dem Vorsitzenden der SKK, dem Genossen Sokolowski, und etwas später einmal von dem Genossen Semjonow zur Besprechung Berliner Fragen empfangen worden zu sein. Das war alles. Das war aber nicht richtig, Genossen. Das Verhältnis zur Berliner SKK ist so, daß ich trotz meines häufigen Einwandes vom Genossen Dengin nur sehr selten und unregelmäßig zu Besprechungen hinzugezogen werde. Es ist sehr rücksichtsvoll von unseren Freunden, daß sie auf meine allgemeine Zeitnot Rücksicht nehmen. Es ist aber schlecht, wenn ich auch in wichtigen Angelegenheiten nur von meinem Stellvertreter Informationen aus Karlshorst erhalte. Gewiß, ich gehöre nicht zu denen, die alles nur zustimmend entgegennehmen, aber gerade in dem Austausch der Meinungen ergibt sich meines Erachtens das Beste für das Ganze.
Was ich hier vom Oberbürgermeister von Groß-Berlin sagte, bezieht sich auch auf den Präsidenten der Gesellschaft für Deutsch-Sowjetische Freundschaft. Diese Arbeit ist für mich nicht sehr leicht. Bis zu dieser Stunde hat aber noch keiner unserer Freunde in Karlshorst mit mir über diese Arbeit gesprochen. Ich kann nicht annehmen, daß ich alles richtig mache und daß deswegen solche Besprechungen nicht notwendig sind. Es gehört aber zu dem freundschaftlichen Verhältnis, das uns verbindet, auch die Pflege solcher Unterhaltungen, wie sie z. B. mit den verantwortlichen Leitern des DFD und der FDJ sicher sehr häufig geführt werden.
Ein anderer Punkt. Er betrifft die Verwaltung. Seht Euch, Genossen, bitte

einmal das Ausmaß der Aufgaben an, das laut Strukturplan so einem armen Vorsitzenden des Rates eines Bezirkes aufgebürdet wurde. Ihm untersteht, genau wie dem Oberbürgermeister von Groß-Berlin, die Plankommission, die Abteilung Finanzen und die Abteilung Kader. Er ist verantwortlich für Kirchenfragen, für Jugendfragen, für die Förderung der Intelligenz. Er muß die staatliche Aufsicht ausüben über alle in seinem Bereich liegenden Dienststellen zentraler Behörden usw. Er muß außerdem die Zusammenarbeit sichern mit der Volkspolizei, der Staatsanwaltschaft, der Justiz, der Kommission für Staatliche Kontrolle, mit der Oberpostdirektion, Vertragsgericht usw. Außerdem ist er verantwortlich für die Leitung des ganzen Staatsapparates. Was meint Ihr, Genossen, was daraus in der Praxis wird? Wir züchten wieder mit aller Gewalt jene »allwissenden Funktionäre«, die alles machen müssen und nichts ordentlich machen können. Ich habe damals darauf hingewiesen hier, welch ein Unfug es ist, einen Menschen mit solch einem Maß von Arbeit zu belasten und ihm stellenplanmäßig nicht einmal eine Sekretärin zu bewilligen. Genosse Grotewohl hat mir seinerzeit zugerufen: »Na ja, der Genosse Ebert kriegt dann eben zwei Sekretärinnen!« So, Genossen, kann man diese Dinge nicht behandeln. (Zuruf des Genossen Zaisser: »Wir haben Dir doch neulich, auf meinen Antrag hin, einen zweiten persönlichen Referenten bewilligt!«) Ja, Genossen, das habt Ihr. Aber was ist aus dem Beschluß geworden? Obwohl ich in jeder Woche einmal mindestens den Genossen Plenikowski attackiere, endlich sein Versprechen einzulösen und mir den Referenten zu beschaffen, werde ich immer wieder vertröstet und daran gehindert, diese Stelle aus meinem eigenen Apparat zu besetzen. Nach langen Wochen hat endlich auch die Stellenplankommission geruht, den Beschluß des Politbüros zu bestätigen. Sie hat sich aber die Unverfrorenheit herausgenommen, die Durchführung dieses Beschlusses von Bedingungen abhängig zu machen, die ich nicht akzeptiere.

Und dabei bin ich schon bei der Frage der Autorität des Politbüros. Es gibt Genossen im Apparat des Zentralkomitees und des Staatsapparates, die in der souveränsten Weise, die möglich ist, die Beschlüsse des Politbüros mißachten und ausgerüstet mit einer Handvoll Paragraphen, so als echte Bürokraten, ihre Meinung dagegensetzen. Ich denke, Genossen, daß wir mit unnachsichtiger Strenge alle die erziehen, die meinen, das höchste Organ der Parteiführung existiere für sie nicht.

Ich will bei dieser Gelegenheit noch ein anderes Beispiel erwähnen. Der Haushaltsplan von Groß-Berlin ist seit dem 1. Januar dieses Jahres Bestandteil des Haushaltsplanes der Republik. Dieser Haushaltsplan ist von der Volkskammer beschlossen, er ist ein Gesetz. Niemand ist berechtigt, dieses Gesetz zu ändern. Im Ministerium für Finanzen aber gibt es solche Gesetzesverächter. Die sperren einfach aus ihrem Willen heraus eine von der Volkskammer beschlossene Position aus dem Haushaltsplan von Groß-Berlin. Meine Aufforderung an den Stellvertreter des Genossen Grotewohl, den Minister Loch, seinen Referenten anzuweisen, die Gesetzmäßigkeit wiederherzustellen, bleibt ebenso unbeantwortet wie eine Mahnung. Jetzt habe ich die Sache dem Ministerpräsidenten zur Entscheidung vorgelegt.

In diesem Zusammenhang möchte ich noch ein Beispiel von mir selbst geben, um zu zeigen, was wir von Kaderpflege halten. Der Genosse Ebert ist Mitglied des ZK und seines Politbüros, Mitglied der Bezirksleitung Groß-Berlin und seines Sekretariats, er ist Oberbürgermeister von Groß-Berlin, Präsident der Gesellschaft für Deutsch-Sowjetische Freundschaft und Mitglied der Volkskammer und ihres Präsidiums. Ich habe häufig genug auf diese unvertretbare Häufung von zentralen Funktionen hingewiesen. Offenbar aber ist man hier der Meinung, das sei normal. Das ist gar nicht normal, Genossen, das ist sehr schlecht. Die Folge muß ganz selbstverständlich eine ungenügende Arbeit und eine Ruinierung der Kader sein. Schließlich soll man ja auch studieren. Ja, Genossen, ich studiere. Ich habe einen Konsultanten, den Genossen Professor Naumann. Ihr könnt Euch aber selbst ausrechnen, daß dieses Studium trotz des besten Willens dazu kein regelmäßiges sein kann.

Welche Frage muß noch geklärt werden? Das ist vor allem das Verhältnis zwischen Partei und Staatsapparat. Genossen, so wie die Dinge heute laufen, so gehen sie nicht weiter. Es ist besonders eine sehr schlechte Sitte in der Bezirksleitung Groß-Berlin, daß immer wieder sowohl von der Spitze wie von einzelnen Mitarbeitern unter Mißachtung aller Beschlüsse in die Verwaltung hinein regiert und gepfuscht wird. Jeder gibt Weisungen, jeder bestimmt. Unsere Mitarbeiter geraten dabei vollkommen durcheinander. Sie wissen nicht mehr, wer Koch und Kellner ist. Sowie nur ein geheimer Hilfsaktenträger der Bezirksleitung erscheint, nehmen sie die Hacken zusammen und sagen: Die Bezirksleitung hat das angeordnet. Die Bezirksleitung hat überhaupt nichts anzuordnen. Sie hat die verantwortlichen Genossen im Staatsapparat anzuleiten, sie zu kontrollieren und sie zur Verantwortung zu ziehen, wenn sie die Beschlüsse der Partei mißachten. Das Ergebnis eines solchen Durcheinanders ist dann etwa die Kindersportschule in der Schönhauser Allee und

der Krach, den ich hier neulich mit Walter Ulbricht gehabt habe. Was er in diesem Falle als das Ergebnis der Arbeit der »Dummköpfe in der Verwaltung« und als Ahnungslosigkeit des Oberbürgermeisters bezeichnete, das war nichts anderes, als die verantwortungslose Einmischung einiger Mitarbeiter der Bezirksleitung in die Arbeit des Staatsapparates. Das muß geändert werden, Genossen, sonst sitzen wir bei der ersten besten Gelegenheit wieder vor traurigen Tatsachen.
Einige Worte zur Arbeit des Sekretariats des ZK. Diese Arbeit ist hier schon sehr heftig kritisiert worden. Nicht nur die Arbeit des Sekretariats, sondern auch die Arbeit einzelner Mitarbeiter, von denen sich einige vor Überheblichkeit nicht zu lassen wissen. Nicht einmal, sondern wiederholt habe ich darauf hingewiesen, daß das Sekretariat Beschlüsse faßt z. B. über Berlin, für deren Durchführung der Genosse Ebert verantwortlich gemacht wird und die man ihm so einfach auf den Tisch legt. Das erstreckt sich sogar auf die Namensgebung von Straßen in Berlin. Kann man nicht über solche Dinge sprechen? Natürlich kann man das! Man kann das aber nur dann, wenn man nicht meint, man sei unfehlbar und die anderen müßten in jedem Falle an die Hand genommen und geführt werden.
Wie oft habe ich den Genossen Paul Verner schriftlich und mündlich darauf hingewiesen, daß das Verhältnis in der Gesellschaft für Deutsch-Sowjetische Freundschaft schlecht ist. Der Genosse Grünberg als Generalsekretär sitzt auf einem ganz falschen Platz. Er kann diese Arbeit nicht leisten, weil er ohne innere Disziplin ist, weil er kein System in seiner Arbeit hat. Die Vorbereitung des 4. Kongresses der Gesellschaft für Deutsch-Sowjetische Freundschaft hat gezeigt, daß er nur sehr wenig von dem Leben in der Gesellschaft weiß und von den Aufgaben, die vor ihm stehen. Genosse Verner hat das alles zur Kenntnis genommen, hat Besprechungen und Änderungen zugesagt, aber geschehen ist nichts. Grünberg ist wieder Generalsekretär der Gesellschaft geworden, und jetzt kommt der Genosse Verner und meint, man müsse Perspektive darauf nehmen, einen anderen Generalsekretär zu wählen. Inzwischen aber bleibt mir die Arbeit, die sehr hart und anstrengend ist und mich sehr viel Zeit kostet.
Auch die Arbeit der Bezirkssekretariate scheint sehr reformbedürftig zu sein. Die Sitzung des Sekretariats der Bezirksleitung Groß-Berlin hat in dieser Woche wieder von 9 Uhr morgens bis um 1 Uhr des anderen Morgens gedauert. Der Genosse Jendretzky aber ist unentwegt der Meinung, es gebe keine andere Lösung und hält die Beschlüsse, die in der

16. Stunde der Sitzung gemacht werden für ebenso gut wie die der 5. Stunde. Unlängst habe ich einmal das Papier gewogen, das als erste Sendung für eine solche Sitzung des Sekretariats in meine Hände kam. Das waren 675 g. Während der Sitzung gab es noch einmal 300 g Papier dazu. Das kann nicht einmal jemand verantwortungsvoll studieren, der nichts anderes zu tun hat als Mitglied eines Sekretariats zu sein. Das ist eine verantwortungslose Arbeit, die ich niemals mehr gestatten werde.
Wenn ich von den Sekretariaten spreche, kann ich gleich auch sprechen von der Information der Mitglieder des Politbüros. Zum Beispiel wird hier oft von der Insel Rügen und von den Bauvorhaben gesprochen und davon, daß dieses Gebiet für den Staatsbürger gesperrt ist. Was aber auf Rügen vorgeht, das wissen vielleicht zwei oder drei Mitglieder des Politbüros, die anderen haben gar nicht erst danach gefragt (Zwischenruf des Genossen Walter Ulbricht: Das ist doch nicht unsere Sache!).* Schön! Dann nehme ich die Kasernierte Volkspolizei. Wir haben ihre Einheiten besucht, wir haben die Liste ihrer Generäle hier bestätigt und sonstiges. Über den ganzen Stand der Kasernierten Volkspolizei aber wissen wir gar nichts. Was soll diese Geheimnistuerei? Gibt es Mitglieder des Politbüros, die besondere Rechte haben und andere, die kein Vertrauen verdienen? Dann muß man das sagen, ganz laut und deutlich, und daraus die Schlußfolgerungen ziehen.
Eine Bemerkung zu meiner eigenen Stellung im Politbüro. Walter Ulbricht hat gesagt: Alle Mitglieder des Politbüros hätten die gleichen Möglichkeiten, sich zu informieren, wie er. Er selbst habe auch so gut wie keine. Das ist nicht richtig, Genosse Ulbricht. Hier an diesem Tisch sitzen nur zwei Mitglieder des Politbüros – wenn ich den Genossen Otto Grotewohl davon ausnehme –, die ihren Sitz hier im Haus haben. Alle anderen sind in der ganzen Stadt verstreut in Ministerien, anderen Dienststellen und Instituten. Einmal in der Woche kommen sie hierher, und wenn die Sitzung des Politbüros zu Ende ist, verschwinden sie wieder an ihre Arbeit. In diesem Zusammenhang allein schon liegt begründet, daß nicht alle Mitglieder des Politbüros die gleichen Arbeits- und Informationsbedingungen haben. Das sollte man ändern. Ähnlich wie der Genosse Walter Ulbricht nur hier im Hause arbeitet und ganz gelegentlich einmal in das Ministerium geht, so sollten meines Erachtens die Mitglieder des Politbüros hier im Hause der Partei ihren offiziellen Sitz haben, und von

* Auf Rügen baute sowjetisches Militär an einer U-Boot-Basis. Das Vorhaben sollte im Zuge des Neuen Kurses abgebrochen werden (vgl. IfGA, ZPA, NL 90/699).

rapproches des h pol les uns envers les autres + cherchant coupables pr situat°: la plupart: pas assez investis

hier aus sollten sie mit Hilfe ihrer Stellvertreter die Arbeit im Staatsapparat leiten.

Auf diese Weise wird es möglich sein, z. B. an der Vorbereitung der Dokumente für das Politbüro und das Zentralkomitee aktiv mitzuarbeiten. Wie ist das jetzt? Da komme ich auf meine eigene Stellung im Politbüro. Hat der Genosse Walter Ulbricht z. B. als Generalsekretär schon ein einziges Mal in den ganzen Jahren den Genossen Oberbürgermeister von Groß-Berlin zu sich gerufen, mit ihm über Berliner Probleme gesprochen, ihn auf Schwächen und Fehler in seiner Arbeit hingewiesen, ihm eine Anleitung gegeben? Nein, das hat er nicht, aber kritisiert hat er um so mehr. Auch falsch. (Zwischenruf des Genossen Ulbricht: Da hast Du recht.) Es gibt auch Aufträge an Mitglieder des Politbüros entweder überhaupt nicht oder aber sie werden nur immer an denselben Kreis vergeben. So hat z. B. der Genosse Ebert, der zugleich Präsident der Gesellschaft für Deutsch-Sowjetische Freundschaft ist, noch nicht einmal den Auftrag bekommen, bei einer der zweimal im Jahr stattfindenden Feiern am Ehrenmal in Treptow namens des Politbüros zu sprechen. In diese Rubrik gehört auch das, was der Genosse Otto Grotewohl hier mit so viel Bitterkeit von der Behandlung der Politbüromitglieder in der Presse gesagt hat. In der Tat: Außer dem Genossen Walter Ulbricht existiert für Presse und Rundfunk kein anderes Mitglied des Politbüros. Ich könnte, was mich anlangt, eine ganze Reihe von Beispielen nennen, die zu z. T. recht lebhaften Aussprachen geführt haben. Ich verweise in diesem Zusammenhang nur auf die unterschiedliche Behandlung, die das »Neue Deutschland« bei der Publizierung anläßlich des 50. Geburtstages der Genossin Lotte Ulbricht und des 40. Parteijubiläums des Genossen Ebert praktizierte.

Was ergibt sich aus alledem? Aus alledem ergibt sich, das Politbüro des Zentralkomitees der Sozialistischen Einheitspartei Deutschlands darf nicht als ein Gremium von Einzelpersönlichkeiten arbeiten und vor der Öffentlichkeit erscheinen, sondern als ein fest geschlossenes, persönlich und politisch miteinander verbundenes Kollektiv. Dieses Kollektiv zu schaffen, mit einem echten Geist der Kameradschaft zu erfüllen, das, Genossen, erscheint mir die wichtigste Lehre aus der Periode unserer Arbeit, die nun ihren Abschluß findet und zu jener großen Wende führen soll, die es uns ermöglicht, gemeinsam mit den Massen, mit allen Schichten unseres Volkes das Beispiel zu schaffen, das Deutschland einigt und den Frieden sichert.

(Übersehen habe ich in meinen Notizen und in meiner Rede die Bemer-

kung, daß die Arbeit nach Westdeutschland und mit den Sozialdemokraten meines Wissens nur von solchen Leuten geführt werden, die niemals der Sozialdemokratie angehört haben. Das scheint mir aus psychologischen und politischen Gründen als sehr falsch.)

(SAPMO-BA, ZPA, NL 90/699. Scherstjanoi, 1001, S. 674–680.)

[39] Kommuniqué des Politbüros der SED, 9.6.1953

Das Politbüro des Zentralkomitees der SED hat in seiner Sitzung vom 9. Juni 1953 beschlossen, der Regierung der Deutschen Demokratischen Republik die Durchführung einer Reihe von Maßnahmen zu empfehlen, die der entschiedenen Verbesserung der Lebenshaltung aller Teile der Bevölkerung und der Stärkung der Rechtssicherheit in der Deutschen Demokratischen Republik dienen. Das Politbüro des ZK der SED ging davon aus, daß seitens der SED und der Regierung der Deutschen Demokratischen Republik in der Vergangenheit eine Reihe von Fehlern begangen wurden, die ihren Ausdruck in Verordnungen und Anordnungen gefunden haben, wie zum Beispiel der Verordnung über die Neuregelung der Lebensmittelkartenversorgung, über die Übernahme devastierter landwirtschaftlicher Betriebe, in außerordentlichen Maßnahmen der Erfassung, in verschärften Methoden der Steuererhebung usw. Die Interessen solcher Bevölkerungsteile wie der Einzelbauern, der Einzelhändler, der Handwerker, der Intelligenz wurden vernachlässigt. Bei der Durchführung der erwähnten Verordnungen und Anordnungen sind außerdem ernste Fehler in den Bezirken, Kreisen und Orten begangen worden. Eine Folge war, daß zahlreiche Personen die Republik verlassen haben.
Das Politbüro hat bei seinen Beschlüssen das große Ziel der Herstellung der Einheit Deutschlands im Auge, welches von beiden Seiten Maßnahmen erfordert, die die Annäherung der beiden Teile Deutschlands konkret erleichtern.
Aus diesen Gründen hält das Politbüro des ZK der SED für nötig, daß in nächster Zeit im Zusammenhang mit Korrekturen des Planes der Schwerindustrie eine Reihe von Maßnahmen durchgeführt werden, die die begangenen Fehler korrigieren und die Lebenshaltung der Arbeiter, Bauern, der Intelligenz, der Handwerker und der übrigen Schichten des Mittelstande verbessern. Auf der Sitzung am 9. Juni hat das Politbüro Maßnahmen auf dem Gebiet des Handels und der Versorgung, auf landwirtschaftlichem Gebiet und auch hinsichtlich der Erleichterung des Ver-

kehrs zwischen der Deutschen Demokratischen Republik und Westdeutschland festgelegt.
Um die Erzeugung von Waren des Massenbedarfs zu vergrößern, die von kleinen und mittleren Privatbetrieben hergestellt werden, und um das Handelsnetz zu erweitern, wird vorgeschlagen, den Handwerkern, Einzel- und Großhändlern, privaten Industrie-, Bau- und Verkehrsbetrieben in ausreichendem Umfange kurzfristige Kredite zu gewähren. Die Zwangsmaßnahmen zur Beitreibung von Rückständen an Steuern und Sozialversicherungsbeiträgen, die bis zum Ende des Jahres 1951 entstanden sind, sollen für Klein-, Mittel- und Großbauern, Handwerker, Einzel- und Großhändler, private Industrie-, Bau- und Verkehrsbetriebe, das heißt in der gesamten privaten Wirtschaft, ausgesetzt werden.
Wenn Geschäftseigentümer, die in letzter Zeit ihre Geschäfte geschlossen oder abgegeben haben, den Wunsch äußern, diese wieder zu eröffnen, so ist diesem Wunsche unverzüglich Rechnung zu tragen. Außerdem soll die HO zur besseren Versorgung der Bevölkerung sofort Agenturverträge mit dem privaten Einzelhandel abschließen.
Das Politbüro schlägt ferner vor, daß die Verordnungen über die Übernahme devastierter landwirtschaftlicher Betriebe aufgehoben werden und die Einsetzung von Treuhändern wegen Nichterfüllung der Ablieferungspflichten oder wegen Steuerrückständen untersagt wird. Die Bauern, die im Zusammenhang mit Schwierigkeiten in der Weiterführung ihrer Wirtschaft ihre Höfe verlassen haben und nach Westberlin oder nach Westdeutschland geflüchtet sind (Kleinbauern, Mittelbauern, Großbauern), sollen die Möglichkeit erhalten, auf ihre Bauernhöfe zurückzukehren. Ist das in Ausnahmefällen nicht möglich, so sollen sie vollwertigen Ersatz erhalten.
[...]
Das Politbüro schlägt weiter vor, daß alle republikflüchtigen Personen, die in das Gebiet der Deutschen Demokratischen Republik und den demokratischen Sektor von Berlin zurückkehren, das auf Grund der Verordnung vom 17. Juli 1952 zur Sicherung von Vermögenswerten beschlagnahmte Eigentum zurückerhalten. Ist in Einzelfällen die Rückgabe nicht möglich, so soll Ersatz geleistet werden. Zurückkehrenden Republikflüchtigen darf aus der Tatsache der Republikflucht keine Benachteiligung entstehen.
[...]
Das Politbüro schlägt ferner vor, daß alle im Zusammenhang mit der Überprüfung der Oberschüler und der Diskussion über die Tätigkeit der

Jungen Gemeinde aus den Oberschulen entfernten Schüler sofort wieder zum Unterricht zuzulassen sind und daß ihnen die Möglichkeit gegeben wird, die versäumten Prüfungen nachzuholen. Ebenso sollen die im Zusammenhang mit der Überprüfung der Oberschulen ausgesprochenen Kündigungen und Versetzungen von Lehrern rückgängig gemacht werden. Die in den letzten Monaten ausgesprochenen Exmatrikulationen an Hochschulen und Universitäten sollen überprüft und bis zum 20. Juni 1953 entschieden werden. Bei Immatrikulationen an den Hochschulen und Universitäten dürfen befähigte Jugendliche aus den Mittelschichten nicht benachteiligt werden.
Ferner empfiehlt das Politbüro der Regierung der Deutschen Demokratischen Republik, die Justizorgane zu beauftragen, diejenigen Verurteilten sofort zu entlassen, die nach dem Gesetz zum Schutz des Volkseigentums zu ein bis drei Jahren Haft verurteilt worden sind, mit Ausnahme der Fälle, in denen schwere Folgen eintraten.
Ebenso empfiehlt es, diejenigen Untersuchungshäftlinge sofort zu entlassen, gegen die ein Verfahren nach dem Gesetz zum Schutz des Volkseigentums anhängig gemacht wurde und bei denen keine höheren Strafen als die gesetzlichen Mindeststrafen von ein bis drei Jahren zu erwarten sind.
[...]

(Dokumente der Sozialistischen Einheitspartei Deutschlands, Bd. IV, Berlin [Ost] 1954, S. 428–431.)

[40] Informationsbericht der Abteilung Verbandsorgane des Zentralrats der FDJ über die Reaktion der Bevölkerung auf das Politbürokommuniqué, 15.6.1953

Die Berichte der Bezirks- und Kreisleitungen zeigen, daß die Beschlüsse der Partei und Regierung unter der Masse der Bevölkerung und Jugend eine große Aufmerksamkeit und breite Diskussionen hervorgerufen haben. [...]
In den Diskussionen zeigen sich vor allem folgende positive Erscheinungen:

a) Die Beschlüsse des Politbüros und der Regierung über die Verbesserung der Lebenslage der Bevölkerung finden die Zustimmung der Bevölkerung und Jugend. Eine ganze Reihe von Mitgliedern des Verbandes haben aus diesen Beschlüssen konkrete Schlußfolgerungen gezogen.

In der MTS Uckermünde verpflichteten sich die Jugendfreunde Max H. und Bruno S., anläßlich des Beschlusses des Politbüros 4000 Arbeitsstunden mit ihren Traktoren ohne Generalüberholung zu leisten. [...]

Die Berichte der Bezirksleitungen zeigen jedoch, daß unter breiten Teilen der Jugend Unklarheiten in verschiedenen Fragen bestehen.

Unter der Arbeiterjugend sind dies vor allem die Probleme der Großbauern, der Republiksflüchtigen und der »Jungen Gemeinde«. Ein Arbeiter aus Aue erklärte z. B.: »Wenn der Großbauer aus unserem Dorf zurückkommt, wird er aufgehängt.« In Deutsch-Neudorf diskutierten Mitglieder der FDJ: »Wieso kann das ZK so etwas machen. Diejenigen, die erst von uns abhauten und mit uns nichts zu tun haben wollten, sollen nun alles wiederbekommen.« [...]

Auf einer Versammlung in der Schiffs- und Reparaturwerft Stralsund erzählte ein Kollege, daß die SED und Regierung eingesehen haben, daß sie etwas falsch gemacht haben; er erklärte weiterhin, »was geschieht aber mit uns, wenn wir etwas falsch machen? Wir werden dann eingesperrt; was geschieht mit denen, die diese Fehler gemacht haben?« Worauf ein Zwischenruf erfolgte, »Gehaltszulage«. In der Zuckerfabrik Stralsund sagten einige Freunde, »wir haben oft genug kritisiert, aber man hörte uns nicht; wenn wir unsere Meinung sagten, dann waren wir immer reaktionär.«

Der Feind verbreitet unter der Bevölkerung die unsinnigsten Parolen mit dem Ziel, die vorhandenen Unklarheiten für seine verbrecherischen Zwecke auszunutzen. Gegenwärtig besteht die Feindarbeit vor allem in Folgendem:

a) Die Beschlüsse der Partei und Regierung werden als eine Schwäche dargestellt. Die Hauptargumente sind dabei:

   »Das ist der Bankrott ihrer Politik!«

   »Das war der Druck von unten, sie konnten sich nicht mehr halten.« [...]

b) Neben diesen Argumenten versucht der Feind, durch Lüge und Panikmacherei die Bevölkerung zu verwirren. Dabei tauchen solche Argumente auf wie: [...]

   »Wilhelm Pieck ist in London und andere Mitglieder in Westdeutschland.« [...]

   Dieselben Argumentationen in bezug auf die Genossen Wilhelm Pieck, Otto Grotewohl und Walter Ulbricht wurden auch aus Karl-Marx-Stadt, Halle, Erfurt und Rostock berichtet.

Solche Panikmacherei führte z. B. in Oberwiera dazu, daß einige Mitglieder der LPG aus ihren Wohnungen ausziehen wollten, da sie die Ankunft der Großbauern fürchten.
Der Vorsitzende der Gesellschaft für Deutsch-Sowjetische Freundschaft im Karl-Marx-Werk Zwickau hat sämtliche Bilder des Genossen Walter Ulbricht im Werk entfernt. Auf der MTS Göhlen kamen morgens um 8.00 Uhr einige halbbetrunkene Bauern und forderten den Traktor, der ehemals einem Bauern gehörte und von der MTS eingezogen wurde, wieder zurück.

c) Inhalt der feindlichen Arbeit ist eine wüste Hetze gegen die Sowjetunion, es werden solche Argumente verbreitet:
»Malenkow ist abgesetzt«,
»Die Sowjetunion hat befohlen, wir müssen spuren.« [...]

e) In einer Reihe von Fällen ist es zu offenen Provokationen gekommen, in denen es dem Gegner gelang, auch kleinere Teile der Bevölkerung mit einzubeziehen. So wurde z. B. am Freitag in Brandenburg bei einer Provokation der 1. Kreissekretär der FDJ niedergeschlagen.
Im Hermann-Matern-Werk Roßwein, Kreis Döbeln, der Baumwollspinnerei Mittweida und dem IFA-Karosserie-Werk Halle traten Teile der Belegschaft in einen Streik. Er wurde hervorgerufen durch bürokratische Maßnahmen der Betriebsleitung bei der Normerhöhung. Der Gegner nutzte dies aus, um solche Provokationen zu starten.
Unklarheiten traten unter Teilen unserer Funktionäre auf, die in ihrem Auftreten teilweise unsicher geworden sind. Eine Reihe von Funktionären betrachtet den Beschluß als eine »Taktik mit Augenzwinkern«. [...] Die größten Unklarheiten bestehen gegenwärtig unter Funktionären und Mitgliedern des Verbandes in der Frage der »Jungen Gemeinde«. In fast allen Oberschulen in Zwickau-Stadt ist das Argument verbreitet: »Sie fliegen ja sowieso wieder hinaus!«
Der Jugendfreund Sch. sagte: »Ich habe mitgestimmt, daß die Mitglieder der ›Jungen Gemeinde‹ von der Oberschule verwiesen werden, und jetzt soll ich mit diesen auf einer Schulbank sitzen, das mache ich nicht mit.« [...]
Die Freunde von Siemens-Plania brachten zum Ausdruck, daß sie mit allen vorgeschlagenen Maßnahmen einverstanden sind, nur nicht mit der »Jungen Gemeinde«. [...]

(SAPMO-BA, ZPA, IV 2/5/544, Bl. 91–96. Hoffmann/Schmidt/Skyba, 608, S. 161 ff.)

[41] »Zu einigen schädlichen Erscheinungen bei der Erhöhung der Arbeitsnormen«, 16. 6. 1953

Der Beschluß des Ministerrats über die Erhöhung der Arbeitsnormen besagt vor allem, daß auf der Grundlage der Verbesserung der Arbeitsorganisation, der Qualifizierung der Arbeiter, der Anwendung neuer Arbeitsmethoden, der Verbesserung der technischen Bedingungen, der Beseitigung von Verlustzeiten und der Festigung der Arbeitsdisziplin im Betrieb die Erhöhung der Arbeitsnormen für die Steigerung der Arbeitsproduktivität entsprechend den Kennziffern der Betriebe durchgeführt werden soll.

In vielen Betrieben haben die Betriebsleitungen und die Betriebsgewerkschaftsleitungen gewissenhaft nach diesem Beschluß gehandelt. Es gibt jedoch nicht wenige Betriebe, die den Beschluß des Ministerrats nicht durchführten oder verletzten. So wurde z. B. zum Schaden des erfolgreichen Kampfes um die Steigerung der Arbeitsproduktivität durch die Erhöhung der Arbeitsnormen eine gefährliche und reaktionäre »Theorie« und Praxis entwickelt, die darauf hinausläuft, daß die Normenerhöhung eine Lohnsenkung zur Folge haben muß. Die Gewerkschaften wenden sich entschieden gegen solche Auffassungen, die die Autorität der Beschlüsse der Partei der Arbeiterklasse, des Ministerrats und des Präsidiums des Bundesvorstandes des Freien Deutschen Gewerkschaftsbundes gröblich mißbrauchen und damit die Interessen aller Werktätigen auf das tiefste und empörendste verletzen.

Die Arbeitsnormen werden nicht erhöht, um die Löhne zu senken, sondern um durch wirtschaftlichere Arbeit in jeder Hinsicht mit dem gleichen Arbeitsaufwand wie bisher mehr, besser und billiger zu produzieren. Die feindliche »Theorie« von der Lohnsenkung muß zerschlagen werden. Je schneller und je gründlicher dies geschieht, um so aktiver und bewußter werden alle Arbeiter die Normenerhöhung um durchschnittlich 10 Prozent zu ihrer eigenen Sache machen.

(»Tribüne« vom 16. Juni 1953.)

[42] Bericht der Hauptverwaltung Deutsche Volkspolizei über die Unruhen in der Zeit vom 16. 6. bis 22. 6. 1953, ohne Datum

[...]

Charakterisierung der Lage in Berlin und DDR:

am 17. 6. 1953

Berlin:

Die Demonstrationszüge marschierten auch aus den entlegensten Gebieten wie Köpenick usw. auf das Stadtzentrum.

Folgende Arbeitsniederlegungen wurden bekannt:

SAG-Betrieb Berliner Bremsenwerk mit der gesamten Belegschaft,

VEB-Fortschritt, Grünbergstraße mit der gesamten Belegsch.,

VEB-Vergaser, Stalin-Allee verweigerten vorwiegend die Jugendlichen den Arbeitern den Eingang zum Werk,

800 Angehörige des EAW Stalin-Werkes Treptow – Zweigstelle Hirschberger Straße,

Privatbetrieb Kälterichter, wo die Belegschaft den Betrieb verließ,

VEB-Glühlampenwerk, wo sich die Belegschaft auf dem Hofe versammelte

usw.

Die Situation in Berlin spitzte sich derart zu, daß größere Menschenmengen unter Anleitung der Provokateure vor den Ministerien, den öffentlichen Gebäuden, den Parteidienststellen und Gebäuden der Massenorganisationen sich zusammenballten und Versuche unternahmen, gewaltsam in diese einzudringen.

Einzelne Demonstrationszüge überschritten die Sektorengrenze vom Osten zum Westen.

Teilnehmer eines Demonstrationszuges, der aus dem Westen kam, rissen die Rote Fahne vom Brandenburger Tor herunter.

Und so steigerten sich diese Provokationen sukzessive wie die Anlegung von Bränden in HO-Kiosken usw., Plünderungen der HO-Geschäfte, Steinwürfe.

Ein eingesetzter Lautsprecherwagen im Westsektor an der Sektorengrenze forderte in den Westsektor abfließende Demonstranten auf, erneut in dem demokratischen Sektor zu demonstrieren.

Zu dem Zeitpunkt wurde die Sektorengrenze auf westlicher Seite durch starke Aufgebote der Sturmpolizei besetzt.

Mit Bekanntgabe des Ausnahmezustandes durch den sowjetischen Militärkommandanten von Berlin wurde die Sektorengrenze gesperrt, und

durch die sowjetischen Truppen und durch VP wurden die Demonstrationszüge zerstreut.
Besondere Höhepunkte bildeten sich auf dem Alexanderplatz und vor dem Präsidium der VP, wo die Demonstranten versuchten, in das Gebäude des PdVP einzudringen.
Auch an diesen Stellen wurde mit Eintreffen der sowjetischen Truppen die Lage bereinigt.
Mit Bekanntgabe des Ausnahmezustandes in den Nachmittagsstunden trat eine gewisse Beruhigung der Lage ein, abgesehen von einzelnen Versuchen, erneute Demonstrationen zu beginnen.
Durch die zwangsläufige Stillegung des öffentlichen Verkehrsnetzes kam es zu größeren Menschenstauungen auf den Bahnhöfen, die bis in die Nachtstunden andauerten.
Ein größerer Teil der Bevölkerung distanzierte sich bereits zu diesem Zeitpunkt von den Anführern. In ihrem Verhalten kam zum Ausdruck, daß die 2. Phase der Entwicklung der Situation, wie Plünderungen usw., von ihnen nicht gebilligt wurde.
Dem Aufruf der Regierung, die Arbeit wieder aufzunehmen, kamen am gleichen Tage wenige nach, auch mitbedingt durch die Schwierigkeiten in der Verkehrslage.

Als Schwerpunkte kristallisierten sich heraus:

Halle
Magdeburg
Gera
Leipzig
Dresden und
Erfurt.

In den Bezirken Karl-Marx-Stadt, Neubrandenburg, Suhl und Schwerin kam es zu keinen nennenswerten Demonstrationen.

Halle:
In der Stadt Halle begannen die Ausschreitungen am 17. 6. 53 gegen 9 Uhr mit einem Demonstrationszug von mehreren tausend Demonstrant. von der Waggonfabrik Ammendorf.
Dieser Demonstrationszug wurde verstärkt durch die Belegschaften der am Marschweg liegenden Betriebe. Die Demonstranten stürmten und plünderten u. a. die Bezirksleitung der Partei und das Haus des Bezirksrates.

Beide genannten Objekte waren durch die Volkspolizei gesichert. Nachdem die Provokateure gleichwohl in die Objekte eingedrungen waren, kam es bei dem Widerstand der Volkspolizisten gegen die Angreifer zu heftigen Tätlichkeiten von seiten der Provokateure, wobei einzelne VP-Angehörige schweren Mißhandlungen ausgesetzt wurden. U. a. wurden von den Provokateuren bei ihrem Anmarsch zum Haus des Bezirksrates mehrere VP-Angehörige unter laufenden Mißhandlungen mitgeschleift.
Die Provokateure setzten ihren Marsch fort zur UHA II, wo sie gegen 12.30 Uhr eintrafen und die Freilassung von Gefangenen forderten. Das wurde abgelehnt. Daraufhin erbrachen die Demonstranten das Eingangstor. Trotz Gegenwehr der eingesetzten VP-Angehörigen und 27 weiteren KVP-Angehörigen gelangten die Demonstranten in das Zellenhaus. Dadurch konnten 248 weibliche und 3 männliche Häftlinge gewaltsam befreit werden.
Unter den Befreiten befanden sich Schwerverbrecher besonderer Art. Z. B. die ehem. SS-Kommandeuse D. aus dem KZ Ravensbrück, die zu 15 Jahren Zuchthaus verurteilt war und nunmehr sich maßgeblich an den Provokationen beteiligte. Bei dem Angriff wurden 3 VP-Angehörige z. T. schwer verletzt, eine VP-Angehörige unter diesen wurde bis zum Markt mitgeschleift und dort besinnungslos von Angehörigen der Sowjetarmee aufgefunden.
Nach diesem Angriff begaben sich ca. 1000 Demonstranten zur Vollzugsanstalt I am Kirchtor. Auch hier forderten sie die Herausgabe sämtlicher Häftlinge, worauf die Leitung der Anstalt – VP-Insp. B. – nicht reagierte. Bei dem Versuch, mit einem 6-To-LKW das Tor zu nehmen, um in die Vollzugsanstalt zu gelangen, wurden nach Schußwaffengebrauch durch die VP zwei Eindringlinge schwer und einer tödlich verletzt. Ein nochmaliger Versuch der Demonstranten, von der Rückseite der Anstalt aus einzudringen, wurde wiederum mit Schußwaffengegenwehr der VP beantwortet und dabei ein Eindringling tödlich verletzt. Daraufhin räumten die Demonstranten das Feld.
Ein ähnlicher Angriff auf die UHA I scheiterte ebenfalls an der konsequenten Haltung der VP-Angehörigen unter der Leitung des VP-Komm. S.
In Bitterfeld randalierten gegen 9 Uhr zirka 150 Personen vor dem VPKA und entsandten eine Delegation zum VPKA-Leiter. Darüber hinaus forderten sie die sofortige Entfernung eines Transparentes vom Gebäude des VPKA, das auf die deutsch-sowjetische Freundschaft hinwies. Durch das

versöhnlerische Verhalten des Amtsleiters – VP-Kommandeur N. –, der mit den Demonstranten verhandelte, ihren Weisungen nachkam und sie aufforderte, ihre Forderungen an die Regierung weiterzuleiten, kam es in Bitterfeld zu einem Angriff auf die UHA, wobei es beim Eindringen zu keinerlei Gegenwehr durch die VP kam. Im Verlaufe von Vereinbarungen wurden 15 Häftlinge entlassen. Das Ergebnis des Verhaltens, insbesondere von VP-Kommandeur N., war, daß schließlich alle 51 Häftlinge befreit wurden. N. wurde inzwischen des Amtes enthoben und in Haft genommen.
Weitere Beispiele ließen sich noch aus den Bereichen Naumburg und Eisleben anführen.

Gera:
In der Stadt Gera demonstrierten ca. 20000 Personen. Unter Führung faschistischer Elemente versuchten sie, in mehrere öffentliche Gebäude einzudringen, was durch gemeinsamen Einsatz von VP und KVP sowie durch späteres Eingreifen der sowjetischen Streitkräfte bis auf einen Fall verhindert werden konnte, wo die Provokateure in die Arbeiter- und Bauernfakultät eindrangen und die Inneneinrichtung verwüsteten. Hierbei taten sich besonders 50–60 Oberschüler negativ hervor, wohingegen sich 360 Schüler der ABF der Volkspolizei zur Verfügung stellten und 60 von ihnen sofort für entsprechende Hilfsmaßnahmen eingesetzt worden sind.
In Weida, Kr. Gera, in dem sämtliche Beschäftigte aller Betriebe streikten, versuchten ca. 1000 Demonstranten unter Führung von faschistischen Elementen ins Revier einzudringen. Die 18 VP-Angehörigen verteidigten ihr Revier über eine Stunde, ohne von der Schußwaffe Gebrauch zu machen, bis sowjetische Streitkräfte zum Einsatz eintrafen. Ein Eindringen in das Revier gelang den Provokateuren nicht.
In Jena demonstrierten ca. 20000 Personen. Die Arbeitsniederlegung begann in dem Nebenbetrieb Zeitz-Süd und griff auf weitere Großbetriebe über. Angriffe wurden auf die Gebäude des MfS, der Kreisleitung der Partei, des Rates des Kreises, der Nationalen Front u. a. durchgeführt. Hierbei wurden die Einrichtungen demoliert und vorhandene Akten z. T. auf die Straße geworfen.

Festnahmen:
In der Zeit vom 17. 6. 1953 bis 20. 6. 53 24.00 Uhr wurden insgesamt *2687 Personen* festgenommen. Von diesen wurden 1100 Personen den

Verwaltungsstellen des MfS übergeben. An die Kommandanten der Sowjetischen Truppen wurden 142 Personen übergeben. Freigelassen wurden 370 Personen. Bei der Volkspolizei verblieben 1075 Personen.
Es wurden 119 Verfahren von der Untersuchungsabteilung abgeschlossen und dem Staatsanwalt mit Vorgang übergeben. Im Laufe des 22. 6. 53 fanden bei den Bezirksgerichten bereits die ersten Prozesse statt. Gegen 514 Personen wurden Verfahren eingeleitet. 561 Personen sind noch in Haft, gegen die noch kein Verfahren eröffnet wurde.
Von den 1075 Festgenommenen, deren Verfahren von der Volkspolizei zu bearbeiten sind, befinden sich noch 720 ohne richterlichen Haftbefehl in Haft.
Da gegen eine große Zahl der Festgenommenen Verfahren noch nicht eingeleitet wurden und auch bei der Übergabe von Festgenommenen an andere Dienststellen die soziale und politische Zugehörigkeit der Festgenommenen nicht registriert wurde, sind nachfolgend unvollständige Zahlen zustande gekommen:

Von 1783 Festgenommenen sind

Arbeiter	1261 = 70,7%
Angestellte / Intellektuelle	233 = 13,1%
Selbst. Handwerker, Gewerbetreibende und ähnliche	95 = 5,4%
Großbauern	17 = 0,9%
Klein- und Mittelbauern	55 = 3,0%
Genossenschaftsbauern	10 = 0,6%
Sonstige	112 = 6,3%
Mitgl. der SED	118 = 6,6%
Mitgl. bürgerl. Parteien	81 = 4,6%
Mitgl. der FDJ	134 = 7,5%
Parteilose	1450 = 81,3%

[...]

In den oben angezogenen Zahlen sind die Festnahmen des PdVP Berlin nicht enthalten.
Die Anzahl der festgenommenen Personen hat sich bis zum 22. 6. 53 – 18 Uhr auf
6057 Personen erhöht. Davon Bürger der DDR 5777
einschl. Berlin-demokrat. Sektor
Bürger Westdtschld. 42
Bürger Westberlins 238

Von diesen Personen wurden
187 dem Kommandanten der Sowjet. Armee
1622 den Verwaltungsdienststellen des MfS und
309 den Gerichten
übergeben.
1684 verblieben bei der VP.
Freigelassen wurden 1508 Personen.
Im Durchgangslager befinden sich von den o. a. Festgenommenen 747 Personen.
In Fahndung gestellt wurden 157 Personen, die sich an den Provokationen beteiligten.
[...]
(Hoffmann / Schmidt / Skyba, 608, S. 163–171.)

[43] Beschluß des Politbüros über den Ausnahmezustand, 20.6.1953

[...]
2. Angesichts des Anhaltens der Versuche faschistischer Provokateure, die Ordnung zu stören, und der abwartenden Haltung gewisser Teile der Bevölkerung hält es das Politbüro nicht für zweckmäßig, bereits jetzt den Ausnahmezustand aufzuheben, wobei betont wird, daß das Entscheidungsrecht bei den verantwortlichen sowjetischen Instanzen liegt und höhere internationale Interessen die möglichst rasche Aufhebung des Ausnahmezustandes erforderlich machen können.
   Das Politbüro ist ferner der Auffassung, daß mit der Aufhebung des Ausnahmezustandes im demokratischen Sektor von Berlin die Maßnahmen zur Absperrung gegen das Eindringen faschistischer Banditen aus Westberlin nicht sofort aufgehoben werden sollen.

(SAPMO-BA, ZPA, J IV 2/2/292; Hoffmann / Schmidt / Skyba, 608, S. 171 f.)

[44] Beschluß des Zentralkomitees der SED, 21.6.1953

[...]
Die Partei wird in diesem Augenblick, der Taten fordert, dem Gegner nicht dadurch in die Hände spielen, daß sie ihre Kräfte in Erörterungen darüber erschöpft, wie es zu solchen Mißverständnissen bei einem Teil

der Werktätigen kommen konnte. Heute kommt alles auf die Taten an. Daher erklärt das Zentralkomitee zu diesem entscheidenden Punkt heute nur das eine: Wenn Massen von Arbeitern die Partei nicht verstehen, ist die Partei schuld, nicht der Arbeiter!
Aus dieser grundlegenden Feststellung ergibt sich für alle Mitglieder und Funktionäre unserer Partei die Notwendigkeit, mit größter Sorgsamkeit zu unterscheiden zwischen den ehrlichen, um ihre Interessen besorgten Werktätigen, die zeitweise den Provokateuren Gehör schenkten – und den Provokateuren selber. [...]
Das Zentralkomitee wird sich durch keinerlei noch so niederträchtige Störungsversuche der ausländischen und deutschen Kriegstreiber von der Verwirklichung des neuen Kurses abdrängen lassen. Es sieht in diesen Versuchen nur eine zusätzliche Bestätigung für seine Richtigkeit. Es setzt den neuen Kurs planmäßig fort.
Mit dem Beschluß des Politbüros des ZK vom 9. Juni und der Regierung der Deutschen Demokratischen Republik vom 11. Juni wurden die ersten Maßnahmen im Rahmen des neuen Kurses festgelegt, dessen Hauptziel ist, im Zusammenhang mit Kürzungen an den Planaufgaben der Schwerindustrie die Lebenshaltung der Arbeiter, Bauern, der Intelligenz, der Handwerker und der übrigen Schichten des Mittelstandes zu verbessern.
Das Zentralkomitee beschließt heute im Rahmen der großen wirtschaftlichen Veränderungen, welche die Durchführung des neuen Kurses erfordern, eine zweite Reihe von Maßnahmen:

1. Den Lohnabrechnungen sind ab sofort diejenigen Arbeitsnormen zugrunde zu legen, die am 1. April 1953 Gültigkeit hatten.
2. Die Fahrpreisermäßigung für Arbeiterrückfahrkarten beträgt ab 1. Juli 1953 für diejenigen Arbeiter und Angestellten, die ein Monatseinkommen bis 500,– DM brutto haben, entsprechend der früheren Regelung 75 Prozent.
3. Die Mindestrenten für Alters-, Invaliden- und Unfallrentner werden von 65,– DM auf 75,– DM pro Monat erhöht.
   Die Mindestrenten der Witwen werden von 55,– DM auf 65,– DM pro Monat erhöht.
   Der monatliche Fürsorgesatz für Hauptunterstützungsempfänger bei der Sozialfürsorge wird von 45,– DM auf 55,– DM erhöht.
   [...]
4. Die Anrechnung des Jahresurlaubs bei Heil- und Genesungskuren der Sozialversicherung wird aufgehoben.

5. Die Verordnung vom 19. März 1953 über die Herausnahme der freiwilligen Versicherungen aus der Sozialversicherung wird aufgehoben.
   [...]
6. Der Bau und die Instandsetzung von Wohnungen, besonders in großen Städten und Industriezentren, ist beträchtlich zu erhöhen. Aus Einsparungen durch Herabsetzung der Investitionen bei der Schwer- und Grundstoffindustrie sind für die Gewinnung von neuem Wohnraum (Neubau, Ausbau, Reparaturen sowie für die Instandsetzung von Straßen) für das Jahr 1953 über den bisherigen Plan hinaus zusätzlich Investitionsmittel und Lizenzkredite in Höhe bis zu 600 Millionen DM zu stellen.
   [...]
10. Die täglichen Stromabschaltungen bei der Bevölkerung sind im III. Quartal 1953 durch Einschränkungen im Stromverbrauch der Schwer- und Grundstoffindustrie aufzuheben.
   [...]

(Dokumente der Sozialistischen Einheitspartei Deutschlands, Bd. IV, Berlin [Ost] 1954, S. 441–444.)

[45] Schreiben des ZK der KPdSU an das ZK der SED, 23. 6. 1953

[...] Bei uns ist der Eindruck entstanden, daß bei der Führung des ZK der SED immer noch Verwirrung im Zusammenhang mit den letzten Ereignissen besteht. Die praktische Arbeit zur Wiederherstellung der Lage kommt nur äußerst langsam in Gang. Die Arbeit des Staatsapparates und der Parteiorgane ist in unzulässiger Weise geschwächt. Bemerkenswert ist die Tatsache, daß sich die Gewerkschaften in fremden Händen befanden, und es ist noch nichts darüber bekannt, was die Partei unternehmen will, um die Gewerkschaften in ihre Hand zu bekommen. Dazu sind ernste und durchdachte Maßnahmen erforderlich.

Wir sind der Auffassung, daß Sie unverzüglich mit jeglicher Verwirrung in der Führung Schluß machen und entschlossen die Maßnahmen zur Festigung des Einflusses der Partei auf die Massen und zur Gewinnung des Vertrauens der Massen zur Staatsmacht verwirklichen müssen.

(SAPMO-BA, ZPA, J IV 2/2/294; Hoffmann/Schmidt/Skyba, 608, S. 174.)

[46] Diskussion im Politbüro am 8.7.1953 über die Führung der SED: handschriftliche Aufzeichnungen Otto Grotewohls

Polbüro 8.7.53

Grotewohl berichtet über 2 Kommissionssitzungen Organis. Kommission.

Herrnstadt lehnt Tätigkeit als 1. Sekretär ab.

Honecker man darf U. [Ulbricht] nicht allein schuldig machen. Es schädigt die Partei, wenn man U. als Gen. Sekr. und als 1. Sekretär ausscheidet. Vorschlag für Ergänzungen Wandel–Winzer.

Zaisser mein Vorschlag Herrnst. [Herrnstadt], weil er besser das Ohr an der Masse hatte als wir. Vorschlag ist keine Musterlösung. Meine Linie ist: W. U. [Walter Ulbricht] ist für falsche Linie (II. P'konf) [II. Parteikonferenz] nicht mehr verantwortlich als wir alle. Sein falscher Kurs ist nacktes Administrieren – falsche Erziehung der Kader usw., das hat die Partei verdorben, mit dieser Einstellung ist der neue Kurs nicht durchzuführen. Er muß darum vom Parteiapparat ferngehalten werden. Der Apparat in der Hand W. U. ist eine Katastrophe für den neuen Kurs.

Ulbricht der Vorschlag Herrnst. + Zaisser auf Beseitigung des Sekretariats ist eine Gefahr. Der Vorschlag Zaisser, Herrnst. als 1. Sekr. zu nehmen, ist eine logische Folge.

Zaisser verwahrt sich. U. war mit Beseitigung des Sekretariats einverstanden.

Herrnstadt ebenso

Rau U. Arbeitsmethode hemmt die Partei. Hat U. die Kraft, das zu ändern? Die Wochen haben das nicht gezeigt. Wenn ein anderer die Parteiorg. [anisation] als Walter nimmt u. 1. Sekretär wird, ist das besser.

Ackermann man muß auch die Regierung verändern. Gr. [Grotewohl] muß verpflichtet werden, in Mo. [Moskau] zum Ausdruck zu bringen, daß noch keine Beschlüsse vorliegen. Die Partei gesunden, aber nicht mit W. U.

Ebert für Sekretäre. Es wäre ein Gewinn für die Partei, wenn der Gen. W. U. selbst erklären würde, ein anderer muß 1. Sekretär werden.

E. Schmidt ich war völlig verschüchtert, begrüße das freie und ernste Auftreten von Zaisser. Du kannst nicht mehr an der Spitze der Partei stehen.

Matern der *erste* Sekretär muß U. sein.

Oelßner das Auftreten H. [Herrnstadt] + Zaisser deutet auf Gruppenbildung. U. hat uns alle für Dummköpfe gehalten. W. [Walter] hat nicht gelernt. Man muß kollektiv arbeiten. Man braucht keinen 1. Sekretär, sondern kollektive Entscheidung.

Jendretzky W. hat nicht gelernt.

Mückenberger für die Bezirke gab es keine zentrale Leitung mehr. Alle sind überlastet.

Gr. ich kann in Moskau keine abschließende Äußerung abgeben.

W. U. Kritik Ackermann war richtig, mein Verhalten Geburtstag falsch. Ich werde im ZK Standpunkt beziehen. Ich bin nicht der Meinung, daß ich 1. Sekr. sein muß. Dazu gehört Vertrauen, das muß erst wieder kommen.

U. Vorschläge H. + Zai. [Zaisser] i. Ausschuß waren ein Experiment. Ich werde vor dem ZK meine Erklärung abgeben.

(SAPMO-BA, ZPA, NL 90/699, Bl. 101–103; Hoffmann/Schmidt/Skyba, 608, S. 174 ff.)

9. Kapitel

1954/55: »Ein schwarzer Tag für Europa«
Die Festschreibung der Teilung

Berliner Außenministerkonferenz
Das Scheitern der EVG
Die Pariser Verträge
Die »Österreichlösung« – Modell für Deutschland?

1954/55: »Ein schwarzer Tag für Europa«
Die Festschreibung der Teilung

Berliner Außenministerkonferenz

»[...] Ich habe die Absicht, [...] zur mündlichen Berichterstattung nach Bonn zu reisen und hoffe, daß es bis dahin gelingt, noch größere Klarheit über die alliierten Absichten über den Abschluß der Konferenz zu gewinnen. Im übrigen ist der Aufenthalt der alliierten Delegationen in Berlin insofern recht heilsam, als die Eindrücke, die sie einheitlich aus dem Ostsektor mitbringen, verheerend sind. Die Armut, die dürftige Bekleidung der Menschen, die Mangelhaftigkeit der Versorgung der Geschäfte mit Konsumgütern, die Öde der Straßen und die scharfe Polizeiüberwachung – all dies zeigt den Alliierten mit großer Eindringlichkeit, was zu erwarten ist, wenn Europa den Sowjets anheimfallen sollte. Die Stimmung ist deshalb in allen Delegationen ohne Unterschied so überraschend antisowjetisch, wie ich es nach meinen Unterhaltungen, zumindest in Paris und London, nicht für möglich gehalten habe. [...]«[1]

Diesen Brief schrieb Herbert Blankenhorn, enger Vertrauter Adenauers, am 2. Februar 1954 aus Berlin an den Kanzler. In der ehemaligen Reichshauptstadt berieten seit einer Woche die vier Außenminister Dulles, Eden, Bidault und Molotow über die deutsche Frage. Dies war die erste Viererkonferenz seit 1949, sie war auf Initiative der Westmächte zustande gekommen.

Mitte Juli 1953 hatten die drei westlichen Außenminister in Washington getagt. Am Ende ihrer Beratungen hatte ein Angebot an die Sowjets zu einer Konferenz über die deutsche Frage gestanden. Auf dieser Konferenz sollten folgende Punkte beraten werden:

1. Durchführung freier Wahlen, d. h. auch Garantien für Bewegungsfreiheit, Handlungsfreiheit für politische Parteien, Pressefreiheit und Grundrechte für alle Deutschen vor, während und nach den Wahlen;
2. Errichtung einer freien, gesamtdeutschen Regierung, die innen- und außenpolitische Handlungsfreiheit besäße.

Churchill, der nach wie vor eine Gipfelkonferenz wollte, war zutiefst enttäuscht von dieser Entwicklung gewesen. Als ihm die Telegramme aus Washington vorlagen, hatte er daraus den richtigen Schluß gezogen, daß nämlich »Franzosen und Amerikaner wollen, daß die Viermächtekonferenz scheitert«. Damit hatte er recht. Der französische Außenminister Bidault hatte in Washington klargemacht, daß erst nach einem Scheitern einer solchen Konferenz die Ratifizierung des EVG-Vertrages in Frankreich möglich sei. Entscheidend für das Konferenzangebot war allerdings Adenauer gewesen, der eine solche Konferenz aus wahltaktischen Überlegungen wollte, allerdings mit der klaren Vorgabe, daß nichts dabei herauskommen sollte. Nach einem umfangreichen Notenwechsel mit der sowjetischen Regierung geschah Ende November das Unerwartete: Die Sowjets erklärten sich zu einer Konferenz der vier Außenminister ohne Vorbedingungen bereit und schlugen als Tagungsort Berlin vor.[2]

Obwohl Adenauer in seinen »Erinnerungen« einen anderen Eindruck erweckt[3], verfolgte er das ganze Projekt von Anfang an mit großer Sorge – aus dem gleichen Grund, aus dem er sich 1952 gegen Verhandlungen ausgesprochen hatte.

Am 4. Januar 1954 überreichte der britische Hohe Kommissar Sir Frederick Hoyer-Millar dem Bundeskanzler das Strategiepapier der Westmächte für die Konferenz. Obwohl bei dessen Erarbeitung zum ersten Mal ein deutscher Vertreter, Wilhelm Grewe, herangezogen worden war, übten Adenauer und Staatssekretär Hallstein in einer Unterredung am 13. Januar heftige Kritik an diesem Papier.

Die Bundesregierung wiederholte diese Kritik in einem Memorandum vom 15. Januar und verschärfte sogar noch ihre Bedingungen für die Abhaltung gesamtdeutscher Wahlen. So hieß es bei Punkt 2:

»Die Anwesenheit einer mehr als 200000 Mann starken, gut ausgerüsteten Volkspolizei beunruhigt die Bundesregierung, da sie die Bevölkerung in der sowjetischen Zone einschüchtert. Unter solchen Umständen werden Wahlen nicht wirklich frei sein. Eine nach den Wahlen gebildete gesamtdeutsche Regierung, der keine eigenen Polizeistreitkräfte zur Verfügung stehen, wird bei dem Versuch, demokratische Zustände in der sowjetischen Zone herzustellen, auf den unüberwindlichen Widerstand der Volkspolizei stoßen, mit dem Risiko, daß es zu Zwischenfällen kommt, die als Grund dienen könnten für eine militärische Intervention der Sowjets, in die dann die westlichen Alliierten hineingezogen werden. Vor den Wahlen zur Nationalversammlung und zur Volkskammer muß daher die Volkspolizei, was Zahl und Ausrüstung betrifft, auf das Niveau des Bundesgrenzschutzes reduziert werden.«

Selbst im State Department wurde diese Bedingung abgelehnt. Und bei Punkt 4: »Es ist nicht wünschenswert, bis zur Auflösung der Bundesregierung das Besatzungsstatut in Kraft zu lassen«, notierte ein Beamter des State Department sogar: »Verrückt« (»Nuts«).

Der Vorschlag, daß »gleichzeitig mit den Wahlen für eine gesamtdeutsche Nationalversammlung in der sowjetischen Zone Wahlen für ein neues sowjetzonales Parlament stattfinden, das an die Stelle der Volkskammer tritt«, war jetzt sogar »nach sorgfältiger Beratung im Bundeskabinett gebilligt« worden. Interessant ist in diesem Zusammenhang die Haltung der SPD-Führung, die in der Vorbereitungsphase mehrfach von den Amerikanern informiert wurde. Während Erich Ollenhauer gegenüber dem amerikanischen Hohen Kommissar James Conant die Konferenz als die für lange Zeit letzte Chance bezeichnete, die Einheit Deutschlands wiederherzustellen – obwohl Adenauer gegenüber Hoyer-Millar einen ganz anderen Eindruck erweckte –, war Herbert Wehner von Anfang an weniger optimistisch; seiner Meinung nach würden die Sowjets erst zu Konzessionen in der Deutschlandfrage bereit sein, wenn sich die Großmächte zuvor in wichtigeren Bereichen wie etwa der Abrüstungs- und Atomwaffenfrage geeinigt hätten. Um aber eine Verschlechterung der Situation in Deutschland nach einer gescheiterten Konferenz zu verhindern, schlug er vor, daß die Außenminister, statt die Schuld für das Scheitern der jeweils anderen Seite zuzuschieben, die Hohen Kommissare beauftragen sollten, ein Programm praktischer Schritte zur Verminderung der aus der Teilung Deutschlands resultierenden Probleme zu erarbeiten. Dieses Programm sollte umfassen:

1. Wiederherstellung der Einheit Berlins, einschließlich der Freiheit der Stadtregierung, selbst zu entscheiden, welche Gesetze der Bundesrepublik und welche der DDR für Berlin übernommen und welche Dienststellen beider Regierungen dort etabliert werden sollten; außerdem sollte die Alliierte Kommandantura wieder eingerichtet werden, allerdings ohne Vetorecht und nur mit stark beschränktem Interventionsrecht.
2. Freier Zugang nach Berlin sowohl aus der Bundesrepublik als auch aus der DDR, einschließlich eines »Landkorridors«.
3. Schritte zur Schaffung einer gemeinsamen Währung für die Bundesrepublik und die DDR.
4. »Normalisierung« des Interzonenhandels und -verkehrs.[4]

Als am 25. Januar 1954 die Konferenz in Berlin eröffnet wurde, präsentierten Ost und West ihre Maximalforderungen. Außenminister Eden schlug einen Fünf-Punkte-Plan vor:

1. Freie Wahlen in ganz Deutschland;

2. Einberufung einer Nationalversammlung;
3. Ausarbeitung einer Verfassung und Vorbereitung der Friedensvertragsverhandlungen;
4. Annahme der Verfassung und Bildung einer Regierung, die über den Friedensvertrag verhandelt;
5. Abschluß des Friedensvertrages.

Molotow schlug statt dessen eine andere Reihenfolge vor:
1. Ausarbeitung eines Friedensvertrages mit Vertretern der DDR und der Bundesrepublik;
2. Bildung einer provisorischen Regierung durch Volkskammer und Bundestag;
3. Durchführung gesamtdeutscher Wahlen durch die provisorische Regierung;
4. Bildung einer gesamtdeutschen Regierung.

Hinter dieser Tagesordnung verbarg sich der grundsätzliche politische Gegensatz. Die Westmächte legten nach wie vor das Schwergewicht auf freie Wahlen und außenpolitische »Handlungsfreiheit« der solchermaßen gebildeten gesamtdeutschen Regierung, die der westlichen Allianz beitreten konnte. Gerade das wollte die Sowjetunion verhindern. Ob in Berlin überhaupt noch jemand an einer Wiedervereinigung interessiert war, muß bezweifelt werden. Die Westmächte und Adenauer mit ziemlicher Sicherheit nicht. Ob die Sowjetunion möglicherweise schon ganz andere Interessen verfolgte, bleibt eine offene Frage. Zum einen ging es ihr um eine Indochina-Konferenz, zum anderen legte Molotow für die Westmächte völlig überraschend den Entwurf für einen »Gesamteuropäischen Vertrag über die kollektive Sicherheit in Europa« vor, in dem die Bundesrepublik und die DDR bis zur Wiedervereinigung gleichberechtigte Partner sein sollten. Im Kern lief dieser Vorschlag zwar auf die Auflösung der NATO und die Verhinderung der EVG hinaus und war damit für den Westen ebenfalls unannehmbar, aber in Umrissen wurde schon damit sichtbar, wie die neue Leitlinie der sowjetischen Deutschland- und Europapolitik in den nächsten Jahren aussehen würde – bis dann im Juli 1973 (!) in Helsinki die Europäische Sicherheitskonferenz eröffnet wurde.
Die Plenarsitzungen in Berlin waren öffentlich und glichen eher Propagandaveranstaltungen. Viel wichtiger waren die vertraulichen privaten Gespräche. So traf Molotow zweimal mit Eden zusammen: am 27. Januar

und 2. Februar. Über beide Gespräche liegen ausführliche britische Protokolle vor. Im ersten Gespräch ging es zunächst um die mögliche Fünfmächtekonferenz über Indochina und dann fast ausschließlich um die deutsche Frage. Eden verwies mit Nachdruck darauf, daß der Westen genauso wie die Sowjets bemüht sei, ein Wiederaufleben der deutschen Gefahr zu verhindern; das beste und in der Tat einzige Instrument dafür sei die EVG; und er erläuterte dann, wie das im einzelnen funktionieren sollte: zwölf deutsche Divisionen unter der Kontrolle »friedliebender Staaten wie Frankreich, Holland, Großbritannien«; Rüstungsindustrie unter internationaler Kontrolle, nur taktische Luftwaffe, keine Marine und keine Atomwaffen; sollte es dennoch zu einem deutschen Angriff kommen, würde man an der Seite der Sowjets stehen. Wenn das den Sowjets nicht genüge, sei man bereit, mit ihnen über weitere Sicherheitsmaßnahmen zu beraten, worauf Molotow ziemlich scharf antwortete, Garantien auf dem Papier reichten gegen ein Wiederaufleben des deutschen Militarismus nicht aus. Er äußerte zudem erhebliche Skepsis im Hinblick auf die EVG; der Westen gäbe sich Illusionen hin, was die Entwicklung in Deutschland betreffe. Scharfe Kritik übte er an Adenauer, den er gleich mehrfach als einen Feind der Sowjetunion bezeichnete; die Nachfolger Adenauers würden noch aggressiver und gefährlicher sein. Es müsse darum gehen, daß die vier Mächte gemeinsam das Wiederaufleben eines deutschen Militarismus verhinderten. Molotow ging dann auf die freien Wahlen ein und verwies darauf, daß Hitler als Ergebnis freier Wahlen zur Macht gekommen sei. Er stimmte dann aber zu, daß es freie Wahlen geben sollte, aber – und das war dann der entscheidende Punkt – die vier Besatzungsmächte müßten sich vorher darauf verständigen, was für eine Art Regierung aus diesen Wahlen hervorgehen sollte.

Eden wiederholte noch einmal, daß man sich über die potentielle deutsche Gefahr einig sei, und auch, daß man ein Wiederaufleben dieser Gefahr verhindern müsse, und daß man die EVG als bestes Mittel dafür betrachte, und zwar für alle; die Sowjets hätten dagegen eine Nationalarmee angeboten, die die Deutschen mit Sicherheit ausbauen würden, um dann den Westen gegen den Osten auszuspielen. Molotows einzige Antwort darauf war, daß alles von der Art der deutschen Regierung abhänge, die diese zukünftige Armee kontrollieren würde.

Edens Schlußfolgerungen aus diesem Gespräch lauteten wie folgt: Die Sowjets hätten Angst vor Deutschland, aber keinen Plan, wie sie damit fertigwerden sollten. Molotow habe keine praktikable Alternative zur EVG anzubieten, es sei denn eine ziemlich vage Vorstellung einer weiteren Viermächtekontrolle Deutschlands auf der Grundlage bestehender Verträge oder gar Rückkehr zu Potsdam.[5]

Das zweite Gespräch, ebenfalls in ganz kleinem Kreis, verlief ebenso herzlich wie das erste. Man sprach über alte Zeiten, bis Eden darauf verwies, man müsse auf der Konferenz doch zu irgendwelchen Ergebnissen kommen; er erwähnte den Fernen Osten, und Molotow antwortete, er habe da Hoffnung. Eden nannte dann Österreich, worauf Molotow erwiderte, das könnte in der Tat möglich sein, um dann sofort hinzuzufügen, »es sollte eine Vereinbarung über Deutschland geben«, ohne zu sagen, was er sich darunter vorstellte. Eher scherzhaft bezeichnete er dann Edens Plan als ein Ultimatum, und damit war man wieder beim Thema »Europäische Sicherheit«. Eden wiederholte, was er schon im ersten Gespräch gesagt hatte, aber diesmal griff Molotow NATO und EVG schärfer als am 27. an, blieb aber eine Antwort auf die mehrfach von Eden gestellte Frage schuldig, ihm eine bessere Lösung zu nennen, um den deutschen Militarismus unter Kontrolle zu halten.[6]

Vier Tage später deutete Molotow im Gespräch mit Dulles eine mögliche Lösung an; er fragte Dulles, »ob man nicht auf folgender Linie Fortschritte machen könnte: eine kleine deutsche Armee und eine deutsche Regierung, die weder gegen die Vereinigten Staaten, Frankreich und Großbritannien, noch gegen die Sowjetunion gerichtet sei«.[7]

Erstmals hatte Molotow in vorsichtiger Weise zu verstehen gegeben, was man sich auf sowjetischer Seite vorstellte, aber es war zu wenig und zu vage; vor allen Dingen aber, und das war entscheidend, im Westen war niemand bereit, vom einmal eingeschlagenen Weg abzugehen. Es kam hinzu, was Eden nach dem ersten Gespräch mit Molotow notiert hatte: »Wenn der Westen entschlossen mit dem Aufbau der EVG fortfährt, dann wird sich die Sowjetunion, wie schon so oft in der Vergangenheit, damit als einem Fait accompli abfinden, trotz all ihrer Bemühungen, sie zu zerstören. Es wird uns allerdings nicht gelingen, sie davon zu überzeugen, daß die EVG auch ihrem Sicherheitsinteresse entspricht.«[8]

Um nachzuweisen, daß der russische Preis für die Wiedervereinigung zu hoch sei, nämlich Aufgabe der EVG, hätten die Westmächte – so die »Frankfurter Allgemeine Zeitung« – aber selbst höher spielen müssen. »Wenn nämlich die Prämisse stimmt, dann hätten sie es ohne Gefahr wagen können, den Bündnisverzicht zur Erörterung zu stellen. Die Russen wären dann ausgewichen. Man hätte sie entlarvt.«[9]

In Berlin kam es so, wie es Herbert Wehner befürchtet hatte; es gab auch keinen Auftrag an die Hohen Kommissare. Am 18. Februar 1954 ging die

Konferenz zu Ende. Einziges Ergebnis war die Vereinbarung, für Ende April eine Fünfmächtekonferenz über Korea und Indochina nach Genf einzuberufen. In der deutschen Frage waren die Standpunkte unvereinbar geblieben; insofern hatte sie in der Tat mehr Negatives als Positives gebracht – allerdings nur mit Blick auf die Wiedervereinigung. In einem anderen Punkt wurde in Umrissen deutlich, wie die neue Leitlinie der Sowjets in Europa aussehen würde, auch wenn die Amerikaner am 10. Februar gelacht hatten. Mit dem Entwurf eines Vertrages über die kollektive Sicherheit in Europa hatte Molotow die Initiative in der Frage gewonnen, die seit der Rede Churchills am 11. Mai 1953 die Westmächte beschäftigt hatte und in der sie doch auf der Konferenz keinen Plan vorgelegt hatten. Dieses Vakuum hatte Molotow auf seine Weise gefüllt; es war die sowjetische Variante des Churchillschen »Ostlocarno«. Auch wenn der Plan bei den Westmächten sofort auf kompromißlose Ablehnung gestoßen war, Teile dieses Plans, so die »Frankfurter Allgemeine Zeitung« weitblickend am 12. Februar, würden »fortwirkend die europäische Politik beschäftigen«. Wenn die Konferenz eines erwiesen habe, dann die Notwendigkeit, zunächst ein neues Sicherheitsklima in Europa zu schaffen, bevor freie Wahlen in der Sowjetzone erhofft werden dürften. Und weiter: »Vor der Geschichte ist die Verantwortung für das Scheitern der Berliner Konferenz noch nicht klargestellt, wie es dem Westen erwünscht sein muß. Die Frage nach der Verantwortung, das braucht nicht begründet zu werden, ist natürlich ein Politikum ersten Ranges. Sie interessiert nicht nur künftige Historiker.«

Auf dem Flug zurück nach Washington machte Dulles für drei Stunden Station auf dem Flughafen Köln-Wahn, um Adenauer zu informieren. Der Bundeskanzler dankte ihm »aus tiefstem Herzen« für all das, was er in Berlin getan hatte; er gab sich zuversichtlich, daß bis Ende März der EVG-Vertrag unter Dach und Fach sein würde.[10]

Was bleibt, blickt man auf die Konferenz zurück? Ein Westen, der entschlossen war, um beinahe jeden Preis sein Konzept von der Lösung der deutschen Frage durchzusetzen, unterstützt von einem Kanzler, der nichts sehnlicher wünschte als das Scheitern der Konferenz. Sie alle wollten dieses Scheitern, um die letzten Zögerer und Kritiker beim Thema EVG davon zu überzeugen, daß es keine ernsthafte Alternative zu EVG und Westintegration gab. Die Sowjets hatten diesem Konzept nichts Konkretes entgegenzustellen, ihre Überlegungen blieben zu vage, als daß sie ernsthaft hätten diskutiert werden können; der Westen zumindest war dazu nicht bereit; was man wollte, war die Kapitulation der Sowjetunion. Da die nicht zu haben war, richteten sich beide Seiten mehr und mehr auf die Teilung Deutschlands ein. Der Berliner Konferenz kommt dabei besondere Bedeutung zu. Wilhelm Grewe, der zusammen mit Blankenhorn die Beobachterdelegation der Bundesregierung in Berlin leitete, schrieb dazu später in seinen Erinnerungen:

»Der Verlauf der folgenden Jahre läßt die Berliner Konferenz als den Zeitpunkt erscheinen, an dem die Weichen endgültig auf die getrennte und sich immer weiter voneinander entfernende Entwicklung der beiden Teile Deutschlands gestellt wurden. Damals, als wir aus Berlin nach Bonn zurückkehrten, gab es darüber noch keine Gewißheit, aber man konnte es ahnen.«[11]

Es war wohl mehr als das. Tatsache ist, daß die Weichen schon lange vorher gestellt worden waren. Die Aussichten auf eine Wiedervereinigung verringerten sich jedenfalls weiter. Am 25. März 1954 wurde die DDR von der Sowjetunion für souverän erklärt, am Tage darauf das Grundgesetz dahingehend erweitert, daß »die Verteidigung einschließlich der Wehrpflicht für Männer vom vollendeten 18. Lebensjahr an und des Schutzes der Zivilbevölkerung« zur Aufgabe des Bundes erklärt wurde (Artikel 73) und daß ein Artikel 142 a ausdrücklich die Vereinbarkeit von EVG- und »Deutschlandvertrag« mit dem Grundgesetz feststellte.

Das Scheitern der EVG

Am 30. August 1954 scheiterte das EVG-Projekt: Die französische Nationalversammlung lehnte eine weitere Diskussion über das Vertragswerk mit 319 gegen 164 Stimmen ab. Dies war auch und gerade für Adenauer ein schwerer Rückschlag; er sprach damals von einem »schwarzen Tag für Europa« und dachte sogar an Rücktritt. Im Grunde konnte aber eigentlich niemand über die französische Entscheidung überrascht sein. Die Verhandlungen hatten sich über Jahre mühsamst hingeschleppt. Der Wunschtraum der Franzosen, eine deutsche Armee zu schaffen, die zwar stärker als die Rote Armee, aber schwächer als die französische sein sollte, war auch mit der Konstruktion EVG nicht zu realisieren.
Die Gründe für das Scheitern waren vielfältig. Zum einen ging es um die nachlassende Bereitschaft Frankreichs, in einer Phase geringer werdender Ost-West-Spannungen auf souveräne Rechte zu verzichten, insbesondere im militärischen Bereich – nach dem Ende des Indochina-Krieges und einem für Frankreich relativ befriedigenden Abschluß der Genfer

Indochina-Konferenz im Juli 1954. Es muß offenbleiben, ob und inwieweit es dabei direkte Zusammenhänge zwischen dem Genfer Konferenzergebnis und der Abstimmung in der Nationalversammlung gab. Zum anderen ging es darum, daß Großbritannien außerhalb der EVG geblieben wäre, einer EVG, in der zweifelsohne die Bundesrepublik die stärkste Macht gewesen wäre.
Über die französischen Motive ist damals viel gerätselt worden. Einer der wichtigsten Gründe ist erst vor einiger Zeit bekanntgeworden. Des Rätsels Lösung heißt französische Atombombe – dies um so mehr, als Paris nach dem Debakel von Dien Bien Phu das Vertrauen in die USA und deren – letztlich auch atomare – Unterstützung verloren hatte. Man wollte jetzt eine eigene Bombe. Der EVG-Vertrag hätte jedem Teilnehmerstaat nur die Produktion von 500 Gramm Plutonium zugestanden; damit aber war keine Atombombe zu produzieren. Seit dem Sommer 1954 hatten die Verantwortlichen der französischen Militärpolitik eine Ersatzlösung für die EVG vorbereitet – mit dem Ziel einer deutschen Wiederbewaffnung mit französischer Unabhängigkeit im Nuklearbereich. Die französische Atombombe aber war mit der EVG nicht vereinbar. Als Ersatzlösung schlug der französische Generalstab schon am 30. Juni intern eine »Organisation der Europäischen Verteidigung« vor, eine umgewandelte und erweiterte Version des Brüsseler Vertrages von 1948, die eine deutsche Armee im Rahmen der NATO möglich machte – allerdings ohne Atomwaffen und damit schwächer als die französische Armee.[12]
le pb : tjs peur de faire armée allde + puissante qu'l'autre

Die Pariser Verträge

Nach dem Scheitern der EVG war zunächst einmal britisches Krisenmanagement gefragt. Churchill hatte das Ende der EVG vorausgesehen und für diesen Moment alle Vorbereitungen treffen lassen. Die Lösung hieß letztendlich Beitritt der Bundesrepublik zur NATO, genau das, was die britischen und amerikanischen Militärs ursprünglich schon 1950 gewollt hatten.
Außenminister Eden schlug vor, den Brüsseler Pakt vom 17. März 1948 durch den Beitritt Italiens und der Bundesrepublik zu einer »Westeuropäischen Union« mit einem Rüstungskontrollsystem zu erweitern, so daß Frankreich darin seine verlangten Sicherheitsgarantien finden konnte und einen deutschen NATO-Beitritt – der der Bundesrepublik eine Wiederaufrüstung ohne wirksame Kontrolle ermöglicht hätte –

nicht mehr blockierte und bereit war, das zu akzeptieren, was es auch mit Hilfe der EVG hatte verhindern wollen: deutsche Soldaten in deutschen Uniformen.

Auf der Londoner Neun-Mächte-Konferenz vom 28. September bis 3. Oktober 1954, an der neben den ehemaligen EVG-Partnern auch die USA, Großbritannien und Kanada teilnahmen, wurde durch die britische und amerikanische Garantie der weiteren militärischen Präsenz auf dem Kontinent und den deutschen Verzicht auf die Herstellung von atomaren, bakteriellen und chemischen Waffen (ABC-Waffen) und schweren Rüstungsgütern (weitreichende Geschosse, gelenkte Geschosse, Kriegsschiffe mit mehr als 3000 Tonnen, U-Boote mit mehr als 350 Tonnen Wasserverdrängung, Flugzeuge für strategische Zwecke) sowie die Erklärung der Bundesrepublik, daß für sie eine gewaltsame Veränderung ihrer Grenzen oder der Versuch einer gewaltsamen Wiedervereinigung nicht in Frage komme, der Weg frei zur Bildung der »Westeuropäischen Union« (WEU). Weitere Konferenzen in Paris (19.–23. Oktober 1954) führten am 23. Oktober dann zur Unterzeichnung der »Pariser Verträge«. Die wesentlichsten Bestandteile des Vertragswerkes waren: ein Protokoll über die Beendigung des Besatzungsregimes; ein revidierter »Deutschlandvertrag« mit stärkerer Betonung der Souveränität; ein Protokoll zur Änderung und Ergänzung des Brüsseler Vertrages, das den Beitritt Italiens und der Bundesrepublik regelte; der Beschluß des NATO-Ministerrates über die Aufnahme der Bundesrepublik in die NATO und ein Protokoll über die freiwilligen Waffenbeschränkungen der Bundesrepublik.

Die französische Zustimmung wurde zusätzlich erkauft durch ein »Abkommen über das Statut der Saar«, das – vorbehaltlich einer Abstimmung der saarländischen Bevölkerung – die Europäisierung der Saar mit starken wirtschaftlichen Bindungen an Frankreich vorsah. (Das war der Preis, den Adenauer bereit war zu zahlen, um ein Problem zu lösen, das die deutsch-französischen Beziehungen seit Jahren belastet hatte, insbesondere nach dem Abkommen vom 3. März 1950 zwischen Frankreich und der Saarregierung unter Ministerpräsident Johannes Hoffmann. Dem Saarland war damals im Rahmen der 1947 angenommenen Verfassung Autonomie verliehen worden; die anderen Abkommen betrafen die Währungs- und Wirtschaftsunion mit Frankreich, die Verwaltung der Kohlengruben und Eisenbahnen sowie das Niederlassungsrecht.

Adenauer hatte in einer Regierungserklärung betont, das Saargebiet werde damit in ein solches Abhängigkeitsverhältnis gebracht, daß man

pb de la Sarre + le tps

von einer verhüllten Annexion sprechen könne; die Bundesregierung sei überzeugt, daß im Rahmen der europäischen Zusammenarbeit sich unschwer eine Lösung der wirtschaftlichen Fragen des Saargebietes ergeben könne. Als dann die Saarbevölkerung am 23. Oktober 1955 das in Paris ausgehandelte Statut völlig überraschend ablehnte, einigte man sich darauf, das Saarland zum 1. Januar 1957 der Bundesrepublik anzugliedern; das war dann die sog. »kleine« Wiedervereinigung.)

In der Bundesrepublik sammelten sich die Gegner der Verträge – allen voran die SPD, der DGB und weite Kreise der evangelischen Kirche – in der »Paulskirchen-Bewegung«: In der Frankfurter Paulskirche verabschiedeten sie am 29. Januar 1955 ein »Deutsches Manifest«. Darin hieß es:

»[. . .] Die Aufstellung deutscher Streitkräfte in der Bundesrepublik Deutschland und in der Sowjetzone muß die Chancen der Wiedervereinigung für unabsehbare Zeit auslöschen und die Spannung zwischen Ost und West verstärken. Eine solche Maßnahme würde die Gewissensnot großer Teile unseres Volkes unerträglich steigern. Das furchtbare Schicksal, daß sich die Geschwister einer Familie in verschiedenen Armeen mit der Waffe in der Hand gegenüberstehen, würde Wirklichkeit werden.

In dieser Stunde muß jede Stimme, die sich frei erheben darf, zu einem unüberhörbaren Warnruf vor dieser Entwicklung werden. Unermeßlich wäre die Verantwortung derer, die die große Gefahr nicht sehen, daß durch die Ratifizierung der Pariser Verträge die Tür zu Viermächteverhandlungen über die Wiederherstellung der Einheit Deutschlands in Freiheit zugeschlagen wird.

Wir appellieren an Bundestag und Bundesregierung, alle nur möglichen Anstrengungen zu machen, damit die vier Besatzungsmächte dem Willen unseres Volkes zur Einheit Rechnung tragen. Die Verständigung über eine Viermächtevereinbarung zur Wiedervereinigung muß vor der militärischen Blockbildung den Vorrang haben. Es können und müssen die Bedingungen gefunden werden, die für Deutschland und seine Nachbarn annehmbar sind, um durch Deutschlands Wiedervereinigung das friedliche Zusammenleben der Nationen Europas zu sichern. Das deutsche Volk hat ein Recht auf seine Wiedervereinigung!«

Dennoch: am 27. Februar 1955 stimmte der Bundestag in dritter Lesung mit großer Mehrheit der Ratifizierung der Verträge zu, die am 5. Mai 1955 in Kraft traten.

Damit war das Besatzungsregime zwar beendet, die Bundesrepublik Deutschland aber trotzdem nur bedingt souverän. Die Bundesregierung veröffentlichte eine Proklamation; darin gedachte sie »in brüderlicher Verbundenheit der Millionen Deutschen, die gezwungen sind, getrennt von uns in Unfreiheit und Rechtlosigkeit zu leben« und »der vielen Deutschen, die immer noch das harte Los der Kriegsgefangenschaft tragen müssen«. Für die Bundesrepublik gebe es »im Innern nur einen Weg: den Weg des Rechtsstaates, der Demokratie und der sozialen Gerechtigkeit, [. . .] in der Welt nur einen Platz: an der Seite der freien Völker. Unser Ziel: in einem freien und geeinten Europa ein freies und geeintes Deutschland.«[13]

Vier Tage später, fast auf den Tag genau zehn Jahre nach der bedingungslosen Kapitulation, trat die Bundesrepublik Deutschland als 15. Mitglied der NATO bei.

Die SPD hatte am 27. Februar geschlossen gegen diese Politik gestimmt, nachdem ein letzter Appell Ollenhauers an Adenauer ergebnislos geblieben war *(Dok. 49)*.

Fünf Tage nach dem Beitritt der Bundesrepublik zur NATO verwirklichte der Kreml, was er für diesen Fall angekündigt hatte: am 14. Mai wurde der Warschauer Pakt der Ostblockstaaten unter Einbeziehung der DDR gegründet.

Die »Österreichlösung« – Modell für Deutschland?

Die Schnelligkeit, mit der das EVG-Fiasko durch die NATO-Lösung ausgeglichen wurde, gehört zu den erstaunlichsten Vorgängen der westlichen und deutschen Nachkriegsgeschichte. Was in vier Jahren nicht möglich gewesen war, geschah jetzt innerhalb von nur vier Monaten. Möglich war das durch ein Höchstmaß an Kompromißbereitschaft auf allen Seiten, durch den Blick auf die Alternative, nämlich das Auseinanderbrechen der westlichen Gemeinschaft, verbunden mit der Gefahr, daß Deutschland womöglich doch in die Neutralität und dann nach Osten abgleiten würde. Tatsächlich standen alle Beteiligten mit dem Rücken zur Wand: Wenn man überhaupt kein Vertrauen zueinander habe, werde das »für Europa ein Desaster und für den Kreml ein Triumph werden«, warnte damals Außenminister Eden.[14]

Im nachhinein erweist sich das Ringen um die Ratifizierung der Pariser Verträge als besonders spannend. Da waren zunächst die Franzosen. In der von Amerikanern und Briten betriebenen Deutschlandpolitik waren sie schon immer unsichere Kantonisten gewesen. Nach dem EVG-Debakel konnten sie sich ein erneutes Nein allerdings kaum leisten (die Anglo-Amerikaner hätten eher auf Frankreich als auf Deutschland in der NATO verzichtet). Sie plädierten aber von nun an erneut für eine Vier-Mächte-Konferenz – möglichst noch vor Ratifizierung. Briten und Amerikaner lehnten ab (wenn überhaupt, dann Gespräche nur *nach* Ratifizierung).
Am 15. Januar 1955 reagierte der Kreml. Die über *Radio Moskau* und als

TASS-Meldung verbreiteten Vorschläge der sowjetischen Regierung *(Dok. 47)* wurden allerdings von Adenauer eine Woche später rundweg abgelehnt *(Dok. 48)*. In Paris und Bonn wurde letztlich ratifiziert – um den Preis weiterer Gespräche mit den Sowjets, wobei die alles entscheidende Frage war, ob die Sowjets in der deutschen Frage flexibel sein würden und was der Westen dafür anbieten konnte.

Ausschließen konnte man bei den Sowjets offenbar nichts mehr, wie das Beispiel Österreich zeigte. Jahrelang hatte Moskau eine Lösung dieser Frage von der Lösung der deutschen Frage abhängig gemacht. Jetzt ergriff der Kreml hier die Initiative.

Nach dem Tod Stalins gab es den »New Look« in der sowjetischen Politik, die »friedliche Koexistenz« war angesagt. Die neue Regierung in Wien unter Kanzler Julius Raab sah einen Hoffnungsschimmer, die Österreichfrage endlich aus dem Schatten der deutschen Frage herauszulösen, und war bereit, in direkten Kontakten mit Moskau zumindest die Chancen für einen Abschluß des Staatsvertrages um den Preis der Bündnisfreiheit des Landes zu erkunden.

Im April 1955 führten diese bilateralen Kontakte tatsächlich zum Besuch einer österreichischen Regierungsdelegation in Moskau und dann sehr schnell zum Abschluß des Staatsvertrages am 15. Mai. Im Herbst erfolgte der Abzug der Besatzungstruppen aus Österreich, die Regierung Raab erklärte die »immerwährende Neutralität« Österreichs.

Die Frage, ob die Österreichlösung aus sowjetischer Sicht möglicherweise die Funktion eines Modellfalles für Deutschland gehabt hat – im Westen wurde das damals vielfach so gesehen –, kann ohne Kenntnis der sowjetischen Akten nicht endgültig beantwortet werden. Sicherlich hatten die Sowjets Adenauer als »Risikofaktor« mit ins Kalkül gezogen, das hieß, das Scheitern dieser Initiative mit Blickrichtung Bonn nicht ausgeschlossen. Es blieb dann der Gewinn eines neutralen, nicht der NATO angehörenden Österreich, mit einem neutralen Riegel Schweiz–Österreich, obwohl der militärische Wert dieser Regelung in keinem Verhältnis zum Abzug der eigenen Truppen aus Österreich stand. Im Kriegsfall wären die Verbindungswege Bayern–Italien über Westösterreich sofort wiederhergestellt worden. Auf der anderen Seite stellte sich die Frage, was die Sowjets von einer weiteren Besatzung noch gewinnen konnten. Mit der Österreichlösung warf die Sowjetunion jedenfalls außenpolitischen Ballast ab, ein Signal in Richtung Westen für eine Politik der Koexistenz. In den westlichen Hauptstädten ging damals die Österreichfurcht um. Die Frage lautete: war dies eine Initiative der Sowjets in Richtung Bonn mit dem Ziel einer »Österreichlösung« auch für Deutschland? Am Quai d'Orsay wurde diese Frage mit einem klaren Ja beantwortet. In einem Strategiepapier über mögliche »Gespräche mit der Sowjetunion« stellte das Foreign Office klar, daß die Teilung Deutschlands, an die sich alle Mächte inzwischen gewöhnt hätten, nicht ohne Vorteil für alle sei, selbst für die Sowjetunion, die Russen aber den Schlüssel für die deutsche Einheit in Händen hielten, und ihn, »wenn sie wollen, den Deutschen schon morgen zu verlockenden Bedingungen anbieten können«.[15] Im Westen wurde damals viel spekuliert, ob ein solches Angebot kommen würde. Der österreichische Botschafter in Washington, Karl Gruber, hielt den Modellfall für möglich und stieß im State Department auf Zustimmung. Ähnlich lauteten die Berichte des französischen Botschafters in Washington, Couve de Murville. Charles Bohlen, der amerikanische Botschafter in Moskau, glaubte nicht daran, daß Moskau der Österreichinitiative bald ein neues Deutschlandangebot folgen lassen werde. Er war davon überzeugt, daß die Sowjetunion die DDR weder fallenlassen wolle noch könne, sondern den Weg zu Viermächtegesprächen auf der Grundlage der deutschen Teilung suche.[16]

Die allergrößte Sorge hatte man vor den sich abzeichnenden bilateralen Gesprächen zwischen Österreich und den Sowjets; die Österreicher, so das Verdikt des Foreign Office, seien keine gleichwertigen Partner (»Es ist gefährlich, alleine nach Moskau zu gehen«; Unterstaatssekretär Geoffrey W. Harrison fühlte sich an Schuschniggs Berchtesgaden-Besuch im Februar 1938 erinnert).[17] Außenminister Eden drängte darauf, Raab vor dieser Reise nach Moskau zu warnen, mußte sich aber von Staatssekretär Kirkpatrick sagen lassen, daß dies wohl kaum machbar sei: Raab wolle um beinahe jeden Preis nach Moskau.[18]

Am 29. März stellte Eden noch einmal die Frage nach den sowjetischen Absichten: »Wollen die Russen die Österreichkarte spielen, um damit das Gespräch über Deutschland neu zu beginnen und damit versuchen, uns Ärger in Deutschland zu machen?«[19] Mit anderen Worten: Sagten die Sowjets »Österreich« und meinten »Deutschland«? Endgültige Gewißheit in dieser Frage schien das in Moskau zum Abschluß des Besuches der österreichischen Delegation am 15. April veröffentlichte Kommuniqué zu geben; »zu gut, um wahr und ehrlich gemeint zu sein«, wie Wallinger, der britische Botschafter in Wien, kommentierte.[20] Er selbst hatte von einem Mitglied der österreichischen Delegation erfahren, daß dieser aus einem Gespräch mit Semjonow den Eindruck mitgenommen hatte, daß die Sowjets schon jetzt über geeignete Deutschlandangebote verfügten und ähnlich wie im Fall Österreich Adenauer und den SPD-Vorsitzenden Ollenhauer in nächster Zeit zu einer Reise nach Moskau einladen würden.[21] Der britische Botschafter in Moskau, Sir William Hayter, hielt einen solchen Schachzug immerhin nicht für ausgeschlossen.[22] Der neue britische Außenminister Harold Macmillan war am 19. April überzeugt davon, daß schon bald mit dem Angebot Moskaus einer militärischen Neutralität eines wiedervereinigten Deutschland zu rechnen sei. Dem Kabinett teilte er am 26. April mit: »Ich habe wenig Zweifel, daß es den Sowjets in erster Linie darum geht, die öffentliche Meinung in Deutschland durch die Aussicht zu beunruhigen, daß die Wiedervereinigung möglich ist, vorausgesetzt, Deutschland ist neutral.«[23]

Im Westen breitete sich teilweise Pessimismus aus; ein leitender Beamter des Quai d'Orsay war davon überzeugt, daß die sowjetische Initiative eindeutig in Richtung Deutschland ging. Moskau wolle mit einem neutralisierten Österreich ein künstliches Paradies schaffen, als Blendwerk für die Westdeutschen. Tausende von deutschen Touristen würden dann sehen, wie angenehm es sich in einem neutralen Staat lebe, mit Wohlstand und umworben von Ost und West. Die Auswirkungen auf Westdeutschland könnten außergewöhnlich gefährlich sein. Dort werde man die Westmächte für die fortdauernde Teilung verantwortlich machen. Wenn Adenauer erst einmal abgetreten sei, könne sich alles sehr schnell ändern. Die Westdeutschen würden zwar aufgrund ihrer Erfahrungen mit der DDR keine Kommunisten werden, aber sie könnten sehr wohl davon überzeugt sein, ohne Gefahr Neutralisten werden zu können. Um die Westdeutschen an der Seite des Westens zu halten, sei eine außerordentliche Anstrengung notwendig.[24]

Die sowjetischen Medien taten das Ihre, um diese Interpretation zu stützen. »Prawda«, »Iswestija«, Radio Moskau, »Neues Deutschland« und »Deutschlandsender« machten klar, daß das, was für Österreich innerhalb weniger Wochen möglich geworden war, auch für Deutschland möglich sein würde.[25] Die Wirkung auf die westdeutsche Öffentlichkeit blieb nicht aus, auch wenn das offizielle Bonn alles tat, um darauf hinzuweisen, daß Österreich nicht Deutschland war. Intern aber hatte man größte Sorge, daß die Auswirkungen nicht mehr kontrollierbar sein würden. Der FDP-Vorsitzende Thomas Dehler war der Meinung, daß man für Deutschland in der Vergangenheit wohl ähnliches hätte erreichen können wie jetzt für Österreich. Die »Frankfurter Allgemeine Zeitung« sprach offen vom »Vorbild Österreich«, der Fraktionsvorsitzende der CDU/CSU im Bundestag, Heinrich Krone, notierte in seinem Tagebuch:

»Moskau will klarmachen, daß, wer mit den Russen verhandelt, auch zu einem Ergebnis kommt, daß man aber die Macht spüren werde, wenn man den Weg nach Moskau ablehnt«, um dann aber auch zu schreiben, es sei nicht erkennbar, was die Russen zur Räumung »der Zone« veranlassen könnte.[26]

Wenn man die zahlreichen Signale Moskaus und die entsprechenden Interpretationen in den westlichen Hauptstädten analysiert, so ist zumindest nicht auszuschließen, daß die Österreichlösung für Moskau die Funktion eines Modellfalles für Deutschland sein konnte. (So auch Hayter am 18. April aus Moskau, den die Vorstellung bilateraler Gespräche zwischen Bonn und Moskau beunruhigte.)[27]

Es gibt weitere Hinweise auf die sowjetischen Ziele: Bulganin äußerte sich am 5. Mai gegenüber dem französischen Botschafter in Moskau über eine mögliche Lösung der deutschen Frage: ein wiedervereintes, demokratisches Deutschland, Freiheit für alle Parteien, freie Wahlen, eine zahlenmäßig begrenzte Armee. Der stellvertretende sowjetische Ministerpräsident Michail Perwuchin war der erste hochrangige sowjetische Politiker, der sich öffentlich – in Berlin – am 9. Mai zu den Verhandlungen in Wien äußerte und eine Analogie zur Lösung der deutschen Frage zog.[28]

Eine ähnliche Möglichkeit deutete Molotow am 15. Mai in Wien an. Am Rande der Feierlichkeiten erhöhten die Sowjets im privaten Kreis ihr Angebot in Richtung Bonn: es war die Rede von einer Änderung der Oder-Neiße-Grenze. Anfang Juni erfolgte der nächste Paukenschlag: Der zuvor von den Sowjets öffentlich als »Faschist« und »Reaktionär« verschrieene Adenauer wurde offiziell nach Moskau eingeladen. Die Parallele zum Raab-Besuch war unübersehbar.

Offensichtlich bemühte sich der Kreml damals um den Besuch Adenauers noch *vor* Beginn der Genfer Gipfelkonferenz. Wie schon 1952 hing wieder alles von Adenauer ab; und wieder, wie drei Jahre zuvor, bewegte sich dieser keinen Millimeter. Ein militärisch neutrales Deutschland kam für ihn nicht in Frage. Die Lösung für Österreich war für ihn nur »diese ganze österreichische Schweinerei«, wie er das auf seine Art intern formulierte.[29]

Adenauer war kein Raab und betrachtete die Einladung schlicht als einen Versuch, den Westen auseinanderzudividieren. Und so flog er erst einmal zu Konsultationen mit Dulles nach Washington.

Da half auch nicht, daß ihn Krone über ein Gespräch informierte, das der CSU-Vorsitzende Hanns Seidel mit dem österreichischen Außenminister Leopold Figl geführt hatte. Im Tagebuch Krones heißt es dazu unter dem Datum 30. Juni 1955: »... mit dem Kanzler des weiteren über das Gespräch gesprochen«. Figl habe Seidel gesagt,

»es liege in Wien eine zu beachtende Meldung aus Moskau vor, nach der die Russen die Absicht hätten, einer Wiedervereinigung Deutschlands in Freiheit zuzustimmen, diesem Deutschland militärische Kräfte zuzugestehen und einen Teil des Gebietes jenseits der Oder-Neiße-Linie zurückzugeben; die einzige Gegenleistung der Bundesrepublik müsse sein, daß Deutschland sich aus dem NATO-Bündnis löse.
Der Kanzler ist schon der Meinung, daß solche Überlegungen in Moskau vorliegen und daß er sich vorstellen könne, daß er vor solche bei seinem Besuch in Moskau gestellt werden könnte. Er wies auf das Gefährliche dieses Vorschlages hin. Mit einem solchem Angebot wolle Moskau sich den Weg nach Westdeutschland und Westeuropa bahnen. Es müsse, so meinte er, auf solche Gedanken in der Öffentlichkeit schon vorsichtig hingewiesen und dabei das Bedenkliche dieser Gedankengänge hervorgehoben werden.
Mir lag bei der Erörterung dieser Information doch daran, dem Kanzler zu bedeuten, daß ein solcher Vorschlag Eindruck auf das deutsche Volk machen müsse und es nicht gerade leicht falle, ihn schlechthin abzuweisen. Das weitere Gespräch zeigte aber, daß der Kanzler in keiner Weise auf Gedankengänge dieser Art einzugehen bereit ist. Ob das allerdings sein letztes Wort ist, weiß ich nicht. Ich möchte es bezweifeln.«[30]

Es war Adenauers letztes Wort!
Aus Figls Mitteilung könnte man schließen, daß die Österreicher positiv auf den »Modellfall« reagierten. Das Gegenteil war der Fall. In Wien war man froh, daß Adenauer seinen Westkurs unbeirrt fortsetzte; vor allem die Sozialisten Adolf Schärf und Bruno Kreisky taten alles, um die Unvereinbarkeit beider Fragen zu betonen. Von daher war auch klar, daß SPD-Sondierungsgespräche scheiterten.
Im November scheiterte die vorläufig letzte Außenministerkonferenz in Genf – nach dem Besuch Adenauers in Moskau vom September. Das war das Ende der Wiedervereinigungsdiskussion – zumindest für die nächsten 35 Jahre. Es waren 35 Jahre, in denen das Mißtrauen gegenüber den Deutschen auf westlicher Seite nur langsam schwinden sollte. Die Deutschen waren, so notierte Kirkpatrick, der höchste Beamte im Foreign Office, im Oktober 1955, »politisch so dumm, daß man sich nicht darauf verlassen kann, daß sie sehen, wohin sie gehören, und sie haben ein merkwürdiges Verlangen, politischen Selbstmord zu begehen« (womit er wohl ein mögliches Zusammengehen mit der Sowjetunion meinte – ein seit 1945 durchgängiges Motiv in seinen Überlegungen). Die Schlußfolgerung daraus lautete: »Die Art, wie sie ihre Angelegenheiten führen, ist instabil, hysterisch und unkalkulierbar.«
Anlaß für diese Bemerkungen war ein Bericht von Hochkommissar

Hoyer-Millar aus Bonn über ein Gespräch mit seinem französischen Kollegen in Bonn, André François-Poncet. Dieser verließ Bonn damals voller Skepsis und Mißtrauen mit Blick auf künftige Entwicklungen in Deutschland. Kirkpatrick stimmte mit François-Poncets Analyse insofern überein, daß es möglicherweise ein bedauerliches Wiederaufleben des Nationalismus in Deutschland geben werde, wenn Adenauer einmal nicht mehr da sei. Ein Trost für ihn war, daß die Sowjetunion, die USA und Großbritannien eine Waffe besaßen, »die Deutschland nicht besitzt«. Was damit gemeint war, war klar, nämlich die Atombombe. Und er fuhr fort: »Falls wir die nötige Entschlossenheit und Cleverneß haben, sollten wir in der Lage sein, den deutschen Nationalismus unter Kontrolle zu halten.« Für ihn war die größte und reale Gefahr das tiefsitzende Verlangen der Deutschen, mit den Russen ein Geschäft zu machen (»deeply implanted German longing to do a deal with Russia«). Sein Ratschlag für die Zukunft lautete: »Wir müssen die Deutschen sehr genau beobachten, aber wenn wir ein deutsch-russisches Zusammengehen verhindern können, brauchen wir uns keine ernsthaften Sorgen zu machen.«[31] Genau so hatte er es schon im Herbst 1948 formuliert.

Dokumente zum 9. Kapitel

[47] Erklärung der sowjetischen Regierung zur Deutschlandfrage, 15. 1. 1955

In der letzten Zeit tun die Regierungen der Vereinigten Staaten von Amerika, Großbritanniens, Frankreichs und der Deutschen Bundesrepublik (Westdeutschland) alles, um die Ratifizierung der Pariser Abkommen zu erreichen. Dabei wollen sie die negativen Folgen, die das Ergebnis dieser Ratifizierung für alle Völker Europas und für die Sache des Weltfriedens sein werden, nicht berücksichtigen.
Die Regierung der Sowjetunion erachtet es für notwendig, erneut die Aufmerksamkeit darauf zu lenken, daß die Pariser Abkommen, welche die Remilitarisierung Westdeutschlands vorsehen, zu einer ernsten Komplizierung der gesamten Lage in Europa führen. Das ist die Meinung nicht nur der Regierung der UdSSR, sondern auch der Regierungen Polens, der Tschechoslowakei, der Deutschen Demokratischen Republik, Ungarns, Rumäniens, Bulgariens und Albaniens sowie der Volksrepublik China und einiger anderer Staaten. Es ist allgemein bekannt, daß auch in den Staaten, deren Regierungen die Pariser Abkommen unterstützen, die Mehrheit der Völker in der Regel gegen die Pariser Abkommen ist. Im Falle der Ratifizierung dieser Abkommen wird die Remilitarisierung Westdeutschlands durchgeführt, und die Deutsche Bundesrepublik wird in solche militärische Gruppierungen wie die Westeuropäische Militärunion und den Nordatlantikblock einbezogen.
Nicht nur die Sowjetunion, sondern eine ganze Reihe anderer europäischer und außereuropäischer Staaten betrachten die Westeuropäische Union und den Nordatlantikblock als aggressive militärische Gruppierungen und bewerten den Eintritt der Deutschen Bundesrepublik in diese gegen die Sowjetunion und die anderen friedliebenden Staaten gerichteten militärischen Gruppierungen als eine Handlung, die zur Verstärkung der Gefahr eines neuen Krieges in Europa führt. Die Pariser Abkommen

können auch Deutschland, dem deutschen Volk, nichts Gutes bringen. Im Gegenteil, diese auf die Wiedererrichtung des Militarismus in Westdeutschland gerichteten Abkommen werden die Deutsche Bundesrepublik endgültig in die abenteuerlichen Pläne der Vorbereitung eines neuen Krieges einbeziehen, die den Interessen der Völker, darunter auch den Interessen des deutschen Volkes, immer fremd waren und fremd sein werden.

Die Pariser Abkommen stehen im Widerspruch zu den Interessen des deutschen Volkes besonders deshalb, weil sie die Spaltung Deutschlands auf lange Jahre festlegen und zu einem Hindernis auf dem Wege der friedlichen Wiederherstellung der Einheit Deutschlands werden. Es ist ganz offensichtlich, daß eine Vereinigung der friedliebenden Deutschen Demokratischen Republik mit der militarisierten und in militärische Gruppierungen einbezogenen Deutschen Bundesrepublik unmöglich ist. Die Ratifizierung der Pariser Abkommen ist mit der Wiederherstellung Deutschlands als einheitlicher, friedliebender Staat nicht zu vereinbaren.

In der letzten Zeit wird sowohl in der Deutschen Bundesrepublik als auch in Großbritannien, Frankreich und einigen anderen Ländern die Behauptung verbreitet, daß die Ratifizierung der Pariser Abkommen der Durchführung von Verhandlungen über die Deutschlandfrage und andere ungelöste internationale Probleme angeblich nicht hinderlich, sondern sogar dienlich wäre. Die Sowjetregierung hat bereits darauf hingewiesen, daß derartige Behauptungen jeder Grundlage entbehren und lediglich dazu geeignet sind, die öffentliche Meinung irrezuführen. Das geschieht, um die Ratifizierung der Pariser Abkommen in den Parlamenten einiger Staaten um jeden Preis durchzubringen. Dies wird von jenen Kreisen der Westmächte betrieben, die sich die Wiedergeburt des deutschen Militarismus als Hauptaufgabe stellen und dafür die nationale Wiedervereinigung Deutschlands opfern.

Im Zusammenhang mit dieser Haltung der Regierungen der Vereinigten Staaten von Amerika, Großbritanniens und Frankreichs, die in grobem Widerspruch zu den internationalen Verpflichtungen dieser Länder hinsichtlich der Wiederherstellung der Einheit Deutschlands als friedliebender und demokratischer Staat steht, hängt die Wiedervereinigung Deutschlands jetzt in erster Linie von den Deutschen selbst, von der Haltung des deutschen Volkes ab.

Bekanntlich ist die endgültige Erörterung der Pariser Abkommen im westdeutschen Bundestag für Februar vorgesehen. Von seiner Entscheidung hängt die Zukunft Deutschlands in hohem Maße ab, worüber sich die größten Parteien und Gewerkschaftsverbände Westdeutschlands, die dem Volke und der deutschen Arbeiterklasse näherstehen und die sich gegen die Ratifizierung der Pariser Abkommen wenden, völlig klar sind. Im Falle der Ratifizierung der Pariser Abkommen übernimmt der Bundestag die schwere Verantwortung für das Fortbestehen der Spaltung Deutschlands sowie für jene nicht gleichberechtigte Lage, in der sich die Bevölkerung der Deutschen Bundesrepublik auf lange Jahre befinden wird.

Gegenwärtig gibt es noch ungenützte Möglichkeiten zur Erreichung eines Abkommens in der Frage der Wiedervereinigung Deutschlands unter gebührender Berücksichtigung der rechtmäßigen Interessen des deutschen Volkes und über die Durchführung von gesamtdeutschen freien Wahlen zu diesem Zweck im Jahre 1955. Solche Möglichkeiten sind vorhanden, wenn das Haupthindernis, das jetzt auf dem Wege der Wiedervereinigung Deutschlands steht – die Pläne der Remilitarisierung Westdeutschlands und seiner Einbeziehung in militärische Gruppierungen –, beseitigt sein wird.

Das deutsche Volk muß durch die Abhaltung allgemeiner freier Wahlen in ganz Deutschland, einschließlich Berlin, die Möglichkeit haben, seinen freien Willen zu äußern, damit ein einheitliches Deutschland als Großmacht wiederersteht und einen würdigen Platz unter den anderen Mächten einnimmt.

Bei diesen Wahlen müssen die demokratischen Rechte der deutschen Bürger gewährleistet sein. Das unter Berücksichtigung der Wahlgesetze der Deutschen Demokratischen Republik und der Deutschen Bundesrepublik ausgearbeitete Wahlgesetz für diese Wahlen muß allen Wählern die Freiheit der Willensäußerung und jeder demokratischen Partei und Organisation die Freiheit der Wahlagitation in ganz Deutschland wie auch die Freiheit der Aufstellung von Kandidaten und Wahllisten garantieren. Um ein Übereinkommen über die Durchführung dieser Wahlen zu erleichtern, hält es die Sowjetregierung für möglich, falls sich die Regierungen der Deutschen Demokratischen Republik und der Deutschen Bundesrepublik damit einverstanden erklären, sich über die Einrichtung einer entsprechenden internationalen Aufsicht über die Durchführung der gesamtdeutschen Wahlen zu einigen.

Hierbei darf kein Teil Deutschlands durch irgendwelche Bedingungen von Separatabkommen über seine Teilnahme an militärischen Gruppierungen gebunden sein.

Die Sowjetregierung ist der Ansicht, daß die Frage der künftigen Staatsordnung eines vereinigten Deutschlands vom deutschen Volke selbst entschieden werden muß und daß es Aufgabe der anderen Staaten ist, dazu beizutragen, daß Deutschland entschieden den Weg der friedlichen und demokratischen Entwicklung beschreitet.
Die Durchführung gesamtdeutscher freier Wahlen und die Wiederherstellung der Einheit Deutschlands würden auch die notwendigen Voraussetzungen für den Abschluß eines Friedensvertrages mit Deutschland schaffen, der die Unabhängigkeit, Souveränität und Gleichberechtigung eines einheitlichen Deutschlands endgültig verankern würde. Der Friedensvertrag würde einem einheitlichen Deutschland auch das Recht geben, über eigene nationale Streitkräfte zu verfügen, die für die Gewährleistung der Sicherheit Deutschlands und seiner Grenzen notwendig sind.
Das deutsche Volk muß entscheiden, welchen Weg es verfolgen will.
Der eine Weg führt zur Wiederherstellung der Einheit Deutschlands und zur Aufnahme normaler Beziehungen zu allen Staaten Europas. Dieser Weg schließt die Beteiligung des einen oder des anderen Teiles Deutschlands an militärischen Gruppierungen, die gegen andere Staaten gerichtet sind, aus und kann am besten durch die Teilnahme Deutschlands an einem System der kollektiven Sicherheit in Europa gewährleistet werden.
Der andere Weg, auf den die Pariser Abkommen Deutschland zerren, ist der Weg der Besiegelung der Spaltung Deutschlands und der Wiedererrichtung des Militarismus in Westdeutschland, der zu seiner Einbeziehung in die Pläne der Vorbereitung eines neuen Krieges führt. Es kann kein Zweifel daran bestehen, daß die überwiegende Mehrheit des deutschen Volkes diesen militarisierten Weg, den Weg neuer, hoffnungsloser Kriegsabenteuer ablehnt, der schon mehr als einmal von Deutschland gegangen wurde und der nichts als neues, noch schwereres Unheil für das deutsche Volk verheißt.
Im Unterschied zu dem militaristischen Weg, den in der Vergangenheit die Entwicklung Deutschlands genommen hat, wird die Wiedervereinigung Deutschlands und seine Teilnahme an einem System der kollektiven Sicherheit in Europa die günstigsten Möglichkeiten eröffnen für den Aufschwung der deutschen Friedenswirtschaft und ihrer entwickelten Industrie sowie für die Entfaltung umfassender Wirtschaftsbeziehungen Deutschlands zu anderen Ländern, besonders zu den Ländern Osteuropas und zu den Ländern Asiens mit ihrer gewaltigen Bevölkerungszahl und

ihren unerschöpflichen Hilfsquellen. Eine solche Entwicklung Deutschlands unter den Bedingungen des Friedens und umfassender Wirtschaftsverbindungen mit den anderen Staaten würde für seine Industrie die so notwendigen umfangreichen Märkte schaffen, die Beschäftigung seiner Bevölkerung sichern und zur Hebung der Lebenshaltung des deutschen Volkes beitragen. Ein solcher Weg der Entwicklung Deutschlands entspricht sowohl den nationalen Interessen des deutschen Volkes als auch den Interessen der Festigung des Friedens in Europa und in der ganzen Welt.

Dies alles gestattet der Sowjetregierung, folgende Schlußfolgerungen zu ziehen:

Erstens: Das Wichtigste und Dringlichste für die Regelung des Deutschlandproblems ist die Lösung der Aufgabe der Wiederherstellung der Einheit Deutschlands. Zur Lösung dieser Aufgabe sind Verhandlungen zwischen den Vereinigten Staaten von Amerika, Großbritannien, Frankreich und der Sowjetunion über die Frage der Wiederherstellung der Einheit Deutschlands auf der Grundlage der Durchführung gesamtdeutscher freier Wahlen erforderlich. Solche Verhandlungen verlieren ihren Sinn und werden unmöglich, wenn die Pariser Abkommen ratifiziert sind.

Zweitens: Die Sowjetunion unterhält gute Beziehungen zur Deutschen Demokratischen Republik. Die Sowjetregierung ist bereit, auch die Beziehungen zwischen der UdSSR und der Deutschen Bundesrepublik zu normalisieren. Unter den gegenwärtigen Verhältnissen könnte eine Normalisierung der Beziehungen zwischen der Sowjetunion und der Deutschen Bundesrepublik gleichzeitig zu einem besseren gegenseitigen Verständnis und zum Suchen erfolgreicher Wege zur Lösung der Aufgabe der Wiederherstellung der Einheit Deutschlands beitragen.

Drittens: Wenn die Pariser Abkommen ratifiziert sein werden, wird eine neue Lage entstehen, bei der die Sowjetunion nicht nur für die weitere Festigung der freundschaftlichen Beziehungen zur Deutschen Demokratischen Republik Sorge tragen wird, sondern auch dafür, daß durch gemeinsame Bemühungen der friedliebenden europäischen Staaten zur Festigung des Friedens und der Sicherheit in Europa beigetragen wird.

(Siegler, 36, S. 269 ff.)

[48] Stellungnahme von Bundeskanzler K. Adenauer zur Erklärung der sowjetischen Regierung, 22. 1. 1955

Aus der Erklärung der Sowjetregierung vom 15. Januar 1955 geht folgendes hervor:

Die Sowjetunion will nicht freie Wahlen in unserem, im demokratischen Sinne zugestehen. Sie erklärt ausdrücklich, daß jeder demokratischen Partei und Organisation, ich wiederhole Organisation, Freiheit und Wahlagitation und Freiheit der Nominierung von Kandidaten garantiert sein müsse. Damit ist völlig unverblümt und deutlich gesagt, daß das in der sowjetisch besetzten Zone geltende Wahlgesetz auch in der Bundesrepublik entscheidend mitberücksichtigt werden soll. Dieses Wahlgesetz der Deutschen Demokratischen Republik ist kein Gestz, das freie und demokratische Wahlen verbürgt. Die auf Grund dieses Wahlgesetzes am 17. Oktober 1954 vorgenommene sogenannte Wahl haben die Deutschen in der sowjetisch besetzten Zone als die erniedrigendste Vergewaltigung ihrer Freiheit betrachtet, die ihnen jemals widerfahren ist.

Nun spricht die Sowjeterklärung von einer internationalen Kontrolle solcher Wahlen. Immerhin bleibt wichtig, daß erstmalig der Kontrollgedanke überhaupt von der Sowjetunion angenommen wurde. Wichtiger ist allerdings die Frage, welche Art von Wahlen kontrolliert werden soll, denn es ist offensichtlich, daß es für uns völlig uninteressant wäre, wenn die Kontrolle sich auf nicht wirklich freie Wahlen erstreckt.

Nun zu den Endzielen der Verlautbarung. Jetzt zitiere ich wörtlich: ›Die Sowjetunion steht in guten Beziehungen zur DDR. Die Sowjetregierung ist bereit, auch die Beziehungen zwischen der UdSSR und der Deutschen Bundesrepublik zu normalisieren. Unter den derzeitigen Umständen könnte die Normalisierung der Beziehungen zwischen der Sowjetunion und der Deutschen Bundesrepublik zugleich zur besseren Verständigung und zum Streben nach erfolgreichen Wegen zur Lösung der Aufgabe der Wiederherstellung der Einheit Deutschlands beitragen.‹ Soweit die Erklärung wörtlich. Das heißt also, es bleibt auf unbestimmte Zeit bei der bisherigen Teilung Deutschlands, und die Sowjetunion läßt es völlig ungewiß, wann und wie die Wiederherstellung der Einheit Deutschlands erfolgen soll.

Wie kann man unter diesen Umständen überhaupt von aussichtsreichen Verhandlungen und einem Entgegenkommen der Sowjetunion sprechen? Die Sowjets wissen, daß wir freie gesamtdeutsche Wahlen unter internationaler Kontrolle fordern. Sie wissen, daß aus diesen Wahlen eine deutsche Nationalversammlung und eine gesamtdeutsche Regierung hervorgehen sollen, die souverän, also frei von jeder fremden Einmischung, die Verfassung beschließen und die Richtung der künftigen deutschen Innen- und Außenpolitik bestimmen kann. Sie wissen, daß wir niemals die Existenz zweier gleichberechtigter deutscher Staaten anerkennen werden. Wir werden uns an keinem Abkommen militärischer, wirtschaftlicher oder politischer Art mit der Sowjetunion beteiligen, das stillschweigend oder erklärtermaßen die Fortdauer der Teilung Deutschlands sanktioniert. In der Verlautbarung der Sowjetunion wird uns das auf unbestimmte Zeit zugemutet. Da gibt es nichts zu fragen und nichts zu erläutern, der Wortlaut ist ganz klar und eindeutig, und wir machen das nicht mit. Wir wollen kein zweigeteiltes Deutschland, wir wollen ein Deutschland.

Ich glaube nicht, daß die Sowjets uns für so dumm oder leichtfertig halten, die Verträge, die uns in die Gemeinschaft der freien Nationen als gleichberechtigten Partner einführen, die uns Freiheit, Wohlfahrt und Sicherheit garantieren, aufzugeben gegen die Ankündigung einiger unsicherer und fragwürdiger Vorbereitungen im Hinblick auf eine Wiedervereinigung, die uns in die direkte oder indirekte Abhängigkeit Moskaus bringt.

Ich möchte noch in diesem Zusammenhang auf ein weiteres sogenanntes ›Angebot‹ in der Erklärung der Sowjetunion zu sprechen kommen: Anscheinend soll das wiedervereinigte Deutschland, nicht etwa die Bundesrepublik, in dem Friedensvertrag das Recht bekommen, eigene nationale Streitkräfte zu besitzen, die für die Gewährleistung der Sicherheit Deutschlands und seiner Grenzen notwendig sind. Es bleibt ihm aber verboten, Bündnisse oder dergleichen zu schließen. Deutschland ist überhaupt nicht in der Lage, weder wirtschaftlich noch technisch, die nationalen Streitkräfte aufzustellen, die für die Gewährleistung der Sicherheit Deutschlands und seiner Grenzen notwendig sind. Dabei bedeutet das Wort ›notwendig‹ klar die Forderung nach Kontrolle, und zwar auch durch die Sowjetunion.

In der gegnerischen Presse sagt man gern, wir betrieben eine Politik der Stärke. Das ist einfach lächerlich. Der Besitz von zwölf deutschen Divisionen macht wirklich in der heutigen Zeit Deutschland nicht stark. Aber was wir erstreben, ist der Zusammenschluß der freien Völker des Westens einschließlich Deutschlands, weil wir überzeugt sind, daß alsdann mit Sowjetrußland aussichtsreiche und vernünftige Verhandlungen ge-

pflegt werden können. Das ist das ganz klare und für jeden verständliche Ziel unserer Politik. Wer glaubt, die Bundesrepublik könne in diesem Stadium, in dem sie sich jetzt befindet, das heißt besetzt, unfrei und machtlos, mit Sowjetrußland erfolgreiche Verhandlungen über die Wiedervereinigung Deutschlands in Frieden und Freiheit führen, der hat keinen Blick für die Realitäten in der Politik. Eine derartige Politik würde Deutschland in kurzer Zeit in die gleiche Unfreiheit bringen, in der sich die anderen Satellitenvölker Rußlands befinden. Wer nicht die Augen verschließt gegenüber der Geschichte der Satellitenvölker seit 1945, der muß die von der Bundesregierung und der Regierungskoalition betriebene Politik als die einzig aussichtsreiche ansehen.
Ich bedauere sehr, daß sich in der Frage der Pariser Verträge, in der für das deutsche Volk so lebenswichtigen Frage, keine Politik zusammen mit der Opposition treiben läßt. Die Pariser Verträge sichern uns nämlich in der Frage der Wiedervereinigung Deutschlands die Unterstützung aller Mitgliedstaaten des Nordatlantikpaktes zu.
Diese haben feierlich die Wiederherstellung eines völlig freien und vereinigten Deutschlands zu einem grundlegenden Ziel ihrer Politik gemacht, und zwar ohne Umschweife und ohne gefährliche Zusätze. Sie wollen die einzige, die wahre Wiedervereinigung Deutschlands, die Wiedervereinigung in Frieden und Freiheit. Die Opposition will eingehen auf die Verlautbarung der Sowjetunion, aber sie will nicht die Pariser Verträge. Sie erklärt jeden Tag, daß sie diese Verträge ablehne. Wie ich ausgeführt habe, ist das Ziel der Sowjetregierung das Nebeneinanderbestehen der sogenannten Deutschen Demokratischen Republik, das ist die Sowjetzone, als selbständiger Staat neben der Bundesrepublik Deutschland, und zwar auf unbestimmte Zeit. Demgegenüber sichern uns die vierzehn Länder des Atlantikpaktes feierlich ihre Unterstützung in der Frage der Wiederherstellung eines völlig freien und vereinigten Deutschlands zu.
Diese Zielsetzung Sowjetrußlands und die Zielsetzung der Nordatlantikpaktstaaten muß man sich immer wieder vor Augen halten. Die Verlautbarung der Sowjetunion ist im Ton etwas anders als die bisherigen Noten. Am Ziel der sowjetrussischen Politik hat sich, wenn man sie sorgfältig prüft, nichts geändert. Wir sind nicht so töricht, die Hilfe der Atlantikpaktstaaten bei der Wiedervereinigung durch eine Ablehnung oder eine dieser in ihrem Wirken gleichkommende Vertagung der Pariser Verträge auf Grund einer solchen Verlautbarung Sowjetrußlands preiszugeben. Wir wollen nicht das Nebeneinander zweier

selbständiger deutscher Staaten, wir wollen die Wiedervereinigung Deutschlands in Frieden und Freiheit.
(Siegler, 36, S. 273ff.)

[49] Schreiben von E. Ollenhauer, SPD, an Bundeskanzler K. Adenauer, 23. 1. 1955

Sehr geehrter Herr Bundeskanzler!
Das deutsche Volk steht an einem entscheidenden Punkt in der Geschichte der Nachkriegszeit.
Die Abstimmung der gesetzgebenden Körperschaften der Bundesrepublik über das Pariser Vertragswerk, dessen Kernstück die Aufstellung deutscher Streitkräfte im Rahmen der Westeuropäischen Union und der NATO ist, ist von schicksalsschwerer Bedeutung für die Zukunft des ganzen deutschen Volkes. Die Annahme des Vertragswerkes führt nach unserer Überzeugung zu einer verhängnisvollen Verhärtung der Spaltung Deutschlands. Der Deutsche Bundestag dagegen hat wiederholt einstimmig beschlossen, die Wiederherstellung der Einheit Deutschlands als die vordringlichste Aufgabe der deutschen Politik zu behandeln.
Die Wiederherstellung der Einheit Deutschlands ist nur möglich auf dem Wege von Verhandlungen zwischen den vier Besatzungsmächten.
Die Haltung der Sowjetunion läßt erkennen, daß nach der Ratifizierung der Pariser Verträge Verhandlungen über die deutsche Einheit nicht mehr möglich sein werden. Dies bedeutet: Die Bundesrepublik und die sogenannte »Deutsche Demokratische Republik« bleiben gegen den Willen des deutschen Volkes nebeneinander bestehen. Zugleich werden dadurch die Spannungen zwischen West und Ost verschärft, deren schwerste Last vom ganzen deutschen Volk diesseits und jenseits des Eisernen Vorhangs zu tragen wäre.
Diese Lage erfordert nach Auffassung weitester Kreise des deutschen Volkes jede mögliche Anstrengung der Bundesrepublik, eine solche Entwicklung um der Einheit, der Freiheit und des Friedens unseres Volkes willen zu verhindern. Ohne eine solche Anstrengung bleibt im Ausland der Irrtum bestehen, als ob man in Deutschland die Wiedervereinigung in Freiheit nicht als das vordringlichste Ziel betrachtet.
Die deutsche Frage kann nicht allein durch die Regierung der Bundesrepublik gelöst werden. Sie ist auch nicht zu lösen durch Verhandlungen der Bundesregierung mit Pankow.

Die deutsche Einheit kommt weder durch Versprechungen nur des Westens oder des Ostens. Wirklichkeit kann sie nur dadurch werden, daß die Mächte des Westens als auch des Ostens sich über die Einheit in Freiheit einigen und ohne Verzögerung alle praktischen Schritte tun, um diese Einigung in die Tat umzusetzen. Eine solche Politik entspricht auch der von den Besatzungsmächten selbst übernommenen Verpflichtung, für die Wiederherstellung der deutschen Einheit zu wirken.
Die Sozialdemokratische Partei Deutschlands ist der Überzeugung, daß noch nicht alle Möglichkeiten erschöpft sind, um vor der Ratifizierung der Pariser Verträge endlich einen ernsthaften Versuch zu unternehmen, auf dem Wege von Vier-Mächte-Verhandlungen die Einheit Deutschlands in Freiheit wiederherzustellen.
Die Erklärung der Sowjetregierung vom 15. Januar 1955 enthält hinsichtlich der in allen vier Zonen Deutschlands und Berlin durchzuführenden Wahlen Vorschläge, die Verhandlungen über diesen Punkt aussichtsreicher machen als während der Berliner Konferenz im Januar 1954. Die Sowjetunion hat in ihrer Erklärung außerdem zum ersten Mal dem Gedanken einer internationalen Kontrolle der Wahlen zugestimmt.
Die Sowjetunion behauptet jetzt also, zu freien und international beaufsichtigten Wahlen bereit zu sein. Ob die Sowjetunion zu diesem Angebot steht und ob mit ihr Vereinbarungen über ein Wahlgesetz getroffen werden können, das in unserem Sinn freiheitlich ist, darf nicht vorweg beurteilt, sondern kann nur in Verhandlungen selbst geklärt werden. Man muß die Sowjetunion jetzt beim Wort nehmen.
Man hat es 1952 versäumt, die Ernsthaftigkeit der damaligen Angebote der Sowjetunion zu erproben. Uns jetzt der gleichen Unterlassung schuldig zu machen, würde vor dem deutschen Volk nicht verantwortet werden können. Die Sozialdemokratische Partei Deutschlands richtet daher an Sie, sehr geehrter Herr Bundeskanzler, die dringende Bitte, sofort folgende Schritte zu unternehmen:

1. Die Regierungen der Vereinigten Staaten von Amerika, Großbritannien und Frankreich zu bitten, mit der Regierung der Sowjetunion über deren Vorschläge in der Erklärung vom 15. Januar 1955 zu verhandeln.
2. Mit dieser Bitte an die Regierungen den Wunsch zu verbinden, daß solche Verhandlungen noch vor der Ratifizierung der Pariser Verträge eingeleitet werden.

Die Sozialdemokratische Partei Deutschlands ist bei diesem Anliegen von dem einzigen Wunsch geleitet, jede Möglichkeit zu nutzen, das ganze

deutsche Volk in den vier Besatzungszonen und in Berlin in einem freiheitlichen und demokratischen Staatswesen zu vereinen.
Gelingt dieser Versuch, dann werden auch die achtzehn Millionen Deutsche, die jetzt hinter dem Eisernen Vorhang ausharren, als Menschen in Freiheit und Recht leben. Nicht nur dem deutschen Volk wäre dann ein großer Teil der Sorge um den Frieden und die Freiheit der Welt abgenommen.
Sehr geehrter Herr Bundeskanzler, Sie wissen wie ich, daß die Millionenzahl von Menschen in unserem Volke wächst, die mit steigender Unruhe sich wegen der Fortdauer der Spaltung Deutschlands Sorgen macht. Das deutsche Volk wird seine Spaltung niemals hinnehmen.
Millionen Menschen erfaßt auch ein Grauen davor, daß unter diesen Umständen durch die Wiederaufrüstung die persönliche Gewissensnot und die politische Zerklüftung in der Bundesrepublik vertieft werden.
Ich halte es für unmöglich, daß die Bundesrepublik Deutschland den Weg der Wiederaufrüstung mit einem so tiefen Zwiespalt in unserem Volke gehen kann. Verteidigung und Sicherheit eines Landes müssen auf der Gemeinsamkeit des Willens im Volk begründet sein. Sie ist nur zu erreichen, wenn wir in dieser schweren Stunde dem ernsthaften Versuch den Vorrang geben, zur Wiederherstellung der Einheit unseres Volkes zu kommen.
Diese Empfindungen und Überlegungen sind die Grundlage unserer Vorschläge, und ich bin sicher, daß Sie dem heißen Wunsch und der festen Überzeugung aller Schichten unseres Volkes entsprechen, wenn Sie unserem Vorschlag folgen.
Mit ausgezeichneter Hochachtung! Ihr sehr ergebener

gez. E. Ollenhauer

(Adenauer, 41, II, S. 402 ff.)

[50] Schreiben von Bundeskanzler K. Adenauer an E. Ollenhauer, 25. 1. 1955

Sehr geehrter Herr Ollenhauer!
Nach Erhalt Ihres Briefes vom 23. Januar 1955 bin ich in eine nochmalige Prüfung der Frage, die Regierungen der Vereinigten Staaten, Großbritanniens und Frankreichs zu ersuchen, mit der Sowjetregierung über deren Vorschläge in der Erklärung vom 15. Januar 1955 noch vor der Ratifizierung der Pariser Verträge zu verhandeln, eingetreten; ich habe diese Prüfung nach meiner Rückkehr von Bühler Höhe mit meinen Herren

und Vertretern der Regierungsparteien fortgesetzt und zum Abschluß gebracht. Das Ergebnis teile ich in Nachstehendem mit; ich hoffe, daß Sie dieser Brief noch rechtzeitig vor der Versammlung in der Paulskirche in Frankfurt erreicht.
Ich brauche nicht besonders zu betonen, daß der Bundesregierung ebenso wie allen Schichten und Ständen des deutschen Volkes die Wiedervereinigung Deutschlands in Frieden und Freiheit das vordringlichste Ziel ist. Ich bin überzeugt, daß, wenn beide Teile Deutschlands frei in ihrem Handeln wären, diese Vereinigung sich in kürzester Zeit und ohne jede Schwierigkeit vollziehen würde.
Aber wir sind nicht frei. Unser Land ist als Folge des verlorenen Krieges von vier Mächten besetzt. Wir müssen, wenn wir richtig handeln wollen, vor allem unsere eigene Lage richtig beurteilen. Wie Sie in Ihrem Brief richtig schreiben, kann die Wiedervereinigung nur durch die Einigung der *vier* Besatzungsmächte erfolgen. Es genügt nicht, sich mit der Sowjetunion zu einigen; wir brauchen auch die Zustimmung der drei Westmächte, um zu einem befriedigenden Ergebnis zu kommen. Es ist in dem Pariser Vertragswerk gelungen, die drei Westmächte für eine Form der Wiederherstellung der deutschen Einheit zu gewinnen, die unseren Auffassungen entspricht, nämlich für eine Wiedervereinigung in Frieden und Freiheit. Allerdings ist die Verpflichtung der Westmächte, gemeinsam mit uns die Wiedervereinigung in Frieden und Freiheit herbeizuführen, nicht bedingungslos eingegangen worden; sie ist an die Ratifizierung der Pariser Verträge geknüpft. Es kommt jetzt darauf an, die Sowjetunion zu einer Änderung ihrer bisher völlig negativen Haltung in der deutschen Frage zu bewegen.
Ihre Auffassung, daß man es 1952 versäumt habe, die Ernsthaftigkeit des sowjetischen Angebotes zu erproben, ist nicht zutreffend. Dieses sowjetische Angebot wurde von den Westmächten im Einvernehmen mit uns sorgfältig geprüft und mit Gegenvorschlägen beantwortet; die Sowjetunion brach jedoch im September 1952 den Notenwechsel mit den Westmächten ab.
Auf meine Veranlassung haben die Westmächte am 15. Juli 1953 der Sowjetregierung erneut eine Konferenz über die Deutschlandfrage vorgeschlagen. Sie wissen, daß ein mehrmonatiger Notenwechsel erforderlich war, um ein Einverständnis der Sowjetregierung zur Abhaltung dieser Konferenz zu erreichen. Trotz der geduldigen Bemühungen der Westmächte war das Ergebnis der Berliner Konferenz, die vor genau einem Jahr stattfand, in der Frage der Wiedervereinigung in jeder Hinsicht negativ.

Ungeachtet dieser enttäuschenden Erfahrungen haben die Westmächte im Notenwechsel des vergangenen Jahres einer neuen Deutschlandkonferenz grundsätzlich zugestimmt und in ihrer Note vom 29. November die Sowjetregierung um klare Antwort auf präzise formulierte Fragen als Vorbereitung einer neuen Konferenz gebeten. Die Sowjetregierung hat diese Fragen bis zum heutigen Tage nicht beantwortet.
Die Sowjetunion hat ferner niemals, auch nicht in ihrer Erklärung vom 15. Januar dieses Jahres, klar dem vom Deutschen Bundestag wiederholt beschlossenen und von uns gegenüber den vier Mächten geforderten Programm der Wiedervereinigung zugestimmt, nämlich

1. Abhaltung freier Wahlen in ganz Deutschland;
2. Bildung einer freien Regierung für ganz Deutschland;
3. Abschluß eines mit dieser Regierung frei vereinbarten Friedensvertrages;
4. Regelung aller noch offenen territorialen Fragen in diesem Friedensvertrag;
5. Sicherung der Handlungsfreiheit für ein gesamtdeutsches Parlament und eine gesamtdeutsche Regierung im Rahmen der Grundsätze und der Ziele der Vereinten Nationen.

Die Sowjetregierung hat in der nicht an die drei Westmächte gerichteten, sondern gegenüber der Presse abgegebenen Erklärung vom 15. Januar nur gesagt, daß sie unter gewissen Bedingungen zu Verhandlungen über freie Wahlen bereit sei.* Dabei fällt auf, daß im russischen Text nicht das Wort »Kontrolle« für diese Wahlen gebraucht wird, sondern, obwohl dieses eindeutige Wort Kontrolle in der russischen Sprache existiert, ein weniger präzises Wort, das auch im Sinne von »Beobachtung« verstanden werden kann. Über unsere anderen Verlangen hat sie entweder geschwiegen oder zu erkennen gegeben, daß sie bis auf weiteres das Nebeneinanderbestehen der Bundesrepublik und der DDR anstrebt.
Sie vertreten die Auffassung, daß wir trotzdem vor der Ratifizierung des Pariser Vertragswerkes uns bemühen sollten, eine Viererkonferenz herbeizuführen. Ich muß Ihnen leider sagen, daß ich ein derartiges Vorgehen für nicht vereinbar mit den deutschen Interessen halte. Halten Sie sich doch bitte immer wieder die Situation vor Augen, wie sie ist: Die Sowjetunion hat bisher unserem Programm der Wiedervereinigung nicht zugestimmt. Im Gegenteil, sie hält offenbar, wie ihr Verlangen der Bündnislosigkeit des zukünftigen Deutschlands zeigt, an ihrer für uns

* TASS-Erklärung vom 15. Januar 1955 (Anm. im Orig.)

unannehmbaren bisherigen Konzeption des zukünftigen Status Deutschlands fest. Die drei Westmächte haben sich zwar verpflichtet, für den von uns, d. i. dem Bundestage, immer wieder geforderten Status einzutreten, aber unter der Bedingung der Ratifizierung der bisher noch nicht von allen in Frage kommenden Staaten ratifizierten Verträge.
Dazu kommt, daß die Westmächte es aus berechtigten Gründen ablehnen, zur Zeit, d. i. vor der Ratifizierung der Pariser Verträge, eine Viererkonferenz vorzuschlagen, daß sie aber nach der Ratifizierung dazu bereit sind. Wenn wir jetzt trotzdem die drei Westmächte ersuchen, an die Sowjetunion heranzutreten, werden diese das Ersuchen unter Hinweis auf ihre von Sowjetrußland nicht beantwortete Note vom 29. November 1954 ablehnen. Wir laufen dann Gefahr, daß die Ratifizierung der Pariser Verträge nicht erfolgt, daß also die Verpflichtung der drei Westmächte, mit uns zusammen die Wiedervereinigung in Frieden und Freiheit zu betreiben, nicht zustande kommt, daß andererseits die Sowjetunion ebenfalls keine solche Verpflichtung übernimmt, kurz, daß sich Deutschland, wie so oft in den letzten Jahrzehnten, ohne Freunde zwischen sämtliche Stühle gesetzt hat. Wir bleiben dann im Zustand der Unfreiheit, bis sich die vier Siegermächte geeinigt haben. Unsere Wirtschaft, die auf Ein- und Ausfuhr angewiesen ist, erhält dann einen vernichtenden, alle Volksschichten treffenden Schlag, da sie auf dem Vertrauen der anderen Länder in die Stetigkeit unserer politischen Entwicklung beruht.
Über alles, was die Sowjetunion in den letzten Tagen und Wochen zur deutschen Frage geäußert hat, läßt sich nach der Ratifizierung genausogut verhandeln wie vorher. Natürlich kommt es darauf an zu erforschen, ob die Sowjetunion durch internationale Verhandlungen auf dem Gebiete der Sicherheit und des Handels bewogen werden kann, der Wiedervereinigung Deutschlands in Freiheit zuzustimmen. Eine derartige Bereinigung der politischen Verhältnisse in Europa würde auch der Sowjetunion erhebliche Vorteile bringen. Ich bin zuversichtlich, daß es uns im Verein mit den Westmächten gelingen wird, die sowjetische Führung von unseren und der Westmächte friedlichen und konstruktiven Absichten zu überzeugen, so daß sie auch nach der Ratifizierung der Pariser Abkommen zu aussichtsreichen Verhandlungen bereit ist.
Mit vorzüglicher Hochachtung! Ihr sehr ergebener

gez. Adenauer

(Adenauer, 41, II, S. 404 ff.)

[51] Schreiben von Wilhelm Pieck und Walter Ulbricht aus der UdSSR an das Politbüro der SED, 31. 7. 1955

Genosse Chruschtschow hat uns über die Genfer Konferenz und die neuen Vorschläge in bezug auf den Weg zur Wiedervereinigung und die Perspektive informiert. Es fand eine interessante Aussprache statt.

Wir bitten Euch, folgende Vorschläge bei Euren Beratungen zu erörtern:

1. Die Veränderungen in der Lage und in unserer Politik erfordern, daß zunächst ein interner Beschluß des Politbüros ausgearbeitet wird, der etwa folgende Gesichtspunkte enthält:

   Das Neue in der Lage seit den Pariser Beschlüssen und die Remilitarisierung und die Bedeutung der Warschauer Konferenz.

   Die Vorschläge der DDR zur Wiedervereinigung, die von Bonn abgelehnt wurden.

   Die Ergebnisse der Genfer Konferenz, insbesondere der Vorschlag der SU über die kollektive Sicherheit und der Antrag über eine Vereinbarung zwischen dem Westblock und den Staaten des Warschauer Abkommens.

   Die Rolle der DDR, die antinationale und militaristische Politik der westdeutschen Bundesregierung und der Weg zur Einheit Deutschlands.

   Ein einiges Deutschland kann nur ein friedliebendes und demokratisches Deutschland sein, wenn die Herrschaft des Monopolkapitals, der Großgrundbesitzer und sonstigen Militaristen und Faschisten gebrochen wird.

Wir schlagen vor, daß Ihr einen solchen Entwurf ausarbeitet und einen Genossen nach *hier* schickt, damit er mit den Freunden vom Präsidium [der] KPdSU und mit uns vereinbart werden kann. Dieser Beschluß des Politbüros wäre dann die Grundlage für die Regierungserklärung und den Beschluß der Volkskammer.

Wie denkt Ihr über folgenden Vorschlag: Ende September, wenn Otto aus dem Urlaub zurück ist, eine Tagung des ZK durchführen. Danach Volkskammertagung. Aus Anlaß des 8. Oktober breite Kampagne für Volkskammerbeschluß.

Dadurch würden wir stärker auf die Vorbereitungen der Genfer Konferenz wirken.

In der Tagung der Volkskammer sollte man als 2. Punkt die Schaffung der *Volksarmee* beschließen. Das wäre auch eine Antwort auf die Bonner Wehrgesetze.

Wir sind der Meinung, daß es notwendig ist, Orientierung zu nehmen auf die Einberufung der III. Parteikonferenz nach dem XX. Parteitag der KPdSU, also im März. Tagesordnung könnte sein der Entwurf der neuen Verfassung der DDR und der zweite Fünfjahrplan. (Dieser Vorschlag müßte streng vertraulich behandelt werden.) Im April Kongreß der *Nationalen Front*.

Danach müßte die öffentliche Diskussion über die Verfassung und später die Wahlen zur Volkskammer und zu den Gemeindevertretungen erfolgen.

(SAPMO-BA, ZPA, J IV 2/2/433; Hoffmann/Schmidt/Skyba, 608, S. 224 f.)

10. Kapitel

1945–1955: Bilanz

Der Weg in die Teilung
Adenauers »Wiedervereinigungspolitik«

1945–1955: Bilanz

Der Weg in die Teilung

Deutsche Geschichte nach 1945 ist zuallererst die Geschichte der Teilung Deutschlands in zwei Staaten mit unterschiedlichen Gesellschaftsordnungen. Diese Teilung ist ein Stück Kalter Krieg, ein seit 1945 langsam fortschreitender, vielschichtiger Prozeß gewesen, das Ergebnis einer Politik der kleinen Schritte unterschiedlicher Gewichtung, die 1949 in der Gründung der beiden deutschen Teilstaaten kulminierte, womit formal die Spaltung vollzogen und der Teilungsprozeß erst einmal abgeschlossen wurde. 1946 wurde dieser Weg beschritten, 1947 die Entscheidung getroffen, 1948/49 die Teilung durchgeführt und durch die weitere Entwicklung mehr und mehr verfestigt. Man kann darüber streiten, ob und in welchem Maße die 1944 beschlossene Einteilung Deutschlands in Zonen die spätere Entwicklung schon präjudiziert hat, oder ob nicht schon das Jahr 1945 das eigentliche Schicksalsjahr für die Teilung Deutschlands war; zumindest Adenauer hat das damals so gesehen, was viel von seiner späteren Politik erklärt.

Mit Sicherheit wollte jedoch bei Kriegsende – trotz Einteilung in Zonen – keine der Siegermächte eine Spaltung Deutschlands, schon gar nicht an der Elbe. Und auch das Thema Zerstückelung war bei den Siegern – mit Ausnahme Frankreichs – vom Tisch.

Die Teilung Deutschlands an der Elbe war auch kein Ziel sowjetischer Politik. Es ging der Sowjetunion immer um *ganz* Deutschland: Das galt im Hinblick auf die Reparationen und die Kontrolle der Ruhr genauso wie im Hinblick auf die Sicherheit vor diesem Land und die damit verbundene gesellschaftliche Umgestaltung auf der Grundlage der Potsdamer Beschlüsse. Die radikale Realisierung dieser Beschlüsse in der Ostzone entsprechend dem sowjetischen Verständnis von Demokratie, die Reparationspolitik und schließlich die Sowjetisierungspolitik ohne Rücksicht auf die Mehrheit der Deutschen – zuallererst im Osten, aber auch im

Westen – und ohne Rücksicht auf die katastrophalen Auswirkungen auf Briten und Amerikaner zeigt allerdings auch, wie brüchig und widersprüchlich die sowjetische Deutschlandpolitik tatsächlich war.
John Gimbel nennt in seiner Studie über die »Amerikanische Besatzungspolitik in Deutschland 1945–1949«, was die Amerikaner wollten:

»Deutschland und die Deutschen nicht nur entnazifizieren, entmilitarisieren, entflechten, demokratisieren und reorientieren, sie waren auch im Interesse der Wahrung ihrer eigenen Sicherheit darauf bedacht, Deutschland und Europa wieder wirtschaftlich gesunden zu lassen und den Bestand des freien Unternehmertums zu gewährleisten. Sie wollten den Sozialismus verhindern, dem Kommunismus zuvorkommen, das Geld des amerikanischen Steuerzahlers sparen, französische Pläne zur Zerstückelung Deutschlands vereiteln und die Sowjetunion in Mitteleuropa in Schranken halten.«[1]

Das Thema Teilung Deutschlands kommt nicht vor – und in der Tat waren es die Amerikaner, die lange Zeit an der Einheit Deutschlands festhielten, länger jedenfalls als Franzosen und Briten, sieht man einmal vom amerikanischen Reparationsplan in Potsdam ab, der bei aller Problematik aber offensichtlich nicht mit der erklärten Absicht in die Konferenz eingebracht wurde, Deutschland zu teilen – auch wenn die Entwicklung dann genau in diese Richtung ging.
Frankreichs Deutschlandpolitik orientierte sich an der Politik der zwanziger Jahre und dem Schock vom Sommer 1940, von der Deutschen Wehrmacht in wenigen Wochen überrannt worden zu sein. Deutschland, nicht etwa die Sowjetunion, war zunächst das alles überragende Sicherheitsproblem. Es galt daher, Deutschland politisch und ökonomisch auf Dauer zu schwächen: politisch durch eine »Oder-Neiße-Situation« im Westen, d. h. politische Abtrennung von Rheinland und Ruhrgebiet und darüber hinaus einen extrem föderalistischen Aufbau des zukünftigen Deutschland, ökonomisch durch Abbau von Industriepotential und Internationalisierung der Ruhrindustrie, nachdem eine Abtrennung nicht mehr möglich war. Auch nach dem zögernden, eher durch eigene ökonomische Schwäche denn durch politische Überzeugung bedingten Einschwenken auf die anglo-amerikanische Deutschlandpolitik 1947 blieb Frankreich ein schwieriger Partner. So war auch der Weg der Bundesrepublik zum »besetzten Verbündeten« (»from occupation to partnership«, wie dies die Briten formulierten) auf französischer Seite begleitet von der ständigen Furcht vor einem wiedererstarkenden Rest-Deutschland. Nicht zuletzt aus diesem Grund scheiterte 1954 die Europäische Verteidigungsgemeinschaft in Paris.

Die Rolle, die die Briten nach 1945 spielten, erscheint nach Durchsicht der britischen Akten in einem ganz anderen Licht, als das gemeinhin und lediglich nach Kenntnis der amerikanischen Quellen bekannt war. Aufgrund finanzieller und ökonomischer Abhängigkeit zwar »Juniorpartner« der USA – was notwendigerweise zu Abstrichen bei der Durchsetzung bestimmter Zielsetzungen führte, etwa bei der Sozialisierung –, waren sie dennoch in entscheidenden Bereichen die »Vordenker« westalliierter Politik. Der Einfluß des Foreign Office auf das State Department ist gar nicht hoch genug zu veranschlagen. Auch die Briten hatten ihr Sicherheitsproblem, auch für sie galten – natürlich – jene Ziele, wie sie Gimbel für die Amerikaner formuliert hat – allerdings mit Ausnahme des freien Unternehmertums und des Sozialismus, vor allen Dingen aber mit der entscheidenden Ausnahme, daß das Ziel, die Sowjetunion in Mitteleuropa in Schranken zu halten bzw. an einem weiteren Vordringen nach Westen zu hindern, nicht am Ende, sondern schon Anfang 1946 an allererster Stelle der Rangskala stand – mit der Konsequenz der Teilung Deutschlands.

Verantwortlich dafür war nach Meinung der Briten eindeutig die Sowjetunion. 1941/42 erfolgte in London die vorbehaltlose Wende hin zur Sowjetunion; sie wurde nun als kooperationsbereiter Partner einer zukünftigen Friedensordnung gesehen; darauf war die gesamte britische Nachkriegsplanung ausgerichtet. Zweifel der Militärs wurden Ende 1944 von Politikern und Berufsdiplomaten als »furchtbarer Irrglaube« vom Tisch gewischt, bis dann Anfang 1945 langsam die Ernüchterung eintrat und klar wurde, daß die Prämissen britischer Nachkriegsplanung nicht mehr stimmten; aber niemand hatte den Mut – und die Möglichkeiten –, das Steuer herumzureißen. Die Politik der »predetermination« (Kettenacker), d. h. die Politik der Vereinbarungen mit der Sowjetunion – Zoneneinteilung Deutschlands, Alliierter Kontrollrat, Kommandantura in Berlin etc. – war schon zu weit fortgeschritten. Churchills Versuch, die weit in der sowjetischen Zone stehenden anglo-amerikanischen Truppen als Faustpfand für Verhandlungen mit Stalin zu nutzen, scheiterten im Sommer 1945. Präsident Truman beharrte auf Einhaltung der einmal getroffenen Vereinbarungen. Angesichts fehlender realistischer Alternativen setzte man schließlich weiter auf die Hoffnung, mit der Sowjetunion zu einer global angelegten Zusammenarbeit, d. h. auch in Deutschland, zu kommen – trotz wachsenden Mißtrauens. Anfang 1946 wurde dann die Wende vollzogen, gegen die Sowjetunion, gegen die neue »russische Gefahr«, wie in London die sowjetische Politik gesehen wurde. Damit war man wieder beim Stand des Jahres 1941 angelangt; dies war zugleich das Eingeständnis, daß die eigene Nachkriegsplanung endgültig wie ein Kartenhaus zusammengebrochen war. Angesichts unterschiedlicher Gesellschaftssysteme und der sowjetischen Machtpolitik – nicht nur in Osteuropa, sondern gerade auch in Deutschland, aber auch in Österreich, im Mittelmeerraum, in Asien – war der Kalte Krieg offensichtlich unvermeidbar. Die britischen Akten zeigen, daß Großbritannien als erste westliche Macht Konsequenzen aus der neuen Situation zog, lange vor den USA. Damit aber erscheint auch der Kalte Krieg in einem neuen Licht: Er war mehr als die Konfrontation lediglich zwischen den USA und der Sowjetunion; Großbritannien spielte eine entscheidende Rolle in dieser Auseinandersetzung. Deutschland aber wurde zum »main battleground« dieses Krieges.

Damit aber stand das Thema Teilung Deutschlands an der Elbe auf der Tagesordnung, zuerst und schon sehr früh – im Frühjahr 1946 – bei den Briten, bald auch bei den Amerikanern.

Zu diesem Zeitpunkt sah sich London allerdings noch nicht in der Lage, »Potsdam«, d. h. die alliierte Zusammenarbeit, auch offiziell aufzukündigen und auf eine Spaltung Deutschlands hinzuarbeiten, da die USA noch nicht soweit waren. Würde man sich dennoch für die Teilung entscheiden, auch darüber bestand Einigkeit, dann war es von größter Bedeutung, dafür zu sorgen, daß die Verantwortung den Russen zur Last gelegt werden konnte, wie es in der Kabinettsvorlage Außenminister Bevins vom 3. Mai 1946 hieß.

Noch lautete – gezwungenermaßen – die Devise: abwarten. Das Ziel blieb ein dezentralisiertes, föderalistisches Deutschland und eine Lösung für die Ruhr, die die Sowjetunion aus diesem Gebiet ausschloß. Durch die Bildung starker Länder sollte die befürchtete kommunistische, von den Sowjets kontrollierte Zentralregierung in Berlin allerdings von vornherein größtmöglich geschwächt werden; in der eigenen Zone sollten in der Zwischenzeit die antikommunistischen Kräfte gestärkt werden.

Die Bildung der Bizone bedeutete die Wende in der britischen Deutschlandpolitik. Mit ihr wurde die entscheidende Grundlage für eine – bis zum Sommer 1946 in London noch schmerzlich vermißte – anglo-amerikanische Kooperation in Deutschland und Europa gelegt. Der Zusammenschluß der amerikanischen und britischen Zone, aufgrund sowjetischer Reparationspolitik primär ökonomisch motiviert, obwohl die Gründe tiefer lagen, barg die Gefahr einer politischen Teilung in sich.

Das Angebot zum Zusammenschluß der Zonen galt im Prinzip nicht für die Sowjetunion. Wo es keine wirtschaftliche Einheit mehr gab, konnte es keine politische Einheit mehr geben. Das war von den Briten schon in Potsdam gesehen worden.
Die vorübergehende Teilung wurde vom Westen unter Führung der Briten durchgeführt, wobei man in London ganz bewußt das Risiko auf sich nahm, daß daraus eine dauernde Teilung werden würde. Bedingt war dies durch eine ungeheure Berührungsangst vor dem, was östlich der Elbe vor sich ging, und durch die Furcht vor dem Ausgreifen des Kommunismus über die Elbe mit all den daraus resultierenden Konsequenzen, die in der Summe als tödliche Gefahr für den Westen interpretiert wurden. Ob diese Furcht berechtigt war oder nicht, ist eine ganz andere Frage; die Westmächte, aber auch die Westdeutschen trauten sich in der Auseinandersetzung mit dem Kommunismus zu wenig zu, obwohl sie letztlich die besseren Argumente auf ihrer Seite hatten. Die Schlußfolgerungen jedenfalls – die wiederum die Briten als erste zogen – waren eindeutig: Man entschied sich für den bequemeren und sicheren Weg, koppelte die sowjetische Zone einfach ab und ließ sich dann auf nichts anderes mehr ein. Das Jahr 1947 mit dem Scheitern der Außenministerkonferenzen in Moskau und London, mit Truman-Doktrin, Marshallplan und Kominform wurde dann zum Entscheidungsjahr für Deutschland. Spätestens seit der Londoner Konferenz waren Briten und Amerikaner zur Gründung des deutschen Weststaates entschlossen.
Mit einer von den Sowjets revolutionierten Ostzone konnte es nach westlicher Auffassung keine Einheit Deutschlands geben. Ein Blick in bisher nicht bekannte Dokumente zeigt allerdings auch, daß es noch andere Gründe für die Teilung gab *(vgl. z. B. Dok. 1)*. Pläne, wie etwa der des britischen Militärgouverneurs Brian Robertson aus dem Jahre 1948 *(Dok. 4)*, mit denen die Teilung doch noch verhindert werden sollte, hatten keine Chance mehr, zumal auch die Westdeutschen ihre Zweifel bei der Weststaatgründung vollständig »über Bord warfen«, wie dies Patrick Dean, der Leiter der Deutschlandabteilung im Foreign Office, im September 1948 formulierte *(s. S. 34)*.
Die westdeutschen Politiker gingen den Weg der Teilung allzu bereitwillig mit, und dies schon seit 1946; ja sie forcierten ihn geradezu, denkt man etwa an die Ministerpräsidentenkonferenz in München. Eine ernsthafte gesamtdeutsche, nationale Demonstration hat es nicht gegeben; man setzte auf den neuen Weststaat, hoffte auf einen Erfolg der »Magnettheorie« und tröstete sich mit dem allzu einfachen Gedanken, daß die

Teilung nur vorübergehend sei, während sich – zumindest bei den westlichen Siegern – intern die Stimmen mehrten, die die Teilung eigentlich für die beste Lösung des deutschen Problems hielten.

Adenauers »Wiedervereinigungspolitik«

Adenauer hat die politische, wirtschaftliche und ab 1950 auch militärische Integration der Bundesrepublik in den Westen forciert betrieben und entsprach damit genau den Vorstellungen der Westmächte. So wie sie war auch er von der latenten Gefahr für Westdeutschland und Europa durch die Sowjetunion überzeugt. Er hoffte durch seine Politik auf die Rückgewinnung der Souveränität für die Bundesrepublik; damit wollte er gleichzeitig die Stärkung Westeuropas und des Westens insgesamt sowie – gemeinsam und gleichberechtigt mit den Westmächten – aus einer Position der Stärke heraus mit der Sowjetunion die Wiedervereinigung aushandeln. Das hat er immer wieder gesagt. Aber wollte er das wirklich?

Blickt man vor allen Dingen auf die Jahre 1952/53 – aber auch auf das Jahr 1955 – zurück, die in diesem Zusammenhang wohl am wichtigsten waren, was kann man Adenauer vorwerfen? Nach Meinung von Hans-Peter Schwarz, wahrlich kein Kritiker Adenauers, »allenfalls [...], daß er in der Konstellation der Jahre 1952 bis 1953 auf Sicherheit gespielt hat und sich nicht auf ein Temporieren bei den Westverträgen einließ«. Was auch immer Schwarz mit »Temporieren« meint, er macht sogleich die Einschränkung, »mehr hätte ein deutscher Kanzler damals noch nicht riskieren können, und selbst dies wäre nicht einfach gewesen«.[2] Einfach war in der Tat nur der Weg der Westintegration, auch wenn es dabei so manches Problem im Detail gab, das Adenauer mit taktischer Finesse löste. Der Weg der Westbindung war das, was die Westmächte wollten. Jeder andere Weg wäre für einen deutschen Politiker schwieriger gewesen, im Sinne der Einheit aber doch wohl lohnender. Ein Versuch auf diesem Weg wäre daher schon sehr viel wert gewesen, der deutsche Kanzler hätte jedenfalls mehr riskieren können – wenn er gewollt hätte.

Adenauer wollte nicht. Dieser Versuch ist nicht gemacht worden, denn, so Schwarz, »bei nüchterner Lagebeurteilung sprach die politische Vernunft eben doch dafür, lieber den Spatzen in der Hand zu behalten, als nach der Taube der Wiedervereinigung zu haschen, die fern auf dem

Dach saß«.[3] Was zu bezweifeln wäre, denn – sprach die politische Vernunft wirklich dafür, und saß die Taube wirklich so fern auf dem Dach? 1952 hätte Adenauer den Versuch ohne Gefahr machen können, als Außenminister Acheson das Gespräch mit den Sowjets beginnen wollte – auch wenn dieser damit andere, rein taktische Absichten verfolgte. Und wie steht es mit 1953 und 1955?

Adenauer hatte in der prekären Unsicherheit des Korea-Sommers 1950 die Einmaligkeit der historischen Situation erkannt, das neugewonnene Gewicht der Bundesrepublik voll in die Waagschale geworfen und mit seinem Angebot deutscher Soldaten die große Politik in einem entscheidenden Punkt beeinflußt. Das Ergebnis war der prinzipielle Beschluß der Westmächte für den westdeutschen Wehrbeitrag. Bis zum Frühjahr 1952 hatte die deutsche Karte – trotz Fortdauer des Besatzungsstatuts – weiter entscheidend an Gewicht gewonnen; ohne die bis zu diesem Zeitpunkt betriebene Politik wäre das sowjetische Angebot wohl nicht gekommen.

Adenauer wäre nicht Adenauer gewesen, hätte er Stalins Wiedervereinigungsspiel gespielt. Der Hinweis auf freie Wahlen wurde auch durch ständiges Wiederholen nicht überzeugender (wobei der Streit darüber, wer diese Wahlen überwachen sollte, eine UNO-Kommission oder die vier Mächte, geradezu lächerlich war). Selbst im hypothetischen Fall, daß die Wahlen in der DDR total unfrei gewesen wären, im Bundestag hätte es eine solide bürgerliche Mehrheit gegeben. Der Politische Planungsstab im US-State Department war im März 1952 bereit, das von Stalin angebotene »Wiedervereinigungsspiel« zu spielen und nannte sogar schon einen Termin für gesamtdeutsche Wahlen: 16. November 1952.[4]

Was wäre wohl geschehen, wäre Adenauer bereit gewesen, dieses »Spiel« ebenfalls mitzuspielen? Er hat es nicht getan. Er schlug mit seiner Politik das Tor zur Einheit jedenfalls für lange Zeit zu – mit all den bekannten Konsequenzen. Und daran ändert auch die Tatsache nichts, daß es 1990 zur Wiedervereinigung kam.

Und die Westmächte? Sie – allen voran Briten und Franzosen – hatten kein ernsthaftes Interesse an einer Wiedervereinigung (und das blieb so bis 1989/90), ganz zu schweigen von möglichen Korrekturen der Oder-Neiße-Linie. Die Oder-Neiße-Linie war ein Thema, das für sie seit Potsdam de facto erledigt war, öffentlich aber weiter benutzt wurde, um bei den Deutschen falsche Hoffnungen am Leben zu erhalten und vor allen Dingen Verhandlungen mit der Sowjetunion zu verhindern. Die öffentlichen Bekenntnisse der Westmächte zur Wiedervereinigung waren lediglich Lippenbekenntnisse, nicht mehr als diplomatische Pflichtübungen. Intern sahen ihre Überlegungen denn auch anders aus. Ihnen ging es in erster Linie darum, die Westdeutschen militärisch und ökonomisch so an sich zu binden, daß, wie es Präsident Eisenhower im Dezember 1953 einmal formulierte, sie nicht mehr »ausbrechen« konnten.[5] Man hielt die Teilung und mit ihr die Westbindung der Bundesrepublik für die beste Lösung der deutschen Frage, nur konnte dies mit Rücksicht auf die öffentliche Meinung in (West-)Deutschland niemand laut sagen. In den öffentlichen Verlautbarungen, ja selbst im »Deutschlandvertrag« verpflichtete man sich zwar zu einer Politik der Wiedervereinigung, knüpfte dies aber ganz bewußt – und ganz im Sinne Adenauers – an Bedingungen, von denen man wußte, daß sie für die Sowjetunion unannehmbar waren.

Blickt man auf die EVG, so ist erstaunlich, daß Adenauer bis zuletzt an ihr festhielt, obwohl sich bereits 1952 die Anzeichen dafür mehrten, daß Frankreich den EVG-Vertrag nicht ratifizieren würde.

Daß es Adenauer gelang, seine Politik der Westintegration als den einzig möglichen Weg (west-)deutscher Politik und gleichzeitig einzigen und kürzesten Weg zur Wiedervereinigung mehrheitsfähig zu machen – woran selbst die Amerikaner 1952 zweifelten –, war eine bemerkenswerte Leistung. Es war gleichzeitig *die* Lebenslüge der Bundesrepublik, mit der die Bevölkerung allerdings, ganz im Sinne der Bonner Politik, leicht fertig wurde. Der angeblich drohende Kommunismus, der Eiserne Vorhang, die Verteidigung von Freiheit und neuem Wohlstand im Bündnis mit den USA: Man ließ sich gern beruhigen. Man arrangierte sich schnell im »Provisorium« und stellte als Ausdruck gesamtdeutscher »Gewissensnot« im Gedenken an die »Brüder und Schwestern« in der »Zone« einmal im Jahr Kerzen in die Fenster.

Den Preis für Adenauers Entscheidung mußten letztlich die 18 Millionen Mitteldeutschen bezahlen. Auch wenn Adenauer dies wohl nicht bewußt so gewollt hat – es war die Folge auch seiner Politik. Dies bleibt eine Tatsache, die von jenen, die seine Politik vorbehaltlos bejahen, allzuoft verschwiegen wird. Vor allen Dingen – aber nicht nur – unter diesem Aspekt war die Entscheidung von damals eine so folgenschwere. Und mit den jetzt aus östlichen Archiven zugänglichen Quellen wird dieser Befund mehr denn je bestätigt. »Man kann jetzt noch sicherer als bislang schon sagen, daß es zur Politik der Weststaatsgründung und Westintegration eine mindestens ebenso gut begründbare Alternative gab. Und man bekommt ein Gespür dafür, wie gering die Chance für diese Alternative gleichwohl war – aufgrund westlicher Sicherheitsneurosen ebenso wie infolge kommunistischen Klassenkampf-Denkens. Daß dies keine sonderlich angenehme Botschaft ist, zumal in Zeiten, in denen Ost- und Westdeutsche die problematische DDR-Vergangenheit gemeinsam zu bewältigen haben, liegt auf der Hand«,[6] wie Wilfried Loth meint.

Im Jahre 1965, vier Jahre nach dem Bau der Mauer in Berlin, veröffentlichte Konrad Adenauer den ersten Band seiner »Erinnerungen«. Die Widmung, die er diesem wie auch den nachfolgenden Bänden voranstellte, lautete: »Meinem Vaterland«. Was aber, so haben sich schon damals viele gefragt, war eigentlich Adenauers Vaterland? War es das Deutschland des Jahres 1937 oder das des Jahres 1949 mit zwei deutschen Staaten oder lediglich die Bundesrepublik? Die Antwort darauf ist auch die Antwort auf die unmittelbar damit zusammenhängende Frage, wie ernst es Adenauer mit der Wiedervereinigung tatsächlich war, von der er doch so häufig sprach. Was bleibt von seiner Behauptung, die Westintegration der Bundesrepublik sei zugleich der kürzeste und einzige Weg zur Wiedervereinigung? War er so naiv, in dieser Frage auf die Solidarität der Westmächte zu hoffen?

Es gibt keine schlüssige Antwort auf diese Fragen, es sei denn, man unterstellt Adenauer, daß er die Wiedervereinigung überhaupt nicht wollte; und in einer solchen, für die Deutschen wie auch für die Beurteilung Adenauers zentralen Frage sollte man sich vor Unterstellungen hüten. Oder man geht einen Schritt weiter und sieht die Größe Adenauers gerade darin, daß er in nüchterner Einsicht in die tieferen Schichten der Realität – sowohl was die Sieger betraf als auch insbesondere in Hinblick auf die Deutschen, denen er mißtraute – jeden Gedanken an eine Wiedervereinigung von vornherein fallenließ.

Wie dem auch sei, je mehr Akten zur Verfügung stehen, um so solider wird die Grundlage, auf der diese Fragen diskutiert werden können. Ein besonders interessantes Dokument wurde 1986 im Public Record Office in London gefunden. Es handelt sich um die schon erwähnte streng geheime Aufzeichnung von Sir Ivone Kirkpatrick. Kirkpatrick war bis Juni 1950 Unterstaatssekretär im Foreign Office und dann bis November 1953 Hoher Kommissar in Bonn gewesen, bevor er im Dezember 1953 zum Permanent Under-Secretary of State, d. h. zum höchsten Beamten im Foreign Office, ernannt worden war. Kirkpatrick fertigte diese Aufzeichnung am 16. Dezember 1955 nach einem Gespräch mit dem deutschen

Botschafter in London, Hans von Herwarth, an. Er hielt dieses Dokument für so wichtig, daß er keine Kopien anfertigen ließ und es in seinem Safe deponierte; er legte es lediglich Außenminister Harold Macmillan vor; dessen Kommentar war bezeichnend: »Ich denke, er (Adenauer) hat recht.« (»I think he is right.«)
Die politische Situation stellte sich zum Zeitpunkt des Gespräches folgendermaßen dar: Anfang Mai 1955 war die Bundesrepublik Mitglied der NATO geworden, am 15. Mai erhielt Österreich seinen Staatsvertrag, die Besatzungstruppen würden abziehen, Österreich war frei. War dies ein Signal der Sowjets in Richtung Bonn, oder war es das Ende einer Entwicklung? Adenauer wurde im Juni nach Moskau eingeladen, im Juli fand in Genf die Gipfelkonferenz der Staats- und Regierungschefs in völlig entspannter Atmosphäre statt; die Sowjets zeigten sich von einer ganz neuen Seite, der »Geist von Genf« wehte über die politische Bühne – mit möglichen Auswirkungen auf die deutsche Frage.
Am 19. Juli führte Anthony Eden, inzwischen Premierminister, bei einem Essen, das er für die Sowjets gab, ein vertrauliches Gespräch mit Bulganin. »In der langen Reihe meiner Gespräche mit den Russen«, so berichtete er später dem Kabinett, »ist es das wichtigste und offenste gewesen.« Bulganin sprach ihn direkt auf die deutsche Frage an (»he plunged into the German question«). Er machte nachdrücklich klar, daß die Sowjets wirklich Angst vor einem wiedererstarkten Deutschland hatten; im Krieg habe fast jede sowjetische Familie, einschließlich seiner eigenen, einen Angehörigen verloren. Eden antwortete, auch in Großbritannien habe man keinen besonderen Grund, den Deutschen nach zwei Kriegen freundlich gesonnen zu sein, aber man müsse nach vorne schauen, und wie groß auch immer die Angst vor Deutschland sei, er könne nicht glauben, daß die Deutschen im Zeitalter der Atombombe noch eine echte Gefahr für Rußland seien. Bulganin war nicht zu beruhigen; er gab zwar zu, daß die Deutschen selbst keine Wasserstoffbomben herstellen könnten, aber »man kann sie ihnen geben«. Und dann sagte Bulganin etwas, was er, wie er betonte, »noch zu niemandem vorher gesagt« habe: Es sei in der Tat nicht möglich, von dieser Konferenz nach Moskau zurückzukehren und »hier in Genf der *sofortigen* Wiedervereinigung zugestimmt zu haben«; das sei etwas, was man in Rußland nicht verstehen würde, aber – und in dem Moment trat Chruschtschow hinzu –, auch wenn man *jetzt* der Wiedervereinigung nicht zustimmen könne, er und Chruschtschow seien bereit, ihrem Außenminister entsprechende Weisungen zu geben; die Minister sollten über das Thema

»Wiedervereinigung« beraten, *gemeinsam* mit entsprechenden Gegenleistungen, sprich: Sicherheitsabkommen mit der Sowjetunion.[7]
Genf weckte damals Adenauers Mißtrauen. Wenn die Sowjets möglicherweise gehofft hatten, doch noch mit ihm ins Geschäft zu kommen, so hatten sie sich gründlich getäuscht. Für Adenauer, der im September Moskau besuchte, waren Chruschtschow und Bulganin lediglich »ungebildete und primitive Menschen«, wie er den westlichen Botschaftern in Moskau anvertraute. Das Ergebnis war entsprechend: Der Aufnahme diplomatischer Beziehungen mit Moskau – und damit Anerkennung deutscher Zweistaatlichkeit – stand die mündliche Zusage nach Freilassung der deutschen Kriegsgefangenen gegenüber (mit denen er vor 1955 ein ziemlich übles Spiel getrieben hatte). Viel mehr wissen wir leider bis heute nicht über den Moskau-Besuch Adenauers. Die Akten sind nach wie vor nicht veröffentlicht.
Auf der Außenministerkonferenz in Genf im November wurde jedenfalls endgültig deutlich, daß sich in der deutschen Frage auf sowjetischer Seite nichts mehr bewegen würde. Selbst engste Vertraute Adenauers wurden nun schwankend. So gab Herbert Blankenhorn im Foreign Office zu bedenken, ob man nicht doch auf das sowjetische Konzept eines neutralen Gesamtdeutschland zurückkommen müsse, wenn man die Einheit überhaupt noch erreichen wolle. Im Foreign Office löste dies Alarm aus. Wenn schon Blankenhorn in einer solchen, geradezu gefährlich beschwichtigenden Stimmung (»dangerously appeasing mood«) war, wie würde das in Bonn weitergehen?
In dieser Situation wollten die Briten noch einmal eine Initiative starten und mit den Sowjets ins Gespräch kommen: Man war bereit, jeden vernünftigen Sicherheitspakt mit ihnen abzuschließen, vorausgesetzt, Deutschland würde auf der Grundlage freier Wahlen wiedervereinigt und der gesamtdeutschen Regierung innen- und außenpolitische Handlungsfreiheit zugestanden.
Die Sorgen im Foreign Office waren unbegründet. Warum das so war, darauf gibt das folgende Dokument die Antwort. Es gibt auch Antwort auf die eingangs gestellte Frage nach Adenauers Vaterland. Mit seltener Offenheit wird klar, daß für Adenauer die Wiedervereinigung kein ernsthaftes Thema war. Bemerkenswert seine Furcht, daß dies in dieser Form jemals in Deutschland bekannt werden würde. Die Probleme, die die Deutschen nach der Wiedervereinigung miteinander haben, haben auch damit einiges zu tun.

»Streng geheim

Deutsche Einheit

Der deutsche Botschafter [Hans v. Herwarth] sagte mir gestern, er wolle mir zu diesem Thema eine außerordentlich vertrauliche Mitteilung machen. Ich würde mich daran erinnern, daß ich ihm nach meiner Rückkehr aus Genf gesagt hätte, ich sei zu dem Schluß gekommen, daß wir am Ende wohl doch flexibler als die Amerikaner sein und eine Haltung einnehmen müßten, in der wir uns bereit erklären würden, mit den Russen jeden vernünftigen Sicherheitspakt abzuschließen, vorausgesetzt, Deutschland werde auf der Grundlage freier Wahlen wiedervereinigt und eine gesamtdeutsche Regierung habe innen- und außenpolitische Handlungsfreiheit.

2. Der Botschafter sagte mir, er habe über diese Möglichkeit sehr vertraulich mit dem Kanzler gesprochen. Dr. Adenauer läßt mir mitteilen, daß er diesen Plan ablehnt. Der Grund dafür sei schlicht der, daß er kein Vertrauen zum deutschen Volk habe. Ihn treibe die Furcht um, daß sich, wenn er einmal nicht mehr da sei, eine deutsche Regierung auf ein Geschäft mit den Russen auf Kosten der Deutschen einlassen könnte. Er habe für sich daraus den Schluß gezogen, daß die Integration Westdeutschlands in den Westen wichtiger sei als die Wiedervereinigung Deutschlands. Er lasse uns mitteilen, daß er in der Zeit, die ihm noch bleibe, alle seine Energie darauf verwenden wolle, um dies zu erreichen, und er hoffe seinerseits, daß wir alles in unserer Macht Stehende tun würden, um ihn bei dieser Aufgabe zu unterstützen.

3. Während seines Vortrages betonte der Botschafter mit Nachdruck, es erübrige sich wohl, darauf hinzuweisen, daß es zwar der Wunsch des Kanzlers sei, daß ich wisse, wie er über die Sache denke, es allerdings politisch geradezu verhängnisvoll für ihn wäre, falls seine Vorstellungen, die er mit solcher Offenheit vor mir ausgebreitet habe, jemals in Deutschland bekannt würden.

I. Kirkpatrick

16. Dezember 1955«[8]

Top Secret.

RECEIVED IN ARCHIVES
19 JAN 1956

WG 1071/G/374

German Unity

THE GERMAN AMBASSADOR told me yesterday that he wished to make a particularly confidential communication to me on this subject. I would recollect that I had told him on my return from Geneva that I had come to the conclusion that we might eventually have to be more elastic than the Americans were prepared to be and that we might have to move to a position in which we declared that provided Germany was unified by means of free elections and provided the unified German Government had freedom in domestic and foreign affairs, we should sign any reasonable security treaty with the Russians.

2. The Ambassador told me that he had discussed this possibility very confidentially with the Chancellor. Dr. Adenauer wished me to know that he would deprecate reaching this position. The bald reason was that Dr. Adenauer had no confidence in the German people. He was terrified that when he disappeared from the scene a future German Government might do a deal with Russia at the German expense. Consequently he felt that the integration of Western Germany with the West was more important than the unification of Germany. He wished us to know that he would bend all his energies towards achieving this in the time which was left to him, and he hoped that we would do all in our power to sustain him in this task.

3. In making this communication to me the Ambassador naturally emphasised that the Chancellor wished me to know his mind, but that it would of course be quite disastrous to his political position if the views which he had expressed to me with such frankness ever became known in Germany.

I. Kirkpatrick

December 16, 1955.

I think he is right

HM

19/12

Secretary of State

I think it would be useful to circulate the attached Cabinet Paper. Otherwise assistant [illegible] an excellent [illegible]

Abb. 11: Geheime Aufzeichnung von Sir Ivone Kirkpatrick zur deutschen Einheit nach einem Gespräch mit dem deutschen Botschafter in London, Hans v. Herwarth.

Anhang

Anmerkungen

(Die Zahl hinter dem Autorennamen verweist jeweils auf die entsprechende Zahl im Literaturverzeichnis.)

1. Kapitel

1 Top Secret, Cabinet Paper (48) 5 v. 5. 1. 1948, »Policy in Germany«. PRO, CAB 129/23.
2 FRUS, 1948, vol. II, S. 72.
3 Wagner, 830, S. XIV.
4 Ursachen und Folgen, 30, XXV, S. 203 ff.
5 PRO, FO 371/70580/C 1668.
6 Ebd., 70626/C 1894.
7 »Top Secret. The Threat to Western Civilisation«, 3. 3. 1948. PRO, CAB 129/25. Winston Churchill hielt die Zeit für gekommen, die Sowjets vor die Alternative zu stellen: Aufgabe Berlins und Ostdeutschlands und Rückzug bis an die polnische Grenze oder atomare Zerstörung ihrer Städte (FRUS, 1948, vol. II, S. 895). Offensichtlich ist dieser Vorschlag weder im Foreign Office noch im Kabinett erörtert worden. Zitat Clay bei Smith, 37, S. 568 f.
8 FRUS, 1948, vol. II, S. 159.
9 PRO, FO 371/70590/C 3974.
10 Ebd., C 3995.
11 Bevin in: PRO, FO 371/70489/C 1541.
12 Ebd., 70492/C 3580.
13 Clay, 45, S. 400.
14 FRUS, 1948, vol. II, S. 169.
15 PRO, FO 371/70664.
16 PRO, CAB 130/38.
17 Ebd. Zum erstenmal wurden jetzt auch B-29 nach Deutschland verlegt; die Überführung der Bomber nach Europa erfolgte mit großem propagandistischen Aufwand.
18 PRO, FO 371/70501/C 5540. Ausführliche Dokumentation zum Robertson-Plan bei Steininger, 828.
19 Ebd.
20 FRUS, 1948, vol. II, S. 999 ff.
21 PRO, FO 371/70596/C 5701.
22 FRUS, 1948, vol. II, S. 1287–96.
23 Äußerung Marshall am 21. 9. 1948 auf der Außenministerkonferenz in Paris. Ebd., S. 1178.
24 Memorandum Kirkpatrick v. 25. 11. 1948. PRO, FO 371/70603/C 10710, abgedruckt bei Steininger, 828.
25 Bei der Übergabe des Besatzungsstatuts hatten die Hohen Kommissare alle ihnen zur Verfügung stehenden Polizisten in ihrer Enklave zusammengezogen, die dann

salutierten; zum einen, so François-Poncet, weil die Deutschen das Salutieren liebten, zum andern, so Robertson, »it would prevent him [Adenauer] feeling his humiliation«. PRO, FO 1005/1101.

26 Link, 781, S. 10.

2. Kapitel

1 Kocka, Jürgen, 1945. Neubeginn oder Restauration? in: C. Stern/H. A. Winkler, Wendepunkte deutscher Geschichte, Frankfurt 1979 u. ö., S. 147 f.
2 Protokoll der Verhandlungen des Parteitages der SPD v. 9.–11. 5. 1946 in Hannover, Hamburg 1947, S. 37.
3 Kocka (wie Anm. 1), S. 148.
4 Schmidt/Fichter, 851, S. 66; Huster, 154, S. 158; Mannschaft/Seider, 471, S. 89.
5 Vgl. Rudzio, 850, S. 1.
6 Zitat November 1947. PRO, FO 371/65441/CK 1537; Schwarz, 183, S. 160; Bevin am 24. 2. 1947 in einer Ministervorlage »The Political Organisation of Germany«. PRO, CAB 134/598.
7 Ursachen und Folgen, 30, XXV, S. 96.
8 Robertson am 13. 12. 1946. PRO, FO 371/55594/C 15651.
9 So zutreffend Abelshauser, 837, S. 66. Eine andere Auffassung vertreten Winkler, 856, und Link, 781, S. 3–18.
10 Kocka (wie Anm. 1), S. 150.
11 FRUS, 1947, vol. II, S. 924 f.
12 Gimbel, 138, S. 225.
13 Control Commission, 6. 2. 1948, u. Robertson, 12. 8. 1948. PRO, FO 1013/275.
14 Schreiben Bevan. PRO, FO 371/71218/CK 3333; Gesetz Nr. 75 in: Ursachen und Folgen, 30, XXV, S. 196 ff.
15 PRO, FO 371/76912, 76914.
16 Ebd., 85694/CE 1650.
17 Ebd., C 1697.
18 PRO, CAB 129/45.
19 Ebd., CAB 129/46.

3. Kapitel

1 Badstübner/Loth, 605, S. 216–227.
2 Suckut, 687, S. 121 f. u. 146 ff.
3 Badstübner/Loth, 605, S. 234.
4 Ebd., S. 241 f.
5 Ebd., S. 249.
6 Ebd., S. 257 f.
7 Ebd., S. 260 ff., und Staritz, 684, S. 7.
8 Badstübner/Loth, 605, S. 278.
9 Ebd., S. 281 f.
10 Staritz, 684, S. 8.
11 Bei den Beratungen über Österreich hatte es erhebliche Fortschritte gegeben. Der Abschluß des Staatsvertrages schien möglich. Vgl. hierzu u. a. Audrey Kurth Cronin, Eine verpaßte Chance? Die Großmächte und die Verhandlungen über den Staatsvertrag im Jahre 1949, in: Günter Bischof/Josef Leidenfrost (Hrsg.), Die

bevormundete Nation. Österreich und die Alliierten 1945–1949, Innsbruck 1988, S. 347–370.
12 Badstübner/Loth, 605, S. 287 ff.
13 Ebd., S. 292 ff.
14 Suckut, 687, S. 143.
15 Suckut, 685, S. 161.

4. Kapitel

1 Murphy am 20. 11. 1948. FRUS 1948, vol. II, S. 523 f.
2 Clay am 13. 11. 1948. Ebd., S. 496.
3 Wie Anm. 1.
4 29. 11. 1950. PRO, FO 371/85032/C 7372. Ausführlich zum Petersberger Abkommen Lademacher/Mühlhausen, 868.
5 Monnet-Memorandum bei Gilbert Ziebura, Die deutsch-französischen Beziehungen seit 1945, Pfullingen 1970, S. 195–200; vgl. auch Monnet, 66, S. 369 ff.
6 Vgl. hierzu Steininger, 461, S. 160 ff., Lappenküper, 869, Schwabe, 872, und Steininger, Benz, Doering-Manteuffel in: Schumacher, 95.

5. Kapitel

1 Abelshauser, 837, S. 67.
2 Schwarz, 182, S. 168.
3 Abelshauser, 880, S. 715 ff.
4 Abelshauser (wie Anm. 1).

6. Kapitel

1 Schwarz, 182, S. 104 f. Vgl. hierzu auch die von Heribert Schwan und mir produzierte 60-Minuten-Dokumentation »Drei Jahre, die die Welt bewegten – Koreakrieg und Wiederbewaffnung«, die u. a. am 25. 6. 1980 in der ARD ausgestrahlt wurde.
2 Bevin am 13. 5. 1959. PRO, PREM 8/1202.
3 Steininger, 925, S. 43 ff.
4 PRO, FO 371/85057/C 6991.
5 Aspekte der deutschen Sicherheitspolitik, hrsg. v. Militärgeschichtlichen Forschungsamt, Boppard 1975, S. 134.
6 Mitschnitt Deutsches Rundfunkarchiv Frankfurt.
7 Adenauer, 41, I, S. 345 f.
8 Speidel, 75, S. 274 f.
9 Kirkpatrick am 31. 10. 1950. FO 371/85057/C 7220.
10 FRUS, 1950, vol. VII, S. 1247 u. 1277.
11 Steininger, 925, S. 393 f.
12 PRO, FO 1003/1126 u. ebd., FO 371/85057/C 7470 u. 85032/C 7553.
13 PRO, FO 371/97738/C 1017/36.
14 Acheson an Eden, 12. 4. 1952. PRO, FO 371/97742/C 1017/159.
15 PRO, FO 371/97746/C 1017/163/231.
16 Ebd.

17 Ähnliche Zwangsaussiedlungen fanden auch 1961 nach dem Mauerbau statt; beides war bis zur Wende ein Tabuthema in der DDR. Vgl. hierzu Inge Bennewitz/Rainer Potratz, Zwangsaussiedlungen an der innerdeutschen Grenze. Analysen und Dokumente. Forschungen zur DDR-Geschichte, hrsg. von Armin Mitter u. Stefan Wolle, Berlin 1994.
18 Top Secret, Riddleberger, State Department, an Dulles: »Agenda for Adenauer Visit«, 29. 3. 1953.
19 Adenauer, 41, I, S. 257

7. Kapitel

1 Graml, 935, S. 340f. Hans-Peter Schwarz (Hrsg.), Die Legende von der verpaßten Gelegenheit. Die Stalin-Note vom 10. März 1952 (= Rhöndorfer Gespräche, Bd. 5), Stuttgart/Zürich 1982.
2 Rolf Steininger, Deutsche Geschichte 1945–1961, Bd. 1, Frankfurt 1983, S. 407–450.
3 Steininger, 960 u. 961.
4 S. unten, S. 231.
5 Schwarz, 182, S. 140.
6 Gespräch am 14. 1. 1952. PRO, FO 371/97737.
7 Steininger, 960, Dok. 19.
8 Ebd., Dok. 35.
9 Ebd., Dok. 52.
10 Ebd., Dok. 121.
11 Ebd., Dok. 5.
12 Ebd., Dok. 11.
13 Ebd., Dok. 16.
14 Ebd., Dok. 17a.
15 Ebd., Dok. 23.
16 Ebd., Dok. 29a.
17 Ebd., Dok. 24a, 24b.
18 Ebd., Dok. 46.
19 Ebd., Dok. 82.
20 Ebd., Dok. 85.
21 Ebd., Dok. 86c.
22 Ebd., Dok. 89.
23 Ebd., Dok. 117.
24 Ebd., Dok. 53.
25 Adenauer, 41, II, S. 70.
26 Tatsache ist, daß das Auswärtige Amt die Existenz dieser Protokolle schlichtweg geleugnet hat (vgl. die Einleitung zu Bd. 1 der Kabinettsprotokolle, 22, Bd. 1, S. 13). Ich konnte seinerzeit mit Hilfe britischer Akten das Gegenteil beweisen. Ein bereits vereinbartes Editionsvorhaben wurde dann von anderer Seite »unterlaufen«. Oberster Herausgeber wurde H.-P. Schwarz.
27 Bericht Harvey v. 12. 11. 1951. PRO, FO 371/93367/C 1019.
28 »Siegener Zeitung« v. 17. 3. 1952; zit. b. Hillgruber, 940, S. 113f.
29 PRO, FO 371/97887/C 1074.
30 Wettig, 968, S. 803. Zusammengefaßt auch in Ders., 970, S. 416f.
31 Jochen Laufer, 941, S. 1201.

32 Arnulf Baring, in: »Frankfurter Allgemeine Zeitung«, 24. 11. 1993, S. 37. Fischer und Graml in der Enquetekommission des Deutschen Bundestages.

33 Scherstjanoi, 957, S. 181.
Für die Verantwortlichen im »Haus der Geschichte der Bundesrepublik Deutschland« in Bonn sind die Dinge allerdings klar. Die Note wird in der Ausstellung ausführlich abgehandelt. Im Begleittext heißt es u. a.: ». . . ein langer Streit entzündet sich. Wurde die Gelegenheit zur Wiedervereinigung verpaßt?« Und dann in einer besonderen Zeile: »Heute wissen wir, daß dem nicht so war.«
Auf meine schriftlich formulierte Bitte, mir Quellen anzugeben, auf die sich diese Aussage stützt, wurden mir am 9. 6. 1995 vom Abteilungleiter Ausstellungen, Dr. Jürgen Reiche, vier Aufsätze in Kopie zugeschickt: Wettig, 968, 970, Laufer, 941, und Scherstjanoi, 957, »die unsere im Objekttext zu dem Dokument geäußerte Ausführung unterstützen«. So einfach ist das manchmal.

34 Steininger, 960, Dok. 45 a, b , c, d; Dok 46.

35 Ebd., Dok. 129.

36 Badstübner / Loth, 605, S. 396 u. 395.

37 Englische Übersetzung in Cold War International History Project Bulletin, Fall 1994, S. 48.

38 Badstübner / Loth, 605, S. 397.

39 Adenauer, 41, I, S. 257.
Gromyko spricht in seinen Erinnerungen, 52, S. 276 f., von einer eklatanten Fehlentscheidung der Regierung Adenauer: »Kein Zweifel: Adenauer hat eine historische Chance verpaßt.«

40 Loth, 654, S. 184.

41 Besson, 122, S. 129.

42 Steininger, 960 u. 961.

43 Nach einer Besprechung meiner »Deutschen Geschichte 1945–1961« (Fischer Taschenbücher, Oktober 1983, [8]1992) von Gerd Bucerius in »DIE ZEIT« (»Verpaßte Chance für die Abwendung der Teilung?«, 20. 4. 1984, S. 15 f.), in der dieser auch auf das entsprechende Kapitel über die Stalin-Note eingegangen war – und nach Kritik von der CDU / CSU angehörenden bzw. nahestehenden Kollegen –, habe ich der Konrad-Adenauer-Stiftung die Dokumente (noch ohne Einleitung) zur Veröffentlichung angeboten; Hans-Peter Schwarz und seine Mitstreiter (Gotto, Hockerts, Morsey) lehnten dies nach langer Diskussion ab; Begründung: mit diesen Dokumenten würde nur die Politik Adenauers »verzerrt«.

44 Stalins Note vom 10. März 1952 und Adenauers Doppelstrategie. Besprechung »Vertane Chance«, DA 19, 1986, S. 1005 f.

45 »Sunday Arizona Republic«, 2. 3. 1986; Konrad Jarausch in: American Historical Review, 1986, S. 1189; »Sunday Observer«, 26. 1. 1986, S. 9.

46 Deutsche Monatshefte für Kultur und Geschichte, Politik und Wirtschaft, 37. Jahrgang, 8 / 9, 1986.

47 Student – Freiheitliche Zeitschrift für Politik, Kultur und Gesellschaft, Nr. 113, Februar 1986.

48 »FAZ«.

49 »Süddeutsche Zeitung«, 21. 1. 1986. Weitere Besprechungen in: Steininger, 962, S. 92.

50 Schwarz, 108, S. 967 f.

51 Bulletin Nr. 169 / 2, 12. 1988, S. 1506.

52 Heß / Wielenga, 939, S. 374. Heß und sein niederländischer Kollege überschätzen das »Haager Material« in geradezu grotesker Weise; die Niederländer hatten in dieser Angelegenheit nun wirklich nichts mitzureden. Im übrigen ist auch die Methode der beiden mehr als fragwürdig; sie schieben Wörter ein, die ich gar nicht geschrieben habe (so wird etwa aus »historischer Chance« eine »einmalige historische Chance«) und stellen durch Verschweigen von Fakten meine Argumentation auf den Kopf (vgl. etwa S. 373). Schon vorher hatte sich – ebenfalls in den Vierteljahrsheften – Hermann-Josef Rupieper geäußert und ein Telegramm des amerikanischen Botschafters in Moskau, George F. Kennan, veröffentlicht, das dieser im Zusammenhang mit dem Gespräch Stalin–Nenni im Juli 1952 nach Washington schickte und das mir nicht zur Verfügung stand (Rupieper, 956, S. 547–557). Eine Beweisführung gegen mich kann ich darin allerdings nicht erkennen; ein Satz in dem Telegramm Kennans sollte m. E. besonders betont werden; Kennan schrieb nämlich auch: »Mein Informant sagt, Nenni habe ihm auch mitgeteilt, daß er vor einiger Zeit (ich nehme an, vor einigen Monaten) mit Pieck und Grotewohl gesprochen habe, die ihm damals gesagt hätten, daß die sowjetische Regierung eine Politik verfolge, die große Opfer von ihnen verlangen werde und daß sie schon bald in Deutschland in eine Situation gebracht werden könnten, die mit jener Nennis in Italien vergleichbar sei...« Inzwischen hatte auch noch einmal H. Graml Stellung genommen: »Die Märznote von 1952 – Legende und Wirklichkeit«, St. Augustin 1988, als Deutschland-Report Nr. 6, herausgegeben im Auftrag der Konrad-Adenauer-Stiftung; er blieb – was nicht verwundert – bei seiner Haltung und bestätigte Heß und Wielenga, daß diese »mit Fug und Recht« mein Vorgehen als »Erzeugung historischer Nebelbänke« charakterisiert hätten (S. 22); warum Graml dabei Akten, die in meiner Dokumentation ungekürzt abgedruckt sind, mit der Fundstelle »National Archives, Washington« versieht, bleibt sein Geheimnis. Völlig absurd und in höchstem Maße fragwürdig wurde es auch, als im Jahre 1988 anhand von zeitgenössischen Presseartikeln die Stalin-Note interpretiert wurde und damit eine »Legende« widerlegt werden sollte, wie das M. Kiefer machte; es spricht für sich, daß das auch noch in einer renommierten Fachzeitschrift geschah; Markus Kiefer, Die Reaktion auf die »Stalin-Noten« in der zeitgenössischen deutschen Publizistik. Zur Widerlegung einer Legende, in: Zeitschrift für bayerische Landesgeschichte, 51 (1988), S. 209–237. (Auch abgedruckt in: Deutschland Archiv 22, 1989, S. 56–76.) Als »Höhepunkt« kam dann noch Manfred Kittels Aufsatz, Genesis einer Legende. Die Diskussion um die Stalin-Noten in der Bundesrepublik 1952–1958, in den Vierteljahrsheften für Zeitgeschichte 41, 1993, S. 355–389, jener u. a. von H.-P. Schwarz herausgegebenen renommierten Fachzeitschrift, die ansonsten so viel Wert auf Primärquellen legt. Damit wären wir dann endgültig wieder in der Zeit vor Öffnung der Archive angekommen.

53 Meyer-Landrut, 949. Über »ein wiedervereinigtes und blockfreies Deutschland mit Nationalarmee und die französischen Kommunisten im Jahre 1952« vgl. den gleichnamigen Aufsatz von Gehler, 925.

54 »DIE ZEIT«, 25. 4. 1986.

55 Gräfin Dönhoff an den Verfasser: »Die vertane Chance ist spannender als jeder Krimi« (Schreiben v. 1. 1. 1986).

56 »Hat der Westen den Frieden verloren?« Bericht von Jörg von Uthmann, »FAZ«, 1. 2. 1986, S. 27.

57 Vertane Chance, S. 31.

58 Am 19. 3. 1986 konnte ich in einer Live-Sendung des »Deutschlandfunks« die wichtigsten Passagen des Dokuments in Übersetzung verlesen (auch in: R. Steininger/A. Pelinka, Österreich und die Sieger, Wien 1986, S. 185). Josef Foschepoth veröffentlichte das Dokument als erster im »Deutschen Allgemeinen Sonntagsblatt«, 16. 3. 1986 (Dreigeteilt? Ja, bitte!), dann – auch im engl. Original – in der Beilage zum Parlament, Aus Politik und Zeitgeschichte, Adenauers Moskaureise 1955, B 22/1986, S. 30–46, und noch einmal in dem von ihm herausgegebenen Sammelband: Adenauer, 213, S. 289f. Vgl. hierzu unten, S. 331ff.

59 Interviews mit Dr. Michael Gehler am 19. 2. 1988 und 24. 5. 1988. Das hinderte die in 1,3 Mio. Auflage kostenlos verbreiteten »Informationen zur politischen Bildung«, 127, S. 38f., nicht daran, nach zwei kurzen Sätzen – bei nicht vollständiger Wiedergabe des Inhalts des Dokuments – folgendes zu schreiben: »Die Problematik einer Quelle wie dieser wurde deutlich, als Herwarth, auf den Vorgang angesprochen, erklärte, Kirkpatrick habe ihn mit dieser Wiedergabe mißverstanden.« Dies führte zu einer scharfen Kontroverse zwischen dem Autor, Eckart Thurich, und Michael Gehler. Vgl. Gehler, 1029 (auch zur Einschätzung v. Herwarths), und Ders., 1030, sowie Ders., 1031 (mit einem neuen Dokument aus dem Nachlaß Bidault, das zur gleichen Einschätzung der Adenauerschen Deutschlandpolitik gelangte).

60 »DIE ZEIT«, 29.11.1985. In derselben Besprechung schrieb er aber auch: »St. hat Dokumente gesucht und gefunden, die die Geschichte des Jahres 1952 wieder spannend werden lassen. Er hat die neuen Quellen brillant ausgewertet, auch wenn man mit seiner Deutung nicht übereinstimmt.«

61 28. 3. 1986.

62 25. 4. 1986.

63 Schreiben v. 21. 4. 1986.

64 »Mit jedem Schritt Adenauers wurde der Spielraum enger.« »Die Welt«, 6. 5. 1986, Nr. 104, S. 7.

65 Besprechung, Vertane Chance, in: MGM 2, 1986, S. 203ff.

66 »Kein Zurück nach Rapallo«, »FAZ«, 17. 4. 1986.

67 »Geschichte in geschichtslosem Land«, »FAZ«, 25. 4. 1986. Ein Jahr später war die Note für ihn dann Ausgangspunkt einer »schwarzen Legende«; unter Hinweis auf Wilhelm Grewe (»zählebiger Mythos«) war es auch für ihn nur ein »Mythos«, daß Stalin ein »bündnisfreies, bewaffnetes, demokratisches, wiedervereinigtes Deutschland gewollt (habe), sofern nur die Bonner Politik auf die Westintegration zu verzichten bereit gewesen wäre, die 1952 auf dem Spiel stand«. Die »Wirklichkeit« dagegen für Stürmer: immerhin »minimale« Chancen, allerdings maximales Risiko«. Vgl. den Leitartikel »Sicherheit und Deutsche Frage«, »FAZ«, 18. 5. 1987.

68 »Die Welt«, 7. 4. 1986.

69 Grewe, 937.

70 Schreiben v. 26. 10. 1988 an den Dietz-Verlag.

71 GWU, 1989, S. 178; Adenauer, 41, II, S. 265.

72 Besson, 122, S. 129.

73 Am 19. 3. 1986. Teilnehmer u. a.: Grewe, Bucerius, Peter Koch, W. Daschitschew.

74 Vgl. Anm. 60.

75 Vgl. Anm. 61.

76 »Die Welt«, 7. 4. 1986.

77 Steininger, 960, Dok. Nr. 8.

78 »Verpaßte Gelegenheit?«, »FAZ«, 21.4.1987, S. 28.

79 »Bilder eines Staatsmannes. Konrad Adenauer und die Deutschen«, »FAZ«, 18. 4. 1967, S. 28. In einem ganzseitigen Artikel vom selben Tag bekräftigte er noch einmal sein Urteil, ging dabei ausführlich auf die Diskussion in der »ZEIT« etc. ein, erwähnte allerdings auch hier mit keinem Wort mein Buch – offensichtlich

wollte und will er in seinem (Vor-)Urteil nicht schwankend werden. Vgl. »Besichtigung eines Denkmals«, »FAZ«, 18. 4. 1987, S. 8.
80 Vgl. 964.
81 Niedhardt, 952, S. 50.

8. Kapitel

1 »Neues zum 17. Juni«, Die politische Meinung, Nr. 282, Mai 1993, S. 13.
2 »Hintergründe des 17. Juni 1953«, Marxistische Blätter, Heft 3, 1993, S. 77.
3 Spittmann, 1002, S. 635.
4 Diedrich, 979.
5 Dokumente der SED, Bd. IV, Berlin (Ost) 1954, S. 73.
6 Vgl. Ostermann, 996, S. 7.
7 Stöckigt, 1003, S. 648 f.
8 H. Brandt, Ein Traum, der nicht entführbar ist, München 1967, S. 226 f.
9 Bust-Bartels, 977, S. 45.
10 Kaiser, Scharnowski zit. bei Baring, 974, S. 170.
11 Hagen, 986, S. 200 f u. 206; Haupts, 989, S. 392–412, hier S. 393 f. u. 411; Mitter / Wolle, 994, S. 152.
12 Zit. bei H. Lilge (Hrsg.), Deutschland 1945–1963, Hannover 1967, S. 118.
13 Siegler, 36, S. 172.
14 Ostermann, 996, S. 29 ff.
15 Vgl. hierzu Kai-Uwe März, Kalter Krieg als antikommunistischer Widerstand. Die Kampfgruppe gegen Unmenschlichkeit 1948–1959, München 1987. Ziel der KGU war die innere »Destabilisierung des Herrschaftsapparates der DDR«, die »nationale Aufgabe Nr. 1« lautete »Wiedergewinnung der sowjetischen Zone«, danach Wiedergewinnung des Gebietes jenseits von Oder und Neiße, kurz die Befreiung der Völker des kommunistischen Machtbereiches »von der Elbe bis zur Beringstraße«. Mittel und Wege der KGU waren vielfältig: nach Beginn des Koreakrieges und vor allem 1951 / 52 intensive Widerstandsarbeit in der DDR und Verbringung von Propagandamaterial etc. (allein 1953 rd. 10 Mio. Flugblätter). Der Lohn von höchster Stelle blieb nicht aus: Anläßlich des fünfjährigen Jubiläums im Dezember 1953 schickte auch Adenauer Glückwünsche.
16 Spittmann, 1002, S. 636.
17 Ebd., S. 638 f.
18 Wettig, 1009, S. 1412.
19 Löwenthal in der Einleitung zu Baring, 974, S. 15 f.
20 Kirkpatrick an Foreign Office, 1. 4. 1953. PRO, FO 371 / 103 848 / CS 1017 / 6.
21 Das Dokument vollständig bei Steininger, 1019, S. 130 f. Ob die Russen auch so fühlten, wie Selwyn Lloyd meinte, ist eine Frage, die noch zu klären wäre.
22 Memorandum v. 6. 7. 1953. Abgedruckt bei Steininger, 960, Dok. 141.
23 Löwenthal (wie Anm. 19), S. 16.
24 Spittmann, 1002, S. 639.

9. Kapitel

1 Blankenhorn, 42, S. 184.
2 Zur Vorgeschichte vgl. Steininger, 1019, Foschepoth, 1014, Larres, 159, Katzer, 1037.

3 Adenauer, 41, II, S. 239.
4 Conant am 6. 1. 1954 an Dulles.
5 Eden an Foreign Office, 28. 1. 1954. PRO, FO 371/109277/C 1071/288.
6 Eden an Foreign Office, 3. 2. 1954. Ebd., C 1071/341.
7 FRUS, 1952–1954, vol. VII, S. 984–988. Vgl. auch Rupieper, 1040, S. 490–493.
8 Wie Anm. 5.
9 »FAZ«, 12. 2. 1954.
10 FRUS, 1952–1954, vol. VII, S. 1208.
11 Grewe, 51, S. 186.
12 Hierzu insbesondere Thoß, 1052, Steininger, 1044 u. 1045, Anfänge, 1025, Gersdorff, 1034, sowie Schwartz, 1043, u. Bariéty, 1026.
13 Siegler, 35, S. 290f.
14 1. 10. 1954. PRO, FO 371/109775/CW 10714/7.
15 Secret, C. P. (5) 83, 26. 3. 1945: »Talks with the Soviet Union.« PRO, CAB 129/74.
16 Bohlen an State Department, 31. 3. 1955. FRUS, 1955–1957, vol. V, S. 26.
17 Aufzeichnung v. 28. 3. 1955. PRO, FO 371/117787/RR 1071/22.
18 Eden war »concerned at the possibility of Raab going to Moscow«. Raab »should be warned against it« und weiter: »I am sorry that Austrians were not more firmly warned against Moscow's wiles. I hope we shall not wake up some morning soon and find Raab in Moscow.« PRO, FO 371/117787/RR 1071/74.
19 Eden an den britischen Botschafter in Washington, 29. 3. 1955. Ebd., FO 371/117787/RR 1071/74.
20 Wallinger an FO, 15. 4. 1955. Ebd., FO 371/117789/RR 1071/131.
21 Ebd.
22 Hayter an FO, 15. 4. 1955. Ebd., RR 1071/134.
23 »Austria«. C. P. (55) 12, 26. 4. 1955. PRO, CAB 129/75.
24 P. Reilly (Paris) an G. Harrison (FO), 16. 4. 1955. PRO, FO 371/117791/RR 1971/194. Vgl. zur französischen Haltung auch Gehler, 1033.
25 »Soviet and East German Press and Radio Comment on Austria«, Ebd., RR 1071/194.
26 Am 22. 4. 1955 u. 23. 4. 1955. Adenauer-Studien III, hrsg. v. R. Morsey u. K. Repgen, Mainz 1974, S. 137f. Es gibt präzise Umfrageergebnisse des Instituts in Allensbach zum »Modellfall«; erstmals veröffentlicht von Michael Gehler, Klein- und Großeuropäer: Integrationspolitische Konzeptionen und Wege der Bundesrepublik Deutschland und Österreichs 1947–1960 im Vergleich, in: M. Gehler/R. Schmidt/H.-H. Brandt/R. Steininger (Hrsg.), Ungleiche Partner? Österreich und Deutschland in ihrer gegenseitigen Wahrnehmung. Historische Analysen und Vergleiche aus dem 19. und 20. Jahrhundert, Stuttgart 1996.
27 PRO, FO 371/177789/RR 1071/134.
28 Hayter an FO, 9. 5. 1955. PRO, FO 371/118211/WG 1071/519.
29 Schwarz, 109, S. 184. Vgl. hierzu auch Michael Gehler, »... österreichische Schweinerei«. Die Reaktionen des deutschen Bundeskanzlers Adenauer auf Staatsvertrag und Neutralität 1955, »Salzburger Nachrichten«, 1./2. 7. 1995.
30 Adenauer-Studien III (wie Anm. 26), S. 139f. Zur »Österreichlösung« insgesamt Steininger, 1048, 1049, Gehler, 1032, 1033, Bischof, 1027, Thoß, 1052.
31 Aufzeichnung v. 10. 10. 1955. PRO, FO 371/118248/WG 1071/1259.

10. Kapitel

1 Gimbel, 138, S. 13. Zur »Bilanz« vgl. auch Rolf Steininger, Deutschland – ein Blick zurück, in: »DIE ZEIT«, Nr. 25, 15. 6. 1990, S. 41 f.
2 Schwarz, 182, S. 374.
3 Ebd.
4 Steininger, 962; Nebel, 951.
5 5. 12. 1953. FRUS 1952–1954, vol. V, 2, S. 1783.
6 Loth, 655, S. 298.
7 Top Secret. Four Power Talks, C.P. (55) 99. PRO, CAB 129/76.
8 PRO, FO 371/118254/WG 1071/G 1374 (Vgl. Abb. 8).

Allgemeine Literaturhinweise für 1945–1955 (Westzonen, Bundesrepublik Deutschland; Hinweise für die SBZ/DDR in Band 1, S. 362 ff.)

Quellen / Dokumentensammlungen

1. Adenauer, Konrad, Teegespräche 1950–1954, Berlin 1984.
2. Ders., Teegespräche 1955–1958, Berlin 1986; bearb. v. Hanns Jürgen Küsters, hrsg. v. Rudolf Morsey u. Hans-Peter Schwarz.
3. Ders., Briefe 1945–1947, Berlin 1983.
4. Ders., Briefe 1949–1951, Berlin 1985.
5. Ders., Briefe 1951–1953, Berlin 1987.
6. Ders., Briefe 1953–1955, Berlin 1995; alle bearb. v. Hans Peter Mensing, hrsg. v. Rudolf Morsey u. Hans-Peter Schwarz.
7. Akten zur Auswärtigen Politik der Bundesrepublik Deutschland: Adenauer und die Hohen Kommissare, Bd. 1, 1949–1951, München 1989; Bd. 2, 1952, München 1990, hrsg. v. H.-P. Schwarz und R. Pommerin, bearb. v. Frank-Lothar Kroll u. Manfred Nebelin.
8. Akten der britischen Militärregierung in Deutschland. Sachinventar 1949–1955, hrsg. v. Adolf M. Birke / Hans Booms / Otto Merker, 11 Bde., München / New Providence / London / Paris 1993.
9. Akten zur Vorgeschichte der Bundesrepublik 1945–1949, Bd. 1–5, hrsg. v. Bundesarchiv u. Institut für Zeitgeschichte, München / Wien 1976 ff.
10. Baring, Arnulf (Hrsg.), Sehr verehrter Herr Bundeskanzler! Heinrich von Brentano im Briefwechsel mit Konrad Adenauer 1949–1964, Hamburg 1974.
11. Benz, Wolfgang / Plum, Günter / Röder, Werner, Einheit der Nation. Diskussionen und Konzeptionen zur Deutschlandpolitik der großen Parteien seit 1945, Stuttgart 1978.
12. Brandt, Peter / Ammon, Herbert, Die Linke und die nationale Frage, Dokumente zur deutschen Einheit seit 1945, Reinbek 1981.
13. Bührer, Werner (Hrsg.), Die Adenauer-Ära. Die Bundesrepublik Deutschland 1949–1963, München / Zürich 1993.
14. 40 Jahre Außenpolitik der Bundesrepublik Deutschland. Eine Dokumentation, hrsg. v. Auswärtigen Amt, Bonn 1989.
15. Dokumente zur Berlin-Frage 1944–1962, hrsg. v. d. Dt. Gesellschaft f. Politik, München 1962.
16. Dokumente zur Deutschlandpolitik, hrsg. v. Bundesministerium f. (Gesamtdeutsche Fragen) innerdeutsche Beziehungen, Frankfurt / M. 1961 ff.
17. Entscheidungen in Deutschland 1949–1955, bearb. v. Fritz Peter Habel u. Helmut Kistler, hrsg. v. d. Bundeszentrale für politische Bildung, Bonn [3]1987.
18. Geschichte in Quellen. Die Welt seit 1945, bearb. von Helmut Krause u. Karlheinz Reif, München 1980.
19. Hohlfeld, Johannes (Hrsg.), Dokumente der Deutschen Politik und Geschichte

von 1848 bis zur Gegenwart, Bd. 6: Deutschland nach dem Zusammenbruch, Berlin 1953.

20. Jacobsen, Hans-Adolf (Hrsg.), Der Weg zur Teilung der Welt, Koblenz/Bonn 1977.

21. Jäckel, Eberhard (Hrsg.), Die deutsche Frage 1952–1956. Notenwechsel und Konferenzdokumente der vier Mächte, Frankfurt/Berlin 1957.

22. Kabinettsprotokolle der Bundesregierung; Bd. 1: 1949; Bd. 2: 1950; Bd. 3: 1950; bearb. v. Ulrich Enders u. Konrad Reiser, Boppard 1982, 1984, 1986. Bd. 4: 1951, bearb. v. Ursula Hüllbüsch, Boppard 1988; Bd. 5: 1952, bearb. v. Kai v. Jena, Boppard 1988; Bd. 6: 1953, bearb. v. Ulrich Enders und Konrad Reiser, Boppard 1989; Bd. 7: 1954, bearb. v. Ursula Hüllbüsch, Boppard 1993.

23. Jakob Kaiser, Wir haben Brücke zu sein – Reden, Äußerungen und Aufsätze zur Deutschlandpolitik, hrsg. v. Christian Hacke, Köln 1988.

24. Jakob Kaiser. Gewerkschafter und Patriot. Eine Werkauswahl, hrsg. u. eingel. v. Tilman Mayer, Köln 1988.

25. Kleßmann, Christoph/Wagner, Georg (Hrsg.), Das gespaltene Land. Leben in Deutschland 1945–1990. Texte und Dokumente zur Sozialpolitik, München 1993.

26. Kreikamp, Hans Dieter (Hrsg.), Quellen zur staatlichen Neuordnung Deutschlands 1945–1949, Darmstadt 1994.

27. Külz, Wilhelm, Ein Liberaler zwischen Ost und West. Aufzeichnungen 1947–1948, München 1989.

28. Lenz, Otto, Im Zentrum der Macht. Das Tagebuch von Staatssekretär Lenz 1951–1953, bearb. v. Klaus Gotto/Hans-Otto Kleinmann/Reinhard Schreiner, Düsseldorf 1989.

29. Longerich, Peter (Hrsg.), »Was ist des Deutschen Vaterland?« München/Zürich 1990.

30. Michaelis, Herbert/Schraepler, Ernst (Hrsg.), Ursachen und Folgen. Vom deutschen Zusammenbruch 1918 und 1945 bis zur staatlichen Neuordnung Deutschlands in der Gegenwart, Bd. XX–XXVI, Berlin 1974ff.

31. Münch, Ingo v. (Hrsg.), Dokumente des geteilten Deutschland, Stuttgart 1968.

32. Overesch, Manfred, Chronik deutscher Zeitgeschichte: Politik – Wirtschaft – Kultur, Bd. 3: Das besetzte Deutschland 1945–1949, Düsseldorf 1985.

33. Pollock, James K., Besatzung und Staatsaufbau nach 1945. Occupation Diary and Private Correspondence 1945–1948, hrsg. v. Ingrid Krüger-Bulcke, München 1994.

34. Ruhl, Hans-Jörg (Hrsg.), Neubeginn und Restauration, Dokumente zur Vorgeschichte der Bundesrepublik Deutschland 1945–1949, München 1982.

35. Kurt Schumacher. Reden, Schriften, Korrespondenzen, hrsg. v. Willy Albrecht, Berlin/Bonn 1985.

36. Siegler, Heinrich v. (Hrsg.), Dokumentation zur Deutschlandfrage. Von der Atlantik-Charta 1941 bis zur Berlin-Sperre 1961, Bonn/Wien/Zürich [2]1961.

37. Smith, J. E. (Ed.), The Papers of General Lucius D. Clay. Germany 1945–1949, 2 Bde., Bloomington/London 1974.

38. Stammen, Theo, Einigkeit und Recht und Freiheit. Westdeutsche Innenpolitik 1945–1955, München 1965.

39. Weisz, Christoph (Hrsg.), OMGUS-Handbuch. Die amerikanische Militärregierung in Deutschland 1945–1949, München 1994.

Memoiren

40. Acheson, Dean, Present at the Creation. My Years in the State Department, New York 1969.
41. Adenauer, Konrad, Erinnerungen 1945–1963, 4 Bde., Frankfurt/M. 1967ff.
42. Blankenhorn, Herbert, Verständnis und Verständigung. Blätter eines politischen Tagebuchs 1949–1979, Berlin 1980.
43. Brandt, Willy, Erinnerungen, Frankfurt/M. 1989 u.ö.
44. Byrnes, James F., In aller Offenheit, Frankfurt/M. o. J.
45. Clay, Lucius D., Entscheidung in Deutschland, Frankfurt/M. 1950.
46. Eckardt, Felix von, Ein unordentliches Leben. Lebenserinnerungen, Düsseldorf/Wien 1967.
47. Falin, Valentin, Politische Erinnerungen, München 1993.
48. Friedensburg, Ferdinand, Es ging um Deutschlands Einheit, Berlin 1971.
49. Gerstenmaier, Eugen, Streit und Friede hat seine Zeit, Berlin 1981.
50. Gniffke, Erich W., Jahre mit Ulbricht, Köln 1966, ^{2}1990.
51. Grewe, Wilhelm G., Rückblenden 1946–1951. Aufzeichnungen eines Augenzeugen deutscher Außenpolitik von Adenauer bis Schmidt, Frankfurt/M./Berlin/Wien 1979.
52. Gromyko, Andrej A., Erinnerungen, Düsseldorf 1989.
53. Herwarth, Hans v., Von Adenauer zu Brandt. Erinnerungen, Berlin/Frankfurt/M. 1990.
54. Hoegner, Wilhelm, Der schwierige Außenseiter. Erinnerungen eines Abgeordneten, Emigranten und Ministerpräsidenten, München 1959.
55. Kaisen, Wilhelm, Meine Arbeit, mein Leben, München 1976.
56. Kennan, George F., Memoiren eines Diplomaten, 2 Bde., München 1971.
57. Kreisky, Bruno, Zwischen den Zeiten. Erinnerungen aus fünf Jahrzehnten, Berlin/Wien/Zürich 1986.
58. Ders., Im Strom der Politik. Erfahrungen eines Europäers, Berlin 1988.
59. Lemmer, Ernst, Manches war doch anders. Erinnerungen eines deutschen Demokraten, Frankfurt/M. 1968.
60. Leonhard, Wolfgang, Die Revolution entläßt ihre Kinder, Frankfurt/M./Berlin 1961.
61. Maizière, Ulrich de, In der Pflicht, Herford 1989.
62. Mende, Erich, Die neue Freiheit 1945–1961, München 1984.
63. Mischnick, Wolfgang, Von Dresden nach Bonn. Erlebnisse – jetzt aufgeschrieben, Stuttgart 1991.
64. Möller, Alex, Genosse Generaldirektor, München/Zürich 1978.
65. Molotow Remembers. Inside Kremlin Politics: Conversations with Felix Chnev, hrsg. v. Albert Resis, Chicago 1993.
66. Monnet, Jean, Erinnerungen eines Europäers, München 1978.
67. Murphy, Robert, Diplomat unter Kriegern. Zwei Jahrzehnte Weltpolitik in besonderer Mission, Berlin 1966.
68. Nitze, Paul, From Hiroshima to Glasnost. At the Centre of Decision. A Memoir, New York 1989.
69. Posser, Diether, Anwalt im Kalten Krieg. Ein Stück deutscher Geschichte in politischen Prozessen 1951–1968, München 1991.
70. Pünder, Hermann, Von Preußen nach Europa, Stuttgart 1968.
71. Roberts, Frank, Dealing with Dictators. The Destruction and Revival of Europe 1930–1970, London 1991.

72. Schlange-Schöningen, Hans, Am Tage danach, Hamburg 1946.
73. Schmid, Carlo, Erinnerungen, Berlin / München / Wien 1980.
74. Semjonow, Wladimir S., Von Stalin bis Gorbatschow. Ein halbes Jahrhundert in diplomatischer Mission 1939–1991, Berlin 1995.
75. Speidel, Hans, Aus unserer Zeit. Erinnerungen eines Soldaten, Berlin 1977.
76. Strauß, Franz Josef, Die Erinnerungen, Berlin 1989.
77. Thomas, Michael, Deutschland, England über alles, Berlin 1984.
78. Truman, Harry S., Memoiren, 2 Bde., Stuttgart 1955.

Biographien

79. Albrecht, Willy, Kurt Schumacher. Ein Leben für den demokratischen Sozialismus, Bonn 1985.
80. Ambrose, Stephen, Eisenhower, vol. II: The President, New York 1984.
81. Backer, John H., Die deutschen Jahre des Generals Clay. Der Weg zur Bundesrepublik 1945–1949, München 1983.
82. Brinkley, Douglas G., Dean Acheson. The Cold War Years 1953–1971, New Haven 1992.
83. Bullock, Alan, The Life and Times of Ernest Bevin. Foreign Secretary 1945–1951, London 1983.
84. Gilbert, Martin, Winston S. Churchill. »Never Dispair« 1945–1965, Boston 1988.
85. Hamby, Alonzo L., Man of the People. The Life of Harry S. Truman, Oxford 1995.
86. Hershberg, James G., James B. Conant. From Harvard to Hiroshima and the Making of the Nuclear Age, New York 1993.
87. Hixson, Walter L., George F. Kennan. Cold War Iconoclaste, New York 1989.
88. Horne, A., Harold Macmillan, 2 Bde., New York 1989.
89. Isaacson, Walter / Even, Thomas, The Wise Men: Six Friends and the World They Made, New York 1986.
90. James, R. Rhodes, Anthony Eden, London 1986.
91. Klingel, Friedrich, »Das ganze Deutschland soll es sein!« – Thomas Dehler und die außenpolitischen Weichenstellungen der fünfziger Jahre, München 1987.
92. Koch, Peter, Konrad Adenauer. Eine politische Biographie, Reinbek 1985.
93. Köhler, Henning, Adenauer: Eine politische Biographie, Frankfurt / Berlin 1994.
94. Krieger, Wolfgang, General Lucius Clay und die amerikanische Deutschlandpolitik 1945–1949, Stuttgart 1987.
95. Kurt Schumacher als deutscher und europäischer Sozialist, hrsg. v. d. Friedrich-Ebert-Stiftung, bearb. v. Willy Albrecht, Bonn 1988.
96. Lacouture, Jean, De Gaulle, 3 Bde., Paris 1984–1986.
97. Laitenberger, Volkhard, Ludwig Erhard – Der Nationalökonom als Politiker, Göttingen / Zürich 1986.
98. Lee, R. A., Harry S. Truman. Where Did the Buck Stop? New York 1991.
99. Merseburger, Peter, Der schwierige Deutsche. Kurt Schumacher. Eine Biographie, Stuttgart 1995.
100. Miscamble, Wilson D., George F. Kennan and the Making of American Foreign Policy, 1947–1950, Princeton 1994.
101. Mittendorfer, Rudolf, Robert Schuman – Architekt des neuen Europa, Hildesheim 1983.

102. Osterheld, Horst, Konrad Adenauer. Ein Charakterbild, Stuttgart 1987.
103. Overesch, Manfred, Hermann Brill in Thüringen 1895–1946. Ein Kämpfer gegen Hitler und Ulbricht , Bonn 1992.
104. Pogue, F. C., George C. Marshall. Statesman 1945–1959, New York 1987.
105. Poidevin, Raymond, Robert Schuman. Homme d'Etat, 1886–1963, Paris 1986.
106. Rothwell, V., Anthony Eden. A Political Biography 1931–1957, Manchester 1992.
107. Schwartz, Thomas A., Die Atlantik-Brücke. John McCloy und das Nachkriegsdeutschland, Frankfurt/Berlin 1992 (engl.: America's Germany. John McCloy and the Federal Republic of Germany, Cambridge/London 1991).
108. Schwarz, Hans-Peter, Adenauer. Der Aufstieg 1876–1952, Stuttgart 1986.
109. Ders., Adenauer. Der Staatsmann 1952–1967, Stuttgart 1991.
110. Seebacher-Brandt, Brigitte, Ollenhauer. Biedermann und Patriot, Berlin 1984.
111. Smith, J. E., Lucius D. Clay. An American Life, New York 1990.
112. Soell, Hartmut, Fritz Erler – Eine politische Biographie, 2 Bde., Bonn 1976.
113. Sternburg, Wilhelm von, Adenauer. Eine deutsche Legende, Frankfurt/M. 1990.
114. Voßke, Heinz, Walter Ulbricht. Biographischer Abriß, Berlin (Ost) 1983.

Gesamtdarstellungen

115. Backer, John H., Die Entscheidung zur Teilung Deutschlands. Die amerikanische Deutschlandpolitik 1943–1948, München 1981.
116. Badstübner, Rolf, Friedenssicherung und deutsche Frage. Vom Untergang des »Reiches« bis zur deutschen Zweistaatlichkeit (1943 bis 1949), Berlin (Ost) 1989.
117. Badstübner, Rolf/Thomas Siegfried, Restauration und Spaltung. Entstehung und Entwicklung der BRD 1945–1955, Köln 1975.
118. Benz, Wolfgang, Die Gründung der Bundesrepublik. Von der Bizone zum souveränen Staat, München 1984.
119. Ders., Deutschland seit 1945. Entwicklungen in der Bundesrepublik und in der DDR. Chronik – Dokumente – Bilder, München 1990.
120. Ders., Zwischen Hitler und Adenauer. Studien zur deutschen Nachkriegsgesellschaft, Frankfurt/M. 1991.
121. Ders., Von der Besatzungsherrschaft zur Bundesrepublik. Stationen einer Staatsgründung 1946–1949, Frankfurt/M. 1984.
122. Besson, Waldemar, Die Außenpolitik der Bundesrepublik, München 1970.
123. Binder, Gerhart, Deutschland seit 1945, Stuttgart 1970.
124. Birke, Adolf M., Nation ohne Haus. Deutschland 1945–1961, Berlin 1989.
125. Borowsky, Peter, Deutschland 1945 bis 1969, Hannover 1993.
126. Buchheim, Hans, Deutschlandpolitik 1949–1972. Der politisch-diplomatische Prozeß, Stuttgart 1984.
127. Bundeszentrale für politische Bildung (Hrsg.), Die Teilung Deutschlands 1945–1955 (= Informationen zur politischen Bildung, Nr. 232), Bonn 1991.
128. Deuerlein, Ernst, Deutschland nach dem Zweiten Weltkrieg 1945–1955, Konstanz 1964 (=Handbuch der deutschen Geschichte Bd. IV, Abschnitt 6).
129. Doering-Manteuffel, Anselm, Westintegration und nationale Frage 1949–1963 (Deutsches Institut für Fernstudien), Tübingen 1988.
130. Ders., Die Bundesrepublik Deutschland in der Ära Adenauer. Außenpolitik und innere Entwicklung 1949–1963, Darmstadt ^{2}1988.

131. Düwell, Kurt, Entstehung und Entwicklung der Bundesrepublik Deutschland 1945 bis 1961, Köln / Wien 1981.
132. Erdmann, Karl Dietrich, Die Zeit der Weltkriege, Stuttgart 1976 (= Gebhardt, Handbuch der deutschen Geschichte, Bd. 4).
133. Eschenburg, Theodor, Jahre der Besatzung 1945–1949, Stuttgart / Wiesbaden 1983 (= Geschichte der Bundesrepublik Deutschland, Bd. 1).
134. Feis, Herbert, From Trust to Terror. The Onset of the Cold War, 1945–1950, New York 1970.
135. Felken, Detlef, Dulles und Deutschland. Die amerikanische Deutschlandpolitik 1953–1959, Bonn / Berlin 1993.
136. Filitov, A. M., The German Question: From Division to Unity, Moskau 1993.
137. Fulbrook, Mary, The Divided Nation. A History of Germany 1918–1990, Oxford 1992.
138. Gimbel, John, Amerikanische Besatzungspolitik in Deutschland 1945–1949, Frankfurt / M. 1971 (engl.: The American Occupation of Germany, Stanford 1968).
139. Gladis, Christian Malte, Alliierte Wiedervereinigungsmodelle für das geteilte Deutschland, Frankfurt / M. 1990.
140. Glaser, Hermann, Die Kulturgeschichte der Bundesrepublik Deutschland, 3 Bde., Frankfurt / M. 1990.
141. Grebing, H. / Pozorski, P. / Schulze, R., Die Nachkriegsentwicklung in Westdeutschland 1945–1949, 2 Bde., Stuttgart 1980.
142. Graml, Hermann, Die Alliierten und die Teilung Deutschlands. Konflikte und Entscheidungen 1941–1948, Frankfurt / M. 1985.
143. Grosser, Alfred, Deutschlandbilanz. Geschichte Deutschlands seit 1945, München [8]1980.
144. Gruner, Wolf D., Die deutsche Frage, München 1985.
145. Hacke, Christian, Weltmacht wider Willen. Die Außenpolitik der Bundesrepublik Deutschland, Stuttgart 1988.
146. Hanrieder, Wolfram, Deutschland, Europa, Amerika. Die Außenpolitik der Bundesrepublik Deutschland 1949–1989, Paderborn 1991.
147. Herbst, Ludolf, Option für den Westen. Vom Marshallplan bis zum deutsch-französischen Vertrag, München 1989.
148. Hildebrand, Klaus, Integration und Souveränität. Die Außenpolitik der Bundesrepublik Deutschland 1949–1982, Bonn 1991.
149. Hillgruber, Andreas, Alliierte Pläne für eine »Neutralisierung« Deutschlands 1945–1955, Opladen 1987.
150. Ders., Deutsche Geschichte 1945–1972. Die »deutsche Frage« in der Weltpolitik, Stuttgart 1983.
151. Ders., Europa in der Weltpolitik der Nachkriegszeit 1945–1963, München [4]1984.
152. Hoffmann, Joachim / Ripper, Werner, Deutschland im Spannungsfeld der Siegermächte (1945–1949), Frankfurt / M. 1982.
153. Dies., Die beiden deutschen Staaten und ihre Integration in die Paktsysteme (1949–1955), Frankfurt / M. / Berlin / München 1984.
154. Huster, Ernst-Ulrich (u. a.), Determinanten der westdeutschen Restauration 1945 bis 1949, Frankfurt / M. 1972.
155. Jaenicke, Heinrich, 30 Jahre und ein Tag. Die Geschichte der deutschen Teilung, Düsseldorf 1974.
156. Kistler, Helmut, Die Bundesrepublik Deutschland. Vorgeschichte und Geschichte 1945–1983, Bonn 1985.

157. Kleßmann, Christoph, Die doppelte Staatsgründung. Deutsche Geschichte 1945 bis 1955, Bonn/Göttingen 1982.
158. Kosthorst, E./Gotto, K./Soell, H., Deutschlandpolitik der Nachkriegsjahre, Paderborn 1976.
159. Larres, Klaus, Politik der Illusionen. Churchill, Eisenhower und die deutsche Frage 1945–1955, Göttingen/Zürich 1995.
160. Leffler, M., A Preponderance of Power. National Security, the Truman Administration, and the Cold War, Stanford 1991.
161. Lehmann, Hans Georg, Der Oder-Neiße-Konflikt, München 1979.
162. Lohse, Eckart, Östliche Lockungen und westliche Zwänge. Paris und die deutsche Teilung 1949 bis 1955, München 1995.
163. Loth, Wilfried, Die Teilung der Welt 1941–1955, München 1980 u.ö.
164. Ders., Der Weg nach Europa. Geschichte der euopäischen Integration 1939 bis 1957, Göttingen 1990.
165. Ders., Ost-West-Konflikt und deutsche Frage, München 1989.
166. Mai, Gunther, Der Alliierte Kontrollrat in Deutschland 1945–1948. Alliierte Einheit – deutsche Teilung , München 1995.
167. Marienfeld, Wolfgang, Das Deutschlandproblem in seiner geschichtlichen Entwicklung, Hannover 1981.
168. Morsey, Rudolf, Die Bundesrepublik Deutschland. Entstehung und Entwicklung bis 1969, München 1987, ^{3}1995 (mit umfangreicher Literatur).
169. Ders., Die Deutschlandpolitik Adenauers. Alte Thesen und neue Fakten, Opladen 1991. (Dazu Rezension von Henning Koehler in: »DIE ZEIT«, Nr. 6, 31. 1. 1992, S. 44.)
170. Niclauß, Karlheinz, »Restauration« oder Renaissance der Demokratie? Die Entstehung der Bundesrepublik Deutschland 1945–1949, Berlin 1982.
171. Ninkovich, Frank A., Germany and the United States. The Transformation of the German Question since 1945, Boston 1988.
172. Noack, Paul, Die Außenpolitik der Bundesrepublik Deutschland, Stuttgart ^{2}1981.
173. Overesch, Manfred, Die Deutschen und die deutsche Frage 1945–1955. Darstellung und Dokumente, Düsseldorf 1985.
174. Ders., Die Deutschen und der Weg in die staatliche Teilung (Deutsches Institut für Fernstudien), Tübingen 1986.
175. Ders., Deutschland 1945–1949. Vorgeschichte und Gründung der Bundesrepublik, Düsseldorf 1979.
176. Pirker, Theo, Die verordnete Demokratie, Berlin 1977.
177. Rupieper, Hermann-Josef, Der besetzte Verbündete. Die amerikanische Deutschlandpolitik 1949–1955, Opladen 1991.
178. Ders., Die Wurzeln der westdeutschen Nachkriegsdemokratie. Der amerikanische Beitrag, Opladen 1993.
179. Schivelbusch, Wolfgang, »Vor dem Vorhang«. Das geistige Berlin 1945–1948, München 1995.
180. Schulze, Winfried, Deutsche Geschichtswissenschaft nach 1945, München 1989.
181. Schwan, Heribert/Steininger, Rolf, Besiegt – Besetzt – Geteilt. Von der Landung der Alliierten in der Normandie 1944 bis zur Teilung Deutschlands 1949, Oldenburg/München 1979.
182. Schwarz, Hans-Peter, Die Ära Adenauer 1949–1957, Stuttgart/Wiesbaden 1981 (= Geschichte der Bundesrepublik Deutschland, Bd. 2).
183. Ders., Vom Reich zur Bundesrepublik. Deutschland im Widerstreit der außenpolitischen Konzeptionen in den Jahren der Besatzungsherrschaft 1945–1949, Neu-

wied 1966 (Neuauflage Stuttgart 1980, mit bibliographischem Essay und ausgewählter Bibliographie).
184. Sontheimer, Kurt, Die Adenauer-Ära. Grundlegung der Bundesrepublik Deutschland, München 1991.
185. Steininger, Rolf, Die Alliierten und der Weg in die staatliche Teilung (Deutsches Institut für Fernstudien), Tübingen 1989.
186. Tränhardt, Dietrich, Geschichte der Bundesrepublik Deutschland, Frankfurt/M. 1986.
187. Treue, Wilhelm, Deutsche Geschichte, Stuttgart 1978 (S. 761–922).
188. Uffelmann, Uwe, Internationale Politik und deutsche Frage 1945–1947, Düsseldorf 1976.
189. Ders., Der Weg zur Bundesrepublik. Wirtschaftliche, gesellschaftliche und staatliche Weichenstellungen 1945–1949, Düsseldorf 1988.
190. Vogelsang, Thilo, Das geteilte Deutschland. München [6]1975.
191. Wagner, Johann Volker, Deutschland nach dem Krieg. Kapitulation, Neubeginn, Teilung. Eine illustrierte Dokumentation, Bochum 1975.
192. Weber, Jürgen, Geschichte der Bundesrepublik Deutschland, Bd. I: Auf dem Wege zur Republik 1945–1947, München [4]1994; Bd. II: Das Entscheidungsjahr 1948, München 1979; Bd. III: Gründung des neuen Staates 1949, München 1981; Bd. IV: Die Bundesrepublik wird souverän 1950–1955, Paderborn 1987.
193. Westdeutschlands Weg zur Bundesrepublik 1945–1949. Beiträge von Mitarbeitern des Instituts für Zeitgeschichte, München 1976.
194. Woller, Hans, Gesellschaft und Politik in der amerikanischen Besatzungszone. Die Region Ansbach und Fürth, München 1986.
195. Yergin, Daniel, Der zerbrochene Frieden, Frankfurt/M. 1979 (engl.: Shattered Peace. The Origins of the Cold War and the National Security State, Boston 1977).
196. Zitelmann, Rainer, Adenauers Gegner. Streiter für die Einheit, Erlangen/Bonn/Wien 1991.

Sammelbände

197. Becker, Josef/Stammen, Theo/Waldmann, Peter (Hrsg.), Vorgeschichte der Bundesrepublik Deutschland, München 1979.
198. Becker, J./Knipping, F. (Hrsg.), Power in Europe? Bd. I: Great Britain, France, Italy and Germany in a Postwar World, 1945–1950, Berlin/New York 1986.
199. Benz, Wolfgang (Hrsg.), Die Geschichte der Bundesrepublik Deutschland, 4 Bde., Frankfurt/M. 1989.
200. Blake, Robert/Louis, W. Roger (Eds.), Churchill, Oxford 1993.
201. Blumenwitz, D. u.a. (Hrsg.), Konrad Adenauer und seine Zeit. Politik und Persönlichkeit des ersten Bundeskanzlers. Bd. 1: Beiträge von Weg- und Zeitgenossen. Bd. 2: Beiträge der Wissenschaft, Stuttgart 1976.
202. Bracher, Karl-Dietrich (Hrsg.), Nach 25 Jahren. Eine Deutschland-Bilanz, München 1970.
203. Broszat, Martin/Henke, Klaus-Dietmar/Woller, Hans (Hrsg.), Von Stalingrad zur Währungsreform. Zur Sozialgeschichte des Umbruchs in Deutschland, München 1988.
204. Deighton, Anne (Ed.), Britain and the First Cold War, London 1990.
205. Diefendorf, Jeffry/Frohn, Axel/Rupieper, Hermann-Josef (Eds.), American Policy and the Reconstruction of West-Germany, 1945–1955, Washington/Cambridge 1993.

206. Di Nolfo, E. (Hrsg.), Power in Europe? Bd. II: Great Britain, France, Germany and Italy and the E. E.C. 1952–1957, Berlin/New York 1992.
207. Dockrill, Michael/Young, John W. (Eds.), British Foreign Policy, 1945–1956, Basingstoke 1989.
208. Doering-Manteuffel, Anselm (Hrsg.), Adenauerzeit. Stand, Perspektiven und methodische Aufgaben der Zeitgeschichtsforschung (1945–1967), Bonn 1993.
209. Ermarth, Michael (Ed.), America and the Shaping of German Society, 1945–1955, Providence 1993.
210. Fischer, Alexander (Hrsg.), Vierzig Jahre Deutschlandpolitik im internationalen Kräftefeld, Köln 1989.
211. Först, Walter (Hrsg.), Die Länder und der Bund. Beiträge zur Entstehung der Bundesrepublik Deutschland, Essen 1989.
212. Foschepoth, Josef, Kalter Krieg und Deutsche Frage. Deutschland im Widerstreit der Mächte 1945–1952, Göttingen/Zürich 1985.
213. Ders.(Hrsg.), Adenauer und die deutsche Frage, Göttingen 1988.
214. Ders./Steininger, Rolf (Hrsg.), Britische Deutschland- und Besatzungspolitik 1945–1949, Paderborn 1985.
215. Friedrich, Wolfgang-Uwe (Hrsg.), Die USA und die deutsche Frage 1945–1990, Frankfurt/New York 1991.
216. Funke, Manfred (Hrsg.), Entscheidung für den Westen. Vom Besatzungsstatut zur Souveränität der Bundesrepublik 1949–1955, Bonn 1988.
217. Göttinger Arbeitskreis (Hrsg.), Studien zur Deutschlandfrage: Die Deutschlandfrage und die Anfänge des Ost-West-Konfliktes 1945–1949, Berlin 1984.
218. Ders., Studien zur Deutschlandfrage: Die Deutschlandfrage vom 17. Juni 1953 bis zu den Genfer Viermächtekonferenzen von 1955, Berlin 1990.
219. Ders., Studien zur Deutschlandfrage: Die Deutschlandfrage von Jalta und Potsdam bis zur staatlichen Teilung Deutschlands 1949, Berlin 1993.
220. Ders., Studien zur Deutschlandfrage: Die Deutschlandfrage von der staatlichen Teilung bis zum Tode Stalins, Berlin 1994.
221. Hase, Karl-Günther (Hrsg.), Konrad Adenauer und die Presse, Bonn 1988.
222. Herbst, Ludolf (Hrsg.), Westdeutschland 1945–1955. Unterwerfung, Kontrolle, Integration, München 1986.
223. Herbst, L./Bührer, W.,/Sowade, H. (Hrsg.), Vom Marshallplan zur EWG. Die Eingliederung der Bundesrepublik in die westliche Welt, München 1990.
224. Hudemann, Rainer/Poidevin, Raymond (Hrsg.), Die Saar 1945–1955: Ein Problem der europäischen Geschichte, München 1992.
225. Immerman, Richard (Ed.), John Foster Dulles and the Diplomacy of the Cold War, Princeton 1990.
226. Knapp, Manfred (Hrsg.), Die deutsch-amerikanischen Beziehungen nach 1949, Frankfurt/M. 1975.
227. Jacobsen, H. A./Tomala, Mieczyslaw (Hrsg.), Bonn – Warschau 1945–1991. Die deutsch-polnischen Beziehungen. Analyse und Dokumentation, Köln 1992.
228. Kistler, H. (Hrsg.), Bundesdeutsche Geschichte. Die Entwicklung der Bundesrepublik Deutschland seit 1945, Stuttgart 1986.
229. Kleßmann, Christoph (Hrsg.), Nicht nur Hitlers Krieg, Düsseldorf 1989.
230. Koebner, T./Sautermeister, G./Schneider, S. (Hrsg.), Deutschland nach Hitler. Zukunftspläne im Exil und aus der Besatzungszeit 1939–1949, Wiesbaden 1987.
231. Landeszentrale für politische Bildung Nordrhein-Westfalen (Hrsg.), Der schwierige Weg zur Demokratie. Die Bundesrepublik vor 40 Jahren, Düsseldorf 1990.
232. Lilge, Herbert (Hrsg.), Deutschland 1945–1963, Hannover 1967.

233. Loth, Wilfried (Hrsg.), Die Einheit Deutschlands, Berlin 1994.
234. Löwenthal, Richard / Schwarz, Hans-Peter (Hrsg.), Die zweite Republik. 25 Jahre Bundesrepublik Deutschland. Eine Bilanz, Stuttgart 1974, [3]1979.
235. Petzina, Dietmar / Euchner, Walter (Hrsg.), Wirtschaftspolitik im britischen Besatzungsgebiet 1945–1949, Düsseldorf 1984.
236. Quandt, Siegfried / Schult, Gerhard (Hrsg.), Die USA und Deutschland seit dem Zweiten Weltkrieg, Paderborn 1985.
237. Narr, W.-D. / Tränhardt, D. (Hrsg.), Die Bundesrepublik Deutschland. Entstehung, Entwicklung, Struktur, Königstein / Ts. 1979.
238. Scharf, C. / Schröder H. J. (Hrsg.), Politische und ökonomische Stabilisierung Westdeutschlands 1945–1949, Wiesbaden 1977.
239. Dies. (Hrsg.), Die Deutschlandpolitik Großbritanniens und die britische Zone 1945–1949, Wiesbaden 1970.
240. Dies. (Hrsg.), Die Deutschlandpolitik Frankreichs und die französische Zone 1945–1949, Wiesbaden 1983.
241. Schwabe, Klaus (Hrsg.), Adenauer und die USA, Bonn 1994.
242. Schildt, Axel / Sywottek, Arnold (Hrsg.), Modernisierung im Wiederaufbau. Die westdeutsche Gesellschaft der 50er Jahre, Bonn 1993.
243. Steininger, Rolf / Weber, Jürgen / Bischof, Günter / Albrich, Thomas / Eisterer, Klaus (Hrsg.), Die doppelte Eindämmung. Europäische Sicherheit und deutsche Frage in den Fünfzigern, München 1993.
244. Stiftung Haus der Geschichte der Bundesrepublik Deutschland (Hrsg.), Nach-Denken. Über Konrad Adenauer und seine Politik, Bonn 1993.
245. Turner, Ian D. (Ed.), Reconstruction in Post-War Germany. British Occupation Policy and the Western Zones 1945–55, New York / Oxford 1989.
246. Venohr, Wolfgang (Hrsg.), *Ein* Deutschland wird es sein, Erlangen 1990.
247. Volkmann, Hans-Erich (Hrsg.), Ende des Dritten Reiches – Ende des Zweiten Weltkrieges, München / Zürich 1995.
248. Weber, Jürgen (Hrsg.), Die Republik der fünfziger Jahre. Adenauers Deutschlandpolitik auf dem Prüfstand, München 1989.
249. Winkler, Heinrich August (Hrsg.), Politische Weichenstellungen im Nachkriegsdeutschland 1945–1953, Geschichte und Gesellschaft, Sonderheft 5, Göttingen 1979.
250. Zitelmann, Rainer / Weißmann, Karlheinz (Hrsg.), Westbindung. Chancen und Risiken für Deutschland, Berlin 1993.

(Literaturhinweise 251 bis 804 in Band 1)

Literaturhinweise zu den einzelnen Kapiteln

1. Kapitel

805. Benz, Wolfgang (Hrsg.), »Bewegt von der Hoffnung aller Deutschen«. Zur Geschichte des Grundgesetzes Entwürfe und Diskussion 1941–1949, München 1979.
806. Ders., Föderalistische Politik in der CDU/CSU. Die Verfassungsdiskussion im »Ellwanger Kreis« 1947/48, VfZ 25,1977, S. 776–820.
807. Birke, Adolf, Großbritannien und der Parlamentarische Rat, VfZ 42, 1994, S. 312–359.
808. Blank, Bettina, Die westdeutschen Länder und die Entstehung der Bundesrepublik. Zur Auseinandersetzung um die Frankfurter Dokumente vom Juli 1948, München 1995.
809. Davison, Walther Ph., Die Blockade von Berlin. Modellfall des Kalten Krieges, Frankfurt/M. 1959.
810. Die CDU/CSU im Parlamentarischen Rat; Sitzungsprotokolle der Unionsfraktion, eingel. u. bearb. v. R. Salzmann, Stuttgart 1981.
811. Floehr, Ralf (Hrsg.), Das Grundgesetz entsteht. Aus den stenographischen Berichten über die Plenarsitzungen des Parlamentarischen Rates, Krefeld 1985.
812. Fritsch-Bournazel, Renate, »Mourir pour Berlin?« Die Wandlung der französischen Ost- und Deutschlandpolitik während der Blockade 1948/49, VfZ 35, 1987, S. 171–192.
813. Fromme, Friedrich Karl, Von der Weimarer Verfassung zum Bonner Grundgesetz, Tübingen 1960.
814. Gagel, Walter (Hrsg.), Die Entstehung der Bundesrepublik Deutschland, Politische Bildung 9, Stuttgart 1976.
815. Ders., Die Entstehung des Grundgesetzes 1948/49. Konsens und Kontroversen, Stuttgart 1975.
816. Gerhard, G., Das Krisenmanagement der Vereinigten Staaten während der Berliner Blockade 1948/49, Berlin 1984.
817. Hodos, G. H., Schauprozesse. Stalinistische Säuberungen in Osteuropa 1948–54, Berlin [2]1990.
818. Meyer, Udo/Stuby, Gerhard (Hrsg.), Die Entstehung des Grundgesetzes. Beiträge und Dokumente, Köln 1976.
819. Morsey, Rudolf, Die Rhöndorfer Weichenstellung vom 21. August 1949, VfZ 28, 1980, S. 508–542.
820. Ders., Der politische Aufstieg Konrad Adenauers 1945–1949, in: Konrad Adenauer. Seine Deutschland- und Außenpolitik, München 1975, S. 38–96.
821. Otto, Volker, Das Staatsverständnis des Parlamentarischen Rates. Ein Beitrag zur Entstehung des Grundgesetzes für die Bundesrepublik Deutschland, Düsseldorf 1971.

822. Pommerin, Reiner, Von Berlin nach Bonn, Köln / Wien 1989.
823. Ders., Die Mitglieder des Parlamentarischen Rates, VfZ 36, 1988, S. 537–588.
824. Prell, U. / Wilker, L., Berlin-Blockade und Luftbrücke 1948 / 49, Berlin 1987.
825. Rothstein, Sigmar, Gab es eine Alternative? Zur Vorgeschichte der Gründung der Bundesrepublik Deutschland, Aus Politik und Zeitgeschichte, B 20 / 1969, S. 3 ff.
826. Shlaim, A., The United States and the Berlin-Blockade, 1948–1949, Berkeley u. a. 1983.
827. Stammen, Theo / Maier, Gerold, Der Prozeß der Verfassunggebung, in: Becker / Stammen, 197, S. 381–419.
828. Steininger, Rolf, Wie die Teilung Deutschlands verhindert werden sollte – Der Robertson-Plan aus dem Jahre 1948, MGM 33, 1983, S. 49–89.
829. Tusa, Ann and John, The Berlin Blockade, London 1988.
830. Wagner, Johannes V., Der Parlamentarische Rat 1948–1949, Akten und Protokolle. Bd. 1: Vorgeschichte, Boppard 1975.
831. Wehner, Gerd, Die Westalliierten und das Grundgesetz 1948–1949. Die Londoner Sechsmächtekonferenz, Freiburg 1994.
832. Wengst, Udo, Staatsaufbau und Regierungspraxis 1948–1953. Zur Geschichte der Verfassungsorgane der Bundesrepublik Deutschland, Düsseldorf 1984.
833. Ders., Auftakt zur Ära Adenauer. Koalitionsverhandlungen und Regierungsbildung 1949, Düsseldorf 1985.
834. Ders., Die CDU / CSU im Bundestagswahlkampf 1949, VfZ 34, 1986, S. 1–52.
835. Wiesemann, Falk, Die Gründung des deutschen Weststaates und die Entstehung des Grundgesetzes, in: Westdeutschlands Weg, 193, S. 118–134.

2. Kapitel

836. Abelshauser, Werner, Freiheitlicher Sozialismus oder soziale Marktwirtschaft? Eine Gutachtertagung zur Wirtschaftspolitik im Jahre 1946, VfZ 24, 1976, S. 415 bis 449.
837. Ders., Die verhinderte Neuordnung? Wirtschaftsordnung und Sozialstaatsprinzip in der Nachkriegszeit, in: Gagel, 814, S. 53–72.
838. Ders., Thesen zur Sozialisierungspolitik der SPD nach 1945, in: Foschepoth / Steininger, 214, S. 135–150.
839. Ehni, Hans Peter, Sozialistische Neubauforderung und Proklamation des »Dritten Weges«, Archiv für Sozialgeschichte XIII, 1973, S. 131 ff.
840. Enders, U., Bodenreform in der US-Zone, Diss. phil. München 1976.
841. Kleßmann, Christoph / Friedemann, Peter, Streiks und Hungermärsche im Ruhrgebiet 1946–1948, Frankfurt / M. / New York 1977.
842. Kreikamp, Hans-Dieter, Die Entflechtung der I.G. Farbenindustrie A.G. und die Gründung der Nachfolgegesellschaften, VfZ 25,1977, S. 220–251.
843. Lademacher, Horst, Die britische Sozialisierungspolitik im Rhein-Ruhr-Raum 1945–1948, in: Scharf / Schröder, 239, S. 51–92.
844. Müller, Gloria, Mitbestimmung in der Nachkriegszeit – Britische Besatzungsmacht – Unternehmer – Gewerkschaften, Düsseldorf 1987.
845. Dies., Strukturwandel und Arbeitnehmerrechte. Die wirtschaftliche Mitbestimmung in der Eisen- und Stahlindustrie 1945–1975, Essen 1991.
846. Müller-List, Gabriele, Zwischen Konfrontation und Interessenausgleich. Zur Entwicklung und gesetzlichen Regelung der Mitbestimmung in der Frühzeit der Bundesrepublik, Aus Politik und Zeitgeschichte, B 18 / 1985, S. 15–28.

847. Dies. (Bearb.), Das Gesetz über die Mitbestimmung der Arbeitnehmer in den Aufsichtsräten und Vorständen der Unternehmen des Bergbaues und der Eisen- und Stahl erzeugenden Industrie vom Mai 1951, Düsseldorf 1984.
848. Dies. (Bearb.), Neubeginn bei Eisen und Stahl im Ruhrgebiet. Die Beziehungen zwischen Arbeitgebern und Arbeitnehmern in der nordrhein-westfälischen Eisen- und Stahlindustrie 1945–1948, Düsseldorf 1990.
849. Dies., Adenauer, Unternehmer und Gewerkschaften 1950/51, VfZ 33, 1985, S. 288–309.
850. Rudzio, Wolfgang, Die ausgebliebene Sozialisierung an Rhein und Ruhr. Zur Sozialisierungspolitik von Labour-Regierung und SPD, 1945–1948, Archiv für Sozialgeschichte XVIII, 1978, S. 1–40.
851. Schmidt, Eberhard, Die verhinderte Neuordnung 1945 bis 1952, Frankfurt/M. [6]1975.
852. Schmidt, U./Fichter T., Der erzwungene Kapitalismus. Klassenkämpfe in den Westzonen 1945–1948, Berlin 1971.
853. Schneider, Ullrich, Der Kampf um Demokratisierung in Wirtschaft und Gesellschaft 1945–1947, Ergebnisse, Bd. 9, Hamburg 1980.
854. Steininger, Rolf, Reform und Realität. Ruhrfrage und Sozialisierung in der anglo-amerikanischen Deutschlandpolitik 1947/48, VfZ 27, 1979, S. 167–240.
855. Trittel, G. J., Die Bodenreform in der britischen Zone 1945–1949, Stuttgart 1975.
856. Winkler, Dörte, Die amerikanische Sozialisierungspolitik in Deutschland 1945–1948, in: Winkler, 249, S. 88–110.
857. Winter, Gerd, Sozialisierung in Hessen 1946–1955, Kritische Justiz 7, 1974, S. 157 ff.

3. Kapitel

(Vgl. Band 1, S. 362–367)

4. Kapitel

858. Anfangsjahre der Bundesrepublik Deutschland. Berichte der Schweizer Gesandtschaft in Bonn 1949–1955, hrsg. v. Manfred Todt, München 1987.
859. Benz, Wolfgang, Kurt Schumacher als deutscher und europäischer Sozialist, in: Schumacher, 95, S. 15–37.
860. Ders., Kurt Schumachers Europakonzeption, in: Herbst/Bührer/Sowade, 223, S. 47–61.
861. Bührer, Werner, Ruhrstahl und Europa. Die Wirtschaftsvereinigung Eisen- und Stahlindustrie und die Anfänge der europäischen Integration 1945–1952, München 1986.
862. Documents on British Policy Overseas, Series II, Vol. I: The Schuman Plan. The Council of European Integration, May 1950 – December 1952, London 1986.
863. Doering-Manteuffel, Anselm, Die Europakonzeption von Kurt Schumacher und Konrad Adenauer, in: Schumacher, 95, S. 38–51.
864. Gillingham, J., Die französische Ruhrpolitik und die Ursprünge des Schuman-Plans, VfZ 35, 1987, S. 1–24.
865. Goschler, Constantin/Buchheim, Christoph/Bührer, Werner, Der Schumanplan als Instrument französischer Stahlpolitik, VfZ 37, 1989, S. 171–206.

866. Hrbek, Rudolf, Die SPD, Deutschland und Europa. Die Haltung der Sozialdemokratie zum Verhältnis von Deutschland-Politik und West-Integration (1945–1957), Bonn 1972.
867. Knapp, Manfred (Hrsg.), Von der Bizonengründung zur ökonomisch-politischen Westintegration, Frankfurt/M. 1984.
868. Lademacher, Horst/Mühlhausen, Walter (Hrsg.), Sicherheit, Kontrolle, Souveränität. Das Petersberger Abkommen vom 22. November 1949, Kassel 1985.
869. Lappenküper, Ulrich, Der Schuman-Plan. Mühsamer Durchbruch zur deutsch-französischen Verständigung, VfZ 42, 1994, S. 403–445.
870. Lüders, Carsten, Das Ruhrkontrollsystem, Frankfurt/M./New York 1988.
871. Post, Oswald, Zwischen Sicherheit und Wiederaufbau. Die Ruhrfrage in der alliierten Diskussion 1945–1949, Gießen 1986.
872. Schwabe, Klaus (Hrsg.), Die Anfänge des Schuman-Plans 1950/51, Baden-Baden 1988.
873. Schwarz, Hans-Peter, Adenauer und Europa, VfZ 27, 1979, S. 471–523.
874. Steininger, Rolf, Kurt Schumacher, die Sozialistische Internationale und die Ruhrfrage, in: Schumacher, 95, S. 61–94.
875. Wandel, Eckhard, Adenauer und der Schuman-Plan, VfZ 20, 1972, S. 192–203.

5. Kapitel

876. Abelshauser, Werner, Die Langen Fünfziger. Wirtschaft und Gesellschaft der Bundesrepublik Deutschland 1949–1966, Düsseldorf 1987.
877. Ders., Wirtschaft und Gesellschaft der fünfziger Jahre (Deutsches Institut für Fernstudien), Tübingen 1987.
878. Ders., Wirtschaft in Westdeutschland 1945–1948, Stuttgart 1975.
879. Ders., Korea, die Ruhr und Erhards Marktwirtschaft: Die Energiekrise von 1950/1951, Rheinische Vierteljahresblätter 45, 1981, S. 287–316.
880. Ders., Ansätze »korporativer Marktwirtschaft« in der Korea-Krise der frühen fünfziger Jahre. Ein Briefwechsel zwischen dem Hohen Kommissar John McCloy und Bundeskanzler Konrad Adenauer, VfZ 30, 1982, S. 715–756.
881. Ders., Probleme des Wiederaufbaus der westdeutschen Wirtschaft 1945–1953, in: Winkler, 249, S. 208–253.
882. Adamsen, Heiner R., Investitionshilfe für die Ruhr. Wiederaufbau, Verbände und Soziale Marktwirtschaft 1948–1952, Wuppertal 1981.
883. Ambrosius, Gerold, Die Durchsetzung der Sozialen Marktwirtschaft 1945–1949, Stuttgart 1977.
884. Berghahn, Volker, Unternehmer und Politik in der Bundesrepublik, Frankfurt/M. 1985.
885. Buchheim, Christoph, Die Wiedereingliederung Westdeutschlands in die Weltwirtschaft 1945–1958, München 1990.
886. Ders., Die Währungsreform 1948 in Deutschland, VfZ 36, 1988, S. 189–231.
887. Ders., Die westdeutsche Währungsreform von 1948, in: Währung und Wirtschaft in Deutschland 1876–1975, Frankfurt/M. 1976, S. 433–483.
888. Ders., Faktoren und Daten der wirtschaftlichen Entwicklung in der Frühphase der Bundesrepublik Deutschland 1948–1954, Archiv für Sozialgeschichte XVIII, 1978, S. 217–244.
889. Hampe, P. (Hrsg.), Währungsreform und Soziale Marktwirtschaft, München 1989.

890. Hockerts, Hans Günter, Sozialpolitische Reformbestrebungen in der frühen Bundesrepublik. Zur Sozialreform-Diskussion und Rentengesetzgebung 1953–1957, VfZ 25, 1977, S. 341–372.
891. Ders., Sozialpolitische Entscheidungen im Nachkriegsdeutschland, Stuttgart 1981.
892. Hüttenberger, Peter, Zur Kartellgesetzgebung der Bundesrepublik 1949–1957, VfZ 24, 1976, S. 287–307.
893. Jerchow, Friedrich, Deutschland in der Weltwirtschaft 1944–1947, Düsseldorf 1978.
894. Lampert, Heinz, Die Wirtschafts- und Sozialordnung der Bundesrepublik Deutschland, München / Wien 1978.
895. Mey, Harald, Marktwirtschaft und Demokratie. Betrachtungen zur Grundlegung der Bundesrepublik Deutschland, VfZ 19, 1971, S. 160–186.
896. Möller, Hans (Hrsg.), Zur Vorgeschichte der Deutschen Mark. Die Währungsreformpläne 1945–1948. Eine Dokumentation, Basel 1961.
897. Pohl, Manfred, Wiederaufbau. Kunst und Technik der Finanzierung 1947–1953, Frankfurt / M. 1973.
898. Ritschl, A., Die Währungsreform von 1948 und der Wiederaufstieg der westdeutschen Industrie, VfZ 33, 1985, S. 136–165.
899. Stamm, Christoph (Bearb.), Die SPD-Fraktion im Frankfurter Wirtschaftsrat 1947–1949. Protokolle, Aufzeichnungen, Rundschreiben, Bonn 1993.
900. Wandel, Eckhard, Die Entstehung der Bank deutscher Länder und die deutsche Währungsreform 1948, Frankfurt / M. 1980.
901. Winkel, Harald, Die deutsche Wirtschaft seit Kriegsende, Entwicklung und Probleme, Mainz 1971.
902. Ders., Die Wirtschaft im geteilten Deutschland 1945–1970, Wiesbaden 1974.
903. Wolff, Michael W., Die Währungsreform in Berlin 1948 / 49, Berlin 1991.

6. Kapitel

904. Anfänge westdeutscher Sicherheitspolitik 1945–1956. Bd. 1: Von der Kapitulation bis zum Plevenplan, hrsg. v. Militärgeschichtlichen Forschungsamt, München / Wien 1982.
905. Baring, Arnulf, Außenpolitik in Adenauers Kanzlerdemokratie, 2 Bde, München 1971.
906. Buczylowski, Ulrich, Kurt Schumacher und die deutsche Frage, Stuttgart 1973.
907. Ders., Wiederbewaffnung und Westintegration, Stuttgart ²1972.
908. Dockrill, Saki, Britain's Policy for West German Rearmament 1950–1955, London 1991.
909. Dies., Großbritannien und die Wiederbewaffnung Deutschlands 1950–1955, in: Steininger, 243, S. 63–74.
910. Documents on British Policy Overseas, Ser. 2: 1950–1955, Bd. 3: German Rearmament, September–December 1950, London 1989.
911. Döscher, Hans-Jürgen, Verschworene Gesellschaft. Das Auswärtige Amt unter Adenauer – zwischen Neubeginn und Kontinuität, Berlin 1995.
912. Fischer, Erika J. / Fischer, Heinz D. (Hrsg.), John J. McCloys Reden zu Deutschland- und Berlinfragen, Berlin 1986.
913. Goncharov, Sergei / Lewis, John / Litai, Xue, Uncertain Partners: Stalin, Mao and the Korean War, Stanford 1994.

914. Löwke, Udo F., Die SPD und die Wehrfrage 1949 bis 1955, Bonn-Bad Godesberg 1976.
915. Mai, Gunther, Westliche Sicherheitspolitik im Kalten Krieg. Der Korea-Krieg und die deutsche Wiederbewaffnung 1950, Boppard 1977.
916. Ders., Containment und militärische Intervention. Elemente amerikanischer Außenpolitik zwischen der Griechenland-Krise von 1946–47 und dem Koreakrieg 1950, VfZ 32, 1984, S. 491–528.
917. Ders., Dominanz oder Kooperation im Bündnis? Die Sicherheitspolitik der USA und der Verteidigungsbeitrag Europas 1945–1956, HZ 246, 1988, S. 327–364.
918. Maier, Klaus A. / Wiggershaus, Norbert (Hrsg.), Das Nordatlantische Bündnis 1949–1956, München 1993.
919. Ders. / Thoß, Bruno (Hrsg.), Westintegration, Sicherheit und deutsche Frage. Quellen zur Außenpolitik in der Ära Adenauer 1949–1963, Darmstadt 1994.
920. Rautenberg, H. J. / Wiggershaus, N., Die »Himmeroder Denkschrift« vom Oktober 1950. Politische und militärische Überlegungen für einen Beitrag der Bundesrepublik Deutschland zur westeuropäischen Verteidigung, MGM 1, 1977, S. 135–206.
921. Riste, Olav (Hrsg.), Western Security: The Formative Years. European and Atlantic Defence 1947–1953, Oslo u. a. 1985.
922. Schubert, Klaus v., Sicherheitspolitik der Bundesrepublik Deutschland. Dokumentation 1945–1977, Köln 1978.
923. Schwartz, Thomas A., The »skeleton key«: American Foreign Policy, European Unity, and the German Rearmament, 1949–1954, Central European History 19, 1986, S. 369–385.
924. Steininger, Rolf, Entscheidung am 38. Breitengrad. Die USA und der Korea-Krieg, Amerikastudien 26, 1981, S. 40–76.
925. Ders., Wiederbewaffnung! Die Entscheidung für einen westdeutschen Verteidigungsbeitrag: Adenauer und die Westmächte 1950, Erlangen 1989.
926. Volkmann, Hans-Erich, Gustav W. Heinemann und Konrad Adenauer, GWU 38, 1987, S. 10–32.
927. Wettig, Gerhard, Entmilitarisierung und Wiederbewaffnung in Deutschland 1943 bis 1955, München 1967.
928. Wiggershaus, Norbert, Die Entscheidung für einen westdeutschen Verteidigungsbeitrag, in: Anfänge, 904, S. 325–402.
929. Ders. / Förster, R. G. (Hrsg.), Die westliche Sicherheitsgemeinschaft 1948–1950. Gemeinsame Probleme und gegensätzliche Nationalinteressen in der Gründungsphase der Nordatlantischen Allianz, Boppard 1988.

7. Kapitel

930. Bonwetsch, Bernd, Deutschlandpolitische Alternativen der Sowjetunion 1949–1955, Deutsche Studien 24, 1986, S. 320–340.
931. Dittmann, Knud, Adenauer und die deutsche Wiederbewaffnung. Die politische Diskussion 1952, Düsseldorf 1981.
932. Gehler, Michael, Ein wiedervereinigtes und blockfreies Deutschland mit Nationalarmee und die französischen Kommunisten im Jahre 1952, MGM 44, 1988, 2, S. 75–104.
933. Ders., Kurzvertrag für Österreich? Die Stalin-Noten und die Staatsvertragsdiplomatie 1952, VfZ 43, 1994, S. 243–278.
934. Graml, Hermann, Nationalstaat oder westdeutscher Teilstaat. Die sowjetischen

Noten vom Jahre 1952 und die öffentliche Meinung in der Bundesrepublik Deutschland, VfZ 25, 1977, S. 821–864.
935. Ders., Die Legende von der verpaßten Gelegenheit. Zur sowjetischen Notenkampagne des Jahres 1952, VfZ 29, 1981, S. 307–341.
936. Ders., Die Märznote von 1952. Legende und Wirklichkeit, Melle 1988.
937. Grewe, Wilhelm G., Die deutsche Frage in der Ost-West-Spannung. Zeitgeschichtliche Kontroversen der achtziger Jahre, Herford 1986.
938. Heitzer, Heinz, Entscheidungen im Vorfeld der II. Parteikonferenz der SED (Februar bis Juli 1952), BzG 34, S. 18–32.
939. Heß, J./Wielenga, F., Die Niederlande und die Wiedervereinigung Deutschlands. Zur Debatte um die »verpaßten Gelegenheiten« im Jahre 1952, VfZ 35, 1987, S. 349–384.
940. Hillgruber, Andreas, Adenauer und die Stalin-Note vom März 1952, in: Blumenwitz, 201, Bd. 2, S. 111–130.
941. Laufer, Jochen, Die UdSSR, die SED und die deutsche Frage, DA 26, 1993, S. 1201–1204.
942. Lemke, Michael, Chance oder Risiko? Die Stalin-Note vom 10. März 1952 im außenpolitischen Konzept der Bundesregierung, ZfG 39, 1991, S. 115–129.
943. März, Peter, Anmerkungen zur »Legende von 1952«, GWU 34, 1983, S. 643 bis 658.
944. Ders., Die Bundesrepublik zwischen Westintegration und Stalin-Noten, Frankfurt/M./Bern 1982.
945. Mastny, Voitech, Stalin's German Illusion (Kap. in: The Cold War and Soviet Insecurity: The Last Stalin Years, 1947–1953, 1996).
946. Meissner, Boris, Die Sowjetunion und die deutsche Frage, 1949–1955, in: Dietrich Geyer (Hrsg.), Sowjetunion. Außenpolitik 1917–1955 (Osteuropa-Handbuch), Köln/Wien 1972, S. 474–501.
947. Melnikow, Daniil, Illusionen oder verpaßte Chance? Zur sowjetischen Deutschlandpolitik 1949–1952, Osteuropa 40, 1990, S. 593–601.
948. Meyer, Gerd, Die sowjetische Deutschlandpolitik im Jahre 1952, Tübingen 1970.
949. Meyer-Landrut, Nikolaus, Frankreich und die deutsche Einheit. Die Haltung der französischen Regierung und Öffentlichkeit zu den Stalin-Noten 1952, München 1988.
950. Morsey, Rudolf, Die Deutschlandpolitik Adenauers, in: Fischer, 210, S. 16–31.
951. Nebel, Reinhard, Wahlen als Test. Eine gescheiterte Initiative des Politischen Planungsstabes im State Department zur Stalin-Note vom 10. März 1952, MGM 39, 1989, S. 139–162.
952. Niedhardt, Gottfried, Schweigen als Pflicht. Warum Konrad Adenauer die Stalin-Note vom 10. März 1952 nicht ausloten ließ, »DIE ZEIT«, Nr. 11 v. 6. 3. 1992, S. 49 f.
953. Otto, Wilfriede, Sowjetische Deutschlandnote 1952. Stalin und die DDR. Bisher unveröffentlichte handschriftliche Notizen Wilhelm Piecks, BzG 33, 1991, S. 374–389.
954. Dies., Sowjetische Deutschlandpolitik 1952/53. Forschungs- und Wahrheitsprobleme, DA 26, 1993, S. 948–954.
955. Rollet, Henry, Un nouveau Serpent de Mer. La note soviétique du 10 mars 1952 de la visite de Pietro Nenni à Stalin, in: Revue Historique Diplomatique 100, 1988, S. 297–317.
956. Rupieper, Hermann-Josef, Zu den sowjetischen Deutschlandnoten 1952. Das Gespräch Stalin–Nenni, VfZ 33, 1985, S. 547–557.

957. Scherstjanoi, Elke, Zur aktuellen Debatte um die Stalin-Note 1952, DA 27, 1994, S. 181–185.
958. Dies., Die DDR im Frühjahr 1952. Sozialismuslosung und Kollektivierungsbeschluß in sowjetischer Perspektive, DA 27, 1994, S. 354–363.
959. Staritz, Dietrich, Die SED, Stalin und der »Aufbau des Sozialismus« in der DDR. Aus den Akten des Zentralen Parteiarchivs, DA 24, 1991, S. 686–700.
960. Steininger, Rolf, Eine Chance zur Wiedervereinigung? Die Stalin-Note vom 10. März 1952. Darstellung und Dokumentation auf der Grundlage unveröffentlichter britischer und amerikanischer Akten, Bonn 1985, [2]1986.
961. Ders., Eine vertane Chance. Die Stalin-Note vom 10. März 1952 und die Wiedervereinigung, Bonn 1985, [3]1986.
962. Ders., Freie, gesamtdeutsche Wahlen am 16. November 1952? Noch einmal: Die Stalin-Note, in: Weber, 248, S. 88–111.
963. Ders., Die Stalin-Note vom März 1952 – eine Chance zur Wiedervereinigung Deutschlands? in: Foschepoth, 212, S. 362–379.
964. Ders., The German Question. The Stalin Note of 1952 and the Problem of Reunification, Columbia University Press, New York 1990.
965. Department of State (Ed.), Foreign Relations of the United States, 1952–1954, vol. VII, 1 und 2: Germany and Austria, Washington 1986.
966. Weber, Jürgen, Das sowjetische Wiedervereinigungsangebot vom 10. März 1952, Aus Politik und Zeitgeschichte, B 50/1969, S. 3 ff.
967. Wettig, Gerhard, Die Stalin-Note vom 10. März 1952 als geschichtswissenschaftliches Problem. Ein gewandeltes Problemverständnis, DA 25, 1992, S. 157–167.
968. Ders., Die Deutschland-Note vom 10. März 1952 auf der Basis diplomatischer Akten des russischen Außenministeriums. Die Hypothese des Wiedervereinigungsangebots, DA 26, 1993, S. 786–805.
969. Ders., Übereinstimmung und Auseinandersetzung über die sowjetische Deutschland-Politik im Frühjahr 1952, DA 26, 1993, S. 1205–1210.
970. Ders., Neue Gesichtspunkte zur sowjetischen März-Note von 1952? DA 27, 1994, S. 416–421.
971. Ders., Stalin and German Reunification. Archival Evidence on Soviet Foreign Policy in Spring 1952, Historical Journal 37, 1994, S. 411–419.
972. Ders., Die Deutschland-Note vom 10. März 1952 nach sowjetischen Akten, in: Deutschlandfrage, 220, S. 83–111.
973. Ders., Die KPD als Instrument der sowjetischen Deutschland-Politik. Festlegungen 1949 und Implementierungen 1952, DA 27, 1994, S. 816–829.

8. Kapitel

974. Baring, Arnulf, Der 17. Juni 1953, Köln/Berlin 1965, Neuauflage Stuttgart 1983.
975. Besymenski, Lew, 1953 – Berija will die DDR beseitigen, »DIE ZEIT«, Nr. 42, 15. 10. 1993, S. 81 ff.
976. Buchheim, Christoph, Wirtschaftliche Hintergründe des Arbeiteraufstandes vom 17. Juni 1953 in der DDR, VfZ 38, 1990, S. 415–433.
977. Bust-Bartels, Axel, Der Arbeiteraufstand am 17. Juni 1953, Aus Politik und Zeitgeschichte, B 25/1980, S. 24–54.
978. Der Fall Berija. Protokoll einer Abrechnung. Das Plenum des ZK der KPdSU Juli 1953. Stenographischer Bericht, hrsg. v. Viktor Knoll und Lothar Kölm, Berlin 1993.

979. Diedrich, Torsten, Der 17. Juni in der DDR. Bewaffnete Gewalt gegen das Volk, Berlin 1991.
980. Ders., Der 17. Juni in der DDR. Zu militär-historischen Aspekten bei Ursachen und Verlauf der Unruhen, MGM 51, 1992, S. 357–384.
981. Ders., Putsch – Volksaufstand – Arbeitererhebung? Zur Arbeitererhebung 1953 in der deutschen Geschichtswissenschaft, Aus Politik und Zeitgeschichte, B 25/1993, S. 3–11.
982. Fricke, Karl Wilhelm, Todesstrafe für Magdeburger »Provokation«. SED-Rachejustiz nach dem Aufstand vom 17. Juni 1953, DA 26, 1993, S. 527–531.
983. Gehler, Michael, Der 17. Juni 1953 aus der Sicht des Foreign Office, Aus Politik und Zeitgeschichte, B 25/1993, S. 22–31.
984. Ders., Von der Arbeiterrevolte zur spontanen politischen Volkserhebung: Der 17. Juni 1953 in der DDR im Urteil westlicher Diplomatien und Politik, MGM 51, 1995.
985. Häder, Sonja, Von der »demokratischen Schulreform« zur Stalinisierung des Bildungswesens – der 17. Juni 1953 in Schulen und Schulverwaltung Ost-Berlins, in: Kocka, 648, S. 191–213.
986. Hagen, Manfred, DDR – Juni '53. Die erste Volkserhebung im Stalinismus, Stuttgart 1992.
987. Hagen, Manfred/Wendorf, J., Film-, Foto- und Tonquellen zum 17. Juni 1953 in Berlin, Göttingen 1992.
988. Harrison, Hope, The Power of Weaker Allies in Bipolarity and Crisis: Soviet-East German Relations, 1953–1961, PhD. Diss., Columbia Univ. 1993.
989. Haupts, Leo, Die Blockparteien in der DDR und der 17. Juni 1953, VfZ 40, 1992, S. 383–412.
990. Kowalczuk, Ilko-Sascha, Die Historiker der DDR und der 17. Juni 1953, GWU 44, 1993, S. 704–724.
991. Larres, Klaus, Neutralisierung oder Westintegration? Churchill, Adenauer, die USA und der 17. Juni 1953, DA 27, 1994, S. 568–585.
992. Laufer, Jochen, Das Ministerium für Staatssicherheit und die Wahlfälschung bei den ersten Wahlen in der DDR, Aus Politik und Zeitgeschichte, B 5/1991, S. 17–30.
993. Mitter, Armin, Die Ereignisse im Juni und Juli 1953 in der DDR. Aus den Akten des Ministeriums für Staatssicherheit, Aus Politik und Zeitgeschichte, B 5/1991, S. 31–41.
994. Mitter, Armin/Wolle, Stefan, Untergang auf Raten. Unbekannte Kapitel der DDR-Geschichte, München 1993.
995. Müller-Embergs, Helmut, Der Fall Rudolf Herrnstadt. Tauwetterpolitik vor dem 17. Juni, Berlin 1991.
996. Ostermann, Christian F., United States Policy. The 17 June 1953 Uprising in the GDR, and the ›Eisenhower Packages‹ Program: New Evidence from German and American Archives, CWIHP, Working Paper No. 11, Washington 1994.
997. Otto, Wilfriede, Dokumente zur Auseinandersetzung in der SED 1953, BzG 32, 1990, S. 655–672.
998. Roth, Heidi, Der 17. Juni 1953 im damaligen Bezirk Leipzig. Aus den Akten des PDS-Archivs Leipzig, DA 24, 1991, S. 573–584.
999. Dies., Die SAG-Betriebe und der 17. Juni 1953, DA 26, 1993, S. 531–536.
1000. Rudolf Herrnstadt. Das Herrnstadt-Dokument. Das Politbüro der SED und die Geschichte des 17. Juni 1953, eingel. u. hrsg. v. Nadja Stulz-Herrnstadt, Hamburg 1990.
1001. Scherstjanoi, Elke, »Wollen wir den Sozialismus?« Dokumente aus der Sitzung des Politbüros des ZK der SED am 6. Juni 1953, BzG 33, 1991, S. 658–680.
1002. Spittmann, Ilse, Zum 40. Jahrestag des 17. Juni, DA 26, 1993, S. 635–639.

1003. Stöckigt, Rolf, »Ein Dokument von größter historischer Bedeutung vom Mai 1953.« Beschluß des Präsidiums des Ministerrates der UdSSR »Maßnahmen zur Gesundung der politischen Lage in der Deutschen Demokratischen Republik«, BzG 32, 1990, S. 648–654.
1004. Wacket, Markus, »Wir sprechen zur Zone.« Die politischen Sendungen des RIAS in der Vorgeschichte der Juni-Erhebung 1953, DA 26, 1993, S. 1035–1048.
1005. Wengst, Udo, Der Aufstand am 17. Juni 1953 in der DDR. Aus den Stimmungsberichten der Kreis- und Bezirksvorstände der Ost-CDU im Juni und Juli 1953, VfZ 41, 1993, S. 277–321.
1006. Wettig, Gerhard, Sowjetische Wiedervereinigungsbemühungen im ausgehenden Frühjahr 1953? Neue Aufschlüsse über ein altes Problem, DA 25, 1992, S. 943–958.
1007. Ders., Zum Stand der Forschung über Berijas Deutschland-Politik im Frühjahr 1953, DA 26, 1993, S. 674–682.
1008. Ders., Nochmals: Berijas Deutschland-Politik, DA 26, 1993, S. 1089–1093.
1009. Ders., Neue Erkenntnisse über Berijas Deutschland-Politik, DA 26, 1993, S. 1412 f.
1010. Wir wollen freie Menschen sein. Der 17. Juni 1953: Bauleute gingen voran, bearb. v. Gerhard Beier, Mainz 1993.

Churchill und die Wiedervereinigung

1011. Beglinger, Martin, »Containment« im Wandel. Die amerikanische Außen- und Sicherheitspolitik im Übergang von Truman zu Eisenhower, Wiesbaden 1988.
1012. Boyle, P. G. (Ed.), The Churchill-Eisenhower Correspondence, 1953–1955, London / Chapel Hill 1990.
1013. Fish, Steven M., After Stalin's Death. The Anglo American Debate Over a New Cold War, Diplomatic History 10, 1986, S. 333–355.
1014. Foschepoth, Josef, Churchill, Adenauer und die Neutralisierung Deutschlands, DA 12, 1984, S. 1286–1301.
1015. Glees, Anthony, Churchill's Last Gambit, Encounter 64, 1985, S. 27–35.
1016. Rupieper, Hermann-Josef, Deutsche Frage und europäische Sicherheit. Politisch-strategische Überlegungen 1953/55, in: Thoß/Volkmann, 1053, S. 179–209.
1017. Ders., Wiedervereinigung und europäische Sicherheit. Deutsch-amerikanische Überlegungen für eine entmilitarisierte Zone in Europa 1953, MGM 39, 1986, S. 91–130.
1018. Ders., Gipfeldiplomatie 1955 – Dwight D. Eisenhower und Georgij Schukow über europäische Sicherheit und deutsche Frage, in: Steininger, 243, S. 213–232.
1019. Steininger, Rolf, Ein vereintes, unabhängiges Deutschland? Winston Churchill, der Kalte Krieg und die deutsche Frage im Jahre 1953, MGM 36, 1984, S. 105–144.
1020. Young, John W., Churchill's bid for peace with Moscow, 1954, History 73, 1988, S. 425–448.
1021. Ders., Churchill, the Russians and the Western Alliance. The Three-Power Conference at Bermuda, December 1953, European History Review 101, 1986, S. 889–912.
1022. Ders. (Ed.), The Foreign Policy of Churchill's Peacetime Administration, 1951–1955, Leicester 1988.

9. Kapitel

1023. Documents Diplomatiques Français, hrsg. v. französischen Außenministerium 1954: 1. Januar–30. Juni, Paris 1987; 1. Juli–31. Dezember, Paris 1989.
1024. Department of State (Ed.), Foreign Relations of the United States, 1955–1957, vol. V: Austrian State Treaty; Summit and Foreign Ministers Meetings, 1955, Washington 1988.
1025. Anfänge westdeutscher Sicherheitspolitik, Bd. 2: Die EVG-Phase, hrsg. v. Militärgeschichtlichen Forschungsamt, München 1990.
1026. Bariéty, Jacques, Frankreich und das Scheitern der EVG, in: Steininger, 243, S. 99–131.
1027. Bischof, Günter, Österreichische Neutralität, die deutsche Frage und europäische Sicherheit 1953–1955, in: Steininger, 243, S. 133–176.
1028. Foschepoth, Josef, Adenauers Moskaureise 1955, Aus Politik und Zeitgeschichte, B 22/1986, S. 30–46.
1029. Gehler, Michael, Westintegration und Wiedervereinigung – Adenauers Démarche bei Kirkpatrick am 15. Dezember 1955 ein Mißverständnis? GWU 43, 1992, S. 477–488.
1030. Ders., Konrad Adenauer und die Wiedervereinigung. Geschichte eines Mythos und seine didaktische Aufbereitung, Informationen für den Geschichts- und Gemeinschaftskundelehrer 43, 1992, S. 34–49.
1031. Ders., »Mißverständnisse« niedriger hängen? Adenauer opferte bewußt die Einheit für die Westintegration. Entgegnung zu Eckart Thurich, Informationen für den Geschichts- und Gemeinschaftskundelehrer 45, 1993, S. 22–28.
1032. Ders., State Treaty and Neutrality. The Austrian solution in 1955 as a »model« for Germany? in: Austria in the Nineteen Fifties, Contemporary Austrian Studies, 1994, New Brunswick (NJ), S. 39–78.
1033. Ders., »L'unique objectif des Soviétiques est de viser l'Allemagne«. Staatsvertrag und Neutralität 1955 als »Modell« für Deutschland? in: Thomas Albrich/Klaus Eisterer/Michael Gehler/Rolf Steininger (Hrsg.), Österreich in den Fünfzigern, Innsbruck/Wien 1995, S. 259–297.
1034. Gersdorff, Gero von, Adenauers Außenpolitik gegenüber den Siegermächten 1954: Westdeutsche Bewaffnung und internationale Politik, München 1994.
1035. Hershberg, James G., »Explosion in the Offing«: German Rearmament and American Diplomacy, 1953–1955, Diplomatic History 16, 1992, S. 511–549.
1036. Jansen, Hans-Heinrich, Großbritannien, das Scheitern der EVG und der NATO-Beitritt der Bundesrepublik Deutschland, Bochum 1992.
1037. Katzer, Nikolaus, »Eine Übung im Kalten Krieg«. Die Berliner Außenministerkonferenz von 1954, Köln 1994.
1038. May, Ernst R., The American Commitment to Germany, 1949–1955, Diplomatic History 13, 1989, S. 341–460.
1039. Noack, Paul, Das Scheitern der Europäischen Verteidigungsgemeinschaft. Entscheidungsprozesse vor und nach dem 30. August 1954, Düsseldorf 1977.
1040. Rupieper, Hermann-Josef, Die Berliner Außenministerkonferenz von 1954. Ein Höhepunkt der Ost-West-Propaganda oder die letzte Möglichkeit zur Schaffung der deutschen Einheit? VfZ 34, 1986, S. 427–453.
1041. Schöttli, Thomas U., USA und EVG: Truman, Eisenhower und die Europa-Armee, Frankfurt/M./Wien 1994.
1042. Schröder, Hans-Jürgen, Die Anfangsjahre der Bundesrepublik Deutschland. Eine amerikanische Bilanz 1954, VfZ 37, 1989, S. 323–351.

1043. Schwartz, Thomas, Die USA und das Scheitern der EVG, in: Steininger, 243, S. 75–98.
1044. Steininger, Rolf, Das Scheitern der Europäischen Verteidigungspolitik und der Beitritt der Bundesrepublik zur NATO, Aus Politik und Zeitgeschichte, B 17/1985, S. 3–18.
1045. Ders., John Foster Dulles, the European Defense Community, and the German Question, in: Immerman, 225, S. 125–173.
1046. Ders., Deutsche Frage und Berliner Konferenz 1954, in: Venohr, 246, S. 37–88.
1047. Ders., Zwischen Pariser Verträgen und Genfer Gipfelkonferenz: Großbritannien und die deutsche Frage 1955, in: Steininger, 243, S. 177–211.
1048. Ders., 1955: The German Question and the Austrian State Treaty, Diplomacy and Statecraft 3, 1992, S. 494–522.
1049. Ders., Deutsche Frage und österreichischer Staatsvertrag, Geschichte und Gegenwart 11, 1992, S. 243–252.
1050. Ders., Der Staatsvertrag, in: Rolf Steininger/Michael Gehler (Hrsg.), Österreich im 20. Jahrhundert, Wien–Köln–Weimar 1996.
1051. Thoß, Bruno, Die Lösung der Saarfrage 1954/55, VfZ 38, 1990, S. 225–288.
1052. Ders., Modellfall Österreich? Der österreichische Staatsvertrag und die deutsche Frage 1954/55, in: Thoß/Volkmann, 1053, S. 93–136.
1053. Ders./Volkmann, Hans-Erich (Hrsg.), Zwischen Kaltem Krieg und Entspannung. Sicherheits- und Deutschlandpolitik der Bundesrepublik im Mächtesystem der Jahre 1953–1956, Boppard 1988.
1054. Volkmann, Hans-Erich/Schwengler, Walter (Hrsg.), Die Europäische Verteidigungsgemeinschaft. Stand und Probleme der Forschung, Boppard 1985.

Ergänzende Literaturhinweise

für den Zeitraum zwischen 1945 und 1955
(Neuerscheinungen ab 1996 zu Band 1 und Band 2)

a) Quellen / Dokumentensammlungen

1055. Bonwetsch, Bernd / Bordjugov, Gennadij / Naimark, Norman, Sowjetische Politik in Deutschland. Dokumente zur Tätigkeit der Propagandaverwaltung (Informationsverwaltung) der SMAD unter Sergej Tjulpanov, Bonn 1998.
1056. Das SKK-Statut. Zur Geschichte der Sowjetischen Kontrollkommission in Deutschland 1949 bis 1953. Eine Dokumentation, zusammengestellt und eingeleitet von Elke Scherstjanoi, München 1998.
1057. Der Auswärtige Ausschuß des Deutschen Bundestages. Sitzungsprotokolle 1949–1953, bearb. von W. Hölscher, 2 Bde., Düsseldorf 1998.
1058. Der Gesamtdeutsche Ausschuß. Sitzungsprotokolle des Ausschusses für gesamtdeutsche Fragen des Deutschen Bundestages 1949–1953, bearb. von A. Biefang, Düsseldorf 1998.
1059. Der Kompromiß von Treysa. Die Entstehung der Evangelischen Kirche in Deutschland (EKD) 1945. Eine Dokumentation, hrsg. von G. Beier, bearb. von M. Losch, G. Beier, Weinheim 1995.
1060. Der Parlamentarische Rat 1948–1949. Akten und Protokolle, Bde. 1–12, Boppard bzw. (ab Bd. 9) München 1975–1999.
1061. Die Entstehung der Hessischen Verfassung von 1946. Eine Dokumentation, hrsg. und eingel. von H. Berding, bearb. von H. Berding, K. Lange, Wiesbaden 1996.
1062. Die Entstehung des Grundgesetzes der Bundesrepublik Deutschland 1949. Eine Dokumentation, hrsg. von M.F. Feldkamp, Stuttgart 1999.
1063. Die Kabinettsprotokolle der Bundesregierung Bde. 1–10 (1949–1957), Boppard bzw. (ab Bd. 7) München 1982–1998.
1064. Die Kabinettsprotokolle der Landesregierung von Nordrhein-Westfalen 1946–1950: 2 Bde., bearb. von M.A. Kanther; 1950–1954: 2 Bde., bearb. von G. Fleckenstein u.a.; 1954–1958: 2 Bde., bearb. von V. Ackermann, Siegburg 1992–1997.
1065. Die Protokolle des Bayerischen Ministerrats 1945–1954, bisher 3 Bde., 1945–1946, bearb. von K.-U. Gelberg, München 1995–1997.
1066. Die Protokolle des Rates der Evangelischen Kirchen in Deutschland. 1945–1948, bearb. von C. Nicolaisen, N.A. Schulze, 2 Bde., Göttingen 1995–1997.
1067. Dokumente aus dem Archiv für Außenpolitik der Russischen Föderation, zusammengestellt von G.P. Kynin und J. Laufer, Bd. 2, 9. Mai 1945 bis 3. Oktober 1946, Moskau 2000.
1068. Dokumente zur Geschichte der kommunistischen Bewegung in Deutschland. Reihe 1945 / 46, bearb. von G. Benser u.a., 6 Bde., München 1993–1997.
1069. Krone, Heinrich, Tagebücher 1945–1961, bearb. von Hans-Otto Kleinemann, Düsseldorf 1995.

1070. Roth, Heidi, »Ich bin der Meinung, daß morgen die Banditen auf die Straße fliegen. Damit wir leben können.« Verfolgungen durch die SED nach dem 17. Juni 1953. Dokumentation, Berlin 1999.
1071. Schumacher, Martin (Hrsg.), Volksvertretung im Wiederaufbau 1946–1961. Bundestagskandidaten und Mitglieder der westzonalen Vorparlamente. Eine biographische Dokumentation, Düsseldorf 2000.
1072. Zarusky, Jürgen (Hrsg.), Die Stalin-Note vom 10. März 1952. Neue Quellen und Analysen, München 2002.

b) Darstellungen

1073. Alperowitz, Gar, The decision to use the atomic bomb and the architecture of an American myth, New York 1995 (dt. Ausgabe: Hiroshima. Die Entscheidung für den Abwurf der Bombe, Hamburg 1995).
1074. Anfänge westdeutscher Sicherheit 1945–1956, hg. v. Militärgeschichtlichen Forschungsamt, Bd. 3: Die NATO-Option. Bearb. von Hans Ehlert / Christian Greiner / Georg Meyer / Bruno Thoß, München 1997. Bd. 4: Wirtschaft und Rüstung, Souveränität und Sicherheit. Bearb. von Werner Abelshauser / Walter Schwengler, München 1997.
1075. Badstübner, Rolf, Vom »Reich« zum doppelten Deutschland. Gesellschaft und Politik im Umbruch, Berlin 1999.
1076. Baus, Ralf Thomas, Die Christlich-Demokratische Union Deutschlands in der sowjetisch besetzten Zone 1945–1948. Gründung – Programm – Politik, Düsseldorf 2001.
1077. Beglinger, Martin, »Containment« im Wandel. Die amerikanische Außen- und Sicherheitspolitik im Übergang von Truman zu Eisenhower, Wiesbaden 1988.
1078. Bender, Klaus, Deutschland, einig Vaterland? Die Volkskongreßbewegung für deutsche Einheit und einen gerechten Frieden in der Deutschlandpolitik der Sozialistischen Einheitspartei Deutschlands, Frankfurt a. M. 1992.
1079. Benz, Wolfgang, Deutschland 1945–1949. Besatzungszeit und Staatengründung, Bonn 1998 (Informationen zur politischen Bildung, Heft 259).
1080. Benz, Wolfgang, Deutschland unter alliierter Besatzung 1945–1949/55. Ein Handbuch, Berlin 1999.
1081. Bischof, Günter / Dockrill, Saki (eds.), Cold War Respite. The Geneva Summit of 1955, Louisiana State University 1999.
1082. Bjørnstad, Stein, Soviet German policy and the Stalin note of 10 March 1952, Oslo 1996.
1083. Bjørnstad, Stein, The Soviet Union and German Unification during Stalin's last Years, Oslo 1998.
1084. Blank, Bettina, Die westdeutschen Länder und die Entstehung der Bundesrepublik. Zur Auseinandersetzung um die Frankfurter Dokumente vom Juli 1948, München 1995.
1085. Bode, Bernhard, Liberal-Demokraten und »deutsche Frage«. Zum politischen Wandel einer Partei in der Sowjetischen Besatzungszone und in der DDR zwischen 1945 und 1961, Frankfurt a.M. 1997.
1086. Bösch, Frank, Die Adenauer-CDU. Gründung, Aufstieg und Krise einer Erfolgspartei 1945–1969, Stuttgart 2001.
1087. Borchard, Michael, Die deutschen Kriegsgefangenen in der Sowjetunion. Zur politischen Bedeutung der Kriegsgefangenenfrage 1949–1955, Düsseldorf 2000.

1088. Bouvier, Beatrix, Ausgeschaltet. Sozialdemokraten in der Sowjetischen Besatzungszone und in der DDR 1945–1953, Bonn 1996.
1089. Bowie, Robert R./Immerman, Richard H., Waging Peace: How Eisenhower Forged an Enduring Cold War Strategy, Oxford 1998.
1090. Buchheim, Christoph (Hrsg.), Wirtschaftliche Folgelasten des Krieges in der SBZ/DDR, Baden-Baden 1995.
1091. Creuzberger, Stefan, Die sowjetische Besatzungsmacht und das politische System der SBZ, Weimar/Köln/Wien 1996.
1092. »Da ist der Aufschwung hochgekommen.« 50 Jahre Deutsche Mark. Die Währungsreform 1948 zwischen Alltagserfahrung und nationaler Erinnerung. Begleitband zur Ausstellung, hrsg. von Thomas W. Neumann, Lüdenscheid 1998.
1093. Dickhaus, Monika, Die Bundesbank im westeuropäischen Wiederaufbau. Die internationale Währungspolitik der Bundesrepublik Deutschland 1948 bis 1958, München 1996.
1094. Diedrich, Torsten/Wenzke, Rüdiger, Die getarnte Armee. Geschichte der Kasernierten Volkspolizei der DDR 1952 bis 1956, Berlin 2001.
1095. Döscher, Hans-Jürgen, Verschworene Gesellschaft. Das Auswärtige Amt unter Adenauer zwischen Neubeginn und Kontinuität, Berlin 1995.
1096. Dülffer, Jost, Jalta, 4. Februar 1945. Der Zweite Weltkrieg und die Entstehung der bipolaren Welt, München 1998.
1097. Eisenberg, Carolyn Woods, Drawing the line. The American decision to divide Germany, 1944–1949, Cambridge 1996.
1098. Feldkamp, Michael F., Der Parlamentarische Rat 1948–1949, Göttingen 1998.
1099. Foitzik, Jan, Sowjetische Militäradministration in Deutschland (SMAD) 1945–1949. Struktur und Funktion, Berlin 1999.
1100. Fricke, Karl-Wilhelm/Engelmann, Roger, »Konzentrierte Schläge«. Staatssicherheitsaktionen und politische Prozesse in der DDR 1953–1956, Berlin 1998.
1101. Fröhlich, Jürgen (Hrsg.),»Bürgerliche« Parteien in der SBZ/DDR. Zur Geschichte von CDU, LDP (D), DBD und NDPD 1945 bis 1953, Köln 1995.
1102. Gareth, Pritchard, The Making of the GDR 1945–1953, Manchester 2000.
1103. Geschichte der Sozialpolitik in Deutschland seit 1945, hrsg. v. Bundesministerium für Arbeit und Sozialordnung und Bundesarchiv, Bd. 1, Grundlagen der Sozialpolitik; Bd. 2/1, Darstellung; Bd. 2/2, Dokumente: Die Zeit der Besatzungszonen 1945–1949. Sozialpolitik zwischen Kriegsende und der Gründung zweier deutscher Staaten, Baden-Baden 2001.
1104. Goerner, Martin G., Die Kirche als Problem der SED. Strukturen kommunistischer Herrschaftsausübung gegenüber der evangelischen Kirche 1945 bis 1958, Berlin 1997.
1105. Gori, Francesca/Pons, Silvio (Hrsg.), The Soviet Union and Europe in the Cold War, 1943–53, Houndmills/London 1996
1106. Greiner, Bernd, Die Morgenthau-Legende. Zur Geschichte eines umstrittenen Plans, Hamburg 1995.
1107. Greiner, Christian, Die militärische Eingliederung der Bundesrepublik Deutschland in die WEU und in die NATO 1954 bis 1957, in: Anfänge (1074), München 1997.
1108. Grypa, Dietmar, Die katholische Arbeiterbewegung in Bayern nach dem Zweiten Weltkrieg (1945–1963), Paderborn 2000.
1109. Guillen, Pierre, La question allemande (1945–1955), Paris 1996.
1110. Hartmann, Anne/Eggeling, Wolfgang, Sowjetische Präsenz im kulturellen Leben der SBZ und frühen DDR 1945–1953, Berlin 1998.

1111. Hegedüs, Andras / Wilke, Manfred (Hrsg.), Satelliten nach Stalins Tod. Der »Neue« Kurs. 17. Juni 1953 in der DDR. Ungarische Revolution 1956, Berlin 2000.
1112. Heinen, Armin, Saarjahre. Politik und Wirtschaft im Saarland 1945–1955, Stuttgart 1996.
1113. Herms, Michael, Hinter den Linien. Westarbeit der FDJ 1945–1956, Berlin 2001.
1114. Hoffmann, Dierk / Wentker, Hermann (Hrsg.), Das letzte Jahr der SBZ. Politische Weichenstellungen und Kontinuitäten im Prozeß der Gründung der DDR, München 2000.
1115. Hogan, Michael J., A Cross of Iron. Harry S. Truman and the Origins of the National Security State, 1945–1952, Cambridge 1998.
1116. Hübner, Peter / Tenfelde, Klaus (Hrsg.), Arbeiter in der SBZ-DDR, Essen 1999.
1117. Hurwitz, Harold, unter Mitarbeit von Ursula Böhme / Andreas Malycha, Die Stalinisierung der SED. Zum Verlust von Freiräumen und sozialdemokratischer Identität in den Vorständen 1946–1949, Opladen 1997.
1118. Hüser, Dietmar, Frankreichs »doppelte Deutschlandpolitik«. Dynamik aus der Defensive – Planen, Entscheiden, Umsetzen in gesellschaftlichen und wirtschaftlichen innen- und außenpolitischen Krisenzeiten 1944–1950, Berlin 1996.
1119. Keiderling, Gerhard, »Rosinenbomber« über Berlin. Währungsreform, Blockade, Luftbrücke, Teilung, Berlin 1998.
1120. Kerkhoff, Martin, Großbritannien, die Vereinigten Staaten und die Saarfrage 1945 bis 1954, Stuttgart 1996.
1121. Kipping, Matthias, Zwischen Kartellen und Konkurrenz. Der Schuman-Plan und die Ursprünge der europäischen Einigung 1944–1952, Berlin 1996.
1122. Kleßmann, Christoph / Stöver, Bernd (Hrsg.), 1953 – Krisenjahr des Kalten Krieges in Europa, Köln / Weimar / Wien 1999.
1123. Koop, Volker, Kein Kampf um Berlin? Deutsche Politik zur Zeit der Berlin-Blockade 1948 / 49, Bonn 1998.
1124. Kowalczuk, Ilko-Sascha, Legitimation eines neuen Staates. Parteiarbeiter an der historischen Front. Geschichtswissenschaft in der SBZ / DDR 1945 bis 1991, Berlin 1997.
1125. Kowalczuk, Ilko-Sascha / Mitter, Armin / Wolle, Stefan (Hrsg.), Der Tag X – 17. Juni 1953. Die »Innere Staatsgründung« der DDR als Ergebnis der Krise 1952 / 54, Berlin 1995.
1126. Krämer, Martin, Der Volksaufstand vom 17. Juni 1953 und sein politisches Echo in der Bundesrepublik Deutschland, Bochum 1996.
1127. Lemke, Michael (Hrsg.), Sowjetisierung und Eigenständigkeit in der SBZ / DDR (1945–1953), Köln / Weimar / Wien 1999.
1128. Lilge, Carsten, Die Entstehung der Oder-Neiße-Linie als Nebenprodukt alliierter Großmachtpolitik während des Zweiten Weltkrieges, Frankfurt a.M. 1995.
1129. Loth, Wilfried, Die Teilung der Welt. Geschichte des Kalten Krieges 1941–1955, München 2000, 9. Auflage (mit einem Nachwort: Der Kalte Krieg in neuem Licht).
1130. Maetzke, Heinrich, Der Union Jack in Berlin. Das britische Foreign Office, die SBZ und die Formulierung britischer Deutschlandpolitik 1945 / 47, Konstanz 1996.
1131. Malycha, Andreas, Die SED. Geschichte ihrer Stalinisierung 1946–1953, Paderborn / München / Wien / Zürich 2000.
1132. März, Peter / Oberreuter, Heinrich (Hrsg.), Weichenstellung für Deutschland. Der Verfassungskonvent von Herrenchiemsee, München 1999.
1133. Mastny, Vojtech, The Cold War and Soviet Insecurity. The Stalin Years, New York / Oxford 1996.
1134. Mausbach, Wilfried, Zwischen Morgenthau und Marshall. Das wirtschaftspolitische Deutschlandkonzept der USA 1944–1947, Düsseldorf 1996.

1135. Mehringer, Hartmut / Schwartz, Michael / Wentker, Hermann (Hrsg.), Erobert oder befreit? Deutschland im internationalen Kräftefeld und die sowjetische Besatzungszone (1945 / 46), München 1999.
1136. Meissner, Boris / Eisfeld, Alfred (Hrsg.), 50 Jahre sowjetische und russische Deutschlandpolitik sowie ihre Auswirkungen auf das gegenseitige Verhältnis, Berlin 1999.
1137. Meyer, Heinz Heinrich, Kriegsgefangene im Kalten Krieg. Die Kriegsgefangenenpolitik der Bundesrepublik Deutschland im amerikanisch-sowjetischen Machtkampf von 1950 bis 1955, Osnabrück 1998.
1138. Naimark, Norman M., Die Russen in Deutschland. Die sowjetische Besatzungszone 1945 bis 1949, Berlin 1997.
1139. Nawratil, Heinz, Schwarzbuch der Vertreibung 1945 bis 1948. Das letzte Kapitel unbewältigter Vergangenheit, München 1999.
1140. Oberreuter, Heinrich / Weber, Jürgen (Hrsg.), Freundliche Feinde? Die Alliierten und die Demokratiegründung in Deutschland, München / Landsberg am Lech 1996.
1141. Ostermann, Christian F., Uprising in East Germany 1953. The Cold War, the German Question and the First Major Upheaval behind the Iron Curtain, Budapest / New York 2001.
1142. Overesch, Manfred, Buchenwald und die DDR oder die Suche nach Selbstlegitimation, Göttingen 1995.
1143. Plato, Alexander von / Leh, Almut, »Ein unglaublicher Frühling.« Erfahrene Geschichte im Nachkriegsdeutschland 1945–1948, Bonn 1997.
1144. Pohl, Dieter, Justiz in Brandenburg 1945–1955. Gleichschaltung und Anpassung, München 2001.
1145. Poljan, Pavel M., Deportiert nach Hause. Sowjetische Kriegsgefangene im »Dritten Reich« und ihre Repatriierung, München / Wien 2001.
1145 a. Posener, Julius, In Deutschland 1945 bis 1946, Berlin 2002.
1146. Reuss, Peter Mathias, Die Mission Hausenstein (1950–1955). Ein Beitrag zur Geschichte der deutsch-französischen Beziehungen nach dem Zweiten Weltkrieg, Sinzheim 1995.
1147. Reuther, Thomas, Die ambivalente Normalisierung. Deutschlanddiskurs und Deutschlandbilder in den USA 1941–1955, Stuttgart 2000.
1148. Rössler, Ruth-Kristin, Justizpolitik in der SBZ / DDR 1945–1956, Frankfurt a.M. 2000.
1149. Sabrow, Martin, Das Diktat des Konsenses. Geschichtswissenschaft in der DDR 1949–1969, München 2001.
1150. Schildt, Axel u. a., Deutschland in den fünfziger Jahren, Bonn 1997 (Informationen zur politischen Bildung, Heft 256).
1151. Seidel, Carlos Collado, Angst vor dem Vierten Reich. Die Alliierten und die Ausschaltung des deutschen Einflusses in Spanien 1944–1958, Paderborn 2001.
1152. Sowjetische Speziallager in Deutschland 1945–1950, Bd. 1: Studien und Berichte, hrsg. u. bearb. von Alexander von Plato, Berlin 1998.
1153. Stadtland, Helke, Herrschaft nach Plan und Macht der Gewohnheit. Sozialgeschichte der Gewerkschaften in der SBZ / DDR 1945–1953, Essen 2001.
1154. Strunk, Peter, Zensur und Zensoren. Medienkontrolle und Propagandapolitik unter sowjetischer Besatzungsherrschaft in Deutschland, Berlin 1996.
1155. Subok, Vladislav / Pleshakov, Constantine, Inside the Kremlin's Cold War. From Stalin to Khrushchev, Cambridge, Mass., 1996 (dt.: Der Kreml im Kalten Krieg. Von 1945 bis zur Kubakrise, Hildesheim 1997).

1156. Suckut, Siegfried, Parteien in der SBZ/DDR 1945–1952, Bonn 2000.
1157. Timmermann, Heiner (Hrsg.), Potsdam 1945. Konzept, Taktik, Irrtum? Berlin 1997.
1158. Tischner, Wolfgang, Katholische Kirche in der SBZ/DDR 1945–1951, Paderborn 2001.
1159. Waibel, Dieter, Von der wohlwollenden Despotie zur Herrschaft des Rechts. Entwicklungsstufen der amerikanischen Besatzung Deutschlands 1944–1949, Tübingen 1996.
1159 a. Weber, Hermann, Damals, als ich Wunderlich hieß. Vom Parteihochschüler zum kritischen Sozialisten, Berlin 2002.
1160. Weber, Petra, Justiz und Diktatur. Justizverwaltung und politische Strafjustiz in Thüringen 1945–1961, München 2000.
1161. Wentker, Hermann, Justiz in der SBZ/DDR 1945–1953. Transformation und Rolle ihrer zentralen Institutionen, München 2001.
1162. Wettig, Gerhard (Hrsg.), Die sowjetische Deutschland-Politik in der Ära Adenauer, Bonn 1998.
1163. Wettig, Gerhard, Bereitschaft zu Einheit in Freiheit? Die sowjetische Deutschlandpolitik 1945–1955, München 1999.
1164. Wilke, Manfred (Hrsg.), Die Anatomie der Parteizentrale. Die KPD/SED auf dem Weg zur Macht, Berlin 1998.
1165. Young, John W., Winston Churchill's Last Campaign. Britain and the Cold War, 1951–5, Oxford 1996.

Aufsätze

1166. Badstübner, Rolf, Die geheimgehaltenen und verleugneten sowjetischen Zerstückelungsabsichten gegenüber Deutschland und das Dilemma der KPD, in: Utopie kreativ, Heft 83 (1997), S. 69–76.
1167. Bar-Noi, Uri, The Soviet Union and Churchill's Appeals for High-Level Talks, 1953–54: New Evidence from the Russian Archives, in: DaS 9 (1998), S. 110–133.
1168. Elzer, Herbert, Adenauer und die Saarfrage nach dem Scheitern der EVG. Die Pariser Gespräche vom 19. bis 23. Oktober 1954, in: VfZ 46 (1998), S. 667–708.
1169. Farquharson, John, Großbritannien und die deutschen Reparationen nach 1945, in: VfZ 46 (1998), S. 43–67.
1170. Jürgensen, Kurt, Die britische Besatzungspolitik 1945–1949. Zur Frage nach einer Konzeption in der britischen Deutschlandpolitik, in: PZG B 6/97, 31. Januar 1997, S. 15–29.
1171. Laufer, Jochen, Die UdSSR und die Ursprünge der Berlin-Blockade 1944–1948, in: DA 31 (1998), S. 564–579.
1172. Laufer, Jochen, Die Verfassungsgebung in der SBZ 1946–1949, in: PZG B 32–33/98, 31. Juli 1998, S. 29–41.
1173. Maier, Charles S., Who Divided Germany? Feature Review, in: DH 22 (1998), S. 481–488.
1174. Ostermann, Christian F., »Die Ostdeutschen an einen langwierigen Kampf gewöhnen«. Die Vereinigten Staaten und der Aufstand vom 17. Juni 1953, in: DA 30 (1997), S. 349–368.
1175. Ostermann, Christian F., »Keeping the Pot Simmering«. The United States and the East German Uprising of 1953, in: GSR XIX (1996), S. 61–89.
1176. Ostermann, Christian F., »This Is Not a Politburo, But a Madhouse«. The Post-

Stalin Succession Struggle, Soviet Deutschlandpolitik and the SED: New Evidence from Russian, German, and Hungarian Archives, in: Cold War International History Project Bulletin. Issue 10 (March 1998), S. 61–110.
1177. Ripper, Torsten, Die Stalin-Note vom 10. März 1952. Die Entwicklung der wissenschaftlichen Debatte, in: Zeitgeschichte 26 (1999), S. 372–396.
1178. Scherstjanoi, Elke, »In 14 Tagen werden Sie vielleicht schon keinen Staat mehr haben.« Vladimir Semenov und der 17. Juni 1953, in: DA 31 (1998), S. 907–937.
1179. Scherstjanoi, Elke, Die sowjetische Deutschlandpolitik nach Stalins Tod 1953. Neue Dokumente aus dem Archiv des Moskauer Außenministeriums, in: VfZ 46 (1998), S. 497–549.
1180. Scherstjanoi, Elke / Stappenbeck, Christian, »Dibelius war in Karlshorst... wollte Mittelsmann sein zwischen SKK und Adenauer...« Ein geheimes Gespräch zwischen Bischof Dibelius, Armeegeneral Tschujkow und Politberater Semjonow im November 1951, in: DA 28 (1995), S. 1031–1047.
1181. Steininger, Rolf, Die Alliierten und Deutschland 1945–1948, in PZG B 32–33 /98, 31. Juli 1998, S. 3–12.
1182. Stöver, Bernd, Der Fall Otto John. Neue Dokumente zu den Aussagen des deutschen Geheimdienstchefs gegenüber MfS und KGB, in: VfZ 47 (1999), S. 103–136.
1183. Wettig, Gerhard, Stalin und die deutsche Frage. Die Note vom 10. März 1952, in: Osteuropa 47 (1997), S. 1259–1273.
1184. Wettig, Gerhard, Treue Dienste für den Kreml. Zur Rolle der KPD / SED in der sowjetischen Deutschland-Politik 1945–1952, in: DA 33 (2000), S. 399–416.
1185. Wolkow, Wladimir K., Die deutsche Frage aus Stalins Sicht (1947–1952), in: ZfG 48 (2000), S. 20–49.
1186. Zelikow, Philip, George C. Marshall and the Moscow CFM Meeting of 1947, in: DaS 8 (1997), S. 97–124.
1187. Zschaler, Frank, Die vergessene Währungsreform. Vorgeschichte, Durchführung und Ergebnisse der Geldumstellung in der SBZ 1948, in: VfZ 45 (1997), S. 191–223.

Zeittafel

1948

1. 1. Der Nordwestdeutsche Rundfunk (NWDR) wird Anstalt des öffentlichen Rechts.

3. 1. Frankreich führt die Franc-Währung im Saarland ein.

22./23. 1. Generalstreik in Bayern gegen Wirtschaftspolitik und Hungerration.

9. 2. Neuordnung der Bizone: Wirtschaftsrat mit 104 Mitgliedern aus den Länderparlamenten; Länderrat mit je zwei Mitgliedern der Landesregierungen.

23. 2. – 6. 3. Londoner Sechsmächtekonferenz (USA, Großbritannien, Frankreich, Beneluxstaaten). 1. Phase: Empfehlung: Beitritt der Westzonen zum Marshallplan, prinzipielle Einigung über eine Kontrolle der Ruhr und Errichtung eines westdeutschen Staates.

25. 2. Kommunistischer Umsturz in der Tschechoslowakei.

27. 2. Die sowjetische Militärregierung erklärt die Entnazifizierung in ihrer Zone für abgeschlossen.

1. 3. Die drei westlichen Militärgouverneure errichten in Frankfurt die »Bank Deutscher Länder«.

2. 3. Ludwig Erhard wird Direktor der Wirtschaftsverwaltung im Wirtschaftsrat der Bizone.

9. 3. Deutsche Wirtschaftskommission (DWK) übernimmt die zentrale Lenkung und Leitung der Wirtschaft in der SBZ.

17. 3. In Brüssel unterzeichnen Großbritannien, Frankreich und die Beneluxstaaten einen Vertrag über wirtschaftliche, kulturelle und soziale Zusammenarbeit und kollektive Selbstverteidigung. Er ist gegen die »Erneuerung einer deutschen Aggressionspolitik« deklariert, richtet sich jedoch gegen die sowjetische Expansionspolitik. Der Pakt ist eine Vorstufe zur NATO.

17./18. 3. Tagung des 2. Deutschen Volkskongresses in Berlin.

20. 3. Der sowjetische Vertreter verläßt den Alliierten Kontrollrat, da die westlichen Vertreter keine Auskunft über die Londoner Sechsmächtekonferenz geben wollen.

1. 4. Zollunion zwischen Frankreich und dem Saarland.

3. 4. US-Präsident Truman unterzeichnet das Marshallplan-Gesetz, das europäische Wiederaufbauprogramm.

16. 4. Die drei Westzonen treten dem Marshallplan bei.
Gründung der »Organisation für europäische wirtschaftliche Zusammenarbeit« OEEC (»Marshallplan«) unter Beteiligung der drei Westzonen.

20. 3. – 2. 6. Londoner Sechsmächtekonferenz, 2. Phase.

7. 6.	Empfehlungen der Londoner Konferenz: Gründung eines deutschen Weststaates.
16. 6.	Letzte Sitzung der Berliner Kommandantura; das Ende der Viermächteverwaltung der Stadt wegen unüberbrückbarer Meinungsverschiedenheiten zwischen den drei westlichen und dem sowjetischen Stadtkommandanten.
20. 6.	Währungsreform in den Westzonen (Gesetz v. 18.6.).
21. 6.	Beginn der Währungsumstellung in den Westzonen. Aufhebung der Bewirtschaftung für die meisten Verbrauchsgüter, Freigabe der Preise.
23. 6.	Währungsreform in der sowjetischen Zone unter Einbeziehung West-Berlins. Im Gegenzug führen die Westalliierten die neue D-Mark-West in West-Berlin ein.
23./24. 6.	Die Außenminister von acht osteuropäischen Staaten (Sowjetunion, Albanien, Bulgarien, Tschechoslowakei, Jugoslawien, Polen, Rumänien, Ungarn) lehnen in Warschau die Beschlüsse der Londoner Sechsmächtekonferenz über Deutschland (Gründung eines Weststaates) als rechtsungültig ab.
24. 6.	Beginn der sowjetischen Blockade West-Berlins.
26. 6.	Beginn der amerikanisch-britischen Luftbrücke nach Berlin.
30. 6.	Der SED-Vorstand beschließt einen 2-Jahres-Wirtschaftsplan für die sowjetische Zone.
1. 7.	Die drei westlichen Militärgouverneure übergeben in Frankfurt den westdeutschen Regierungschefs die »Frankfurter Dokumente«. Entsprechend der Londoner Sechsmächtekonferenz fordern sie u. a. die Einberufung einer Verfassunggebenden Versammlung für einen westdeutschen Staat.
10. 7.	Die Regierungschefs stimmen in Koblenz unter folgender Bedingung zu: Das »zu schaffende Gebilde« darf nur ein »Provisorium« sein. Die Worte »Verfassung« und »Verfassunggebende Versammlung« werden durch »Grundgesetz« und »Parlamentarischer Rat« ersetzt. Das Grundgesetz soll lediglich durch die Länderparlamente, nicht durch den Volksentscheid bestätigt werden (»Koblenzer Beschlüsse«).
12. 7.	»Robertson-Plan«: Der britische Militärgouverneur in Deutschland befürchtet Krieg mit der Sowjetunion und schlägt vor: Rückzug der Besatzungstruppen aus Deutschland, Beteiligung der Sowjetunion an der Kontrolle des Ruhrgebietes, Bildung einer Zentralregierung. Der Plan wird im britischen Außenministerium als nicht realisierbar abgelehnt.
6. 8.	Der Landtag von Nordrhein-Westfalen verabschiedet mit großer Mehrheit ein Gesetz über die Sozialisierung der Kohlewirtschaft: Am 23.8. lehnt die britische Militärregierung dieses Gesetz ab.
10. 8.	Aus »Radio München« entsteht der »Bayerische Rundfunk« als Anstalt des öffentlichen Rechts.
10.–23. 8.	Verfassungsexperten der Länder bereiten auf der Insel Herrenchiemsee die Arbeit des Parlamentarischen Rates vor.
15.–30. 8.	In den westdeutschen Landtagen werden die 65 Delegierten für den Parlamentarischen Rat gewählt.
17./19. 8.	Letzte Gesamtdeutsche Gewerkschaftskonferenz in Lindau.
1. 9.	Der Parlamentarische Rat konstituiert sich in Bonn.

22.9. Gründung der »Freien Universität« Berlin.

2.10. Aus »Radio Frankfurt« entsteht der »Hessische Rundfunk« als Anstalt des öffentlichen Rechts.

4.10.–11.2. Die Vereinten Nationen beschäftigen sich mehrfach mit der Berlin-Frage.

7.10. Gesetz gegen Preistreiberei in den Westzonen.

19.10. Das »Notopfer Berlin«, eine Sondersteuer zur Stützung der West-Berliner Wirtschaft, wird eingeführt (zusätzliche Einkommens- und Körperschaftssteuer und Abgabe auf Postsendungen).

22.10. Der »Deutsche Volksrat« beendet in Ost-Berlin seine Beratungen über den Verfassungsentwurf der »Deutschen Demokratischen Republik«.

30.10. Der »Südwestfunk« wird Anstalt des öffentlichen Rechts.

3.11. Aufhebung des Lohnstopps in den Westzonen.

10.11. Britisch-amerikanisches Entflechtungsgesetz Nr. 75: die Eisen- und Stahlindustrie soll deutschen Treuhändern zur Verwaltung übergeben werden. Die Frage des zukünftigen Eigentums bleibt offen: Auch eine Sozialisierung ist theoretisch noch möglich.

12.11. In den Westzonen 24stündiger General- und Demonstrationsstreik gegen die Wirtschaftspolitik Ludwig Erhards. 10 Millionen Arbeiter, Angestellte und Beamte fordern Preiskontrollen und Mitbestimmung.

11.11.–24.12. In London einigen sich die USA, Großbritannien, Frankreich und die Beneluxstaaten auf eine Kontrolle der Ruhrindustrie. Das »Ruhrstatut« wird am 29.12. veröffentlicht: eine internationale Behörde regelt die Verteilung von Kohle-, Koks- und Stahlproduktion.

22.11. »Radio Bremen« wird Anstalt des öffentlichen Rechts.

30.11. In Ost-Berlin wird nach der Vertreibung des Gesamtberliner Magistrats aus dem Ostsektor eine Gegen-Verwaltung errichtet und von der sowjetischen Militärregierung anerkannt.

5.12. Wahlen in den Westsektoren Berlins (SPD: 64,5 %; CDU: 19,4 %; LPD: 16,1 %).

7.12. Ernst Reuter (SPD) wird zum Bürgermeister West-Berlins gewählt.

12.–24.12. Die SED-Führung (Pieck, Grotewohl, Ulbricht) in Moskau. In einer Besprechung mit Stalin am 18.12. wird der weitere Kurs der SED bestimmt.

1949

5.1.–28.1. I. Parteikonferenz der SED: Die SED wird »Partei neuen Typus« und errichtet ein Politbüro; ehemalige Sozialdemokraten scheiden weitgehend aus der Führung aus.

1.2. Der Entwurf des Grundgesetzes wird den Militärgouverneuren vorgelegt.

1.4. Die französische Zone wird mit der Bizone zur Trizone zusammengeschlossen.

4.4. Die USA, Großbritannien, Frankreich, Italien, Belgien, Kanada, Dänemark, Island, Luxemburg, die Niederlande, Norwegen und Portugal schließen sich in Washington zur Nordatlantischen Verteidigungsorganisation (NATO) zusammen. Die Bundesrepublik Deutschland wird 1955 Mitglied.

6.–8.4. Die Außenminister der USA, Großbritanniens und Frankreichs beschließen in Washington ein Besatzungsstatut für den neuen Weststaat. Es tritt am 21.9.1949 in Kraft. Die Westmächte behalten sich zahlreiche Rechte vor, u.a. Kontrolle des Außenhandels und der auswärtigen Beziehungen.

4.5. In der amerikanischen Zone wird der Lizenzzwang für sämtliche Presseerzeugnisse aufgehoben. Briten und Franzosen folgen am 23.9.1949.

5.5. 10 europäische Staaten (Belgien, Dänemark, Frankreich, Großbritannien, Irland, Italien, Luxemburg, Niederlande, Norwegen, Schweden) gründen in London den Europarat. Die Bundesrepublik Deutschland wird 1950 Mitglied.

8.5. Der Parlamentarische Rat verabschiedet in Bonn das Grundgesetz.

10.5. Der Parlamentarische Rat wählt Bonn zur provisorischen Bundeshauptstadt.
Die drei Westalliierten genehmigen das Grundgesetz.

12.5. Die sowjetische Blockade West-Berlins wird aufgehoben.

15./16.5. Wahlen in der sowjetischen Zone zum 3. Deutschen Volkskongreß (Einheitsliste: 66,1 % Ja-Stimmen).

23.5. Das Grundgesetz für die Bundesrepublik Deutschland wird im Bundesgesetzblatt veröffentlicht.

24.5. 0.00 Uhr: Das Grundgesetz tritt in Kraft.

23.5.–26.6. Außenminister-Konferenz der vier Besatzungsmächte in Paris. Die Sowjetunion fordert eine Wiederaufnahme der Arbeit des Alliierten Kontrollrates, die drei Westmächte fordern die Einbeziehung der sowjetischen Zone in den Geltungsbereich des Grundgesetzes, d.h. den Anschluß an die Bundesrepublik Deutschland.

29.5./30.5. In Ost-Berlin konstituiert sich der 3. Deutsche Volkskongreß (1400 Mitglieder) und wählt eine Verfassunggebende Versammlung, den »Deutschen Volksrat« (400 Mitglieder).

14.8. Wahlen zum 1. Deutschen Bundestag (ohne 5-%-Sperrklausel): CDU/CSU: 31 % (139 Sitze), SPD 29,2 % (131 Sitze), FDP: 11,9 % (52 Sitze), KPD: 5,7 % (15 Sitze), Bayern-Partei: 4,2 % (17 Sitze), Deutsche Partei: 4 % (17 Sitze), Zentrum: 3,1 % (10 Sitze), Wiederaufbauvereinigung: 2,9 % (12 Sitze), Deutsche Rechtspartei und Deutsche Konservative Partei: 1,8 % (5 Sitze), Südschleswigscher Wählerverband (dänische Minderheit): 0,3 % (1 Sitz), Parteilose: 4,8 % (3 Sitze).

12.9. Theodor Heuss wird Bundespräsident.

15.9. Konrad Adenauer wird mit einer Stimme Mehrheit Bundeskanzler und bildet eine Koalitionsregierung von CDU/CSU, FDP und DP.

16.–28.9. Die SED-Führung in Moskau. Beschluß zur Gründung der DDR.

7.10. In Ost-Berlin konstituiert sich der Deutsche Volksrat als »Provisorische Volkskammer« und gründet die Deutsche Demokratische Republik.

11.10. Der ehemalige KPD-Vorsitzende Wilhelm Pieck wird DDR-Präsident.

12.10. Der ehemalige SPD-Vorsitzende Otto Grotewohl wird DDR-Ministerpräsident.

12.–14.10. Die einzelnen Gewerkschaftsverbände in den Westzonen vereinen sich in München zum Deutschen Gewerkschaftsbund (DGB).

22.11. Petersberger Abkommen: Vertrag zwischen der Bundesrepublik und den drei Westalliierten auf dem Petersberg bei Bonn unterzeichnet. Ziel ist die Eingliederung der Bundesrepublik in die westliche Gemeinschaft. Die Westalliierten fordern die Bundesrepublik auf, dem Europarat, der Organisation für europäische wirtschaftliche Zusammenarbeit und dem Ruhrstatut beizutreten. Sie erhält dafür das Recht, konsularische Beziehungen mit ausländischen Staaten aufzunehmen. Gleichzeitig verzichten die drei Westmächte auf die Demontage bestimmter Industriebetriebe. Die Bundesrepublik verpflichtet sich, »mit allen ihr zur Verfügung stehenden Mitteln die Neubildung irgendwelcher Streitkräfte zu verhindern«.

1950

8.2. Bildung eines Ministeriums für Staatssicherheit in der DDR.

3.–6.5. SED-Führung in Moskau; Beratungen mit dem Politbüro der KPdSU über den 3. Parteitag der SED.

9.5. Der frz. Außenminister Schuman schlägt Vereinigung der westeuropäischen Montanindustrie (Kohle, Stahl) vor (»Schuman-Plan«).

17.5. AHK-Gesetz zur Umgestaltung des Kohlebergbaus und der Stahl- und Eisenindustrie (Dekartellisierung).

15.6. Der Bundestag beschließt den Beitritt der Bundesrepublik zum Europarat.

25.6. Beginn des Koreakrieges.

6.7. Vertrag von Görlitz: Polen und die DDR erkennen die Oder-Neiße-Linie als »unantastbare Friedens- und Freundschaftsgrenze« an.

29.8. »Sicherheitsmemorandum« Adenauers.

12.–18.9. Westliche Außenministerkonferenz in New York.

29.9. Die DDR wird Mitglied des COMECON.

7.10. UNO-Truppen überschreiten in Korea den 38. Breitengrad.

11.10. Bundesinnenminister Heinemann tritt aus Protest gegen die Wiederaufrüstungspolitik Adenauers zurück.

15.10. Wahlen in der DDR nach Einheitslisten; Beteiligung 98,44%; Ja-Stimmen: 99,7%.

26.10. Pleven-Plan.

26.10. Theodor Blank (CDU) übernimmt die Leitung der neugeschaffenen »Dienststelle des Beauftragten des Bundeskanzlers für die mit der Vermehrung der alliierten Truppen zusammenhängenden Fragen« (Dienststelle Blank).

28.11. Massives Eingreifen der Chinesen in Korea.

16.12. Truman verkündet nationalen Notstand in den USA.

19.12. Grundsatzentscheidung der Westalliierten für die Wiederbewaffnung der Bundesrepublik.

1951

15.1. In Paris beginnen Verhandlungen über die EVG.

Adenauer lehnt Grotewohls Vorschlag vom 30.11.1950 ab, einen paritätisch zusammengesetzten Gesamtdeutschen Konstituierenden Rat zu bilden.

20.1. Der Oberbefehlshaber der NATO, Dwight D. Eisenhower, gibt bei einem Besuch in Bad Homburg eine Ehrenerklärung für die Soldaten der Wehrmacht ab.

6. 3.	Erste Revision des Besatzungsstatuts.
15. 3.	Das Auswärtige Amt wird neu gegründet; Adenauer auch Außenminister.
16. 3.	Bundesgrenzschutz wird geschaffen.
10. 4.	Tod des brit. Außenministers Ernest Bevin; Nachfolger wird H. Morrison.
18. 4.	In Paris Unterzeichnung des Vertrages über die »Europäische Gemeinschaft für Kohle und Stahl« (Montanunion); Frankreich, Italien, Bundesrepublik, Benelux.
4. 5.	Die drei Länder Baden, Württemberg-Baden und Württemberg-Hohenzollern werden zum neuen Bundesland Baden-Württemberg vereinigt.
21. 5.	Paritätische Mitbestimmung in der Montanindustrie.
19. 7.	Betriebsverfassungsgesetz.
3. 8.	Erstes Stalin-Denkmal in Deutschland in Ost-Berlin enthüllt.
28. 9.	Bundesverfassungsgericht in Karlsruhe eröffnet.
8. 10.	In der DDR Aufhebung der Rationierung aller Produkte bis auf Fleisch, Fett, Zucker; Preissenkung für Textilien und Backwaren.
26. 10.	Winston S. Churchill bildet neue Regierung; Anthony Eden wird wieder Außenminister.
1. 11.	DDR-Volkskammer beschließt Gesetz über den Fünfjahrplan (1951–1955) und über die Notenbank.

1952

18. 2.	Griechenland und die Türkei werden Mitglieder der NATO.
10. 3.	»Stalin-Note«.
25. 3.	Antwort der Westmächte auf die »Stalin-Note«.
1.–7. 4.	Pieck, Grotewohl, Ulbricht bei Stalin.
9. 4.	Zweite sowjetische Note
26. 5.	Unterzeichnung des »Deutschlandvertrages« in Bonn.
26. 5.	DDR-Erlaß zur Errichtung einer 5 km breiten Sperrzone entlang der Zonengrenze.
27. 5.	Unterzeichnung des EVG-Vertrages in Paris.
12. 7.	II. Parteikonferenz der SED proklamiert den »Aufbau des Sozialismus« in der DDR.
25. 7.	Vertrag über Montanunion tritt in Kraft. Erstmals übertragen sechs europäische Staaten einer supranationalen Organisation nationale Hoheitsrechte.
20. 8.	Tod Kurt Schumachers.
10. 9.	Wiedergutmachungsvertrag mit Israel (3 Mrd. DM an Israel; 450 Mio. DM an jüdische Verbände).
4. 11.	Eisenhower wird zum Präsidenten der USA gewählt.
6. 11.	Erste Wasserstoffbombenexplosion der USA.

1953

10. 1.	Amtsantritt Eisenhowers; John Foster Dulles Außenminister.
27. 2.	Londoner Schuldenabkommen unterzeichnet.
5. 3.	Tod Stalins; der DDR-Ministerrat ordnet Landestrauer an.
7.–9. 4.	Erster Staatsbesuch Adenauers in den USA.
11. 5.	Churchill spricht sich für Gipfelkonferenz aus.

14. 5.	Erhöhung der Arbeitsnormen in den VEB-Betrieben der DDR.
Mai	Ulbricht und Grotewohl in Moskau; Anweisung der sowjetischen Führung zur »Gesundung der politischen Lage« in der DDR.
28. 5.	Auflösung der Sowjetischen Kontrollkommission und Bildung des Amtes eines Hohen Kommissars.
6. 6.	Außerordentliche Sitzung des Politbüros des ZK der SED.
9. 6.	Kommuniqué des Politbüros der SED; Einleitung des »Neuen Kurses«.
17. 6.	Volksaufstand in der DDR und in Ost-Berlin; Niederschlagung durch sowjetisches Militär.
24.–26. 7.	Das ZK der SED beschließt »Der Neue Kurs und die Aufgaben der Partei«. Zaisser und Herrnstadt werden aus dem ZK ausgeschlossen.
27. 7.	Waffenstillstand in Korea.
4. 8.	Der 17. Juni wird durch Bundesgesetz zum »Tag der deutschen Einheit« bestimmt.
12. 8.	Erste sowjetische Wasserstoffbombe.
6. 9.	Wahlen zum 2. Deutschen Bundestag; CDU/CSU 45,2 %, SPD 28,8 %, FDP 9,5 %, GB/BHE 5,9 %, DP 3,2 %.

1954

1. 1.	Die letzten 33 SAG-Betriebe werden an die DDR zurückgegeben.
25. 1.–18. 2.	Viermächte-Außenministerkonferenz in Berlin.
26. 3.	Die DDR erhält erweiterte Souveränitätsrechte.
7. 5.	Fall der Festung Dien Bien Phu in Indochina.
4. 7.	Die Bundesrepublik wird Fußballweltmeister.
20. 7.	Waffenstillstand in Indochina, Teilung Vietnams.
30. 8.	Die frz. Nationalversammlung lehnt den EVG-Vertrag ab.
28. 9.–3. 10.	Neunmächtekonferenz in London; Ersatzlösung für die gescheiterte EVG.
17. 10.	DDR-Volkskammerwahlen. 99,46 % für die Einheitslisten.
23. 10.	Unterzeichnung der »Pariser Verträge«; Souveränität und NATO-Beitritt der Bundesrepublik; »Europäisierung« des Saarlandes.
1. 11.	Beginn des Algerienkrieges.
13. 11.	In der DDR wird die »Jugendweihe« eingeführt.

1955

15. 1.	Sowjetunion bietet in Erklärung zur deutschen Frage Verhandlungen zur Wiedervereinigung Deutschlands an, falls Bundesrepublik verzichtet, Pariser Verträge zu ratifizieren.
22. 1.	Adenauer lehnt das Angebot ab.
25. 1.	Die Sowjetunion beendet formell den Kriegszustand mit der Bundesrepublik.
1. 4.	Die Deutsche Lufthansa nimmt den Liniendienst in der Bundesrepublik auf.
18.–24. 4.	1. Konferenz der blockfreien Länder in Bandung.
5. 5.	Die »Pariser Verträge« treten in Kraft. Die Bundesrepublik ist bedingt souverän.
9. 5.	Beitritt der Bundesrepublik zur NATO.
14. 5.	Gründung des Warschauer Paktes.
15. 5.	Die Außenminister der vier Großmächte unterzeichnen in Wien den

	»Staatsvertrag«; Österreich wird souveräner, unabhängiger Staat; Besatzungstruppen verlassen das Land; »immerwährende Neutralität«.
17.–23. 7.	Gipfelkonferenz in Genf.
8.–14. 9.	Adenauer in Moskau; Aufnahme diplomatischer Beziehungen, Freilassung von 9626 deutschen Kriegsgefangenen.
17.–20. 9.	DDR-Ministerpräsident Grotewohl in Moskau; die Sowjetunion erklärt die DDR zum souveränen Staat.
23. 10.	Die Bevölkerung der Saar stimmt gegen das Saarstatut (67,7 %).
27. 10.–16. 11.	Viermächte-Außenministerkonferenz in Genf.

Abkürzungsverzeichnis / Abbildungsnachweis

Abkürzungen

AHK	Alliierte Hohe Kommission
BA	Bundesarchiv (Koblenz)
BVG	Berliner Verkehrsgesellschaft
BzG	Beiträge zur Geschichte der Arbeiterbewegung
C. P.	Cabinet Paper = Kabinettsvorlage (London)
CAB	Cabinet Papers, PRO
CDU	Christlich-Demokratische Union
COMECON	Council for Mutual Economic Assistance, s. RGW
CSU	Christlich-Soziale Union
DA	Deutschland Archiv
DFD	Demokratischer Frauenbund Deutschlands
DGB	Deutscher Gewerkschaftsbund
DKBL	Deutsche Kohlenbergbauleitung
DO	Dominion Office, PRO
DWK	Deutsche Wirtschaftskommission
E. D. C.	European Defence Community = Europäische Verteidigungsgemeinschaft
ERP	European Recovery Program (»Marshallplan«)
EVG	Europäische Verteidigungsgemeinschaft
FDGB	Freier Deutscher Gewerkschaftsbund
FDJ	Freie Deutsche Jugend
FDP	Freie Demokratische Partei
FO	Foreign Office, PRO
FRUS	Foreign Relations of the United States
GWU	Geschichte in Wissenschaft und Unterricht
HO	Staatliche Handelsorganisation
HZ	Historische Zeitschrift
IM	Inoffizieller Mitarbeiter (des MfS)
JCS	Joint Chiefs of Staff; US-Stabschefs (Heer, Luftwaffe, Marine)
KPD	Kommunistische Partei Deutschlands
KPdSU	Kommunistische Partei der Sowjetunion
KVP	Kasernierte Volkspolizei
LDPD	Liberal-Demokratische Partei Deutschlands (sowjetische Besatzungszone / DDR)
LOPM	Leitende Organe der Partei und der Massenorganisationen
LPD	Liberal-Demokratische Partei
LPG	Landwirtschaftliche Produktionsgenossenschaft

MAS	Maschinen-Ausleih-Station
MfS	Ministerium für Staatssicherheit
MGM	Militärgeschichtliche Mitteilungen
MTS	Maschinen-Traktoren-Station
NA	National Archives (Washington, D. C.)
NATO	North Atlantic Treaty Organization
NDPD	National-Demokratische Partei Deutschlands (sowjetische Besatzungszone / DDR)
NGISC	North German Iron and Steel Control
NL	Nachlaß
NPL	Neue Politische Literatur
NSC	National Security Council (Nationaler Sicherheitsrat der USA)
NSDAP	Nationalsozialistische Deutsche Arbeiterpartei
NVA	Nationale Volksarmee
OEEC	Organization for European Economic Cooperation
PdVP	Präsidium der Volkspolizei
PREM	Prime Minister's Office, PRO
PRO	Public Record Office (London)
RGW	Rat für Gegenseitige Wirtschaftshilfe
RIAS	Rundfunk im amerikanischen Sektor (von Berlin)
SAG	Sowjetische Aktiengesellschaft
SAPMO-BA	Stiftung Archiv der Parteien und Massenorganisationen der DDR im Bundesarchiv
SBZ	Sowjetische Besatzungszone
SED	Sozialistische Einheitspartei Deutschlands
SKK	Sowjetische Kontrollkommission
SMAD	Sowjetische Militäradministration in Deutschland
SPD	Sozialdemokratische Partei Deutschlands
UHA	Untersuchungs-Haftanstalt
UN(O)	United Nations (Organization)
VEB	Volkseigener Betrieb
VfZ	Vierteljahrshefte für Zeitgeschichte
VP	Volkspolizei
WAV	Wirtschaftliche Wiederaufbauvereinigung
WEU	Westeuropäische Union
WO	War Office, PRO
ZK	Zentralkomitee

Abbildungen

Bundesarchiv, Koblenz: 4, 6
Gesamtdeutsches Institut, Bonn: 10
Münchener Stadtmuseum, München: 8, 9
Presse- u. Informationsdienst der Bundesregierung / Bundesbildstelle, Bonn: 1, 2, 3, 5
Public Record Office, London: 7, 11

Personenregister

Sach- und Ortsregister

Geschichtswissenschaften
Eine Einführung
Herausgegeben von Christoph Cornelißen
Band 14566

Das unentbehrliche Kompendium
für Studienanfängerinnen und -anfänger.

Geschichtswissenschaften heute
Das Studium – Die Geschichtswissenschaft am Ende des 20. Jahrhunderts – Der Beruf des Historikers

Epochen der Geschichte
Antike – Mittelalter – Frühe Neuzeit – Geschichte seit 1789 – Zeitgeschichte

Klassische Felder der Geschichtswissenschaften
Politische Geschichte – Sozialgeschichte – Kulturgeschichte – Militärgeschichte – Wirtschaftsgeschichte – Osteuropäische Geschichte – Imperialgeschichte

Neue Felder der Geschichtswissenschaften
Mentalitätsgeschichte – Technikgeschichte – Geschichte der Erinnerungskulturen – Religionsgeschichte – Geschlechtergeschichte – Historische Anthropologie

Dan Diner

Das Jahrhundert verstehen

Eine universalhistorische Deutung

Band 14766

Was war das 20. Jahrhundert, und was bleibt von dieser Epoche? Dan Diner legt eine tiefenscharfe Deutung des Säkulums vor, das durch die Konfrontation von Werten und Ideologien geprägt wurde, dem aber auch die traditionellen Konflikte um nationale Hegemonieansprüche ihren Stempel aufdrückten.

»Auf dieses Buch wird man immer wieder zurückgreifen. Dan Diner ist sein Meisterwerk gelungen.«
Bruno Schoch, Die Weltwoche

Fischer Taschenbuch Verlag

fi 14766 / 1

Wege in die Gewalt

Die modernen politischen Religionen

Herausgegeben von Hans Maier

Band 14904

Um die Gewaltexplosionen des 20. Jahrhunderts erklären zu können, ist eine Auseinandersetzung mit der quasi-religiösen Faszinationskraft moderner Ideologien unerlässlich.

Omer Bartov, Philippe Burrin, Peter Krüger, Hermann Lübbe und andere renommierte Fachleute aus dem In- und Ausland diskutieren diesen neuen ideengeschichtlichen Interpretationsansatz, der nach den Wurzeln totalitärer Gewalt fragt.

Fischer Taschenbuch Verlag

fi 14904 / 1

Robert Antelme

Das Menschengeschlecht

Aus dem Französischen von Eugen Helmlé

Band 14875

Ein einzigartiges Zeugnis, das in der französischen Literatur als Standardwerk über die Lager, die Deportation und die systematische Menschenvernichtung gilt. Robert Antelme, ein Gefährte von Maguerite Duras, berichtet über Leben und Sterben im deutschen Konzentrationslager. Sein Retter war der junge François Mitterand, der spätere französische Staatspräsident.

»Der Text verweigert jene Betroffenheit, die
beim Leser die Illusion des Mitleidens und damit
ein gutes Gewissen zu erzeugen vermag,
letztlich aber bloß eine Form der Abwehr ist.«
Jochen Hieber, Frankfurter Allgemeine Zeitung

»Eine Pflichtlektüre.«
Rainer Stephan, Süddeutsche Zeitung

Fischer Taschenbuch Verlag

fi 14875 / 1

Gesine Schwan

Politik und Schuld

Die zerstörerische Macht des Schweigens

Band 13404

Was bedeutet nicht verarbeitete Schuld für die politische Kultur einer Demokratie? Diese Frage mußte und muß die deutsche Gesellschaft in diesem Jahrhundert zweimal beantworten: nach 1945 und nach 1989. Die Autorin streitet mit ihrem Überblick über ein Menschheitsthema gegen die naive und falsche Hoffnung, daß unverarbeitete Schuld sich mit der Zeit, gewissermaßen biologisch, von selbst »auswachse«.

Fischer Taschenbuch Verlag

fi 13404 / 1

Wolfgang J. Mommsen

Bürgerliche Kultur und politische Ordnung

Künstler, Schriftsteller und Intellektuelle in der deutschen Geschichte 1830-1933

Band 14951

»Kultur« ist zu einem maßgebendem Leitbegriff der Geschichteswissenschaft geworden – wirkungsmächtiger als objektive soziale Strukturen erscheinen subjektive Erfahrungsmuster und ideelle Interessen.

Aus Anlaß des 70. Geburtstages von Wolfgang J. Mommsen werden mit diesem Band wichtige kulturgeschichtliche Arbeiten vorgelegt.

Fischer Taschenbuch Verlag

fi 14951 / 1

Götz Aly

Macht Geist Wahn

Kontinuitäten deutschen Denkens

Band 13991

»Götz Aly ist ein brillanter und verdienstvoller Historiker der deutschen Schandjahre zwischen 1933 und 1945. Seine Maxime (...) ›Wer sucht, der findet‹ ist nicht akademisch, sondern bissig-investigativ; und er kann schreiben und Emotionen wecken. Deswegen greift man mit Interesse zu seinem Band, den der sorgfältig recherchierende Polemiker gerade vorgelegt hat. Man wird nicht enttäuscht.«
Die Woche

»Als Journalist und Historiker zerstört Aly manche liebgewonnene Legende. Besonders delikat sind seine Funde in der Abteilung ›Ostforschung‹ er deutschen Historikerzunft. (...) Wir dürfen von dem Historiker Aly sicher auch weiterhin Aufsehenerregendes erwarten.«
Süddeutsche Zeitung

Fischer Taschenbuch Verlag

fi 13991 / 1